LES GÉNIES
DE L'ARNAQUE

Pierre Bellemare
Jean-Marc Epinoux
Jean-François Nahmias

LES GÉNIES DE L'ARNAQUE

80 chefs-d'œuvre de l'escroquerie

documentation : Gaëtane Barben

ALBIN MICHEL

Les faits et les situations dont il est question dans ce livre sont vrais. Cependant, pour des questions de protection et de respect de la vie privée, certains noms de lieux et de personnes ont été changés.

22, rue Huyghens, 75014 Paris

ISBN 2-226-07564-X

Avant-propos

Pourquoi avons-nous une certaine indulgence pour les arnaqueurs ? Cela viendrait-il du fait que nous aimions être trompés ? Ah ! ne protestez pas, nous aimons être trompés ! Regardez les magiciens, les manipulateurs de cartes ! Dès l'instant où vous admirez la disparition de l'as de pique et le retour miraculeux du dix de trèfle, c'est qu'au fond de votre cœur, il y a un tricheur qui sommeille.

Le mensonge peut être considéré comme un jeu ou comme une simple politesse : « Merci pour cette délicieuse soirée... votre petit garçon nous a bien amusés ! » alors que le dîner était infect et les enfants infernaux. Sur la route du retour vous n'aurez pas de mots assez durs pour décrire la nullité de celui-là et la bêtise de celle-ci alors que vous avez semblé écouter avec beaucoup d'intérêt leurs propos.

Dès lors que le mensonge est parfois nécessaire aux bons rapports sociaux, nous comprenons mieux nos indulgences à l'égard des grands escrocs. En allant bien au-delà de nos petites dissimulations, les belles crapules qui réussissent à se faire remettre en toute confiance des sommes fabuleuses ou des rivières de diamants nous inquiètent mais nous amusent car ils arrivent à leurs fins en faisant preuve d'une grande psychologie. Utiliser nos faiblesses, notre vanité, notre orgueil, bien sûr notre naïveté mais aussi parfois nos mauvaises intentions. « Tel est pris qui croyait prendre », c'est le sommet de l'arnaque, le chef-d'œuvre de l'escroquerie.

En voici quelques-unes !

Pierre Bellemare

Dans le sens de l'épaisseur

Tous les faussaires vous le diront et, si vous ne fréquentez pas ces gens-là, tous les spécialistes de la monnaie vous le confirmeront : le plus délicat dans l'imitation d'un billet, c'est le papier. Outre le filigrane, les responsables des banques centrales veillent à ce qu'il soit d'une composition chimique extrêmement complexe qui le rende infalsifiable.

A moins, évidemment, d'utiliser le papier des billets eux-mêmes. Cela suppose d'abord que toutes les coupures aient le même format. Ce n'est pas le cas chez nous, mais c'est le cas aux Etats-Unis. Il est donc théoriquement possible de décolorer un billet de un dollar et d'imprimer dessus l'image d'un billet de cent dollars. Mais théoriquement seulement, car la chose a été prévue et les encres sont trop résistantes pour être effacées.

Et pourtant deux hommes y sont arrivés, deux hommes qui furent sans doute les deux plus grands faux-monnayeurs de tous les temps : Baldwin Bredell et Arthur Taylor. Pour cela, ils ont utilisé un procédé aussi génial qu'infaillible : couper les billets en deux dans le sens de l'épaisseur... Oui, vous avez bien lu : dans le sens de l'épaisseur !

En cette année 1897, Baldwin Bredell et Arthur Taylor ont respectivement vingt-trois et vingt-six ans. Ils travaillent tous les deux chez un imprimeur de titres et d'actions de Philadelphie. Ils sont l'un et l'autre d'origine modeste. Ils n'ont pas fait d'études, mais ils ont des dons exceptionnels. Baldwin Bredell est un génie de la mécanique, Arthur Taylor est un dessinateur hors pair. Ils sont déjà considérés comme les meilleurs graveurs de titres du pays.

Or, les titres et les actions, tout comme les billets, ne doivent pas être copiés. C'est, avec les timbres, ce qui se rapproche le plus de la monnaie. Et la réputation de Baldwin Bredell et Arthur Taylor est telle qu'elle parvient à l'oreille de gens peu recommandables...

William Jacobs est fabricant de cigares. C'est du moins sa dernière activité en date, car avant, il en a exercé beaucoup d'autres, aussi louches que lucratives. Il invite les deux jeunes gens chez lui et, à l'issue d'un bon dîner, leur lance négligemment :

— Il y a une fortune à faire en faisant de la fausse monnaie.

S'ils sont également doués professionnellement, Baldwin Bredell et Arthur Taylor ont un caractère très différent. Baldwin est un garçon déluré que rien n'effraie, Arthur est au contraire timide et bourré de principes. Ce dernier se lève vivement de table.

— Nous ne sommes pas des malfaiteurs !

Mais Baldwin le retient par le bras.

— Laisse parler monsieur. Il n'y a pas de mal à l'écouter.

Le fabricant de cigares poursuit donc avec un sourire :

— Voilà, les gars : vous aurez tout le matériel qu'il faut. J'avance les frais. Pour des artistes comme vous, ce n'est pas excitant ? Car c'est une vraie œuvre d'art que vous allez réaliser ! Et quand on sera riches tous les trois, vous arrêterez et vous ferez ce que vous voudrez.

Baldwin Bredell ignore la mine offensée de son compagnon.

— Quand commençons-nous ?

— Tout de suite. Je vais vous acheter un atelier de gravure. Vous allez vous y installer...

Baldwin finit par triompher des principes d'Arthur et tous deux se mettent à leur compte. Malgré leur jeune âge, leur renommée est telle qu'ils ont aussitôt des clients et ils n'éveillent nullement les soupçons en achetant tout ce qui est nécessaire à la fabrication de faux billets, puisque ce sont également les produits nécessaires à leur profession.

Ils fixent leur choix sur la plus grosse coupure, le billet de cent dollars à l'effigie du président Monroe. Pour parfaire leurs connaissances, ils ont une idée aussi simple qu'efficace. Ils se rendent à Washington et visitent comme de simples touristes la fabrique de billets de la Monnaie. Les spécialistes qu'ils sont enregistrent mentalement les moindres détails et c'est admirablement documentés qu'ils rentrent à Philadelphie.

Ils se mettent aussitôt au travail. Arthur Taylor, dessinateur remarquable, parvient à reproduire le billet à la perfection. Baldwin Bredell, génie de la machine, dessine les plans d'une presse semblable à celle qu'ils ont vue à Washington et la fait fabriquer grâce à l'argent du marchand de cigares. Tout est bientôt prêt, excepté un problème, qu'ils savent le plus épineux de tous : le papier.

Ils ont beau multiplier les mélanges de chiffons et de fil de soie, les tremper dans toutes sortes de bains de produits chimiques, ils n'arrivent pas à reproduire exactement le papier des dollars : il est trop brillant ou pas assez, trop mou ou trop cassant. Bien sûr, il ne s'agit que de nuances minimes et avec la gravure faite par Bredell et la machine conçue par Taylor, ils pourraient fabriquer une fausse monnaie de bonne qualité, capable de tromper tout le monde suffisamment de temps pour qu'ils soient riches. C'est d'ailleurs ce que vient leur dire William Jacobs, qui commence à s'impatienter.

— Qu'est-ce que vous attendez, les gars ? Ils sont très bien, vos billets. J'ai déjà dépensé une fortune, moi...

Mais Baldwin et Arthur ne veulent rien entendre. C'est d'ailleurs de sa faute : il a choisi des artistes, pas de simples faussaires.

— Ils sont très bien, mais ils ne sont pas parfaits. Vous nous avez demandé une œuvre d'art, vous aurez une œuvre d'art.

— Et si vous n'y arrivez pas ?

— On y arrivera...

Les jours, les mois ont passé... Arthur Taylor jette avec un soupir de découragement un mélange qui s'est avéré, encore une fois, défectueux, quand Baldwin Bredell lui dit brusquement :

— Cela ne marchera pas comme ça. Il n'y a qu'un moyen pour le papier : utiliser les billets eux-mêmes.

Arthur hausse les épaules :

— C'est impossible. On a déjà essayé.

Ils ont déjà, en effet, tenté à plusieurs reprises de décolorer des billets de un dollar par un procédé chimique compliqué, mais sans y parvenir : le dessin subsistait de manière très pâle.

— C'est parce que le papier est poreux et que l'encre a imprégné le cœur même du billet. Mais si on coupe le billet dans le sens de l'épaisseur, on pourra le décolorer parfaitement.

— Dans le sens de l'épaisseur ! Tu es fou ?

— Non. Je crois que j'ai trouvé un truc. C'est tout simple ! Regarde...

Baldwin Bredell prend un billet de un dollar et se met à l'ouvrage. Et le regard d'abord sceptique d'Arthur Taylor devient fixe. Ses yeux se chargent de stupéfaction.

— Mais, mais... Ça marche !

Oui, ça marche !... Mais c'est tout ce qu'on sait sur le procédé de Baldwin Bredell pour couper un billet en deux dans le sens de l'épaisseur : il marche. Le reste est, aujourd'hui encore, un secret. Par la suite, les deux complices ont tout avoué à la police, mais elle s'est bien gardée de divulguer quoi que ce soit. Par la suite également, pendant des dizaines d'années, d'autres faux-monnayeurs, au courant de cette histoire, ont essayé de faire la même chose. Ils n'y sont jamais parvenus...

Après cette opération, le travail n'est pourtant pas fini. Comme Baldwin l'avait prévu, les deux moitiés du billet, fines comme du papier à cigarettes, deviennent, une fois plongées dans le bain à décolorer, parfaitement vierges. Mais vont-elles supporter le poids de la presse, qui va y imprimer l'image du billet de cent dollars à l'effigie de Monroe ?... Eh bien, oui ! Malgré leur extrême minceur, elles résistent au traitement.

Ce n'est pas encore tout. Il faut, à présent, recoller les deux moitiés. Mais l'ingéniosité des deux garçons est sans limites. Ils mettent au point une colle à base d'eau et de poudre de riz blanc, incolore, très adhésive et qui ne raidit pas le papier. Cette fois, l'opération est terminée. Ils n'ont plus qu'à laisser sécher une nuit entière.

Et lorsqu'ils reviennent le lendemain matin, c'est le miracle ! Ils ont sous les yeux un authentique billet de cent dollars. Ils décident de tenter aussitôt l'épreuve de vérité. Ils vont dans une banque pour faire de la monnaie. Le caissier examine attentivement la coupure, car il y a très peu de billets de cent dollars, somme tout à fait considérable à l'époque. Mais à l'issue de son examen, il leur remet sans sourciller dix billets de dix dollars. C'est gagné !

Les jours suivants, Arthur Taylor et Baldwin Bredell répètent l'opération avec cent billets de un dollar et, lorsqu'ils ont en leur possession dix mille dollars, ils sont si contents d'eux-mêmes qu'ils décident de prendre des vacances sans prévenir William Jacobs. Avec leurs cent billets de cent dollars en poche, ils vont s'offrir ce dont ils rêvaient depuis longtemps : une virée dans le sud du pays.

Quand, un peu plus tard, le marchand de cigares vient prendre de leurs nouvelles, il trouve la porte de l'imprimerie close, mais il n'ose pas se mettre à leur recherche. Il a bien trop peur qu'ils aient été arrêtés. Il attend et les jours passent...

Six mois plus tard, les services du Trésor américain reçoivent un billet de cent dollars envoyé pour vérification par une banque de Philadelphie : le sceau rouge est un peu trop pâle. Mais il s'agit sans doute d'une erreur d'impression, car à part cela tout est parfait, y compris le papier.

C'est ce que vont conclure les experts, lorsque l'un d'eux, particulièrement méticuleux, fait à tout hasard tremper le billet dans de l'eau chaude pour voir si les couleurs tiennent, et il a la surprise de sa vie : le billet se sépare en deux dans le sens de l'épaisseur !

Il court trouver son supérieur, William P. Hazen, le chef du Service secret, qui est chargé, avec le FBI, l'autre police fédérale, de la protection du président et de la fausse monnaie. Ce dernier pâlit lorsqu'il voit les deux moitiés du Monroe et court à son tour chez le secrétaire au Trésor, Judson Gage :

— Nous sommes en présence d'un faussaire comme on n'en a jamais connu !

— Combien y a-t-il de faux billets en circulation ?

— Impossible de le savoir.

— Il faut que vous l'arrêtiez tout de suite, sinon c'est la catastrophe !

Mais c'est plus facile à dire qu'à faire et William P. Hazen n'arrive à rien... Alors, le secrétaire au Trésor Gage prend une décision inouïe : il fait retirer de la circulation tous les billets de cent dollars ! Il y en a pour vingt-six millions. La nouvelle fait évidemment sensation dans le pays et c'est un terrible aveu d'impuissance pour le gouvernement.

Une personne comprend tout de suite ce que cela signifie : le marchand de cigares Jacobs. Il se précipite à l'imprimerie. Il y trouve Baldwin Bredell et Arthur Taylor, qui viennent de rentrer de voyage.

— Vous m'avez roulé ! Vous m'avez trahi !

— Calmez-vous. On voulait juste faire une expérience. Elle est réussie, non ? Vous l'avez, votre œuvre d'art...

William Jacobs se radoucit. Quand on a à sa disposition de tels génies, il faut les ménager.

— D'accord. Mais vous allez vous mettre tout de suite sur le nouveau billet de cent dollars à l'effigie de Lincoln. Ne faites plus que cela.

— Et les clients ?

— Proposez-leur des tarifs assez élevés pour qu'ils renoncent. Vous n'en aurez plus un seul. Faites vite ! Travaillez nuit et jour.

— OK. C'est vous le patron...

Quelques mois ont encore passé. Le secrétaire au Trésor Gage a destitué le chef du Service secret Hazen et le nouveau titulaire, John Wilkie, mène l'enquête avec acharnement. Avec discernement aussi. Il a compris qu'il n'y avait que des graveurs et des imprimeurs professionnels pour obtenir un tel résultat. Il fait surveiller ce milieu et ne tarde pas à apprendre que Baldwin Bredell et Arthur Taylor, établis à Philadelphie, demandent des prix de nature à décourager les clients. Or, le premier faux billet venait de Philadelphie.

Une enquête approfondie apprend qu'ils sont en relation avec Jacobs, fabricant de cigares, qui a déjà eu affaire avec la justice. C'est suffisant pour qu'ils soient arrêtés. Baldwin Bredell nie avec la dernière énergie et avec d'autant plus d'assurance qu'ils ont eu le temps de cacher leurs planches à billets, mais Arthur Taylor, plus faible et tenaillé depuis le début par le remords, ne tarde pas à avouer.

Baldwin avoue à son tour. Les deux complices disent même tout aux policiers, y compris la manière de couper les billets en deux, qui va devenir aussitôt un secret d'Etat. Ils indiquent aussi, contre la promesse d'une peine légère, l'endroit où ils ont caché leurs planches.

Lorsque leur avocat, E. Semple, vient les voir dans leur cellule — car ils partagent la même cellule —, il est furieux contre eux. C'est un vieux routier, au courant de toutes les ficelles, et il enrage de leur naïveté.

— Vous n'auriez jamais dû leur remettre les planches !

— Mais ils nous ont dit que cela nous vaudrait l'indulgence.

— Ils vous ont eus ! C'est l'inverse. Quand il s'agit de faussaires exceptionnels comme vous, le gouvernement n'a qu'un souci : récupérer leur matériel. Et pour cela, il est prêt à transiger. Vous auriez pu obtenir le sursis. Maintenant, il faut vous attendre au maximum !...

Un silence accablé suit cette révélation. Mais soudain, Baldwin Bredell se met à sourire.

— De combien de temps pourriez-vous retarder notre procès ?

— En utilisant toutes les astuces, environ un an. Pourquoi ?

Baldwin ne répond pas.

— Vous pourriez nous donner un peu d'argent de poche pour qu'on améliore notre ordinaire ? Un gros billet si vous avez.

L'avocat Semple ne cherche pas à comprendre.

— Vingt dollars, ça ira ?

— Oui, ça ira. Merci maître...

Une fois leur défenseur parti, Baldwin expose son projet à son complice :

— On va fabriquer des faux billets dans notre cellule.

— Ici ? Tu es dingue ! Avec quoi ?

— On aura tout ce qu'il faut. Ma mère est très forte. Elle nous apportera le matériel dans son corset...

C'est ainsi que commence une aventure absolument unique dans l'histoire de la fausse monnaie. Jour après jour, au fil des visites, Baldwin et Arthur se font remettre par l'intermédiaire de Mme Bredell mère tous les outils et liquides nécessaires. Ils travaillent à tour de rôle, l'un des deux restant l'oreille collée contre la porte, prêt à donner l'alerte au moindre bruit.

Baldwin découpe dans le sens de l'épaisseur des billets de un dollar, opération sans problème pour lui depuis longtemps, et les décolore, mais c'est Arthur qui rencontre les plus grandes difficultés. Pour reproduire le billet de vingt dollars, il est, en effet, indispensable d'en avoir d'abord une photogravure, qui s'obtient à l'aide d'un volumineux appareil photographique.

Qu'à cela ne tienne ! Face à ce problème, les deux jeunes gens font preuve encore une fois de génie. Ils exposent une des faces du billet sur une plaque enduite de gélatine et le soleil va faire la photo. Mais pour que l'image soit uniforme, ils déplacent la plaque sensibilisée pendant toute la journée, de façon que les barreaux de la fenêtre ne fassent pas d'ombre et que la lumière soit toujours régulière.

Après quoi, Arthur Taylor n'a plus qu'à graver la plaque avec les outils que lui a fait passer la maman. Quant à la presse, c'est un bloc de fonte de plus de trois livres qui en fait office, toujours véhiculé par le corset de Mme Bredell, dont l'obésité devait quand même se remarquer... Et le tour est joué ! Quelques jours plus tard, Arthur et Baldwin ont cent billets de vingt dollars, qu'ils chargent la toujours dévouée maman d'écouler...

Ils demandent alors à être reçus par le procureur.

— Nous ne vous avions pas tout dit. Nous avions une autre presse qui fabriquait des billets de vingt dollars.

— Je n'en crois pas un mot.

— Vérifiez. Vous verrez bien !

Le procureur vérifie par acquit de conscience et, ô stupeur, on découvre dans des banques de Philadelphie des faux billets de vingt dollars, qui n'ont pas la perfection de ceux de cent, mais qui sont tout de même remarquablement exécutés...

Malheureusement pour eux, Baldwin et Arthur jouent de malchance. Le billet que leur avait remis leur avocat était tout récent et son numéro prouvait qu'il avait été émis après leur emprisonnement. Les policiers doivent donc se rendre à l'évidence : ils ont fabriqué des faux dollars dans leur cellule ! Et, sans parvenir à dissimuler leur admiration, ils leur demandent :

— Mais comment avez-vous fait ?

Baldwin Bredell et Arthur Taylor n'ont plus rien à cacher. Ils racontent leur exploit, qui fait sans conteste d'eux les plus grands faux-monnayeurs de tous les temps.

Nul ne sait si c'est également par admiration que les jurés se sont montrés indulgents. Toujours est-il qu'ils ont été condamnés à la peine la plus légère qu'ils pouvaient espérer pour ce genre de délit : sept ans de prison...

A leur sortie, tous deux ont connu des destinées bien différentes. Arthur Taylor, le timide, le tourmenté, ne s'est jamais remis de l'aventure. Il est mort prématurément dans les années vingt. Mais Baldwin Bredell, qui avait gardé le meilleur souvenir de leur épopée, a fait une très belle carrière de graveur et il s'est éteint en 1952, à l'âge de soixante-dix-huit ans.

Il y avait bien longtemps qu'on l'avait oublié, mais sa mort n'est peut-être pas passée inaperçue de tout le monde. Bien qu'après ses exploits, il ait mené une vie parfaitement honnête, il était discrètement surveillé par la police. Et lorsqu'il a définitivement fermé les yeux, les responsables de la monnaie américaine ont dû pousser un grand soupir de soulagement : son secret resterait à jamais ignoré. Car jusque-là, ils tremblaient qu'il lui prenne l'idée d'aller se confier à quelque jeune faussaire, aussi doué qu'ambitieux, et de lui dire :

— Couper un billet en deux dans le sens de l'épaisseur, c'est tout simple ! Regarde...

Rue de Paradis

Maria Braga, un paquet devant elle, a l'air vivement impressionnée. Maria Braga est une petite femme boulotte de soixante ans environ. Elle est vêtue d'une robe de couleur sombre sur laquelle se détache une croix en or incrustée de diamants.

Si Maria Braga est impressionnée, c'est que le décor environnant a de quoi frapper. C'est une petite pièce en rotonde sans fenêtre dont le mur et le plafond sont peints en bleu ciel. Un éclairage indirect très doux distille une ambiance de rêve. Au sol, s'étale une moquette blanche qu'on dirait faite de coton hydrophile tant elle est épaisse. Une petite table ronde au centre est recouverte d'un tapis blanc avec des étoiles d'or. Une musique suave à base de violons et de harpes s'échappe en sourdine d'on ne sait où...

Mais le plus extraordinaire, c'est la femme qui est assise en face de Maria. Elle est vêtue d'une sorte de vêtement indien ou antique composé de voiles bleus superposés. Elle a une trentaine d'années et un visage qu'on ne peut pas oublier : des yeux d'une couleur indéfinissable tirant sur le gris, des traits énergiques mais harmonieux, une bouche sensuelle et une longue chevelure noire qui lui descend jusqu'aux épaules.

Maria Braga prend la parole d'une voix qui résonne étrangement en raison de la configuration particulière des lieux.

— Comme c'est beau, madame da Silva ! Je ne m'attendais pas à cela.

La femme aux voiles répond avec un sourire :

— Appelez-moi Leonora.

L'émotion de Mme Braga redouble.

— C'est vrai ? Je peux ?

Leonora da Silva accentue son sourire.

— Comme tous les propriétaires... De même que, comme tous les propriétaires, vous avez le droit désormais de venir ici.

Maria Braga se penche vivement vers son interlocutrice :

— L'esprit vous a parlé ?

— Oui. Ici même, hier soir. Il m'a décrit votre maison. C'est un rêve, un palais !

Les yeux de Maria s'allument :

— Il y a plus de trois pièces ?

— Non, trois pièces, ma chère Maria, mais immenses. Chacune d'elles est une cathédrale... Et une vue !

Maria Braga est de plus en plus excitée :

— Ah ! C'est bien situé alors ?

Leonora da Silva se lève en faisant voltiger ses voiles.

— Idéal ! C'est l'endroit le plus demandé. L'esprit lui-même n'en revenait pas. Ma chère, vous aurez une des plus belles maisons du paradis.

Elle met la main à son décolleté et en retire une clé en caoutchouc mousse bleu, qu'elle tend avec grâce.

— Votre clé...

Maria reste bouche bée... La clé, le décor, la musique : elle est éperdue de béatitude. Elle s'exclame :

— Cela donne envie de mourir !

Leonora da Silva s'approche de la table au tapis étoilé.

— Rien ne presse, ma chère Maria. Maintenant que vous savez ce que votre âme aura là-bas, vous ne pouvez que passer une vie heureuse sur cette terre.

Maria Braga montre à Leonora le paquet devant elle.

— Voilà. Trois millions d'escudos. Un million par pièce. Voulez-vous vérifier ?

Leonora da Silva a un geste ample du bras qui soulève ses voiles.

— L'esprit n'a pas besoin de vérifier. L'esprit sait tout... Ah, une dernière chose : n'en parlez à personne. Sinon l'esprit se fâcherait et votre belle maison disparaîtrait...

Elle esquisse un mouvement rapide des deux mains...
Comme cela : en fumée !
Maria a l'air apeurée devant cette terrifiante éventualité.
— Vous pensez bien que j'ai fait attention. Mon mari n'est au courant de rien. J'ai vendu tous mes bijoux.
Elle baisse la tête vers sa robe.
— Sauf la croix, bien entendu. Je me suis dit que si on veut aller au paradis...
Leonora da Silva conduit sa visiteuse vers une porte qui ne se distingue pas du reste du mur.
— Vous avez bien fait, ma chère.
Elle fait disparaître le paquet de billets sous ses voiles.
— Réjouissez-vous, maintenant vous faites partie des propriétaires du paradis...
C'est ainsi que, en ce 16 janvier 1963, Leonora da Silva, une des voyantes les plus en vue de Rio de Janeiro, vient de vendre pour trois millions d'escudos — environ deux millions de francs actuels — un F 3 au paradis !

Après avoir raccompagné sa cliente jusqu'à la porte de sa luxueuse villa des environs de Rio, Leonora monte s'enfermer dans sa chambre. Avec un soulagement visible, elle se débarrasse de ses voiles bleus et court enfiler un blue-jean et un tee-shirt. Elle allume une cigarette, va chercher un verre de whisky dans un petit bar mural et revient vers les billets qu'elle avait laissés sur sa coiffeuse. De son index droit, elle commence à compter chaque liasse avec méticulosité... C'est à ce moment qu'on frappe à la porte. Dérangée en pleine comptabilité, Leonora demande d'une voix rogue :
— Qu'est-ce que c'est ?
— C'est Antonia, madame. Il faut que je vous parle.
Antonia Carvallo est la bonne de Leonora da Silva. Qu'est-ce qu'elle lui veut ? Comment ose-t-elle la déranger ainsi dans sa chambre ? Leonora lance vivement :
— Je suis occupée ! Fichez-moi la paix !
Mais derrière la porte, la voix insiste :

— C'est urgent et important, madame. Il faut que je vous parle... du paradis.

Surprise, Leonora fait disparaître les billets dans un tiroir de sa coiffeuse et va ouvrir. Antonia Carvallo est une brunette de vingt-cinq ans plutôt insignifiante, mais qui affiche en cet instant un air effronté. Elle entre dans la pièce et s'assied sans gêne sur le lit.

— Il faut que je vous fasse un aveu, madame. Il m'arrive d'écouter aux portes. Tout à l'heure, c'est ce que j'ai fait et j'ai tout entendu.

Leonora da Silva toise sa domestique. Elle projette dans sa direction la fumée de sa cigarette.

— Bon. Vous écoutez aux portes. Eh bien, je vous renvoie. L'affaire est réglée. Je descendrai faire votre compte quand j'aurai terminé.

Antonia a un regard furieux.

— Madame a tort. Madame fait semblant de ne pas avoir compris. Et si j'allais raconter tout ça aux policiers, hein ? Ou alors c'est trois cent mille escudos. Juste le dixième de ce que vous a donné l'autre folle.

Pour toute réponse, Leonora da Silva lui expédie une gifle retentissante. Antonia pousse un cri et s'enfuit. Elle dévale l'escalier jusqu'au rez-de-chaussée, sort dans le jardin, se plante sous la fenêtre de Leonora et lui lance d'un ton de défi :

— Vous ne l'emporterez pas au paradis, madame da Silva !

L'inspecteur Enrique Jabor a le plus grand mal à comprendre cette jeune femme gesticulante, qui semble visiblement sous le coup d'une intense émotion.

— Bon. Vous me dites que Leonora da Silva est un escroc... Qui c'est ça, Leonora da Silva ?

— Mon ancienne patronne. Elle habite une villa tout à côté d'ici. Vous devez y aller.

L'inspecteur Enrique Jabor regarde Antonia avec une grimace.

— Et cette histoire de paradis, vous pouvez me répéter ? Je n'ai pas bien saisi.

— Eh bien, elle vend le paradis. Ce n'est pas une escroquerie, ça ?

De toute évidence, l'inspecteur doute de plus en plus de l'équilibre nerveux, voire mental, de son interlocutrice.

— Donc, vous venez porter plainte.

— Oui. C'est cela. Je porte plainte.

— Parfait. Que vous a fait Mme da Silva ?

— A moi, rien. Mais...

L'inspecteur Jabor se lève et prend sans ménagement la jeune femme par le bras.

— Alors, si on ne vous a rien fait, vous ne pouvez pas porter plainte. Au revoir, mademoiselle.

Ecumante de rage, Antonia s'en va en lançant :

— Je reviendrai !

L'inspecteur Enrique Jabor, en voyant disparaître cette folle, est persuadé du contraire. Et pourtant il se trompe. Car, malgré sa fureur, Antonia Carvallo conserve toute sa logique. Si elle ne peut pas porter plainte elle-même, elle doit trouver quelqu'un qui puisse le faire à sa place, c'est-à-dire une des victimes. Et elle en connaît une...

Eleazar Braga, directeur de la Banca do Rio, n'a pas l'habitude d'être dérangé dans son bureau. Pourtant, il a reçu immédiatement cette inconnue lorsqu'elle a annoncé à sa secrétaire qu'elle avait des nouvelles graves concernant sa femme.

Antonia Carvallo entre directement dans le vif du sujet.

— J'étais la bonne de Leonora da Silva.

Ce nom fait passer une brusque inquiétude sur le visage d'Eleazar Braga.

— La voyante ? Qu'a-t-elle demandé encore à ma femme ?

— Elle lui a tourné la tête comme aux autres. Lorsque je l'ai appris, j'ai essayé de m'y opposer, mais c'était trop tard. Bref, Leonora da Silva lui a vendu pour trois millions d'escudos une maison de trois pièces au paradis.

Le banquier, qui, comme tous les membres de sa profession, a les pieds sur terre, surtout lorsqu'il s'agit d'argent, frise l'apoplexie. Il reprend enfin ses esprits.

— Et... avec quoi a-t-elle payé ?

— En vendant ses bijoux. Alors, qu'allez-vous faire ?

La réponse d'Eleazar Braga est celle qu'attendait Antonia et elle le remplit d'une joie féroce.

— Je vais porter plainte, pardi !

31 mars 1963. Leonora da Silva comparaît devant le tribunal correctionnel de Rio de Janeiro sous l'inculpation peu commune d'avoir vendu le paradis par lots de maisons individuelles à de trop crédules clients de son cabinet de voyance.

Eleazar Braga, mari de Maria Braga, et qui a porté plainte en son nom, occupe le banc de l'accusation. La salle est comble, ainsi qu'on peut l'imaginer. Curieux et journalistes se bousculent pour assister à cette affaire unique en son genre. Leonora da Silva, comme toutes les grandes vedettes soucieuses de leur standing, se fait attendre. Elle paraît enfin...

Il y a un « oh ! » de plaisir. Chacun sent, rien qu'à son aspect, qu'elle est bien décidée à se défendre et que la partie est loin d'être perdue pour elle. Elle se tient très droite, du haut de sa grande taille, sculpturale dans sa robe noire. Elle regarde alternativement les juges et son accusateur d'un air de défi.

Le président prend la parole.

— Leonora da Silva, vous êtes accusée d'avoir vendu à cinq personnes différentes des « maisons du paradis » de deux à cinq pièces, pour un prix de deux à cinq millions d'escudos. Qu'avez-vous à répondre ?

Leonora parle d'une voix forte, presque éclatante.

— Rien. Il n'y a rien à répondre puisque c'est vrai.

— Donc, vous reconnaissez avoir abusé de la confiance de ces gens ?

Leonora da Silva a un mouvement d'épaules qui secoue sa crinière noire.

— Absolument pas. J'ai réellement vendu ces maisons.

— Mais elles n'existent pas.

— Si. L'esprit me les a décrites et j'ai pu en faire un tableau fidèle à chacun de mes clients.

Le président commence à s'énerver.

— Cessez de vous moquer du tribunal !

Mais Leonora tient tête.

— Vous m'avez l'air de bien connaître le paradis, monsieur le président. Vous y êtes allé, sans doute...

Il y a des rires dans la salle.

— Et vous en êtes revenu ?

Le président doit s'égosiller pour faire revenir le silence. Il tente de reprendre l'avantage.

— Enfin, on ne peut pas vendre de l'inconnu, de l'inexistant.

Leonora da Silva a un sourire.

— Bien sûr que si. Sinon, il faudrait condamner l'Eglise qui accepte des dons pour le repos des âmes.

Cette fois, le président commence à perdre pied.

— Ce n'est pas la même chose.

— Et pourquoi ?

— Parce que ce n'est pas pareil... Enfin, il est prouvé qu'avec cet argent, vous vous êtes acheté des bijoux, une villa de luxe.

Leonora ne se démonte pas pour si peu.

— Et alors ? Les biens de ce monde ne peuvent aller qu'à l'intermédiaire avec le ciel. Que fait le prêtre avec l'argent des messes ? Il s'achète de quoi manger, de l'essence pour sa voiture, une paire de souliers neufs. Le principe est exactement le même.

Le président cède sous la logique inébranlable du raisonnement. Il fait une dernière tentative.

— Et ces clés en caoutchouc mousse bleu ? Vous n'allez pas me dire que c'était sérieux ? Qu'elles ouvraient bien la porte de ces « maisons » ?

Avec un sourire condescendant, Leonora da Silva porte le coup final.

— Un symbole, monsieur le président, un symbole. Dès qu'on entre dans le domaine de la mystique et de la religion, tout devient symbolique.

La cause est entendue. Après une rapide délibération, Leonora da Silva est relaxée de l'accusation d'escroquerie, puisqu'il est établi qu'elle n'a pas trompé ses clients, même si l'objet de la transaction était de nature très particulière. Et la voyante se retire sous les vivats, tandis que Mme Braga et les autres « propriétaires du paradis », qui n'ont jamais cessé d'y croire, se précipitent pour la congratuler...

Par la suite Leonora da Silva a jugé bon de se faire oublier.

Mais dans le fond, qu'y avait-il à lui reprocher ? Tous ces gens avaient imaginé, avaient presque vu leur petit pied-à-terre au milieu des nuages et, depuis, ils y vivaient par la pensée. Cette habitation radieuse, ils l'avaient devant les yeux en permanence et elle illuminait leur vie. Bien sûr, c'était cher, mais ils avaient les moyens, et puis la poésie, le rêve et tout simplement le bonheur, cela n'a pas de prix.

Le clown qui devint roi

Les Balkans évoquent aujourd'hui de terribles réalités, dont les moyens d'information se font quotidiennement l'écho. Et il faut reconnaître qu'il en a presque toujours été ainsi. Cette partie de l'Europe, habitée par des peuples si divers et souvent antagonistes, a, tout au long de son histoire, été déchirée par les rivalités et les conflits.

Pourtant, dans cette suite de sang et de larmes, il y a une exception, un énorme éclat de rire, l'une des plus inimaginables escroqueries de tous les temps, réalisée avec un culot invraisemblable.

En 1913, l'Albanie est en pleine agitation politique, une agitation qui est elle-même la conséquence de la crise qui secoue toute la région. Il y a d'un côté la Grèce, la Serbie et le Monténégro, de l'autre la Turquie, sans compter l'Italie et la Russie, qui viennent compliquer la situation.

Sans entrer dans les détails, ce qui importe pour notre histoire, c'est qu'en 1912, à la suite d'un soulèvement, l'Albanie est devenue indépendante. Elle s'est détachée de la Turquie, alors puissance occupante. Mais si elle est indépendante, elle n'a toujours pas de souverain. Depuis quelques mois déjà, les grandes puissances, réunies à Londres, discutent avec âpreté du sujet. En fait, elles sont d'accord pour donner à l'Albanie un roi européen tout comme elles l'ont fait le siècle précédent pour la

Grèce, mais elles s'opposent vivement sur la nationalité du futur chef d'Etat. Sera-t-il français, anglais, allemand ?... Autour du tapis vert, on discute interminablement.

Il se trouve que les Albanais, dont visiblement les négociateurs de Londres se soucient fort peu, ont eux aussi un avis sur la question. Ils n'ont aucune envie d'avoir à leur tête un souverain étranger et, comme ils sont presque tous musulmans, ils aimeraient bien avoir un roi de leur religion. Ils ont même un nom précis en tête : Halim Eddine, le neveu du sultan de Constantinople.

Le général Essad Pacha, le chef de l'armée albanaise qui exerce provisoirement le pouvoir, est lui aussi de cet avis. Seulement, est-ce que la Turquie, contre laquelle le pays vient de se soulever, acceptera cette solution qui équivaut à une réconciliation ? C'est tout le problème.

Donc, les Albanais, à la fois heureux et embarrassés de leur nouvelle indépendance, attendent et — ô miracle —, le 8 août 1913, le général Essad Pacha reçoit un télégramme laconique qui le comble de joie : « Prince Halim Eddine arrive. »

Inutile de dire que dans la population, dès que la nouvelle est connue, c'est la liesse. L'Albanie va avoir le roi qu'elle souhaitait. Le futur souverain doit arriver le 10 août 1913 à Durazzo, le port de Tirana.

Aussi, le jour prévu, il y a sur le petit port une foule considérable. Les Albanaises et les Albanais sont là en masse dans leurs habits de cérémonie, à la fois chatoyants et pittoresques. Chacun a avec soi des roses, qu'on se prépare à effeuiller pour en jeter les pétales au passage d'Halim Eddine. Devant, se tient Essad Pacha, en grand uniforme, accompagné des responsables de la petite armée et de tous les notables du pays.

Enfin le bateau, qui est d'ailleurs le paquebot régulier faisant la liaison entre Constantinople et Venise avec escale à Durazzo, arrive à quai. Sur la passerelle on distingue une silhouette qui descend d'un pas martial. C'est lui, c'est Halim Eddine, leur prince, leur futur roi !

Au fur et à mesure qu'il s'avance, on le voit mieux. Halim Eddine est de haute taille. Sous son grand fez rouge, ses cheveux déjà gris encadrent un visage plein de majesté. Sa superbe moustache à la gauloise ajoute encore à son aspect imposant. Halim Eddine est habillé en général. Sa poitrine est couverte de décorations qui étincellent au soleil et barrée d'un magnifique cordon multicolore qui ressemble à un arc-en-ciel. Derrière lui, se tient un Turc en robe de soie, avec un turban sur la tête.

Dans la population albanaise, un frisson d'émotion a passé. Halim Eddine est encore plus beau qu'on ne le pensait. Déjà les bouquets de roses commencent à s'agiter et les premiers cris à retentir.

Essad Pacha s'approche du neveu du sultan. A vrai dire, il n'en mène pas large. Quelle va être la réaction du futur souverain, appartenant à une nation qu'il a lui-même combattue ? Est-ce qu'il va bien vouloir le garder comme chef des armées ?

Une fois devant Halim Eddine, Essad Pacha se prosterne et, sans un mot, lui tend son épée de commandement. Mais Halim Eddine montre dès cet instant toutes ses qualités de souverain. Il refuse l'épée, invite le général à se relever et lui donne solennellement l'accolade.

Dans la foule, c'est le délire. Au milieu des pétales de roses et des hourras, les deux hommes se dirigent vers le carrosse qui les attend, suivi à distance respectueuse du Turc qui accompagne Halim Eddine. Et tout le long du trajet de Durazzo à Tirana, la future capitale, c'est l'enthousiasme populaire le plus total. Arrivé au palais des gouverneurs d'Albanie, Halim Eddine, après avoir salué une dernière fois Essad Pacha, se fait conduire à ses nouveaux et luxueux appartements privés et s'y enferme avec le Turc, qu'il a présenté comme son homme de confiance.

Essad Pacha et les dignitaires albanais se congratulent. Ils sont enchantés d'Halim Eddine. Quelle prestance, quelle allure, quelle majesté en un mot ! Et puis, il a l'air très bien disposé vis-à-vis d'eux.

Mais ils seraient certainement beaucoup moins satisfaits s'ils voyaient ce qui se passe derrière les portes de l'appartement. Car les deux hommes, qui ont retiré leur fez et leur turban, sont en train de rire. Un rire qu'ils ne peuvent plus contrôler, une jubilation qui les fait pleurer, qui les suffoque. Ils se roulent sur les sofas et les coussins de soie en se tenant les côtes.

Et il faut les comprendre. Il n'est pas donné à tout le monde de devenir roi et homme de confiance du roi, surtout quand on exerce respectivement la profession de clown et d'avaleur de sabres !

Les deux hommes qui sont en train de se tordre de rire dans le palais des gouverneurs d'Albanie n'en sont pas à leur coup d'essai. La vie qu'ils ont menée jusque-là a été plutôt du genre mouvementé...

Le futur roi, qui est donc clown, s'appelle Otto Witte. Il est allemand, il a la quarantaine et a derrière lui une carrière bien remplie. Il a fait la connaissance de son acolyte, un compatriote du nom de Max Schlepsig, plusieurs années auparavant dans une prison de Barcelone. Otto Witte purgeait tout banalement une peine pour escroquerie mais le motif de l'incarcération de Max Schlepsig était moins ordinaire. Il avait tenté d'étrangler un matador qui, de son côté, avait essayé de le tuer avec son épée de corrida. Tout cela pour une jolie Française qui, pendant la bagarre, avait préféré partir avec un Anglais.

Donc, les deux Allemands sympathisent et décident de s'évader ensemble de la manière la plus sûre, c'est-à-dire en payant leurs gardiens. A partir de là, ils ne se quittent plus et ils parcourent le monde dans un cirque, l'un comme clown, l'autre comme avaleur de sabres. Mais un beau jour, ils décident d'améliorer leur ordinaire plutôt maigre de saltimbanques et, pour cela, ils profitent de toutes les occasions.

C'est ainsi que, quelques années plus tard, Otto et Max suivent en Afrique un prince hongrois qui les emmène avec lui dans sa partie de chasse comme... bouffons. Le travail, si l'on peut parler de travail, n'est pas très enthousiasmant, plutôt désagréable même, mais il a l'avantage d'être fort bien payé. D'ailleurs, la partie de chasse se termine mal. Le prince hongrois et toute son expédition tombent nez à nez avec des Pygmées qui les massacrent avant de les manger. Seuls les deux Allemands s'en sortent en exécutant un éblouissant numéro d'avaleurs de feu qui convainc sans équivoque les indigènes de leur qualité divine et ils repartent comblés de cadeaux.

Rentrés en Europe, ils reprennent leur place dans un cirque en agrémentant leur existence de quelques actions d'éclat. La plus remarquable se passe en 1911. C'est le moment où la *Joconde* a été volée au Louvre et où toutes les polices européennes sont à sa recherche. Avec une belle assurance, Otto et Max se font passer pour les voleurs. Et ils en vendent à prix d'or une mauvaise copie à un marchand grec de Venise.

Mais tout cela, ce ne sont que des hors-d'œuvre. C'est en 1913 que les deux hommes décident de tenter leur coup le plus audacieux. A ce moment-là, ils sont avec leur cirque à Tirana et c'est en lisant les journaux du pays que leur vient l'idée de génie. Car la photo d'Halim Eddine, le prince tant convoité des Albanais, qui s'étale partout en première page, présente une ressemblance frappante avec Otto Witte. Il suffirait à celui-ci de se teindre les cheveux en gris et de se mettre une moustache à la gauloise pour devenir son parfait sosie.

Les deux complices n'hésitent pas : ils vont s'emparer du trône d'Albanie ! Pour cela, ils restent encore deux mois dans le pays. Otto Witte apprend les quelques rudiments d'albanais qu'un prince turc se doit normalement de posséder. Ils se font envoyer de Vienne deux costumes d'opérette, l'un de général de fantaisie, l'autre de Turc. Ils vont à Salonique attendre au passage le bateau de Constantinople à Durazzo et demandent à un ami de Constantinople d'envoyer le télégramme officiel annonçant à l'Albanie la venue du prince Halim Eddine.

Otto et Max ont cessé de rire dans leur immense appartement royal. D'abord parce qu'ils n'en peuvent plus, et ensuite parce qu'on vient de frapper à la porte. C'est le général Essad Pacha qui, respectueusement, vient les convier au festin préparé pour eux. Ils le remercient de cette gentille attention et font honneur aux dix-huit services du repas. Pourtant, à peine la dernière bouchée avalée, ils rentrent en toute hâte vers leur appartement. C'est qu'il y a un ennui dans ce pays : les musulmans ne boivent pas d'alcool. Heureusement, ils ont tout prévu et ils ont dans leurs bagages une quantité de schnaps suffisante pour tenir un siège.

Otto et Max trinquent interminablement toute la nuit et ils se mettent d'accord sur les deux objectifs prioritaires du futur souverain : premièrement constituer le harem, car il n'y a pas de roi musulman sans harem, deuxièmement, se faire remettre les clés du trésor albanais. Ensuite, après avoir trinqué une dernière fois, ils s'endorment, résolument confiants dans l'avenir...

Le lendemain, après un petit déjeuner tellement fabuleux qu'ils ne peuvent pas en ingurgiter plus du quart, ils font leur entrée dans la grande salle du palais. Il y a là, conscients de l'importance historique du moment, tous les dignitaires du pays et tous les cadres de l'armée avec, à leur tête, Essad Pacha. Ce dernier déclare d'une voix à la fois émue et solennelle :

— Prince, vous n'ignorez pas que le peuple albanais est impatient de vous voir monter sur le trône, au lieu d'un infidèle français, allemand ou anglais. C'est pourquoi nous vous demandons humblement d'accepter d'être notre roi. Ce serait pour nous un grand honneur, ce serait une preuve de votre sagesse et une bénédiction d'Allah.

Absolument imperturbable, le « neveu du sultan » lisse sa superbe moustache grise à la gauloise, puis caresse son magnifique cordon multicolore. Le silence est gêné, pesant, chacun des assistants a conscience que le sort de l'Albanie est en train de se jouer.

Enfin, Halim Eddine prend la parole, dans un mauvais albanais, mais que tout le monde juge très méritoire pour un prince turc.

— Votre demande m'honore considérablement, mais je me sens bien indigne de l'accepter...

Il y a un moment de flottement et de désappointement. Le prince reprend la parole :

— Toutefois, puisque telle est la volonté d'Allah, je ne me déroberai pas à mon devoir. J'accepte de devenir votre souverain et je fixe mon couronnement à après-demain.

Un murmure de satisfaction a parcouru les dignitaires et quelques applaudissements hésitants ont éclaté spontanément. Mais le futur souverain les fait taire d'un geste.

— Maintenant, écoutez-moi. Voici mes premières décisions. D'abord, au nom d'Allah tout-puissant et miséricordieux, le général Essad Pacha, qui reste bien entendu chef des armées, va préparer la mobilisation générale, car je déclare la guerre au Monténégro. Deuxièmement, j'ai décidé de choisir pour mon harem non pas quelques princesses étrangères, mais des filles du peuple albanais. Je tiens à dire que je ne souhaite pas de femmes de la noblesse, mais seulement celles qui incarnent la beauté légendaire des Albanaises. Troisièmement, le général Essad Pacha devra me mettre au courant des finances du pays, afin que je puisse récompenser chacun de vous selon ses mérites.

Alors là, c'est le délire. Malgré les protestations agacées du futur souverain, toute l'assistance éclate en bravos et, quand les nouvelles sont connues dans la population, elles sont accueillies avec le même enthousiasme.

C'est la déclaration de guerre au Monténégro qu'on acclame le plus. Il faut préciser que les Monténégrins catholiques sont les ennemis héréditaires des Albanais musulmans. Malheureusement, entre autres défauts, les Monténégrins ont celui d'être beaucoup plus nombreux que les Albanais et leur armée est bien trop puissante pour qu'on songe à les attaquer. Mais si c'est Halim Eddine, le neveu du sultan, qui leur déclare la guerre, cela veut dire que toute la Turquie est derrière. Le rapport des forces est totalement inversé. Ce n'est ni plus ni moins que la fin du Monténégro !

Les Albanais se répandent dans les rues de Tirana en tirant des coups de feu en l'air. On acclame Halim Eddine tant qu'on peut. Et puis cette idée si touchante, si généreuse, de prendre de simples filles du peuple dans son lit ! On en est ému jusqu'aux larmes...

Et le 13 août 1914, c'est le jour de gloire : le couronnement du premier roi d'Albanie. Les dirigeants du pays ne tarissent pas d'éloges à son sujet. Halim Eddine, dans sa sagesse inspirée sans nul doute par Allah, a choisi de se faire couronner sous un nom européen : Otto Ier. Les puissances qui discutent à Londres seront sensibles à la concession et on n'aura rien à redouter d'elles...

A l'occasion du sacre d'Otto Ier, les chefs de tribus de tout le pays sont descendus de leurs montagnes. Car l'Albanie est encore divisée en de multiples petits pouvoirs locaux qui s'affrontent depuis des siècles. Mais pour la première fois, ils sont tous là, avec leur longue barbe noire, leur cartouchière sur la poitrine et leurs habits de cérémonie : pantalons bouffants et chaussures à pompons.

Après la cérémonie religieuse dans la grande mosquée, a lieu un festin sans précédent. Des quartiers entiers de bœuf, des moutons, des agneaux de lait rôtissent dans un fabuleux méchoui. Il y a aussi les poissons les plus fins, les truites des lacs et les saumons des rivières, renommés dans tous les Balkans.

Le roi Otto Ier et son homme de confiance mangent avec un appétit qui ravit les invités. Mais tout en faisant bombance, le nouveau souverain se met sans plus attendre à ses royales fonctions. Avec beaucoup d'attention et de patience, il écoute ses invités, les chefs de tribus, qui viennent se plaindre à lui. Comme ils sont en vendetta perpétuelle depuis plusieurs siècles, chacun a une liste impressionnante de griefs envers ses rivaux. Mais Otto Ier, enfin politique, a une façon absolument infaillible de régler les différends : il donne à tout le monde de l'or, puisé, évidemment, dans le trésor albanais.

Les assistants sont éberlués et ravis, d'autant qu'Otto Ier étend ses largesses à tous les dignitaires du pays et même aux soldats de sa garde qui reçoivent chacun dix pièces d'or.

Otto Ier d'Albanie et son homme de confiance ne s'attardent guère au festin de couronnement. Ils ont décidément beaucoup de mal à s'habituer à ces banquets où on ne peut pas boire une goutte d'alcool et ils ont hâte de retrouver leur provision de schnaps.

Mais en arrivant au palais, c'est tout autre chose qu'ils découvrent : les candidates au harem royal sont là, qui attendent leur bon vouloir. C'est une véritable bousculade, une marée féminine, que les gardes contiennent à grand-peine.

La constitution du harem royal étant désormais la tâche prioritaire, Otto Ier décide de s'y consacrer séance tenante et il fait savoir à Essad Pacha qu'il lui laisse d'ici-là la responsabilité des affaires.

Pour ceux qui ignorent comment s'effectue la constitution d'un harem, voici la méthode qu'Otto Ier et son homme de confiance ont mise au point.

En premier lieu, Max Schlepsig procède, dans une des chambres du palais, à la « présélection » des candidates. Ensuite, il conduit celles qui ont passé l'examen de manière satisfaisante dans la chambre du souverain, pour la seconde épreuve, dite « sélection définitive ». Et tout cela dure deux jours, ou, pour être plus précis, deux jours et deux nuits, pendant lesquels nul n'a le droit de déranger Sa Majesté et son homme de confiance...

Mais les plus belles choses ont une fin.

Dans la nuit du 15 août, Essad Pacha reçoit un télégramme du véritable Halim Eddine, déclarant en substance qu'il n'a pas été à sa connaissance proclamé roi d'Albanie. Un tel retard dans l'information peut paraître invraisemblable, mais à l'époque et surtout dans les Balkans plongés dans un état de guerre perpétuel, les nouvelles mettaient plusieurs jours pour parvenir.

Bref, en pleine nuit, rouge de colère et écumant de rage, Essad Pacha, suivi de la garde, force les portes de l'appartement royal. C'est évidemment pour trouver le souverain et son homme de confiance dans la galante compagnie qu'on imagine.

Cette fois, Otto Witte a peur. Les hommes d'armes sont autour de lui, menaçants, et Essad Pacha hurle des injures. Mais notre homme en a vu d'autres. Avec un sang-froid peu commun, il s'adresse aux gardes :

— Arrêtez ce traître !

Et il pointe le doigt vers Essad Pacha.

— Il est payé par le Monténégro pour empêcher la guerre. Au nom de l'Albanie, je vous ordonne de l'arrêter ! N'avez-vous pas confiance en votre roi ? Est-ce que je ne vous ai pas prouvé ma générosité ?

Les soldats hésitent. Ils ne savent rien. Ils ne sont pas au courant de la supercherie. Quand Essad Pacha les a entraînés, ils ont cru à une révolution de palais. Et maintenant, voici que le roi leur désigne Essad Pacha comme un traître à la solde du Monténégro, leur roi qui les a si bien traités en leur donnant dix pièces d'or à chacun.

Alors, avec un bel ensemble, les soldats changent de camp. Otto Witte a même beaucoup de mal à les empêcher de couper sur-le-champ la tête du chef de l'armée pour lui prouver leur attachement. Et le malheureux Essad Pacha, roué de coups, se retrouve dans le plus humide cachot du palais.

Mais le vent a tourné, Otto et Max sont trop avisés pour ne pas s'en rendre compte. Avec l'aide des jeunes Albanaises, qui, elles, sont décidément entièrement de leur côté, ils se déguisent en femmes et c'est sous le voile des musulmanes qu'ils quittent discrètement le palais.

Arrivés à Durazzo, ils n'ont aucun mal à convaincre un pêcheur de sardines italien de les emmener jusqu'à Bari. Il faut dire qu'ils ont encore avec eux une bonne partie du trésor albanais.

Après cet exploit, sans aucun doute unique, Otto Witte et Max Schlepsig, qui ont vite dépensé ce qui leur restait d'or, sont retournés tous les deux dans un cirque, l'un comme clown, l'autre comme avaleur de sabres.

Mais, pendant longtemps, pour se faire un peu d'argent ou tout simplement pour se faire plaisir, Otto Witte a posé devant les photographes dans son grand uniforme d'Otto Ier d'Albanie, avec son fez rouge, ses décorations de fantaisie et son cordon arc-en-ciel sur la poitrine, dans une martiale attitude, sur les marches de sa petite roulotte.

Otto Witte est mort le 13 août 1958, quarante-cinq ans jour pour jour après son couronnement. Et l'on peut être certain d'une chose : s'il avait effectivement régné, il n'aurait pas vécu aussi longtemps.

Un sou est un sou, ou le voleur de centimes

— Un sou est un sou !

— Je le sais bien, monsieur Durand. Mais nous vous avons donné satisfaction. Nous avons recrédité votre compte de cinq centimes.

— Cela ne suffit pas. C'est extrêmement grave. J'exige une enquête !

— Enfin, monsieur, gardons le sens de la mesure...

— En matière de comptabilité, le mot « mesure » n'a aucun sens. Une erreur de cinq centimes ou une erreur de cinq millions, c'est pareil. C'est qu'il y a quelque chose d'anormal... Alors, vous la faites, cette enquête ?

— Franchement, monsieur Durand, nous n'avons pas le temps.

— Eh bien, vous le regretterez ! Soldez mon compte. Je quitte votre établissement.

Pour la première fois, le directeur de la banque se départit de sa courtoisie.

— Avec plaisir ! Et contrairement à ce que vous dites, nous ne vous regretterons pas.

M. Durand a un petit sourire et rétorque de sa voix assez haut perchée :

— Vous ne m'avez pas compris. Quand je dis « vous le regretterez », c'est qu'il va y avoir des suites. Vous allez entendre parler de moi !

Le directeur hausse les épaules et effectue les opérations

nécessaires au solde du compte. M. Durand examine soigneusement les chiffres qu'on lui remet et les compare avec ses propres chiffres, qu'il a apportés. Il faut dire que c'est son métier. Ou plutôt, ça l'était. M. Durand, soixante-cinq ans, est, en ce début de l'année 1990, comptable à la retraite, après quarante ans de loyaux services dans un grand magasin parisien...

M. Durand, satisfait de ses vérifications, signe le solde de tout compte et part sans saluer avec l'argent qui lui est dû, comprenant, entre autres, une petite pièce ronde et dorée : les cinq centimes dont il a été recrédité grâce à son obstination.

En le voyant disparaître, le directeur pousse un soupir de soulagement. Il se croit débarrassé d'un vieil enquiquineur, pour employer un mot convenable. Il se trompe du tout au tout. M. Durand n'avait pas menti : il va entendre parler de lui. Et de quelle manière !

— Enfin, monsieur, vous n'allez pas me dire que vous portez plainte pour le vol de cinq centimes ?

— Je suis venu précisément pour cela.

L'inspecteur Lucchino, du commissariat principal du 15e arrondissement, ne sait pas s'il doit se mettre à rire ou se fâcher.

— Soyons sérieux ! D'ailleurs, à ce que j'ai cru comprendre, la banque vous les a rendus, vos centimes.

— La restitution d'une somme volée n'annule pas le délit. Je porte plainte. Veuillez l'enregistrer.

— Vous croyez que je n'ai que cela à faire ?

— C'est votre dernier mot ?

— Oui. Maintenant, disparaissez !

Cette fois, M. Durand ne menace pas. On ne menace pas un policier. Il réplique simplement, d'une voix calme, quoique un peu haut perchée :

— Parfait...

Un mois a passé. L'inspecteur Lucchino est reçu à sa demande par le directeur de la succursale dont M. Durand fut l'ex-client. Le banquier tombe des nues quand il apprend l'objet de sa visite.

— Vous n'allez pas me dire que... ?

— Si. Il a pris un avocat et entamé une procédure. Nous sommes obligés de donner suite.

— Il va payer des honoraires d'avocat pour cinq centimes !

— Que voulez-vous ? C'est à cela qu'il occupe le temps et l'argent de sa retraite. Nous n'y pouvons rien.

Le directeur pousse un soupir.

— Bien, que voulez-vous savoir ?

— Cette erreur de cinq centimes, quelle personne de votre succursale a pu la commettre ?

— Cela ne vient pas de chez nous, mais du siège central. Il s'agit d'intérêts sur comptes rémunérés. C'est là-bas qu'ils sont calculés.

— Par combien de personnes ?

— Oh, un tout petit nombre.

— Et ici, ils ne sont jamais vérifiés ?

— Totalement impossible, cela prendrait trop de temps... Je vais vous montrer.

Le banquier fait apparaître un compte sur son ordinateur et entreprend de recalculer les intérêts à l'aide de sa calculette. Cela lui prend deux bonnes minutes... Non, trois, car il recalcule de nouveau. Et puis quatre, car il recalcule encore.

— Ce n'est pas vrai !

— Qu'est-ce qui se passe ?

— Il... il manque cinq centimes...

Il y a un silence. Le banquier et le policier se regardent. Ils viennent de penser à la même chose, une chose effarante, qui donne le vertige. C'est l'inspecteur Lucchino qui reprend la parole.

— Combien de calculs de ce genre fait-on par jour au siège central ?

— Je ne sais pas. Plus de dix mille, peut-être vingt...

— Et vingt mille fois cinq centimes, cela fait cent mille centimes par jour, mille francs. Trente mille francs par mois !

Au siège de la banque centrale, le responsable de l'informatique ne prend pas du tout à la légère la visite de l'inspecteur Lucchino. Il a été prévenu par le directeur de la succursale et il a déjà fait sa propre enquête.

— Combien de personnes s'occupent des comptes rémunérés ?

— Trois, mais j'ai des soupçons sur l'un d'eux, le dernier arrivé : Patrick Chevalier.

— Vous avez découvert quelque chose dans sa comptabilité ?

— Non. C'est un génie de l'informatique. Si c'est lui, il a dû mettre au point un système pratiquement indécelable... En fait, ce qui me chiffonne, c'est qu'il vient de s'acheter une voiture neuve.

— Vous trouvez cela suspect ?

— Le problème, c'est que je me demande avec quoi. Il a son compte chez nous et il n'y a eu aucun mouvement de capitaux correspondant à cet achat.

— Il a peut-être un compte dans une banque concurrente.

— Il n'y verse pas son salaire, en tout cas. Il est viré sur le nôtre.

— C'est peut-être l'argent de sa femme ?

— Il est célibataire.

— Alors, un héritage, un cadeau, une petite amie généreuse...

— C'est possible. Je vous donne l'information pour ce qu'elle vaut. Parce que découvrir le piratage informatique, ce sera difficile et cela risque de lui donner l'alerte...

Le responsable communique même à l'inspecteur le nom du concessionnaire qu'en homme décidément méticuleux, il avait relevé sur la plaque d'immatriculation. Le policier se décide à l'appeler au téléphone sans plus attendre.

Au bout du fil, son correspondant n'a pas l'air surpris.

— C'est au sujet de cette vente ? Je m'y attendais un peu...

— Qu'est-ce qui s'est passé ?

— La personne a payé en liquide. Uniquement des billets de deux cents francs.

— Et qu'avez-vous fait ?

— Nous avons vérifié les billets. Ils étaient bons.

— Vous ne nous avez pas prévenus ?

La voix du concessionnaire est courtoise mais ferme.

— Il n'y a pas de loi qui interdise de payer en espèces. C'est au contraire le refus de vente qui est un délit...

L'épilogue a lieu quelques minutes plus tard dans le même bureau... Sommé de s'expliquer, Patrick Chevalier tente d'abord de nier, puis il finit par avouer avec un sourire beau joueur.

— Je ne pensais pas me faire avoir à cause d'un vieux râleur. Cela prouve que l'ancienne école a encore du bon.

— Comment avez-vous fait ?

Patrick Chevalier se lance dans toute une série d'explications techniques que nous ne reproduirons pas, tant à cause de leur complexité que pour ne pas donner des idées à d'éventuels émules.

En gros, il avait créé une procédure informatique pour qu'à chaque opération de calcul d'intérêts, cinq centimes soient automatiquement versés sur un compte secret. Il conclut avec une visible fierté :

— Ce compte-là, personne ne pouvait le retrouver, personne ne pouvait y avoir accès !

L'inspecteur Lucchino lui pose la question qu'il attendait :

— Et vous ?

— Je m'étais fabriqué une carte bleue sur ce compte. Toutes les semaines, j'allais le vider à la billetterie...

Ainsi s'est terminée, grâce à la perspicacité et l'obstination d'un comptable à la retraite, la carrière du jeune et brillant voleur de centimes... A l'heure actuelle, il paraît que les banques, au courant de cette histoire, ont pris des dispositions pour que la chose soit impossible.

Alors un conseil : si vous découvrez qu'il manque cinq centimes sur le montant de vos intérêts, avant de vous précipiter à votre agence pour solder votre compte ou au commissariat pour porter plainte, refaites votre calcul...

La femme de Martin Guerre

Parmi toutes les formes d'arnaques, l'arnaque par excellence, l'arnaque absolue, pourrait-on dire, est l'imposture, l'acte qui consiste à se faire passer pour quelqu'un d'autre, à prendre son identité. Si l'escroc ment, triche, falsifie, une fois son méfait terminé, il redevient lui-même. L'imposteur, lui, n'a pas cette possibilité. Il ne fait qu'un avec son mensonge, il vit son mensonge, il *est* son mensonge. Il a choisi une fois pour toutes de renoncer à sa personnalité pour celle qu'il a inventée et il doit continuer à l'incarner jusqu'au bout, quelles que soient les conséquences.

Des imposteurs, il y en a eu à intervalles réguliers dans l'histoire. Le plus souvent, ils ont usurpé l'identité de grands personnages décédés dans des conditions mystérieuses. Pourtant, l'exemple le plus remarquable du genre a eu lieu au XVIe siècle, dans un obscur village français, au sein d'une tout aussi obscure famille de paysans. Alexandre Dumas en a tiré un beau récit et, plus récemment, le cinéma s'en est emparé avec un égal bonheur : il s'agit de l'histoire de Martin Guerre.

Pourtant ni l'un ni l'autre n'ont, à notre avis, suffisamment mis l'accent sur ce qu'il y a de plus émouvant dans cette extraordinaire aventure vécue. L'imposteur peut tromper tout le monde, sauf son conjoint. La femme de Martin Guerre a forcément su dès le début la supercherie et elle a choisi d'être complice. Elle a aimé, elle a espéré, elle a tremblé, elle a tout partagé avec l'imposteur... Pour le meilleur et pour le pire.

10 janvier 1539. A Artigat, dans les environs de Toulouse, on célèbre un mariage entre deux enfants. La fiancée, Bertrande de Rols, a dix ans ; le fiancé, Martin Guerre, originaire d'Hendaye, au Pays basque, en a onze. C'est l'oncle de Martin, Pierre Guerre, qui a trouvé ce moyen pour se débarrasser d'une bouche à nourrir. Pierre Guerre, bien qu'il soit l'homme le plus riche de son village, est un avare notoire. Il a recueilli Martin à la mort de ses parents et il estime qu'à présent cela suffit. Son neveu se nourrira sur la dot de Bertrande.

Ce genre de mariage n'est pas commun. A l'époque, il n'existe que dans la haute noblesse pour des raisons diplomatiques, sauf précisément dans certaines régions du Sud-Ouest où convoler en bas âge est une coutume locale. Le curé d'Artigat a pourtant hésité à célébrer cette union contraire au droit canon, le but du mariage étant la procréation. Mais il s'est laissé convaincre, sans doute par une généreuse donation de Pierre Guerre. Quoi qu'il en soit, la fête est réussie et, au soir, quand on met au lit les époux, ils s'endorment sagement...

Neuf années ont passé... Les deux enfants ont grandi, mais pas du tout de la même manière. Bertrande est devenue une superbe brune épanouie, qui respire la santé et la joie de vivre, mais Martin n'a fait qu'enlaidir. Il est malingre, contrefait et une maladie de peau, l'acné vraisemblablement, l'a couvert de cicatrices. Au moral, il ne vaut pas mieux : il est renfermé, hésitant, nigaud. Et pour couronner le tout, il est impuissant ! Bertrande est tout aussi vierge qu'à dix ans. Martin a d'ailleurs beaucoup de chance qu'elle soit aussi pieuse et sage que belle, car elle repousse sans faiblesse les jeunes gens du village, qui, connaissant son infortune, tournent autour d'elle.

La situation devient tout de même intolérable pour la jeune femme, qui supplie le curé de lui venir en aide. Ce dernier lui conseille de manger à jeun une fouace bénite, meilleur remède en pareil cas. Sinon, elle devra songer à se séparer de Martin, la non-consommation du mariage étant un cas de divorce reconnu par l'Eglise...

Il ne sera pas nécessaire de recourir à cette extrémité. A peine

Bertrande a-t-elle mangé sa fouace que son mari retrouve sa virilité comme par miracle et, neuf mois plus tard, elle accouche d'un garçon : Sanxi.

Mais, à partir de là, ce sont d'autres soucis qui l'accablent. Martin a trop bien recouvré sa vigueur. Il devient volage, infidèle. Après plusieurs aventures passagères, il a une liaison affichée avec Rose Martin, la fille de l'apothicaire. Délaissée, bafouée, Bertrande se rebelle et, à l'issue d'une scène plus violente que les autres, Martin Guerre s'en va ; il prend la route de Toulouse avec son baluchon sur l'épaule. Bertrande pense à un mouvement de colère passager. Elle attend un mois, deux mois, trois mois : rien ne se passe... On la plaint beaucoup pour ce mariage qui ne lui aura apporté que des souffrances. Mais on lui dit : « Il reviendra. Tôt ou tard, il reviendra... »

Huit années ont encore passé... On a depuis longtemps cessé de donner à la malheureuse Bertrande, si lâchement abandonnée, de faux espoirs. On la plaint de tout cœur, car, si elle n'a plus d'époux, elle n'est pas veuve et ne pourra jamais se remarier. C'est d'autant plus injuste qu'elle a toutes les qualités. Elle fait preuve d'une vertu irréprochable et élève seule son fils d'une manière qui suscite l'admiration de tous.

Et c'est alors qu'un beau matin de printemps, sur la route de Toulouse, des paysans d'Artigat en train de travailler aux champs voient arriver un homme buriné par le soleil et tout couvert de barbe. Il y a un cri :

— Mais c'est Martin Guerre !

L'homme se dirige vers le groupe. On l'interpelle :

— C'est bien toi, Martin ?

— Par Dieu, oui, Guillaume. C'est bien moi !

— Mais où étais-tu ?

— A la guerre, pardi ! Dans le Nord. J'ai fait le siège de Saint-Quentin.

On l'entoure, on le bouscule. Il appelle tout le monde par son nom, demande à chacun des nouvelles de sa famille. On le presse de questions. Il parle beaucoup et donne mille détails sur ses campagnes. On est surpris, car Martin Guerre était peu liant et taciturne. On lui en fait la remarque. Il a un grand rire.

— C'est la guerre ! La guerre, ça vous change un homme !

Il ajoute, d'un ton différent, ému :

— Bertrande va bien ?

— Elle t'a attendu. Elle est plus belle que jamais.

— Et Sanxi ?

— Ton fils est un fier gaillard. Tu ne le reconnaîtras pas...

Martin Guerre se dirige sans hésitation vers sa maison et, devant les villageois qui s'attroupent, c'est le grand moment d'émotion. A sa vue, Bertrande manque de se trouver mal. Il s'avance vers elle, les bras tendus :

— Bertrande !...

Elle a un instant d'hésitation et court vers lui. Après de longues effusions, elle lui prend la main.

— Viens voir comme notre fils a grandi...

Dans le petit village d'Artigat, le bonheur des Guerre fait plaisir à voir. Comme ils ont changé tous les deux ! Martin est métamorphosé. La vie de soldat l'a dégrossi, rendu sociable et bon compagnon avec tout le monde. Il n'y a qu'une chose qui étonne un peu : il ne comprend plus le basque, alors qu'avant, lorsqu'un de ses compatriotes était de passage au village, il s'exprimait volontiers dans cette langue avec lui. Il explique que, dans la lointaine Picardie, au contact de tous ces Français du Nord, il a oublié son parler natal.

Mais rien n'égale la transformation de Bertrande. Elle qui n'avait connu jusque-là que des chagrins s'épanouit dans sa vie de couple retrouvée. D'autant que Martin, sans doute pour se faire pardonner son attitude passée, est le plus attentionné et le plus aimant des maris. Pour mettre un comble à ce bonheur, elle donne naissance à une fille, neuf mois après le retour de Martin.

Dans ce tableau idyllique, il n'y a qu'une ombre, l'oncle, Pierre Guerre. Au début, comme les autres, il a accueilli avec joie le retour de Martin. Il a bien ri avec lui, lorsque ce dernier lui a rappelé en plaisantant les corrections qu'il lui donnait étant enfant, mais tout a changé quand, plus tard, il a été question d'argent.

Après le départ de Martin, Pierre Guerre avait repris à son

compte l'exploitation de la propriété du couple et il ne veut pas rendre un sou des sommes qu'il a gagnées pendant tout ce temps. Il explique qu'il a subvenu à l'entretien de Bertrande et de son fils et qu'il est quitte. Martin Guerre ne veut rien entendre, exige son dû et, comme le vieux grigou refuse tout net, il lui intente un procès, qu'il gagne. Pierre Guerre doit lui verser quatre cents livres par année d'absence, soit trois mille deux cents livres.

C'est maintenant que l'affaire Martin Guerre va commencer, et cela uniquement à cause de la rapacité d'un paysan qui veut retrouver son argent...

Pierre Guerre paie les trois mille deux cents livres — comment faire autrement ? Mieux : il reconnaît ses torts et accepte la réconciliation que lui propose son neveu. Mais ce n'est qu'une apparence. Il veut gagner du temps pour préparer sa contre-attaque.

Car une idée fantastique lui est venue : l'homme qui a su si bien lui tenir tête et gagner son procès n'est pas Martin Guerre. Il lui ressemble, il a la même voix, les mêmes attitudes, il sait tout de sa vie, mais ce n'est pas lui. Martin était lourdaud, bête et timoré ; Martin avait toujours tremblé devant lui, il ne se serait jamais comporté avec cette assurance. Celui qui occupe la maison des Guerre, partage le lit de Bertrande et lui a donné une fille est un imposteur. Il le démasquera !

Et, apparemment contre toute raison, avec une patience et un acharnement incroyables, le vieux Pierre Guerre commence son enquête. A Artigat, rien à faire, tous ont reconnu Martin et sont prêts à jurer que c'est lui. Il faut donc voir plus loin. La chance le sert. Dans un bourg voisin, l'aubergiste lui fait une étonnante révélation. Un ancien soldat de passage, à qui il avait dit que Martin Guerre était de retour chez lui, s'était écrié :

— Impossible ! Il est toujours dans le Nord et il a une jambe de bois. Il a laissé la sienne au siège de Saint-Quentin.

Il n'en faut pas plus pour que Pierre Guerre revienne à Artigat et traite publiquement son adversaire d'imposteur. Il s'ensuit une violente bagarre, mais Bertrande s'interpose vivement.

— Qui mieux que moi pouvait le reconnaître ? C'est mon mari !

Tout le monde est du même avis et le vieil avare, mauvais

perdant de surcroît, est éconduit avec indignation... Ce n'est pourtant pas cela qui va le faire renoncer. Il continue à parcourir la région et, cette fois, il découvre un élément de taille. L'homme qui est venu à Artigat ressemble à s'y méprendre à un habitant de Sagias, un village des environs. Il s'agit d'Arnaud du Thil, un vaurien qui avait eu des démêlés avec la justice et qui avait choisi de s'enrôler dans l'armée pour fuir les ennuis.

Pierre Guerre revient à Artigat, en cachette de Martin cette fois, et il a une longue conversation avec Bertrande. Nul ne sait ce qu'il lui a dit précisément, mais il a certainement joué avec ses sentiments religieux. Il n'ignore pas qu'elle est très pieuse, qu'elle a, en particulier, une peur terrible du diable et de la damnation éternelle. Or, elle sait que celui qui partage sa vie n'est pas Martin. Elle vit sciemment avec lui dans le péché...

Toujours est-il qu'il lui fait signer une plainte officielle, adressée au juge de Rieux, dont dépend le village d'Artigat : « Demande à l'encontre dudit Arnaud du Thil à faire double amende honorable à Dieu et à Bertrande de Rols, tête et pieds nus, en chemise, tenant une torche ardente dans ses mains, disant que faussement et témérairement, il l'a abusée, trahie et circonvenue en prenant le nom de Martin Guerre, son vrai mari. Ce dont il se repent et lui verse en dommages et intérêts deux mille livres. »

A Artigat, c'est un coup de tonnerre, une bombe, la vie qui s'arrête ! Le soi-disant Martin Guerre est arrêté et emprisonné à Rieux... La suite est consignée dans les registres de la justice.

Le juge, devant qui le prévenu est conduit, ne sait absolument pas quoi penser d'une affaire aussi extraordinaire. Il interroge l'homme et les réponses qu'il reçoit sont dites avec une assurance parfaite.

— Quels sont les noms de votre père et de votre mère ?

— Antonio Guerre et Maria Torreada.

— Sont-ils encore vivants ?

— Mon père est mort le 15 juin 1530 et ma mère ne lui a survécu que trois ans et douze jours.

— Vous souvenez-vous de la date de votre mariage ?

— Le 10 janvier 1539.

— Qui assistait à la cérémonie ?

— Ma belle-mère, mon beau-père, mon oncle, mes sœurs, maître Marcel, notre voisin et sa fille Rose, un autre voisin, Claude Perrin, qui s'enivra, le poète Giraud, qui composa des vers en notre honneur.

— Quel prêtre vous a unis ?

— Le vieux curé Pascal Guérin, que je n'ai pas retrouvé à mon retour.

Tout cela concorde parfaitement avec les détails figurant dans le dossier. Le juge se tait et c'est au tour de Martin Guerre de poser ses questions.

— Comment se fait-il que ma femme ait attendu deux ans pour s'apercevoir que je n'étais pas son mari ? En fait, c'est mon oncle qui a réussi à la terroriser. A mon retour, mon oncle a-t-il hésité à me reconnaître ? C'est lui qui a manigancé toute cette machination pour se venger du procès qu'il a perdu.

Le juge de Rieux est plus que perplexe. Contrairement à ce qui se pratique trop couramment à l'époque, il refuse d'appliquer la question à l'accusé. Il a de fortes chances d'être innocent et pourrait passer de faux aveux sous la torture. Il semble effectivement, au contraire, que ce soit son oncle, cet avare de mauvaise foi, comme le prouve sa condamnation au procès, qui ait inventé cette histoire.

Le juge se veut scrupuleux. Il fait même preuve d'une conscience professionnelle rare. Il fait venir pas moins de cent cinquante témoins. Et le résultat est proprement stupéfiant : tous reconnaissent l'accusé, seulement ils ne lui donnent pas la même identité ! Les quarante habitants d'Artigat convoqués reconnaissent Martin Guerre et ceux de Sagias, au nombre de cent dix, affirment qu'il s'agit d'Arnaud du Thil, ajoutant qu'il est parfaitement capable d'une telle mystification. De tout cela, on peut retirer une certitude : Martin Guerre et Arnaud du Thil sont sosies. Mais lequel des deux a été arrêté ?...

Le juge multiplie les interrogatoires, espérant que le prévenu va finir par avouer ou commettre une maladresse qui le perdra. Il fait effectivement un aveu, mais pas celui qu'il attendait.

— J'ai menti : je ne me suis pas enrôlé dans les troupes du roi de France, mais du roi d'Espagne. Voilà ma faute. J'en suis suffisamment puni par les maux que j'endure aujourd'hui.

Le reste des interrogatoires est sans effet. L'accusé a réponse à tout.

— Comment expliquez-vous la déclaration du soldat qui dit que Martin Guerre a perdu une jambe ?

— J'ai effectivement été blessé à la jambe et on a parlé d'amputation. J'ai fini par me rétablir...

Mais le juge de Rieux va tout de même se décider pour la culpabilité et cela en raison de deux témoignages. On arrive à retrouver le seul membre vivant de la famille d'Arnaud du Thil, un vieillard. Celui-ci s'approche de lui en tremblant.

— Mon neveu !

— Qui êtes-vous ?

— Mais ton oncle, Carbon Barreau, l'ancien soldat. Tu ne me reconnais pas ? Je t'ai fait jouer sur mes genoux.

— Et qui suis-je, selon vous ?

— Mais Arnaud... Arnaud du Thil !

Le juge se tourne vers l'accusé :

— Qu'avez-vous à répondre ?

— Que ce vieillard est fou ou qu'il a touché de l'argent pour me perdre...

C'est peut-être pourtant le second témoignage qui va peser le plus lourd : celui du cordonnier d'Artigat.

Il avait, comme tout le monde, reconnu Martin Guerre et il était venu le dire devant la justice, mais depuis, il s'est souvenu d'un détail : après son retour, l'époux de Bertrande lui a commandé une paire de souliers...

— Voilà, monsieur le juge. Martin Guerre se chaussait à douze pointures et maintenant sa chaussure n'en fait plus que neuf.

Le corps peut changer. Il peut maigrir, il peut rapetisser en se tassant sur lui-même, mais un pied qui rétrécit, cela n'existe pas ! Le juge de Rieux rend donc sa sentence : « Arnaud du Thil est déclaré convaincu d'imposture et, comme tel, condamné à être décapité. Après quoi, son corps sera déchiré en quatre quartiers pour être exposé au quatre coins de la ville. »

Ce n'est pas fini... Le condamné fait appel au Parlement de Toulouse et l'appel est accepté. Il est transféré dans un cachot sinistre de la prison de la grande ville, mais Bertrande, qui n'a cessé de le soutenir, lui fait porter des provisions en cachette de sa famille.

Au procès, les juges entendent vingt-cinq témoins. Dix disent qu'il s'agit de Martin Guerre, huit que c'est Arnaud du Thil, les sept autres ne se prononcent pas. Entre-temps, l'oncle d'Arnaud est mort ; quant au cordonnier d'Artigat, il a admis qu'après huit ans d'absence, il a pu se tromper sur l'ancienne pointure de Martin Guerre.

Le grand moment est l'audition de Bertrande. Elle arrive bouleversée à la barre. Le regard qu'elle adresse à l'accusé est chargé de crainte, mais aussi d'amour. Celui-ci lui lance d'une voix forte :

— Je t'adjure solennellement, toi Bertrande, ma femme, de prêter ici serment sur le Christ que je suis un imposteur et un faussaire !

Elle s'évanouit sans dire un mot. C'est ce fait qui sera décisif. L'impression est telle dans l'esprit des juges que l'accusé est acquitté... A la sortie de l'audience, Bertrande est là qui l'attend, avec des vêtements neufs. Elle se jette dans ses bras. Ils rayonnent tous les deux. Elle a gagné ! Ils ont gagné !

Ils rentrent à Artigat et reprennent leur vie d'avant. Au village, à présent, on n'est plus absolument certain que l'époux de Bertrande soit Martin Guerre. Mais est-ce vraiment important ? On les aime bien tous les deux et ils sont si heureux ensemble. Ils ne font de tort à personne. Il faut les laisser tranquilles.

Si, ils font du tort à quelqu'un et ce quelqu'un est moins décidé que jamais à les laisser tranquilles ! Pierre Guerre, qui a perdu en appel, a été condamné aux dépens. Il va devoir payer de très lourds frais de procédure, ce qui porte sa rage à son paroxysme. D'ailleurs, le problème n'est plus là. Ce n'est plus seulement une question d'intérêt, il s'agit de haine pure et simple. Il veut la peau de cet homme, et il l'aura !

Il sait que, pour cela, il n'y a qu'un seul moyen. Réunir de nouveaux témoignages ne servirait à rien : on en a trop entendu, ils ne seraient pas pris en considération. Non, son seul espoir est de retrouver son neveu, le véritable Martin Guerre. Il n'a pas la moindre idée de l'endroit où il se trouve, mais il part à sa recherche. Contre toute raison, malgré son grand âge, il prend la route...

Et il réussit ! Il le découvre quelque part en Espagne — il ne voudra pas dire où — et il revient avec lui à Artigat. La ressemblance est hallucinante : même visage buriné, même yeux noirs, même nez aquilin ; on dirait des jumeaux. La seule différence est que l'arrivant a une jambe de bois. Sa sœur Inès se jette à son cou.

— Oui, c'est mon frère, je le reconnais ! L'autre est un monstre qui m'a trompée.

Bertrande s'évanouit à sa vue. Quand elle reprend connaissance, elle ne peut que balbutier :

— C'est bien toi. J'ai été abusée.

Mais l'autre secoue la tête avec un air mauvais.

— Ma sœur, mon oncle ont pu se tromper, mais pas une épouse. Tu m'as déshonoré !

Pierre Guerre agit. Avec l'aide de quelques villageois, il s'empare de l'autre Martin Guerre, le ligote et le conduit à Toulouse où il est de nouveau emprisonné. Son procès va se rouvrir...

Mais les choses sont loin d'être jouées. Devant le président du Faure, qui instruit de nouveau cette affaire décidément hors du commun, l'accusé se défend comme un beau diable.

— Je suis Martin Guerre ! Mon oncle est allé trouver mon sosie en Espagne. Il est prêt à tout pour me perdre.

Ce n'est pas invraisemblable et le président du Faure fait arrêter aussi l'unijambiste. Il commence son interrogatoire par lui. Il fait un récit identique à celui qu'on a déjà entendu. Il s'est engagé dans les troupes espagnoles. Il a été blessé au siège de Saint-Quentin et amputé d'une jambe. Il est resté dans la région, puis est allé en Espagne où son oncle l'a retrouvé.

Ensuite, a lieu la confrontation entre les deux hommes. C'est un moment extraordinaire, hallucinant ! Les deux sosies, que seule distingue une jambe de bois, s'interrogent mutuellement sur le passé de Martin Guerre et le doute n'est pas permis : celui qui connaît le mieux sa vie est celui que Pierre Guerre accuse d'être Arnaud du Thil ; l'autre, l'unijambiste, se trompe, confond, bafouille. C'est l'homme aux deux jambes qui a le dernier mot. Il pointe un doigt accusateur vers son vis-à-vis :

— Pourquoi ne serait-ce pas toi Arnaud du Thil, dont on parle tant et que mon oncle a fini par retrouver ?...

Le procès a lieu une seconde fois devant le Parlement de Toulouse, en l'absence des deux hommes. On entend uniquement les témoins. Au début, les juges sont hésitants, mais l'unanimité des habitants d'Artigat, qui affirment tous que c'est bien l'unijambiste qui est Martin Guerre, après avoir reconnu Arnaud du Thil, emporte leur décision. Arnaud du Thil « sera livré aux mains de l'exécuteur, qui lui fera faire des tours par les rues et les carrefours d'Artigat et, la corde au cou, l'amènera devant la maison dudit Martin Guerre où une potence sera dressée. Il y sera pendu et étranglé, après quoi son corps sera brûlé. »

La sentence est lue au condamné dans sa cellule. Il est couvert de chaînes. Il ne dit rien. Cette fois, c'est bien fini. Il n'y a plus d'appel, plus de recours possible.

Les juges du Parlement de Toulouse s'en tiennent là. Ils ne cherchent pas à savoir ce qui s'est passé. Pourtant, le mystère demeure entier. Comment Arnaud du Thil, s'il s'agit bien de lui, a-t-il pu savoir tant de choses sur Martin Guerre et monter une supercherie aussi fantastique ? Comment a-t-il pu tromper tout un village, toute une famille ?

Mais s'ils n'ont pas cette curiosité, un homme l'a à leur place. Le juge de Rieux, qui avait condamné la première fois Arnaud du Thil, vient le trouver dans sa cellule.

— Mon ami, de toute manière vous êtes perdu. Votre seul espoir d'être en règle avec votre conscience est d'avouer. Etes-vous bien Arnaud du Thil ?

Il y a un moment de silence et la réponse vient.

— Oui.

— Comment avez-vous connu Martin Guerre ?

— Au siège de Saint-Quentin. Il était dans l'armée espagnole comme moi. On a fraternisé parce qu'on était du même pays et qu'on a été frappés par notre ressemblance.

— C'est Martin qui vous a parlé de lui ?

— Oui. Il m'a raconté toute sa vie. C'était un homme amer. Il en voulait à sa femme, à sa famille, à son village. Il m'a raconté des tas de choses sur les uns et les autres et comme j'ai une mémoire excellente, j'ai tout retenu.

— Quand l'idée de votre mystification vous est-elle venue ?

— Je n'avais rien prémédité, je vous le jure. Je rentrais à Sagias et je passais près d'Artigat, quand j'ai entendu un paysan crier : « Voilà Martin Guerre ! » Chez moi, je n'étais qu'un vaurien, sans le sou, sans famille et sans femme, alors la tentation a été trop forte...

— Et Bertrande ?

— Je l'ai trompée, comme les autres.

Le juge n'insiste pas. Ce sera d'ailleurs l'attitude qu'adoptera la justice. Bertrande Guerre ne sera pas poursuivie pour adultère et la fille qu'elle a eue avec Arnaud du Thil sera légitimée pour n'avoir pas à subir les conséquences d'une faute qui n'était pas la sienne.

L'exécution d'Arnaud du Thil eut lieu peu après à Artigat. Promené dans les rues, en chemise, pieds nus, la corde au cou, sous les huées des villageois qui ne lui pardonnaient pas, à présent, de les avoir trompés, il fit preuve du plus grand courage. Après l'amende honorable devant l'église, il fut conduit à la potence, érigée juste devant la maison des Guerre, qui avait été si longtemps la sienne. Sous les yeux de l'unijambiste qui souriait sur le seuil, on lui passa la corde au cou et son corps fut jeté sur le bûcher dressé à côté. Pendant des jours et des jours, la maison resta imprégnée de l'odeur de fumée...

Bertrande s'était cachée pour ne pas assister au supplice. Sa vie était terminée, tout comme celle d'Arnaud. A moins d'appeler une vie l'existence aux côtés du vrai Martin Guerre, rentré aussi niais et insignifiant qu'il l'avait toujours été et, de surcroît, rendu méchant par l'infirmité et la trahison de sa femme...

Car Bertrande l'avait bel et bien trahi. Malgré la clémence de la justice à son égard, il ne peut y avoir de doute sur ce point. Arnaud du Thil, grâce à sa ressemblance avec Martin et à ses confidences aurait pu donner le change quelques jours, à la limite quelques semaines, mais pas plus. Ce n'est que grâce à Bertrande qu'il a pu réussir. Bertrande, qui a forcément su à quelque détail intime qu'il ne s'agissait pas de son mari, a décidé de tout faire pour garder l'homme que le destin lui envoyait. Jour après jour, elle lui a appris tout ce qu'elle pouvait sur Martin Guerre. Il n'y a que le basque qu'elle n'a pas pu lui enseigner, parce qu'elle ne le connaissait pas.

Bien sûr, elle avait des remords, elle était parfois traversée de terribles tourments. Il s'agissait d'un adultère, même si son mari était peut-être mort sans qu'elle le sache, et Pierre Guerre a su profiter d'un de ses moments de faiblesse.

Mais par la suite, l'amour — car elle aimait cet homme — l'a définitivement emporté. Elle s'est battue pour lui de toutes ses forces. Après des années de souffrances, elle avait enfin la vie de femme dont elle avait rêvé. Et il en était exactement de même pour Arnaud du Thil. Lui, le vaurien, le voyou, avait trouvé auprès de Bertrande une paix et un équilibre qu'il n'aurait jamais crus possibles. Il n'était plus le même, il était devenu honnête homme, bon époux et bon père.

Arnaud et Bertrande étaient faits l'un pour l'autre et n'aspiraient qu'à un bonheur tranquille. Ils ont été à deux doigts d'y parvenir, mais la rapacité d'un vieil avare ne l'a pas permis.

L'histoire de Martin Guerre est une histoire triste.

Malheureux en amour...

23 décembre 1962. Il y a beaucoup de gens qui se pressent, ce matin-là, sur un quai du Havre, dans l'attente du paquebot *Sainte Marie* en provenance de la Martinique. C'est une foule colorée, constituée principalement d'Antillais, venus chercher un parent ou un mari qui va passer en France les fêtes de Noël.

Jean-Louis Collard, lui, n'est pas antillais. Il habite Paris et il a fait tout exprès le voyage pour attendre le *Sainte-Marie*. Jean-Louis Collard a vingt-cinq ans. Il n'est pas mal fait de sa personne et sa tenue souligne avantageusement son physique : un pardessus neuf, un costume de bonne coupe, une cravate chatoyante.

Le paquebot *Sainte Marie* manœuvre pour accoster. Jean-Louis sourit. Tant pis s'il a dépensé ses dernières économies pour s'habiller ! Son salaire d'employé n'est évidemment pas bien gros mais Caroline méritait ce sacrifice. Elle mérite tous les sacrifices. Jean-Louis Collard met la main à la poche gauche de son veston, celle du cœur, et en sort la photo d'une jeune femme d'une vingtaine d'années : une blonde éblouissante, grande et mince, posant dans un maillot deux-pièces à couper le souffle. Comme s'il avait peur de ne pas la reconnaître tout à l'heure lorsqu'elle descendra du débarcadère, comme si Caroline n'était pas inoubliable après l'avoir vue une seule fois, même si ce n'est qu'en photo !

Il y a deux mois qu'il a répondu à une petite annonce, parue dans un journal parisien du soir : « Jeune Martiniquaise, 22 ans, désirant devenir mannequin, souhaite correspondre avec Parisien 25-30 ans, en vue mariage. » Jean-Louis a écrit et il a reçu quelques jours plus tard une réponse avec le fameux cliché qu'il a en ce moment dans sa poche. Caroline Ligier — c'est son nom — avait reçu beaucoup de courrier à la suite de son annonce, mais c'était avec lui qu'elle avait choisi de correspondre. Jean-Louis était son type d'homme.

Au fil des jours et des semaines, leur correspondance est devenue plus tendre. Et, début décembre, Caroline a pris sa décision : elle viendrait le rejoindre en France. Seulement, il y avait un problème : il lui manquait cinq cents francs pour le voyage. Bien que ne roulant pas sur l'or, Jean-Louis s'est empressé de lui envoyer la somme en liquide comme elle le lui avait demandé et, la semaine dernière, c'était la lettre tant attendue : « J'arrive au Havre le 23 décembre, par le paquebot *Sainte Marie*... »

Il y a une bousculade : la passerelle vient d'être posée. Jean-Louis Collard joue des coudes pour ne pas se laisser distancer. Les premiers passagers débarquent. Le jeune homme fixe intensément cette file, au milieu de laquelle va paraître, dans quelques instants, son merveilleux cadeau de Noël.

Il y a un bon quart d'heure que le débarquement a commencé et le flot devient moins dense. Caroline sera donc parmi les dernières. Malgré son impatience, Jean-Louis sourit : comme toutes les filles, Caroline est coquette. Elle est sûrement en train de se faire belle pour lui...

Peu à peu la foule du quai s'est clairsemée, les couples et les familles qui se sont retrouvés vont rejoindre leur voiture ou prennent la direction de la gare maritime. Jean-Louis Collard éprouve une impression désagréable quand il voit une des grues du bateau pousser doucement sur le quai une énorme caisse. De là où il est, il peut même lire l'inscription : « Bananes ». Qu'est-ce que cela veut dire ? Si l'on débarque les marchandises, c'est que tous les passagers sont déjà partis. Et effectivement, il n'y a plus maintenant sur la passerelle que des marins ou des dockers qui vont et viennent. Pas de Caroline Ligier !

Et c'est alors que Jean-Louis Collard a une impression plus désagréable encore... Il reste une cinquantaine de personnes à attendre devant le débarcadère. Mais curieusement, ce sont tous des jeunes gens de son âge, vingt-cinq ans environ. Jean-Louis les observe. Ils sont habillés avec recherche : costume et pardessus impeccables, cravate soignée et ils ont l'air particulièrement fébriles. Plusieurs d'entre eux consultent impatiemment leur montre.

Pris d'un horrible pressentiment, Jean-Louis Collard s'approche de celui qui se trouve le plus près de lui.

— Excusez-moi, monsieur, mais vous n'attendriez pas quelqu'un ?

— Eh bien oui, je...

— Une jeune fille ?

Cette fois l'interlocuteur de Jean-Louis commence à son tour à comprendre... D'un même mouvement, tous deux sortent une photo de leur poche gauche, celle du cœur. Ils poussent le même cri :

— Caroline !

En entendant le prénom, les quarante-huit autres jeunes gens bien habillés se tournent dans leur direction. Ils les regardent, ébahis, et, tout en s'approchant d'eux, mettent d'un même mouvement la main à la poche gauche, celle du cœur.

L'instant d'après, cinquante personnes, groupées en un cercle muet, contemplent d'un air lamentable cinquante photos de Caroline Ligier, qui leur adresse à chacun son sourire inimitable dans son maillot deux-pièces à couper le souffle.

Le commissaire Ferrand, du Havre, a un mal fou à endiguer tous ces jeunes qui crient et gesticulent en même temps en brandissant la photo d'une jeune fille, pas mal du tout d'ailleurs... Il ne comprend rien à leur histoire. La seule chose rassurante, c'est qu'habillés comme ils le sont, ce ne sont certainement pas des voyous. Alors une noce ? Les membres d'un club ? Le commissaire désigne du doigt Jean-Louis Collard, qui se trouve le plus près de lui.

— Taisez-vous tous ! Vous, là, parlez !

Jean-Louis montre sa photo d'un air rageur.

— Elle nous a promis le mariage et elle nous a extorqué de l'argent.

Le commissaire Ferrand a le sourire heureux du monsieur qui vient de comprendre.

— Bon. Combien ?

— Cinq cents francs.

— Moi aussi.

— Moi aussi !

Le commissaire attend que les « Moi aussi » se soient tus et poursuit :

— Nom de la personne ?

La réponse lui parvient, jaillie de cinquante poitrines :

— Caroline Ligier.

— Adresse ?

Même réponse collective, avec un bel ensemble de chœur d'opéra :

— 23 avenue de la République, Fort-de-France.

— Profession ?

— Mannequin.

— Enfin, elle voulait être mannequin, précise Jean-Louis Collard qui a le sens de la nuance.

Voilà qui est dit... Le commissaire Ferrand remercie ces messieurs en s'abstenant, non sans mal, de tout sourire ironique, et, après leur départ, il se retrouve enfin seul dans son bureau. Si le début de l'affaire était plutôt surprenant, la suite semble relever de la routine. Avec un nom, une adresse et une photo, il ne sera pas difficile de mettre la main sur cet escroc en jupons, pense le commissaire. Il suffit de transmettre le tout aux collègues de Fort-de-France...

Dominique Saint-Esprit est inspecteur au commissariat central de Fort-de-France. Il n'éprouve, lui, aucun sentiment particulier en se rendant au 23 avenue de la République pour arrêter une certaine Caroline Ligier.

Le 23 avenue de la République est l'un de ces grands ensembles, rares à l'époque, où les facteurs déposent le courrier dans des boîtes disposées dans le hall. Sur l'une d'elles figure effectivement le nom de Caroline Ligier ou plutôt, deux noms : Benjamin Lefrançois/Caroline Ligier. Voilà qui complique un peu les choses... Après avoir sonné vainement à l'appartement, l'inspecteur va trouver le gardien. Celui-ci n'a pas grand-chose à lui apprendre.

— Le monsieur a donné son congé par lettre. Il disait qu'il partait pour Paris... Non, franchement, je ne me souviens pas d'eux. Vous savez, il y a tellement de monde dans l'immeuble et tellement de passage. J'ai dû le voir, lui, une fois ou deux, c'est tout.

La perquisition effectuée avec le passe-partout du concierge ne donne rien de bien intéressant. Visiblement, l'appartement où les lettres des soupirants sont venues mourir est abandonné : quelques meubles du genre camping, rien d'autre, aucun objet personnel, aucun vêtement.

L'inspecteur Saint-Esprit rend compte à son chef du résultat de ses investigations... Puisque les deux complices sont partis pour Paris, celui-ci décide de retransmettre toute l'affaire à ses collègues de la capitale.

Et c'est ainsi que, le 2 janvier 1963, l'inspecteur parisien Joël Rolland inaugure l'année nouvelle avec l'affaire Caroline Ligier-Benjamin Lefrançois. Joël Rolland, qui n'a pour tout indice que la photo de la jeune femme — car le nom est sans doute faux —, se met à l'ouvrage sans perdre de temps. Et il a une idée, une idée toute simple, mais ce sont souvent les meilleures : dans ses lettres à ses soupirants, Caroline a prétendu être mannequin, ou vouloir le devenir. Si c'était vrai ? Cela ne coûte rien de vérifier...

Et cela marche ! Le répertoire professionnel de la haute couture contient, en effet, une superbe blonde élancée à vous couper le souffle. Pas de doute, c'est elle, c'est Caroline Ligier. Car, en plus, c'est son vrai nom.

L'adresse mentionnée est bonne, elle aussi, et, quelques heures plus tard, l'inspecteur Joël Rolland se trouve en face de la jeune fille. C'est elle-même qui vient lui ouvrir. Décidément, toute cette affaire aura été bien plus facile que prévu !

Caroline Ligier est conforme à sa photo, avec l'avantage indéniable du naturel. Elle manifeste une touchante surprise lorsqu'il lui décline ses fonctions.

— La police ! Mais mon Dieu, pourquoi ?

L'inspecteur Rolland aurait préféré se montrer galant, mais le service a quelquefois des exigences cruelles. Il répond d'une voix ferme :

— Fort-de-France, cela ne vous dit rien ?

Cette fois, la jolie Caroline se départ de son calme.

— Et alors ? C'était mon droit. Personne ne pouvait m'obliger à épouser quelqu'un contre mon gré. Vous n'avez rien à me reprocher.

Malgré la moue charmante de la jeune femme, l'inspecteur Rolland commence à se fâcher. Il sort de la poche de son manteau la pile de cinquante photos et les pose sur la table devant lui.

— Et cela, vous ne connaissez pas ? Et votre complice, Benjamin Lefrançois, vous ne l'avez jamais vu, non ?

Sur le frais visage du mannequin, passent toutes les nuances de l'incompréhension.

— Qu'est-ce que c'est que toutes ces photos ? Benjamin, bien sûr que je le connais. Mais ce n'est pas mon complice, c'est l'inverse.

Cette fois, les choses deviennent franchement difficiles à suivre... L'inspecteur Rolland s'assied sans y avoir été invité sur un canapé moelleux en évitant de penser à autre chose qu'aux raisons professionnelles qui l'ont amené en ces lieux.

— Puis-je vous demander de vous expliquer, mademoiselle ?

Le charmant mannequin s'exécute d'une voix qu'elle ne peut s'empêcher d'être suave.

— J'ai passé une petite annonce matrimoniale dans un journal martiniquais il y a un an. Il n'y a pas de mal à cela, je pense.

— Dans quel but ?

— Dans le but de me marier, pardi ! J'ai eu plusieurs réponses. J'ai choisi de correspondre avec Benjamin Lefrançois, un jeune homme sans grande fortune, mais qui m'avait semblé gentil. Nous avons échangé des lettres pendant pas mal de temps. Il est devenu très épris. Il m'a proposé le mariage. Alors...

Caroline Ligier a une expression de gêne tout à fait exquise.

— Alors j'ai décidé d'aller là-bas, mais je n'avais pas assez d'argent. C'est de lui-même qu'il m'a proposé de me payer le voyage.

L'inspecteur Rolland commence à comprendre.

— Et une fois sur place ?

— Eh bien, il ne m'a pas plu du tout. Nous nous sommes vus une seule fois et je lui ai dit que cela suffisait comme cela.

— Mais vous êtes quand même restée.

— Bien sûr, quinze jours. Je n'avais pas fait un pareil voyage pour repartir le lendemain.

— De sorte que vous avez profité d'un voyage gratuit...

Caroline Ligier se prépare à protester avec véhémence, ce qui permet à l'inspecteur de constater que la colère lui va aussi bien que tout le reste. Mais il l'apaise d'un geste.

— Calmez-vous, je ne vous accuse de rien à ce sujet. Parlez-moi plutôt de la suite.

— La suite ? Mais quelle suite ?

— Ces cinquante photos de vous, ces cinquante fois cinq cents francs, cette cohorte de jeunes gens qui vous attendaient au bateau du Havre.

Caroline se prend la tête dans les mains. Elle semble totalement sincère.

— Mais je n'y comprends absolument rien, je vous le jure !

— Et votre nom qui figurait sur la boîte aux lettres du 23 avenue de la République ?

Même désarroi dans les yeux bleus du mannequin.

— Le 23 avenue de la République, c'était justement l'adresse de Benjamin Lefrançois. Je n'y ai jamais habité, et pour cause !

— Et Benjamin Lefrançois avait votre photo ?

— Evidemment. Je la lui avais envoyée avec ma première lettre...

Avec regret, l'inspecteur prend congé de son éblouissante interlocutrice, non sans lui avoir adressé quelques paroles de réconfort. Il est pratiquement certain qu'elle ne ment pas et il a compris le déroulement d'une escroquerie au mécanisme pour le moins inhabituel.

Dans un premier temps, Benjamin Lefrançois, un jeune Martiniquais, répond à l'annonce de Caroline. La photo du mannequin qu'il reçoit en retour produit l'effet attendu. Lorsqu'elle parle mariage, il se ruine sans hésiter pour lui offrir le voyage. Après avoir été repoussé, il estime à tort ou à raison — mais sans doute à raison — qu'il a été victime d'un abus de confiance. Le joli mannequin n'avait jamais eu l'intention de se marier avec quiconque et avait trouvé ce moyen peu délicat de se faire offrir un voyage aux Antilles.

Les choses auraient pu s'arrêter là. Seulement, Benjamin Lefrançois est un malin. Il fait faire une cinquantaine de copies de la photo de Caroline et passe une annonce dans un journal parisien. Il a donné sa propre adresse et s'est contenté d'adjoindre le nom de la jeune fille sur sa boîte aux lettres. Ensuite, il n'a plus qu'à répondre, photo à l'appui, aux lettres enflammées. Et les autres sont aussi crédules que lui. Il suffit de prononcer le mot de mariage pour qu'ils envoient l'argent du voyage. Quelle revanche ! Quelle manière élégante de retourner la situation ! Décidément, l'inspecteur Rolland aimerait bien retrouver ce Lefrançois...

Malheureusement pour lui et pour la moralité de cette histoire, Benjamin Lefrançois n'a jamais été arrêté. Les vingt-cinq mille francs qu'il a touchés de ses victimes — une somme importante en 1963 — lui ont sans doute suffi pour se mettre à l'abri définitivement. Dans toute cette affaire, il aura bénéficié d'une chance insolente.

Quoi d'étonnant, après tout ? N'avait-il pas commencé par être malheureux en amour ?

Madame la conseillère

Edith Nagel est assise devant une table du café de l'Univers, un des rares endroits bien fréquentés de Vienne, en ce printemps 1946. Elle fait la grimace en ajoutant deux petites pastilles de saccharine dans son infusion de tilleul. Le temps des chocolats crémeux et des pâtisseries qui faisaient la réputation de l'établissement est bien loin. C'était avant la guerre, avant les restrictions, avant la mort de son mari, conseiller à la Haute Cour de justice.

A cinquante-cinq ans, Edith Nagel, que ses amis appellent toujours « madame la conseillère », fait de son mieux pour paraître à son avantage. Elle s'habille de couleurs discrètes qui conviennent à son récent veuvage — du mauve, du gris, des tons feuille-morte — et ses ensembles sont tous du meilleur goût.

Edith Nagel tourne avec application sa petite cuiller dans sa tasse de tilleul. Elle a toujours ses beaux yeux bleus, son regard candide, même si maintenant ils sont un peu tristes. Elle a gardé aussi un teint éclatant et pourtant, les années qui viennent de s'écouler ont été dures pour elle.

La mort de son mari a été un véritable drame. D'abord parce qu'elle l'aimait et ensuite parce qu'elle se reposait entièrement sur lui. Tout au long de ses hautes fonctions dans la justice, il avait amassé beaucoup d'argent qu'il avait placé pour elle dans des bijoux, des œuvres d'art, des meubles rares. A son décès, Edith ne s'est pas retrouvée dans le besoin. Elle était riche et elle avait bien assez pour vivre sans problème jusqu'à la fin de ses jours. Seulement, l'argent, elle n'avait jamais su ce que c'était. Elle s'était contentée jusque-là de laisser faire un mari généreux et qui s'occupait de tout.

Et c'est alors que s'est produit un événement inattendu. Fin 1945, dans le cadre des mesures pour les réfugiés et les sans-abri, la municipalité de Vienne a obligé Edith Nagel, qui habitait seule dans un grand appartement au centre de la ville, à prendre un locataire.

C'est une femme de quarante-cinq ans qui s'est présentée chez elle, quelques jours plus tard, avec le bon signé de la mairie. Une veuve de guerre, Marguerite Hafner. Tout de suite elles ont sympathisé. Marguerite — car elle l'a rapidement appelée par son prénom — était tout le contraire d'elle-même : une femme active, volontaire, avec un sens pratique à toute épreuve. Sa nouvelle pensionnaire lui a d'abord rendu quelques petits services et puis elle lui a proposé de gérer son budget. Et maintenant, c'est elle qui administre ses biens, à son plus grand contentement. Presque miraculeusement, Edith a trouvé à la fois une dame de compagnie et une femme d'affaires avisée...

Edith Nagel, « madame la conseillère », adresse un petit sourire à Marguerite Hafner qui lui fait face dans la salle bondée du café de l'Univers. Sa compagne est vêtue sans trop de goût, d'un tailleur sombre plus très jeune et d'un chapeau un peu ridicule à aigrette. Toutes les deux passent le temps. C'est leur seule sortie hebdomadaire. Il n'y a pas beaucoup de distractions à Vienne, en cet immédiat après-guerre.

— Pardonnez-moi, madame...

Edith Nagel lève la tête. Un homme d'une trentaine d'années s'adresse à elle, légèrement incliné. Il est élégant et tient à la main ses gants et son chapeau. Il a une petite moustache blonde, le visage distingué, les cheveux soigneusement coiffés. Edith l'interroge du regard. Le jeune homme continue en s'exprimant avec la même courtoisie.

— Il n'y a plus de table libre. M'autorisez-vous à prendre place à la vôtre ?

Les deux dames ne sont pas choquées. Il faut préciser qu'en Autriche et en Allemagne, on partage beaucoup plus volontiers sa table dans un lieu public que chez nous.

« Madame la conseillère » invite donc, d'un sourire, le jeune homme à s'asseoir. Il se présente : Klaus Vogler. Et puis, devant une tasse d'infusion, on discute. Edith en vient tout de suite à son sujet favori : la littérature. Avec son interlocuteur, ils parlent avec animation pendant un long moment ; lui aussi a lu les derniers romans à la mode. Edith Nagel est ravie, presque émerveillée. Quel garçon charmant, intelligent et cultivé !

— Vous êtes sans doute professeur de lettres.

Le jeune homme a un sourire d'excuse.

— La littérature est ma passion, mais ce n'est malheureusement pas mon métier. Je suis dans le commerce.

Au bout d'une heure, on se sépare. Klaus Vogler s'incline vers Edith pour un baisemain impeccable et fait de même avec Marguerite, qui n'a pris aucune part à la conversation. De loin, plusieurs dames, amies de « madame la conseillère », n'ont rien perdu de la scène. Elles se jettent des regards mi-amusés, mi-réprobateurs. Ce qu'elles ne savent pas, c'est qu'en partant, Edith Nagel vient d'inviter Klaus Vogler chez elle, la semaine suivante, pour parler littérature...

En terminant son infusion, celle-ci lance un sourire à la fois ingénu et ravi à sa compagne de table.

— Je ne m'attendais pas à une rencontre aussi agréable...

Une semaine plus tard, un coup de sonnette retentit à la porte du luxueux appartement de madame la conseillère. Edith Nagel se précipite pour accueillir son invité. Il est encore plus élégant que la première fois. Il tient à la main un gros bouquet de roses. Edith a un air de confusion.

— Oh, il ne fallait pas, monsieur Vogler ! Venez, j'ai préparé un petit goûter. J'ai tout fait moi-même.

Les deux dames et le jeune homme prennent place autour de la table recouverte d'une nappe en dentelle. Il y a du café, du vrai café, et puis surtout, dans une corbeille, des croissants qu'Edith a faits selon sa recette d'avant-guerre : nappés de chocolat et fourrés à la pâte d'amandes. Ce qu'elle ne dit pas, c'est que tout cela lui a coûté une petite fortune au marché noir : exactement un diamant monté sur une paillette d'or. Mais elle ne regrette rien. C'était celui de ses bijoux auquel elle tenait le moins et elle en a d'autres, beaucoup d'autres.

La conversation est peut-être un peu moins animée que la première fois. En fait, c'est surtout Edith Nagel qui parle. Marguerite, qui n'a jamais eu de goût particulier pour la littérature, se soucie avant tout de ne pas perdre une miette de ce festin et s'intéresse exclusivement aux croissants. Quant à Klaus Vogler, il s'exprime avec une certaine réticence. Il semble impressionné et même gêné par le luxe de cette réception.

Une fois qu'il est parti, Edith ne tarit pas d'éloges sur ce merveilleux jeune homme. Et le lendemain, elle est plus exubérante encore quand elle reçoit de lui une lettre de remerciements. Elle la lit et la relit à sa locataire.

— Vous vous rendez compte, Marguerite, quelle distinction dans la manière de s'exprimer ! Et puis cette formule finale : « Je vous baise mille fois la main... »

La dame de compagnie sourit.

— Eh bien, répondez-lui. Il y a son adresse sur le papier à lettres.

Edith se met à rougir.

— Voyons, ce ne serait pas convenable !

Mais son amie insiste.

— Pour une personne de votre âge et de votre situation, ça ne peut pas être compromettant. Dites-lui seulement qu'il sera toujours le bienvenu chez vous.

Madame la conseillère se laisse convaincre. Dans le fond, elle ne demandait que cela. Le lendemain, Marguerite va poster sa lettre, car c'est elle qui s'occupe de toutes ces choses matérielles, et toutes deux attendent la réponse...

Trois semaines, un mois se passent : rien, pas la moindre lettre. Edith Nagel, sans trop oser le montrer à son amie, s'impatiente. Chaque matin, à l'arrivée du courrier, elle se précipite et puis elle revient sans dire un mot. Son humeur s'est assombrie, elle est devenue irritable.

Enfin arrive la lettre tant attendue. Curieusement, elle n'a pas été postée de Vienne, mais de Badgastein, la grande station de sports d'hiver près de Salzbourg.

Oui, c'est bien Klaus Vogler qui écrit. Mais ce ne sont pas de bonnes nouvelles. Le malheureux est à l'hôpital, il souffre d'une grave affection des poumons et il ne sait pas combien de temps va durer son traitement. Comme il se sent seul, il a profité d'une de ses longues journées d'inactivité forcée pour écrire à celle dont il a gardé un souvenir ému. Dans sa lettre, il parle de ses lectures, mais malheureusement, en raison des frais d'hôpital, il ne peut pas se procurer autant d'ouvrages qu'il le souhaiterait. Il termine en évoquant les merveilleux croissants et en baisant « mille fois la main » de madame la conseillère.

Edith Nagel reste un long moment à relire la lettre. Elle est bouleversée. Comme elle avait eu tort d'accuser le jeune homme de ne pas lui répondre par indifférence. Elle se sent coupable. Il faut absolument faire quelque chose.

Encore une fois, c'est Marguerite qui la tire d'embarras.

— Si vous voulez, je peux me charger de négocier quelques valeurs et puis nous enverrons l'argent à Klaus. Comme ça, bientôt il sera de nouveau parmi nous.

Edith accepte avec empressement la proposition. Elle demande à Marguerite de vendre ce qu'il faut et d'envoyer l'argent à l'hôpital de Badgastein. Seulement, elle tient absolument à y joindre un colis de croissants, cela lui fera tellement plaisir !

Marguerite s'occupe de tout et deux jours plus tard, elle annonce à son amie que tout a été fait selon ses désirs...

La lettre suivante vient d'Italie où le jeune homme est en convalescence. Il remercie chaleureusement pour l'argent et les si délicieux croissants. Hélas, il a d'autres difficultés : il s'est fait voler ses valises pendant le voyage.

Encore une fois, madame la conseillère intervient et Marguerite se charge de faire parvenir à l'adresse indiquée tout l'argent nécessaire.

Et les lettres continuent, pendant des mois et même des années.

Curieusement, la vie du jeune homme n'est qu'une succession de coups du sort, tous plus terribles les uns que les autres. Il semble que la mauvaise fortune s'acharne sur lui. Edith Nagel répond chaque fois par un envoi d'argent qu'elle accompagne d'une lettre affectueuse en lui souhaitant de s'en sortir très vite pour qu'il puisse revenir la voir. Son coffret à bijoux se vide mais Edith ne regrette rien. A quoi lui aurait servi tout cet argent ? De cette manière au moins, elle le dépense pour une bonne cause, pour quelqu'un qui en vaut la peine. Et puis tout cela remplit sa vie ; elle ne se sent plus seule, elle se sent même utile.

Les bonnes amies de madame la conseillère ne parlent plus que d'elle. C'est devenu leur sujet de conversation préféré.

— Tout de même, vous vous rendez compte, à son âge ! Dans le fond, elle est plutôt à plaindre la malheureuse...

Certaines ont même essayé de la mettre en garde contre ce jeune aventurier qui, de toute évidence, est en train de la dépouiller de toute sa fortune.

Mais à toutes les mises en garde, à tous les conseils plus ou moins charitables, Edith répond imperturbablement :

— Ce n'est pas vrai ! J'ai confiance en lui...

15 juin 1953. Edith Nagel, madame la conseillère, correspond depuis sept ans déjà avec son protégé Klaus Vogler qu'elle a vu en tout et pour tout deux fois : au café de l'Univers, lors de leur première rencontre, et chez elle, à goûter, une semaine plus tard.

Mais cette fois, devant la dernière lettre de Klaus, Edith reste un long moment pensive. Elle est même bouleversée et il y a de quoi. Le courrier est expédié de Nice. Klaus Vogler vient de faire un héritage : une somptueuse villa au bord de la mer. Pour en bénéficier, il n'a que les droits de succession à payer. Il en mentionne pour mémoire le montant. Mais surtout, comme cette maison est trop grande pour lui seul, il demande à sa chère bienfaitrice de venir vivre avec lui. En tout bien tout honneur, cela va de soi. Si elle le veut, elle n'a qu'à vendre tous ses biens pour le rejoindre.

Pendant des jours et des jours, Edith Nagel réfléchit. Et encore une fois, c'est sa locataire, Marguerite Hafner, qui parvient à la convaincre. La vie est courte : pourquoi ne pas passer le restant de ses jours dans le merveilleux climat de la Côte d'Azur ? Bien des personnes de son âge s'y installent pour leur retraite. Et en plus, elle pourra profiter tant qu'elle voudra de la présence de Klaus. Il n'y a pas à hésiter. Edith n'a pas d'héritier et elle, Marguerite, se charge de tirer le meilleur prix de tous ses biens.

Alors, Edith Nagel cède. Elle se laisse aller à une sorte de vertige. Elle répond à Klaus — en joignant à sa lettre le règlement des droits de succession — qu'elle vend tout et qu'elle arrive...

Le 18 juillet 1953, une femme distinguée attend seule sur un quai de la gare de l'Ouest à Vienne devant le train de Nice. Elle fait les cent pas nerveusement. Une dernière fois, elle se pose la question : est-ce bien raisonnable de tenter l'aventure à soixante-deux ans ? Mais tant pis, c'est trop tard. Elle a franchi le pas, elle ne peut plus revenir en arrière. Dans quelques instants, Marguerite sera là, avec les valises, les billets et, dans une mallette, sa fortune... Chère Marguerite qui, jusqu'au bout, s'est occupée de tout. Sa nouvelle vie, c'est un peu à elle qu'elle la doit !

Mais les minutes passent et Marguerite n'arrive pas. Le chef de gare donne un coup de sifflet. « Ce n'est pas possible... », pense Edith. Mais si, c'est possible ! Le train de Nice s'en va lentement et, avec lui, tous ses espoirs, tous ses rêves.

Madame la conseillère se retrouve toute seule, toute bête sur le quai, et elle se met à pleurer. Un employé des chemins de fer s'approche d'elle. Il lui tape gauchement sur l'épaule.

— Alors, la petite dame, y a quelque chose qui va pas ?

Au commissariat, Edith Nagel raconte tout. Son récit est confus, entrecoupé de larmes, mais le commissaire est vite édifié : une dame d'un certain âge qui s'est laissé prendre au charme d'un aventurier sans scrupules, et vraisemblablement avec la complicité de la dame de compagnie, de la fidèle Marguerite.

Avant tout, il faut retrouver ce Klaus Vogler. D'après ses lettres — c'est la seule chose qu'Edith ait gardée avec elle —, c'est quelqu'un qui se déplace beaucoup en Europe. La police de Vienne alerte donc ses confrères niçois.

Pourtant, une semaine plus tard, c'est en Autriche que les policiers retrouvent Klaus Vogler, à Salzbourg précisément, où il s'était installé depuis plusieurs années et où, apparemment, il ne tentait pas de se cacher. Il est immédiatement conduit à Vienne devant le commissaire chargé de l'enquête.

Dans le bureau, Klaus Vogler proteste avec indignation. Mais le commissaire l'interrompt brutalement.

— Badgastein et la maladie des poumons, ça ne vous dit rien ? Pas plus, j'imagine, que les valises volées en Italie. Et les droits de succession sur votre prétendue maison de Nice, cela n'évoque pour vous aucun souvenir ? Pourtant, c'est tout récent.

Klaus Vogler s'énerve de plus en plus.

— Mais qu'est-ce que ça veut dire? Je n'ai jamais été à Badgastein, ni en Italie, ni à Nice. Je n'ai jamais quitté l'Autriche de ma vie. Je suis à Salzbourg depuis 1946 comme chef des ventes d'un grand magasin.

Le commissaire tape du poing sur la table.

— Et Edith Nagel, ça ne vous dit rien non plus ? Vous ne l'avez jamais vue peut-être, vous ne lui avez jamais écrit ?

Il y a un moment de silence. L'homme a l'air de chercher dans ses souvenirs.

— Edith Nagel... vous dites ? Non franchement, je ne vois pas.

— Vous l'avez rencontrée en 1946 au café de l'Univers et elle vous a invité à un goûter chez elle.

Pour la première fois, la figure de Klaus Vogler s'éclaire.

— Ah oui, je me souviens. Une femme d'un certain âge, un peu exaltée. Elle m'avait écrit une lettre après la réception chez elle. Je n'y ai pas répondu, car j'ai pensé que ça pouvait être... des avances. D'ailleurs, presque tout de suite après, j'ai quitté Vienne pour Salzbourg.

Dans un geste un peu théâtral, le commissaire jette le paquet de lettres sur le bureau. Klaus Vogler les examine avec des yeux ronds. Il pâlit.

— Mais c'est une machination, une effroyable machination ! Ce n'est pas mon écriture, et puis, je vous répète que je n'ai jamais quitté Salzbourg. Vous pouvez vérifier...

Effectivement, la police vérifie et elle doit constater avec stupeur que Klaus Vogler dit la vérité. Il n'est strictement pour rien dans l'affaire. Tout s'est passé à son insu. On s'est servi de lui pour monter toute cette incroyable histoire.

Alors qui ? Marguerite Hafner, bien sûr, la dévouée dame de compagnie et femme d'affaires d'Edith Nagel !

Son signalement est diffusé à toutes les polices européennes et, cette fois, elle est arrêtée à Paris.

Car c'est elle qui avait tout fait, tout imaginé. A son procès, qui s'ouvre en octobre 1955, elle s'explique avec franchise et même un certain cynisme.

— Quand j'ai vu l'effet qu'avait produit à Edith ce petit jeune homme, je me suis dit que je pourrais en profiter. Je lui ai conseillé de lui écrire et j'ai rédigé les réponses. Pendant qu'elle rêvait à son Klaus, c'est moi qui écrivais ses lettres dans la pièce à côté...

Marguerite Hafner n'a pas voulu dire grâce à quel complice elle avait fait poster les lettres à partir des endroits les plus divers. Peut-être s'agissait-il d'un amant, avec lequel elle entretenait une relation à l'insu de la conseillère. Quoi qu'il en soit, elle a été condamnée à cinq ans de prison et la malheureuse Edith Nagel n'a pu récupérer qu'une petite partie de sa fortune. Pourtant, ce qui l'a le plus touchée, c'est la perte de ses illusions, l'effondrement de son rêve. Pendant sept ans, elle avait poursuivi une chimère. Elle s'était imaginé avoir un compagnon lointain, être utile à quelqu'un, même s'il profitait d'elle, et en fait elle avait été seule, absolument seule de bout en bout !

Quand on a appelé à la barre comme témoin Klaus Vogler, madame la conseillère a eu un dernier choc, le plus dur peut-être. Elle a vu se lever un homme blond quelques bancs devant elle. C'était à lui qu'elle avait écrit pendant sept ans, c'était pour lui qu'elle s'était presque ruinée, c'était auprès de lui qu'elle avait accepté de finir ses jours et, depuis le début du procès, elle ne l'avait pas reconnu !

La valise noire

14 mars 1960. Un homme d'une quarantaine d'années s'approche du guichet d'enregistrement de l'aérogare des Invalides à Paris. Il n'a pas le physique habituel des hommes d'affaires qui constituent la clientèle presque exclusive des vols aériens. Car, en cette année 1960, prendre l'avion est encore loin d'être une chose courante.

L'homme est grand. Il a une carrure imposante, le teint rouge, les cheveux blonds coiffés en brosse un peu n'importe comment, les mains calleuses. Il ne semble pas très à l'aise dans son costume bleu marine de bonne coupe. Bref, il a tout du paysan endimanché. Il tient à la main pour tout bagage une petite valise noire.

Il tend à l'employé un billet aller et retour de première classe pour New York au nom de Pierre Bernard. Le préposé lui remet un ticket d'embarquement et s'apprête à prendre la valise pour la poser sur le tapis roulant. Mais Pierre Bernard arrête son geste. Il s'exprime avec un fort accent berrichon.

— Ah non, mon gars ! Ma valise, je veux la mettre moi-même dans le car. Et puis d'abord, je veux prendre une assurance pour ce qu'il y a dedans. On m'a dit que c'était possible.

Assez interloqué, l'employé de l'aérogare répond :

— Oui, effectivement. Pour quelle somme ?

— Trente millions... anciens bien entendu !

Cette fois le préposé manque de tomber à la renverse. Un Berrichon qui va à New York en première classe, ce n'est déjà pas courant, mais avec trente millions dans sa valise, ça doit être la première fois de l'histoire.

— Mais qu'est-ce que vous avez là-dedans ? De l'or ?

— J'ai mieux que ça, mon gars : des tableaux... Et puis des beaux ! Enfin, c'est ce qu'on m'a dit parce que, moi, je n'y connais pas grand-chose. Il y a deux Manet, deux Renoir et un Dufy.

L'employé s'étrangle de saisissement.

— Mais vous n'avez pas le droit de sortir tout cela de France ! Il faut des certificats, des autorisations...

Pierre Bernard met la main à sa poche. Il en sort un volumineux paquet contenant un vieux portefeuille élimé, une montre de gousset, des billets de banque en vrac, quelques bouts de ficelle et des papiers de toute sorte. Il opère un tri rapide et exhibe deux documents.

— Voilà, mon gars : l'autorisation d'exporter signée des douanes et celle signée par l'expert des musées nationaux. C'est-y pas en règle ?

C'en est trop pour le malheureux employé qui, totalement dépassé par la situation, court prévenir ses supérieurs. Lesquels ne peuvent que constater la parfaite régularité des pièces officielles et établissent donc à M. Pierre Bernard, domicilié à Saint-Pé dans l'Indre, une assurance de trente millions anciens pour deux Manet, deux Renoir et un Dufy. Ensuite de quoi, le directeur de l'aérogare, deux employés et un policier accompagnent Pierre Bernard jusqu'au car. Le Berrichon pose lui-même sa valise dans la soute à bagages, attend, en compagnie de sa petite escorte, que les autres valises soient placées et la soute verrouillée, puis il monte dans le car, qui démarre aussitôt.

Bien entendu, les services des Invalides préviennent Orly de l'arrivée du précieux chargement. Un agent commercial, un douanier et un policier se rendent à l'heure dite sur l'aire de stationnement du car. Le véhicule des Invalides est déjà là depuis quelques instants. La main sur la poignée, le bagagiste s'apprête à ouvrir la soute mais l'agent commercial l'interrompt :

— Attendons la présence du propriétaire.

Celui-ci descend du car en grimaçant un peu, sans doute parce que ses souliers vernis lui font mal. Il lance :

— Vous pouvez ouvrir, mon gars !

Le bagagiste ouvre et, l'une après l'autre, dépose les valises sur son chariot. Il y en a de toutes les tailles et de toutes les couleurs : des blanches, des marron, des écossaises, une petite noire... Non, ce n'est pas elle. L'employé a presque fini de décharger, tandis qu'une sensation de plus en plus désagréable commence à gagner tout le monde...

Enfin, le bagagiste ressort des profondeurs du car avec un sac à dos décoré d'un drapeau britannique et annonce laconiquement :

— C'est le dernier.

L'attaché commercial est livide.

— Cherchez encore... Vous avez mal regardé. Ce n'est pas possible !

L'employé s'exécute, en même temps que Pierre Bernard, qui part lui-même explorer la soute en répétant :

— Cré bon soir !

Mais une minute plus tard, ils ressortent tous les deux bredouilles. Le Berrichon explose soudain en hurlements :

— Au voleur ! Au voleur !

Les bagages sortis sont passés au crible. Mais aucun doute n'est possible : la petite valise noire avec les tableaux de maîtres a disparu.

Quelque temps plus tard, Pierre Bernard est dans le bureau du commissaire d'Orly, Michel Gautier. Celui-ci se fait donner plus de précisions.

— Enfin, monsieur, comment ces toiles étaient-elles en votre possession ?

Le Berrichon semble choqué de la question.

— Parce qu'elles étaient à moi, cette idée !

— J'entends bien. Mais...

— Je n'ai pas une tête à avoir des tableaux de musée ? Je suis sûr que c'est ça que vous voulez dire... Eh bien, je les ai hérités de ma grand-mère en même temps que sa maison. Ils étaient dans le grenier. Ma grand-mère, c'était la honte de la famille. Une femme formidable ! Elle était montée à Paris à dix-huit ans et elle avait fait fortune comme cocotte. Elle est revenue au pays vingt ans plus tard, complètement ruinée, mis à part les tableaux dont elle n'avait parlé à personne. Je suis l'unique héritier et j'ai payé les droits de succession, vous pouvez vérifier...

Le commissaire Gautier est satisfait d'avoir une explication rationnelle concernant un des points de cette histoire peu ordinaire.

— Et ces toiles, vous alliez les vendre à New York ?

— Oui, monsieur. Parce que les prix sont meilleurs là-bas, vu qu'on ne prélève pas une taxe comme chez nous pour garantir aux acheteurs l'authenticité des œuvres.

Le commissaire Michel Gautier admire les connaissances du Berrichon en matière de législation commerciale. Décidément, c'est un personnage surprenant.

Celui-ci d'ailleurs reprend la parole :

— Bon. Maintenant que vous m'avez posé vos questions, je vais vous poser les miennes. Comment elle a pu disparaître ma valise ? Et comment vous allez faire pour la retrouver ? Parce que, faudrait pas confondre : je ne suis pas le voleur, moi, je suis la victime !

Le commissaire Gautier l'apaise de son mieux.

— Calmez-vous, cher monsieur. Je vais mettre tous mes hommes sur l'affaire. Donnez-moi votre adresse : dès que j'aurai la moindre nouvelle, je vous la ferai parvenir.

Pierre Bernard cite le nom d'un palace parisien et s'en va en claquant la porte. Dès qu'il a disparu, le commissaire appelle un de ses hommes.

— Vous allez le suivre. Je veux savoir tout ce qu'il fait, les personnes qu'il rencontre. Voyez avec le standard de l'hôtel pour ses communications...

Le policier se retire à son tour et le commissaire Gautier reste seul. Ce n'est pas qu'il croie forcément à la culpabilité du possesseur de la valise, mais cette histoire est tellement spéciale qu'il doit prendre toutes ses précautions. Il fait appeler le chauffeur du car. Celui-ci est un grand gaillard qui semble terriblement contrarié par ce qui lui est arrivé.

— Je n'y comprends rien, monsieur le commissaire !

— La trappe a pu s'ouvrir en cours de route...

— Impossible. Elle était verrouillée.

— Imaginons qu'à un feu rouge quelqu'un se soit approché avec une clé pour l'ouvrir.

— Cela non plus ce n'est pas possible. Si la trappe s'ouvre quand le contact est mis, il y a un témoin lumineux qui s'allume sur le tableau de bord. Et il ne s'est pas allumé, j'en suis sûr.

Le commissaire Gautier remarque intérieurement que la chose était quand même faisable si le chauffeur était complice. Mais comme s'il avait deviné ses pensées, celui-ci tient à préciser :

— D'ailleurs ce n'est certainement pas pendant le trajet qu'on a pu voler la valise. Le monsieur s'était installé à la fenêtre au-dessus de la soute et il ne l'a pas quittée des yeux pendant tout le parcours. Vous n'avez qu'à le lui demander...

Le commissaire enregistre la précision et pose sa dernière question :

— Les gens de l'aéroport sont venus longtemps après votre arrivée ?

— Oh non. Immédiatement, monsieur le commissaire.

Après le départ du chauffeur, le bagagiste d'Orly fait son entrée dans le bureau du commissaire. C'est un blond sans signe particulier.

— Vous êtes arrivé près de la soute combien de temps avant les autres ?

— Tout de suite avant. Je ne sais pas moi, moins d'une minute. Je les ai doublés au volant de mon chariot.

— Et vous n'avez pas ouvert la soute ?

— Non, monsieur le commissaire... Oh ! j'imagine ce que vous pouvez penser. Mais comment aurais-je fait ? Si j'avais pris la valise, il aurait bien fallu que je la mette quelque part. Et on a fouillé partout...

Effectivement, le bagagiste n'a pas tort. Ce vol est décidément de plus en plus mystérieux. La subtilisation semble impossible, aussi bien aux Invalides, ou à Orly que durant le trajet. Alors, où est passée la valise noire ? Où sont passés les Renoir, les Manet et le Dufy ?

Comme pour le propriétaire, le commissaire Gautier fait suivre le chauffeur et le bagagiste. Devant une affaire par trop ténébreuse, il est obligé de se rabattre sur les mesures de routine en espérant qu'elles lui apporteront la lumière.

Quant à lui, il vérifie sans plus attendre les dires de Pierre Bernard. Mais la mairie de Saint-Pé, dans l'Indre, confirme totalement ses propos. Pierre Bernard a bien fait ce fabuleux héritage de sa vieille grand-mère aux mœurs légères que tout le monde croyait ruinée.

Vingt-quatre heures ont passé. L'affaire, tant par l'importance et le mystère du vol que par la personnalité de la victime, fait les gros titres des journaux. Quant au commissaire Gautier, il n'est pas loin de désespérer, lorsque l'une des trois filatures lui apporte un résultat stupéfiant !

Le policier qui avait été chargé de suivre le bagagiste arrive dans le bureau, très excité.

— J'ai découvert quelque chose de pas commun, monsieur le commissaire. Ce n'est pas l'homme lui-même : il n'a rien fait de particulier, mais ce qui est étonnant, c'est que je n'étais pas le seul à le suivre.

— Vous en êtes sûr ?

— Absolument. Et c'est une femme ! Une petite blonde très jolie, avec une veste de fourrure. Quand le bagagiste a quitté son travail, elle est allée prendre sa voiture sur le parking et elle l'a suivi jusque chez lui. Elle est restée une heure environ dehors à attendre. Puis elle est partie, mais le lendemain, à six heures, elle était encore devant chez lui et elle l'a suivi de nouveau jusqu'à Orly.

— Et en ce moment, elle est toujours là ?

— Oui. Elle attend...

Le commissaire Michel Gautier réfléchit rapidement.

— Bien. Retournez sur place et surveillez-les tous les deux.

Une fois le policier parti, le commissaire appelle son homme en faction au palace où est descendu Pierre Bernard.

— Est-ce que Bernard a reçu un appel téléphonique ?

— Oui, monsieur le commissaire : un seul, cette nuit. Une femme, vraisemblablement sa maîtresse. Elle a parlé longtemps pour ne rien dire, mais elle a eu une phrase bizarre. Elle lui a dit : « Je n'ai pas pu trouver tes cigares. »

Cette fois, les choses se précisent et se compliquent tout à la fois. Le bagagiste est certainement coupable. La petite blonde, la maîtresse de Pierre Bernard, s'en est rendu compte d'une manière ou d'une autre mais n'a pu récupérer les tableaux volés. C'est le seul sens qu'on peut donner à la phrase : « Je n'ai pas pu trouver tes cigares. »

Cela dit, le mystère est loin d'être résolu, bien au contraire. Comment le bagagiste a-t-il pu subtiliser la valise, puisque plusieurs personnes ont été témoins de l'ouverture de la soute ? De plus, par l'intermédiaire de la petite blonde, le propriétaire de l'objet volé semble connaître l'identité du voleur. Alors pourquoi ne prévient-il pas la police ? Enfin et surtout, où sont la valise noire et les toiles ?

Le commissaire Gautier commence par se renseigner sur le bagagiste. Il se nomme Lucien Jouffroy et n'a effectivement pas bonne réputation. Il est sur le point d'être renvoyé de l'aéroport pour des retards répétés. En outre, il a été suspecté récemment à l'occasion d'une disparition de valise. Déjà, l'enquête administrative qui avait eu lieu alors n'avait abouti à rien, faute de preuve. Bref, ce Lucien Jouffroy est effectivement le suspect idéal.

Le commissaire réprime la tentation de l'arrêter et de le questionner sur-le-champ... D'abord, rien n'indique qu'il avouera et surtout, il risque ainsi de donner l'alerte à la petite blonde. Et il veut absolument connaître son rôle dans cette histoire, ainsi que celui de Pierre Bernard lui-même.

Pour l'instant, le bagagiste Jouffroy est à son travail sur les pistes. Le commissaire a donc tout loisir de faire une perquisition discrète. Il se rend dans les locaux du personnel et examine le casier du suspect. Il ne s'attendait évidemment pas à trouver la petite valise noire, cela aurait été trop beau. Mais pas le moindre indice : juste sa musette contenant son repas de midi et ses vêtements civils.

Pourtant, le commissaire Gautier ne renonce pas. Il y a encore une chance que la valise n'ait pas quitté Orly. C'est même le plus vraisemblable. Lucien Jouffroy a dû la cacher sur place en attendant de la récupérer quand la situation serait plus calme. Le commissaire mobilise tous ses hommes et entreprend avec eux une fouille systématique des locaux du personnel de l'aéroport.

Et la chance est avec lui car, une heure plus tard, un des policiers revient en brandissant fièrement un rouleau de toiles. Il les déplie devant le commissaire : les cinq tableaux, découpés de leur cadre, sont là !

— Où les avez-vous trouvés ?

— Dans la chasse d'eau d'un des w-c. Ils étaient dans un sac plastique.

— Et la valise ?

— Ah, celle-là, non, je ne l'ai pas vue.

Mais qu'importe la valise noire. Ce qui compte, ce sont les toiles. Le commissaire Michel Gautier donne des ordres pour qu'on arrête simultanément le bagagiste, Pierre Bernard et sa maîtresse blonde et pour qu'on les conduise à son bureau. Le premier arrivé est Lucien Jouffroy, le bagagiste. En voyant les toiles, il devient tout pâle.

— Alors, Jouffroy, on aime la peinture ?

Le bagagiste, qui a repris le contrôle de lui-même, serre les lèvres, l'air buté. Mais le commissaire sait comment le faire parler.

— La petite blonde, elle était dans le coup, hein ? Ce serait trop bête de payer pour tout le monde. D'autant que vous n'êtes pas forcément le principal responsable.

Aux mots de « petite blonde », Lucien Jouffroy a eu un haut-le-corps. Cette fois, ses dernières défenses s'écroulent.

— Vous avez raison. Je n'ai pas à leur faire de cadeau... C'est vrai que ce sont eux qui ont eu l'idée, M. Bernard et sa dame. Ils m'ont abordé au café où on se réunit après le travail...

— Continuez, c'est très intéressant !

— J'ai fait exactement comme ils m'ont dit. Ils m'ont donné une valise écossaise truquée. Quand on la met sur une autre valise plus petite, le fond se referme et elle l'engloutit... Je suis arrivé près du car avant tout le monde. J'ai eu besoin de dix secondes, pas plus. M. Bernard m'avait dit à quel endroit exactement il mettrait la valise noire. J'ai ouvert, j'ai pris la valise écossaise, qui était sur mon chariot, et ni vu ni connu. Ensuite, pendant que tout le monde discutait, j'ai reconduit le chariot et la dame, et M. Bernard devait prendre la valise écossaise dans le hall.

Le bagagiste baisse soudain la tête, tandis que sa voix devient plus sourde.

— Seulement, je n'ai pas pu résister. Tous ces tableaux c'était trop. J'avais pris un rasoir et, en chemin, j'ai découpé les toiles. Quand la dame a repris la valise, il n'y avait plus rien dedans. Ensuite, j'ai été aux toilettes cacher les tableaux...

Une heure plus tard, le commissaire a devant lui Pierre Bernard et sa maîtresse, qui a été identifiée comme étant une call-girl répondant au nom de Lucienne Roy. C'est dans le coffre de sa voiture qu'on a retrouvé les deux valises l'une dans l'autre : l'écossaise et la noire. Le Berrichon a le sourire du perdant beau joueur. Le commissaire Gautier ne peut s'empêcher d'éprouver une certaine admiration pour ce personnage décidément hors du commun.

— Alors, monsieur Bernard, qu'est-ce qui vous a pris ? Vous trouvez une fortune dans votre grenier et cela ne vous suffit pas ! Vous voulez l'augmenter avec une escroquerie.

Pierre Bernard hésite un peu et finit par répondre d'un ton fataliste :

— Qu'est-ce que vous voulez, je tiens sans doute de ma grand-mère.

Signé « Attila »

En cette année 1862, Michel Chasles approche de ses soixante-dix ans. C'est un savant éminent, un génie, même. Il a révolutionné la géométrie, la faisant entrer dans l'ère moderne. Ses contemporains n'ont pas été ingrats et ont su reconnaître comme il convenait ses mérites. Il est professeur à l'Ecole polytechnique, titulaire de la chaire de géométrie appliquée spécialement créée pour lui à la faculté des sciences, membre de l'Académie des sciences et de l'Académie de Bruxelles. Il est en outre commandeur de la Légion d'honneur et décoré de la médaille de Copley, la plus haute distinction que l'Angleterre puisse accorder à un savant.

Mais cet esprit supérieur, cet homme comblé d'honneurs, qui est de surcroît fort riche, a une déception secrète : il a la passion des manuscrits anciens, il est prêt à payer très cher pour en acquérir, mais il n'a pu trouver jusqu'à présent que des pièces d'intérêt secondaire.

Or voilà qu'un visiteur s'est fait annoncer à son domicile pour lui proposer une lettre autographe de Molière. Il s'empresse de le faire entrer. L'homme doit avoir autour de la cinquantaine, mais il est difficile de lui donner un âge. Il est bossu, presque chauve, porte de petites lunettes cerclées de fer. C'est de toute évidence un rat de bibliothèque. Ce dernier se présente humblement, presque obséquieusement.

— Je me nomme Vrain-Lucas, monsieur. Je suis natif de Lanneray, près de Châteaudun.

— Et moi, je suis de Chartres. Nous sommes presque compatriotes.

Un lien chaleureux vient de se créer... Vrain-Lucas sort avec précaution son manuscrit d'une chemise de cuir. Il est bien signé « Molière » et adressé à un correspondant dont le nom ne dit rien.

— J'en demande cinq cents francs, monsieur. Cela les vaut...

L'académicien ne discute pas le prix mais s'inquiète de la provenance du document. Le bossu à lunettes s'approche alors et prend un ton confidentiel :

— Il s'agit d'une collection.

— Une collection ?

— Celle du comte de Boisjoudrain, qui a émigré en Amérique en 1791. Son navire a fait naufrage et il a péri, mais on a pu sauver la malle contenant ses lettres. Elles appartiennent à présent à un vieux monsieur qui est dans la misère. Il m'a chargé de les vendre.

— Et il a beaucoup d'autres lettres ?

— Des milliers.

Les yeux du grand géomètre brillent de convoitise comme ceux d'un enfant passant devant une confiserie.

— Promettez-moi, monsieur Lucas, de ne rien vendre sans m'en parler.

— Je vous le promets, foi de Beauceron. Entre compatriotes, il faut bien s'entraider. Mais je vous demande de ne pas ébruiter la chose. La lettre de Molière n'était qu'un aperçu. J'ai beaucoup mieux encore...

Et, peu après, Vrain-Lucas revient effectivement avec beaucoup mieux. C'est même le moins qu'on puisse dire, car il s'agit d'une lettre de César à Vercingétorix !

« J'envoye devers toi un mien ami qui te dira le but du mien voyage. Je veux couvrir de mes soldats la terre qui t'a vu naistre. C'est en vain que tu la vouldras défendre. Tu es brave, je le say, mais aussi le seray, s'il plaist aux dieux. Aussi rends moy les armes ou prépare toy à combattre. »

Ce n'est pas tout, car il y a une réponse, ou du moins le sauf-conduit que Vercingétorix remet à l'envoyé de César qui lui a apporté le message.

« Cecy est la lettre que Vercingétorix, le chef des Gaulois, remit à Trogus Pompée, afin qu'il s'en retourne librement devers son maistre... J'octroye le retour du jeune Trogus Pompée auprès de l'empereur Jules César, sien maistre, et ordaing à ceux que ces lettres verront le laisser passer librement et l'aider au besoing. »

Le petit homme chauve à lunettes s'incline respectueusement.

— Le vieux monsieur n'en demande encore que cinq cents francs. Notez qu'il y a deux documents au lieu d'un et qu'ils sont beaucoup plus rares...

L'académicien court chercher la somme dans son secrétaire.

— Vous le remercierez de ma part, monsieur Lucas. Et revenez vite !...

C'est ainsi que commence l'escroquerie sans doute la plus stupéfiante qui nous soit connue. Michel Chasles, l'un des grands esprits de son siècle, va porter la crédulité à des sommets jamais atteints. Si la lettre de Molière était un faux, elle restait malgré tout vraisemblable. Mais cet échange de civilités en vieux français entre le Romain et le Gaulois laisse rêveur. Sans compter que Vercingétorix qualifie son correspondant d'« empereur ». Jules César n'a jamais été empereur. C'est même précisément pour avoir voulu le devenir qu'il a été assassiné par Brutus et les siens. Et puis, il suffisait d'examiner le papier par transparence pour y découvrir une fleur de lys en filigrane ! Et puis, le papier n'existait pas à cette époque : on ne connaissait que le parchemin ! Et puis, et puis, on ne sait que dire de toute cette histoire, sinon qu'on n'aurait jamais osé l'inventer, mais qu'elle est vraie.

Nous sommes en 1869. Sept ans ont passé et, depuis sept ans, le « vieux monsieur » se défait, la mort dans l'âme, de pièces rarissimes, que Vrain-Lucas, par sympathie pour son compatriote beauceron, va vendre à Michel Chasles.

C'est un trésor fabuleux ! Toute la vie privée des grands personnages de tous les temps y figure, toutes les grandes énigmes de l'histoire, comme celle du Masque de fer, par exemple, y sont résolues.

En voici quelques échantillons... Pour rester en compagnie de

César, citons la lettre que lui adresse sa maîtresse égyptienne, la belle Cléopâtre : « Mon Très Aymé, nostre fils Césarion va bien. Il sera bientôt en estat de supporter le voyage d'icy à Marseille où j'ay décidé de l'envoyer, tant à cause du bon air qu'on y respire que des belles choses qu'on y enseigne. »

Michel Chasles était fort patriote, et même un tantinet chauvin, et le seul commentaire que lui inspira cette missive fut la fierté de constater que Cléopâtre avait choisi notre pays pour l'éducation de son fils.

Pareillement, cette lettre d'Alexandre le Grand à Aristote le combla d'aise : « Quant à ce que vous m'avez mandé d'aller faire un voyage au pays des Gaulois afin d'y apprendre la société des druides desquels Pythagoras a fait si bel éloge, je vous le permets, car vous n'ignorez pas l'estime que je fais d'icelle nation que je considère comme étant celle qui a porté la lumière dans le monde. »

Dans le même ordre d'idées, comment ne pas vibrer de fierté nationale devant le martial défi que Charles Martel adresse au chef des armées arabes, peu avant de le battre à Poitiers ? « Duc mauresque, j'ai lu des lettres menaçantes de toi, mais je n'en crains pas les effets. Rassemble si tu peux toutes les forces de l'Afrique et viens à leur teste fondre sur la mienne patrie. Tu me verras voler à ta rencontre. Sur ce, l'Eternel t'avoir en sa garde... Carle Martel. »

Bien entendu, Jeanne d'Arc est présente elle aussi. La petite bergère, qui a miraculeusement appris à écrire, raconte à ses parents sa première rencontre avec Charles VII : « Mes Chers Père et Mère, nostre entretien s'est porté sur les moyens à prendre pour chasser les Angloys de France et lui révelay un songe mystérieux qui m'estoit venu. Il a compris ce que je voulois faire et m'a donné le commandement de ses troupes... »

On ne peut pas tout citer, il y en a trop. Voici, pêle-mêle, sans souci de la chronologie, une lettre de Christophe Colomb à Rabelais, lui racontant ce qu'il a vu en Amérique; un mot touchant d'Héloïse à Abélard, où elle l'appelle « Mon doulx amy » et où elle le plaint de tout cœur du cruel supplice qu'on lui a infligé ; une lettre de Marie de Médicis au pape, lui demandant la grâce de Galilée; une proclamation signée « Attila », certes farouche et menaçante, mais démontrant que le chef des Huns n'était pas si barbare que cela, puisqu'il connaissait le français, tout comme, d'ailleurs, Archimède, Dagobert, Charlemagne et Shakespeare ; une lettre d'un miséreux à saint Vincent de Paul, lui demandant du secours et l'appelant « saint » comme s'il avait été canonisé de son vivant, etc., etc.

On doit remarquer que la collection du « vieux monsieur » était particulièrement riche sur la période du Christ. Elle contient deux lettres d'un certain Julius Graccinus à Jésus-Christ lui-même, une lettre de Judas, dans laquelle il demande pardon de sa trahison, une autre de Ponce Pilate. Mais le plus remarquable est sans doute une lettre de Lazare à saint Pierre, datée du 10 août 47 après Jésus-Christ. Elle est expédiée de Marseille, car, tout de suite après sa résurrection par Jésus, Lazare a choisi de prendre le bateau pour se rendre dans notre pays. Il ne précise pas s'il y a rencontré les descendants de Césarion...

Pour tous ces chefs-d'œuvre, Michel Chasles a déboursé en tout cent cinquante mille francs-or, une fortune ! Et à aucun moment, il n'a eu le moindre soupçon. Oh, certes, il a eu des conflits avec son compatriote Vrain-Lucas, mais c'était uniquement parce que ce dernier ne le fournissait pas assez vite. Une fois même, les choses se sont envenimées. Vrain-Lucas s'est fâché :

— Si vous n'êtes pas satisfait, rendez-moi mes pièces, je vous rendrai votre argent !

Le savant s'est hâté de faire machine arrière.

— Je vous en prie ! Je ne vous dirai plus rien. Ces documents me sont trop précieux...

En fait, tout se serait sans doute bien passé pour le faussaire, si sa victime n'avait été membre de l'Académie. Or, Michel Chasles est d'une nature généreuse. Il ne veut pas garder pour lui seul de pareils trésors. Il se sent le devoir de faire profiter ses collègues de ses découvertes.

Il commence par les académies étrangères. Pour le six centième anniversaire de la naissance de Dante, il remet aux Florentins un texte du poète. On le remercie chaleureusement, sans trop s'étonner qu'il soit écrit en français. Un peu plus tard, quand l'Académie de Bruxelles l'accueille en son sein, il lui donne en remerciement deux lettres de Charles Quint à Rabelais.

C'est une correspondance pour le moins étrange. Dans la première lettre, l'empereur demande à l'écrivain de résoudre le problème de la quadrature du cercle et, comme Rabelais ne prend même pas la peine de répondre, dans la deuxième, il s'en irrite fort. Ces textes qui sentent le canular d'étudiant ne surprennent personne et sont, au contraire, précieusement rangées dans les archives de l'Académie de Bruxelles.

Mais Chasles n'oublie pas ses confrères de l'Académie des sciences et leur remet, le 15 juin 1869, deux lettres de Pascal au chimiste Robert Boyle. Cette fois, il provoque l'émotion et même la stupeur chez ses collègues, car Blaise Pascal emploie des formules mathématiques inconnues à son époque. Des sceptiques se font entendre. L'un d'entre eux déclare même catégoriquement :

— Les notes que vous attribuez à Pascal ont été manifestement copiées dans un traité moderne !

Michel Chasles n'est pas ébranlé, mais irrité. Il est absolument sûr de l'authenticité de ses documents. Seulement, il en faudrait d'autres pour leur donner plus de poids. Il fait venir Vrain-Lucas et lui expose son problème. Ce dernier a un sourire.

— Ne vous inquiétez pas. Le vieux monsieur a justement quelque chose là-dessus.

Ce « quelque chose là-dessus », Michel Chasles l'apporte à ses collègues académiciens lors de la séance du 31 juillet et là, c'est la bombe ! Il s'agit d'une nouvelle lettre de Pascal adressée, cette fois, au jeune Newton. Le savant français, qui vient, dit-il, de découvrir les lois de la gravitation universelle, en donne obligeamment les éléments à son correspondant et y ajoute quelques conseils paternels : « Mon jeune amy, j'ai appris avec quel soin vous cherchiez à vous initier aux sciences mathématiques et géométriques. Je vous envoye divers problèmes qui ont esté autrefois l'objet de mes préoccupations touchant les lois de l'abstraction, afin d'exercer votre génie... Travaillez, estudiez, mais que cela se fasse avec modération. C'est le meilleur moyen de profiter des connaissances qu'on acquiert. Je vous parle par expérience. »

Tout est changé. Du jour au lendemain, l'affaire prend des dimensions nationales ou plutôt internationales ; elle devient presque une affaire d'Etat ! Curieusement, le chauvinisme aidant, la majorité de l'Académie des sciences se déclare convaincue par cette stupéfiante nouvelle : ce n'est pas Isaac Newton qui a découvert la gravitation universelle, mais Blaise Pascal, quarante ans plus tôt. Dans le fond, voilà qui nous venge un peu de tous les mauvais coups que nous ont faits les Anglais depuis Jeanne d'Arc.

Mais évidemment, de l'autre côté du Channel, c'est la stupeur et l'indignation. L'Académie d'Edimbourg parle de « misérable falsification ». Sir David Brewster, biographe de Newton, écrit de manière toute britannique à l'Académie : « Ayant soigneusement examiné tous les papiers et la correspondance de sir Isaac Newton qui se conservent à Hurtsbourne Park, résidence de sa famille vivante, je puis affirmer qu'il n'existe aucune correspondance de Pascal à Newton. Ces deux illustres savants ne se sont jamais connus. En 1654, Newton, qui avait onze ans, s'occupait alors, d'une manière plus convenable à son âge, de cerfs-volants, de petits moulins et de cadrans solaires... »

L'argument n'est pas sans quelque logique. Car, en admettant que, contrairement à toutes les idées reçues, Pascal ait découvert la gravitation universelle en avance sur son temps, on se demande bien pourquoi il aurait été en faire la confidence à un bambin d'outre-Manche.

Michel Chasles est ennuyé. Il ne s'attendait ni à tant de tapage ni à tant d'hostilité. Mais Vrain-Lucas vient le trouver opportunément.

— Je crois savoir que le vieux monsieur détient la réplique...

La réplique est effectivement admirable et permet au géomètre de contre-attaquer avec force. Il produit devant l'Académie une lettre de madame Newton mère à Pascal, « le remerciant pour les bontés qu'il avait eues envers son fils ». Et, comme les critiques ne cessent pas, c'est l'autre maman qui vient à la rescousse. Chasles lit peu après une lettre de madame Pascal mère à Saint-Evremond où elle lui confie combien elle est fière que son petit Blaise ait découvert la gravitation universelle.

Le débat a déjà pris des dimensions grandioses, mais il va

s'étendre encore et devenir européen !... Plusieurs savants démontrent que, dans l'état des connaissances astronomiques de son époque, Pascal ne pouvait en aucun cas découvrir la gravitation universelle. Qu'à cela ne tienne, « le vieux monsieur a la réplique » et Chasles réplique ! Il produit des lettres de Galilée à Pascal, datées de 1641, où l'Italien lui livre les connaissances astronomiques suffisantes... Tollé chez les astronomes. Galilée parle dans ces lettres des anneaux de Saturne, découverts quinze ans plus tard par le Hollandais Huygens ; or il était alors aveugle depuis quatre ans et ne pouvait pas écrire. Chasles rétorque que Galilée faisait semblant d'être aveugle pour tromper l'Inquisition et que Huygens a copié la découverte des anneaux de Saturne en découvrant précisément cette lettre lors d'une visite à Pascal.

Du coup, ce sont les Hollandais qui sont furieux à leur tour qu'on dépossède leur savant national de sa découverte. Et les Italiens sont tout aussi irrités qu'on traite aussi légèrement leur Galileo Galilei... Il s'ensuit trois mois d'incroyables polémiques, Chasles n'étant démonté par aucune objection et apportant sans cesse de nouvelles lettres. Enfin, le 26 octobre 1869, l'illustre astronome Le Verrier, un des rares qui ait été totalement sceptique depuis le début, obtient un vote de ses collègues « désolidarisant officiellement l'Académie des anachronismes et invraisemblances contenus dans les lettres de M. Chasles ».

Pour la première fois, la confiance de ce dernier est ébranlée. Plusieurs de ses amis le décident à porter plainte. Et il le fait, mais pas pour escroquerie. Il demande l'arrestation de Vrain-Lucas parce qu'il lui a réclamé trois mille autres pièces et qu'il tarde à les lui fournir. Il craint qu'effrayé par ce qui se passe, il ne s'enfuie avec ses trésors.

— J'ai peur, précise-t-il au commissaire, qu'il ne vende à l'étranger des pièces inestimables !...

Vrain-Lucas est arrêté. Il faut dire que, malgré les proportions qu'avait prises l'affaire, il ne se cachait nullement. Il se rendait quotidiennement à la Bibliothèque nationale, alors impériale, pour trouver des éléments de la correspondance de Galilée ou de Pascal et pour voler le papier de ses lettres en déchirant les pages de garde de vieux livres. Et c'est alors que le public, ébahi, découvre l'étendue de l'escroquerie. Chasles lui a acheté plus de vingt-sept mille lettres émanant de six cent soixante personnages historiques. Leur publication dans les journaux provoque un immense éclat de rire...

L'instruction commence. Elle est un peu décevante après tout ce qui a précédé. La personnalité du faussaire semble banale en comparaison d'une telle affaire... Vrain-Lucas est né en 1818, effectivement à Lanneray, près de Châteaudun, circonstance qui a pesé d'un si grand poids dans cette histoire. C'est un fils de pauvres paysans, qui commence par travailler la terre. Mais c'est aussi un ambitieux. Il s'instruit par lui-même et finit par devenir greffier à Châteaudun. Cela ne lui suffit pas ; il monte à Paris et sollicite un poste à la Bibliothèque impériale. On le lui refuse : il faut le baccalauréat.

Dès lors, il vivote dans un emploi de démarcheur pour un cabinet généalogique. Comme il a du temps libre, il fréquente assidûment les bibliothèques et s'amuse par jeu à reproduire des signatures anciennes. C'est alors qu'il rencontre son « compatriote » Chasles, c'est la lettre de Molière et la suite... Il fabriquait ses faux sur des pages filigranées qu'il noircissait à la fumée d'une bougie.

Dans sa déposition, Vrain-Lucas affirme — et il n'y a pas de raison de ne pas le croire — que, s'il est bien à l'origine de l'escroquerie, c'est le savant lui-même qui lui a donné toute son ampleur. Il lui a pour ainsi dire forcé la main.

— Il m'engagea avec beaucoup d'insistance à lui apporter d'autres documents semblables. Il me donna même une longue liste de personnages desquels il désirait ardemment avoir des lettres. Il m'a dit que si je les lui fournissais, il en ferait un ouvrage qu'il publierait.

Et le faussaire avance pour sa défense ce merveilleux argument :

— Même s'il était jusqu'à un certain point apocryphe, ce livre aurait eu le mérite de faire connaître l'histoire à mes compatriotes et aurait par conséquent été au progrès des connaissances humaines...

Le procès Vrain-Lucas s'ouvre le 24 février 1870. L'accusé, ce bossu chauve à lunettes, avec ses allures de paysan roublard, ne paie guère de mine. Mais ce n'est pas lui que le public, qui s'écrase dans une gigantesque bousculade, est venu voir : c'est cet homme de haute taille, en redingote noire, décorations à la boutonnière, qui essaie de se faire tout petit sur le banc de la partie civile.

Vrain-Lucas reconnaît les faits : il a vendu 27 345 faux à Michel Chasles pour une somme totale de cent cinquante mille francs. On appelle sa victime à la barre. Malgré les rires mal contenus de l'assistance, l'académicien est très digne. Son témoignage commence par :

— Nous étions du même pays...

Ensuite, il raconte comment il a été trompé, mais toujours en parlant avec respect de celui qu'il appelle « monsieur Lucas »... Le juge lui pose alors la question qui est sur toutes les lèvres :

— Enfin, monsieur, comment avez-vous pu croire que César, Cléopâtre, Archimède, Attila et tant d'autres s'exprimaient en ancien français ?

Le savant fait une réponse qui rassure tout de même un peu.

— J'avais, bien sûr, posé la question à M. Lucas. Il m'a dit qu'il s'agissait de copies faites à l'abbaye de Tours. Les moines avaient des correspondants dans tous les pays étrangers et ceux-ci leur apportaient les originaux. Rabelais aurait été de ceux qui ont établi ces traductions.

Il n'empêche ! Lazare à Marseille, Aristote chez les druides, César et Vercingétorix s'échangeant des politesses... Et pour traduire du Attila, encore aurait-il fallu que le chef des Huns sache écrire, ce qui n'est guère conforme à ce qu'on sait du personnage... Quand le malheureux Chasles se retire, le public est plié en deux. Les cris fusent :

— Un bonnet d'âne pour l'académicien !

Et le président s'époumone en vain.

— Nous ne sommes pas au cabaret ! Je vais faire appeler la garde...

Encouragé par une telle ambiance, le jeune avocat de Vrain-Lucas, Me Helbronner, fait une plaidoirie tonitruante. Il met en avant un argument de choc : le patriotisme de l'accusé. A la veille de la guerre franco-prussienne, c'est tout à fait d'actualité.

— Mon client a toujours défendu la France et pas seulement dans la correspondance Pascal-Newton. Thalès donne à Ambigat, roi des Gaules, des conseils sur la manière de gouverner son peuple, Alexandre fait l'éloge de la Gaule et des Gaulois à Aristote, Cléopâtre envoie Césarion à Marseille et Lazare choisit d'y finir ses jours. N'est-ce pas admirable ?

La salle croule sous les bravos et le silence a bien du mal à se faire pour la lecture du verdict : Vrain-Lucas est condamné à deux ans de prison et cinq cents francs d'amende, ce qui lui laisse tout de même cent quarante-neuf mille cinq cents francs de bénéfice... Nul ne sait à quoi il les a employés une fois sa peine purgée. A partir de là, on a perdu sa trace...

Mais le plus extraordinaire est que Chasles n'a jamais été vraiment convaincu de sa culpabilité. Il déclarait encore des années après :

— On ne peut croire que toutes ces lettres soient l'œuvre d'un seul individu qui ne sait ni le latin, ni l'italien, ni aucune partie des autres sciences sur lesquelles portent ces documents. Il y a donc un mystère à pénétrer et il convient de ne rien conclure avec certitude.

Il n'a jamais exprimé le moindre ressentiment contre l'escroc et, à sa mort, en 1880, il a légué l'énorme masse de ses faux à la Bibliothèque nationale. Ils y sont toujours et, moyennant les autorisations nécessaires, on peut les consulter.

Si le cœur vous en dit...

Le roi des antipodes

La vieille noblesse bretonne, cela évoque tout un univers : la chevalerie, Merlin, la Table Ronde, du Guesclin et aussi l'attachement au terroir, le respect farouche des traditions. Bien sûr, ce ne sont que des images et, le plus souvent, les choses sont bien différentes. Mais dans le cas présent, l'image est vraie, elle est même en dessous de la réalité.

Charles-Marie Bonaventure du Breil, marquis de Rays, est né en 1832 dans l'antique château de ses ancêtres, à Quimerch, Finistère.

Son enfance est à la fois oisive et sévère, comme il est de règle dans ce genre de famille. Alors, le jeune Charles-Marie en profite pour rêver. Il se plonge avec passion dans les livres de voyages et d'exploration qui font fureur en ce milieu du XIXe siècle. Il fait quotidiennement plusieurs fois le tour du monde entre les murs épais du château.

Mais le futur marquis de Rays n'est pas seulement un rêveur. Dès que son âge le lui permet, il passe à l'action. A vingt ans, il s'embarque sur le premier bateau en partance pour les Amériques. Une fois arrivé, il ne s'arrête pas en si bon chemin, il va jusqu'au Far West voir à quoi ressemblent les sauvages de la côte Pacifique.

Ensuite, il revient, mais en passant par le Sénégal où il fonde des comptoirs, monte des affaires qui échouent, puis, de là, se rend à Madagascar, toujours avec la même idée : faire fortune. Il n'a pas plus de succès, tente un dernier crochet par Saigon et, devant l'échec persistant de ses entreprises, rentre enfin dans son château du Finistère.

Il a trente-huit ans, il n'est pas loin d'être ruiné, mais il a acquis là-bas quelques idées qui ne demandent qu'à se métamorphoser en une seule grande idée. Et celle-ci ne tarde pas à jaillir...

Nous sommes en 1870. Charles-Marie Bonaventure du Breil, marquis de Rays, est ulcéré par les nouvelles qui parviennent de Paris. Sans cesse il arpente les larges couloirs, les immenses pièces vides.

Qu'est-ce qu'il apprend ? Qu'est-ce qu'il entend ? Le 4 septembre une bande d'émeutiers a rétabli la république ! Mais c'est la fin de tout ! Car le marquis de Rays a, en matière politique, des opinions bien précises : c'est le type même de ce qu'on appelle à l'époque un « ultra ». Pour lui, les choses sont simples : tout allait bien jusqu'en 1789 et puis, à partir de là, c'est le désastre, la catastrophe, le diable en personne qui est venu sur la terre pour ruiner les deux seules choses auxquelles il croit : la monarchie et la religion. Si Napoléon III a perdu la guerre, rien d'étonnant : il s'était entouré, dans les dernières années, de toute une cohorte de libéraux. Pas la peine de chercher plus loin.

Voilà des idées qui, à défaut d'être nuancées, ont le mérite d'être claires et monsieur le marquis de Rays s'empresse de les mettre noir sur blanc dans un splendide mémoire à l'attention de M. Thiers, l'homme politique le plus en vue du moment, qui ne manquera pas d'en faire son profit et de l'appeler à ses côtés.

Mais une année, plusieurs années passent et M. Thiers ne se manifeste pas. En 1877, le marquis comprend enfin que son splendide mémoire n'aura jamais de réponse. Alors, il se fâche tout rouge, si l'on peut employer cette expression à son sujet.

— Ah, décidément, il faut tout faire soi-même, dans ce pays !

Et le marquis, à partir de ce jour, va effectivement tout faire lui-même. Il va réaliser cette vieille idée qui lui vient de son enfance, qui est née pendant ses années d'oisiveté au château et qui a mûri pendant ses interminables voyages : fonder un royaume, une monarchie digne de ce nom, dont il sera le roi.

Son nom de souverain va de soi : Charles Ier. Il a déjà son programme depuis longtemps : l'absolutisme. Son drapeau sera blanc, évidemment, avec un grand « C » bleu entouré de fleurs de lys et il aura pour devise « Dieu, Patrie, Liberté », ce qui sonne au moins aussi bien que l'horrible « Liberté, Égalité, Fraternité ». Il ne lui manque plus que le royaume et les sujets, mais, se dit-il, cela ne doit pas être impossible à trouver.

Charles-Marie de Rays, qui est un homme décidé et même têtu — il n'est pas breton pour rien —, entreprend donc de chercher son royaume et ses sujets. Pour cela, il compte beaucoup sur l'un de ses amis, un avocat de Quimper, Me du Gois, qui est un royaliste tout aussi acharné que lui. Et, effectivement, Me du Gois n'est pas du tout surpris quand le marquis vient lui faire part de son incroyable projet. Au contraire, il est séduit, il est enthousiaste.

— Mon cher marquis, c'est une idée excellente ! Ce drapeau, quel symbole ! Et cette devise, elle résume parfaitement tout ce à quoi nous croyons.

— Merci, mon cher maître. Mais il reste le royaume. Vous qui êtes juriste, dites-moi comment faire.

— Eh bien, il n'y a qu'à prendre une carte. Nous allons en trouver un.

Me du Gois déplie un grand planisphère et le voilà qui cherche avec le futur Charles Ier...

Ça n'est tout de même pas si simple. La majeure partie des terres de notre globe offrent le gros inconvénient d'être peuplées et administrées par des régimes qui se prétendent légitimes. Comme le marquis ne songe pas à employer la force et n'en a d'ailleurs pas les moyens, il faut donc chercher plus loin, là où il n'y a encore personne, mais où l'on peut tout de même vivre.

Et les deux hommes finissent par trouver. On ne peut pas dire que ce soit ni tout près ni très grand, mais l'endroit existe. A l'est de l'Australie, dans la mer de Corail, c'est-à-dire exactement aux antipodes, il y a un groupe d'îles que Bougainville avait découvert au XVIIIe siècle, sur lequel la France a donc une autorité de principe, mais qu'elle n'a jamais voulu exercer.

Au hasard, Me du Gois désigne une des îles, celle que Bougainville avait appelée Port-Praslin.

— Voilà, monsieur le marquis. C'est là que vous allez fonder la première monarchie absolue de notre siècle !

Charles-Marie Bonaventure du Breil est transporté d'émotion.

— Magnifique, mon cher du Gois, magnifique ! Cette île, je la nomme aujourd'hui Port-Breton. Ce sera bientôt le point de mire du monde entier. Mais tout aussitôt, il redevient perplexe.

— Et les sujets ? Comment pensez-vous que je vais trouver mes sujets ?

— C'est tout simple : passez des petites annonces.

Aussitôt dit, aussitôt fait ! Le marquis passe des annonces dans les journaux parisiens et les plus grands journaux de province. Elles visent à trouver d'abord des souscripteurs et éventuellement des volontaires. Le texte est tout ce qu'il y a de plus alléchant : « Colonie libre de Port-Breton — Terres à 5 francs l'hectare. Fortune rapide et assurée sans quitter son pays. Pour tous renseignements, s'adresser à M. du Breil de Rays, château de Quimerch (Finistère). »

L'annonce est peut-être un peu trop alléchante, car au début le public se méfie. Toute l'année 1877 se passe sans résultat. Le marquis est obligé de répéter ses appels pendant l'année suivante et une partie de l'année 1879. Mais son obstination finit par être récompensée. L'argent commence à arriver au château et, avec lui, les premières demandes de renseignements pour faire partie des colons.

A ces demandes, le marquis répond que le terrain est très fertile et tout particulièrement propice au coton et à la canne à sucre. A vrai dire, il n'en sait absolument rien, mais il faut bien répondre quelque chose. Et il glisse avec sa réponse une formule d'engagement qu'il n'y a plus qu'à retourner signée. Elle précise, dans une prose ornée, les droits et les devoirs du futur colon : « La colonie devra me fournir une maison du pays, soit dans un village, soit au bord de la mer, avec les terrains que j'aurai acquis. A partir de ce moment, je devrai me nourrir et m'entretenir avec ma famille par mon travail et mon industrie. »

A la fin de l'année 1879, le futur Charles Ier a réuni une somme considérable : cinq cent mille francs, une petite fortune !

En plus, il y a des dons divers de gens désintéressés, ou tout simplement prudents, qui ne veulent pas envoyer d'argent mais seulement témoigner leur admiration pour cette belle et noble entreprise. C'est ainsi qu'une bonne âme a envoyé une collection complète du *Pèlerin*, une autre quelques kilos de perles en verre de couleur pour faire du troc avec les indigènes, un certain abbé D., six cent quarante-cinq exemplaires de la brochure dont il est l'auteur et les jeunes filles de Villeneuve-lès-Maguelonne, onze « costumes pour sauvages », qu'elles ont confectionnés elles-mêmes, mais, tiennent-elles à préciser, « sous la bienveillante direction de Madame Garbouleau ». La précision est intéressante mais on ne sait malheureusement pas à quoi ressemblaient les « costumes pour sauvages », ce qui est dommage.

Quant aux futurs colons — ou, pour être plus précis, les futurs sujets —, ce sont bien sûr de pauvres gens, car, pour accepter de partir dans de telles conditions, il faut que la vie ne vous ait pas spécialement gâté. Il y a une majorité de dockers au chômage et puis, pêle-mêle, des garçons de café, des typographes, des jardiniers, un tonnelier, un concierge...

On ne peut pas dire que le marquis soit enchanté devant ce mélange un peu plébéien, mais comme il le dit, avec un sourire, à son ami du Gois :

— Il faut de tout pour faire un monde, pas vrai ? Et puis, vous verrez, quand je règnerai sur eux, tout va changer.

D'ailleurs, Charles-Marie de Rays ne s'en tient pas là. Il voit grand. Pour l'instant, il y a quatre-vingts colons volontaires avec leurs familles. Mais ce n'est qu'un début : ils formeront le premier convoi, l'avant-garde. Il en faut d'autres au plus vite. Et il ouvre sans attendre des bureaux de recrutement à Paris, au Havre et à Marseille.

A Marseille, pour donner plus d'éclat encore à son entreprise, il décide de fonder un journal. Il faut dire qu'avec cinq cent mille francs, il en a les moyens.

C'est vraiment un magnifique journal ! Son titre, *La Nouvelle France*, est déjà tout un programme. En manchette, la devise du marquis, « Dieu, Patrie, Liberté », à laquelle on en a ajouté une autre qui sera peut-être nécessaire aux futurs colons : « Espoir et Foi. » La première page s'orne d'un superbe dessin représentant une foule d'indigènes évangélisés par des missionnaires, le tout dans un paysage idyllique éclairé par les rayons d'un soleil levant.

Les pages intérieures sont consacrées à des conseils pratiques

— comment cultiver la canne à sucre, le coton — et aussi à quelques rudiments de vocabulaire pour dialoguer avec les indigènes. Ils se résument d'ailleurs à : « *Maorou koro malaoukou* » (« Bonjour mon ami ») et à cette seconde phrase, qui est un peu plus surprenante : « *Kei rouma no ioé faféné kou ?* », ce qui signifie : « Où est ta maison pour voir ta femme ? » Mais la politique ne perd pas ses droits. *La Nouvelle France* publie également une étude qui démontre scientifiquement que le socialisme conduit au cannibalisme.

Tout cela ne doit tout de même pas faire oublier les réalités matérielles, et le marquis de Rays achète un trois-mâts, le *Chandernagor*.

Ce n'est pas, contrairement à ce qu'on pourrait imaginer, un vieux bateau en ruine. Non, c'est un très beau trois-mâts parfaitement capable d'entreprendre un tel voyage. Le marquis a plus que jamais les moyens. La souscription, grâce à la publicité faite par le journal, s'élève désormais à un million.

Mais c'est là que commencent les difficultés. Quand il s'agit d'embarquer tout ce monde, quatre-vingts colons avec leurs femmes et leurs enfants, les autorités commencent à s'émouvoir. Qu'est-ce que cela signifie ? On menace le marquis de Rays de le poursuivre pour infraction à la loi sur l'émigration. En tout cas, il lui est fait interdiction de sortir d'un port français.

Le marquis ne se décourage pas. Puisqu'il en est ainsi, on partira de Belgique. Mais les autorités belges ne sont pas plus accommodantes que les françaises. Qu'à cela ne tienne, on remontera encore plus haut, on partira de Hollande.

En Hollande, effectivement, les choses s'arrangent. Le *Chandernagor* pourra partir du port de Flessingue et cela, grâce à l'intervention personnelle du consul américain MacLaughin, qui a réclamé en contrepartie de prendre le commandement du navire. MacLaughin se choisit comme second — on ne sait trop pourquoi — un dentiste de Bruxelles et c'est sous ce commandement de premier ordre que le trois-mâts va pouvoir enfin prendre la mer...

En septembre 1879, c'est le grand jour ! Le marquis de Rays s'est rendu à Flessingue pour prononcer un discours solennel. Un discours seulement, car il ne peut malheureusement pas partir avec les premiers colons. Il doit rester sur place pour organiser les autres départs. Ce n'est qu'ensuite qu'il rejoindra en grande pompe Port-Breton, pour retrouver son peuple et sa couronne. En son absence, le marquis désigne un des passagers gouverneur provisoire de l'île.

— Mes chers amis, voici le baron Titeu de La Croix, qui saura veiller sur vous en attendant l'arrivée de ma personne.

On applaudit. Le « baron Titeu de La Croix » n'est qu'un brave représentant en papeterie, qui s'appelle tout simplement Titeu, mais quelle importance pour le marquis de Rays ? D'ailleurs n'est-il pas lui-même déjà Charles Ier ? En l'appelant « baron », il vient tout simplement de l'anoblir. Il vient d'en faire le premier élément de sa cour.

Après quoi, le marquis de Rays ôte solennellement son chapeau.

— Et maintenant, mes amis, entonnons ensemble l'hymne de Port-Breton : « Terre aimée avant que connue, Nouvelle France pays d'or... »

Chacun reprend l'hymne en chœur. Ils y croient, en cet instant, tous ces hommes et ces femmes qui partent pour la grande aventure. L'épouse du docker au chômage sourit à l'épouse du jardinier ; le même espoir d'une nouvelle vie les habite. Bien sûr, le marquis leur semble un peu ridicule avec ses manières et il les agace avec ses sermons. Mais Port-Breton, pour eux, c'est la dernière chance. Alors, oui, il faut y croire !

Contrairement à ce qu'on pourrait craindre, la traversée se passe tout à fait normalement. Il y a quelques tempêtes, mais le *Chandernagor* s'en sort très bien. Sous la direction du consul américain et du dentiste belge, tout le monde arrive à bon port, preuve que le bateau était solide ou que, tout simplement, on a eu de la chance.

Donc, le 20 janvier 1880, par un temps splendide, en plein été austral, le trois-mâts mouille devant Port-Breton. Une ovation salue l'arrivée. On s'embrasse, on pleure de joie. Et ce n'est pas seulement parce qu'on est arrivé, c'est parce que le spectacle qu'on découvre est merveilleux, enchanteur : une mer de rêve, une île recouverte d'une végétation luxuriante, où tous les produits de la terre semblent pousser d'eux-mêmes. Oui, vu de loin, car on n'a pas encore abordé, Port-Breton ressemble au paradis.

Mais quand on aborde, quand on débarque, c'est, hélas, autre chose ! Certes, l'île est aussi jolie de près que de loin, mais elle semble totalement impropre à la culture. C'est un récif de corail recouvert d'une très mince couche d'humus, où peuvent pousser les cocotiers, de même que les hautes herbes et les plus magnifiques fleurs tropicales, mais le reste...

Pourtant, on ne veut pas y croire encore. On n'a pas fait tout cela, on n'a pas traversé la moitié du monde pour rien ! Et puis, on ne veut pas retourner en France, retrouver la misère. Non, ce n'est pas possible ! Alors, on se met au travail. On construit des cabanes de branchages, on essaie de retourner à la charrue cette terre qui est si mince qu'à chaque fois le soc heurte la plaque de corail. Peine perdue. Avec des larmes de rage, les colons doivent se rendre à l'évidence : il n'y a rien à faire, on ne peut rien planter là-dedans.

Heureusement, il y a quelques indigènes, qui sont d'ailleurs tout ce qu'il y a de plus pacifiques. Ils veulent bien faire du troc. Ils consentent à échanger du poisson, non pas contre les perles coloriées qui ne les intéressent nullement, mais contre du tabac. On tient ainsi deux mois, jusqu'à ce que la provision de tabac s'épuise.

Pour comble de malheur, le climat se met alors à changer. Après le grand beau temps, ce sont les pluies et, avec elles, les fièvres. A la déception, à la colère succède l'angoisse. Près de la moitié de la colonie est malade, et presque tous les enfants. Il n'y a pas de médicaments, pas de médecin. Le premier mort, on a du mal à l'enterrer, il n'y a pas assez de terre. Il faut en rajouter, faire un tumulus. Et petit à petit, l'île se couvre de curieuses bosses surmontées d'une croix.

Malgré tout, on ne veut pas désespérer encore, on attend. On attend le prochain bateau avec la deuxième vague de colons. Là, il va bien se passer quelque chose, et puis le marquis sera là, lui, il aura un moyen, une solution...

Le marquis de Rays n'est pas encore à Port-Breton. Pour

l'instant, il se trouve en Espagne, non pas pour se reposer, mais par nécessité. C'est qu'il y a eu des plaintes chez les souscripteurs. Une enquête a été ouverte et il a jugé plus prudent de passer la frontière et de poursuivre sa grande idée de l'autre côté des Pyrénées.

Car le marquis continue à s'occuper de Port-Breton. Ce n'est pas un malhonnête homme. Pas un instant il ne songe à profiter de ce qu'il a amassé et qui se chiffre maintenant à plusieurs millions. Il veut continuer son œuvre civilisatrice et moralisatrice. Il y croit dur comme fer et toutes les poursuites judiciaires intentées contre lui ne sont que de basses manœuvres politiques de la France républicaine...

Après avoir longuement discuté avec son ami, l'avocat du Gois, qui l'a suivi dans son exil, le marquis prend brusquement sa décision.

— Du Gois, j'arme un second navire, et vous savez comment je l'appellerai ? *Le Marquis de Rays,* tout simplement. Quel symbole n'est-ce pas, et quel soutien moral pour mes sujets !

— Mais, les colons, mon cher marquis ? Nous n'en avons plus. Ils sont tous restés en France.

— Qu'à cela ne tienne, nous les trouverons ici...

On trouve donc effectivement une centaine d'Espagnols qui, il faut bien le dire, ne constituent pas précisément une élite, et on achète à grands frais des graines qui, paraît-il, sont spécialement adaptées aux pays chauds. C'est ainsi que, fin 1880, *Le Marquis de Rays* — le bateau, car le marquis lui-même reste en Espagne — fait voile vers Port-Breton.

Et c'est là que l'aventure va devenir épique...

A Port-Saïd, les Espagnols, qui comprennent enfin dans quelle galère on les a embarqués, désertent en bloc. Le capitaine, qui est un homme de ressource, les remplace aussitôt par des Arabes. Tout se passe bien jusqu'à Singapour, où les Arabes, trouvant peut-être le voyage un peu long, désertent à leur tour. Le capitaine, que décidément rien ne démonte, recrute alors des Chinois. Comme il n'y a plus d'escale avant Port-Breton, il est sûr que ceux-là, au moins, iront jusqu'au bout.

C'est en arrivant au large de l'Australie que le capitaine a subitement l'idée d'ouvrir les caisses de la cargaison. Et là, il lui faut un bon moment avant de se remettre. Car ce qu'il découvre a de quoi stupéfier le plus flegmatique. Au lieu des graines qui avaient été commandées, les caisses contiennent, soigneusement emballés, des souliers de satin, des colliers de chien et des kilos de papier timbré !

Le fournisseur auquel on s'était adressé savait sans doute que le marquis de Rays ne pourrait pas porter plainte...

Alors on peut imaginer la réaction de nos malheureux colons quand, au lieu du marquis tant attendu et de ses graines miracle, ils voient débarquer une centaine de Chinois complètement dépassés par les événements qui leur apportent des souliers de bal, des colliers de chien et du papier timbré !

A partir de là, c'est la débandade, le sauve-qui-peut général. Ce qui reste des quatre-vingts volontaires et de leurs familles se fait réembarquer sur-le-champ. Ils seront malheureusement bien peu à revoir la France.

Ainsi se termine le rêve grandiose d'une monarchie absolue dans une mer des antipodes, gouvernée par un marquis de vieille noblesse bretonne.

Reste le marquis lui-même. Poursuivi pour escroquerie, homicide par imprudence et contravention aux règlements maritimes, il est extradé et passe en jugement le 31 janvier 1883.

A l'audience, il y a évidemment foule pour contempler ce personnage d'un autre âge qui conteste avec force la légitimité d'un tribunal républicain et continue à plaider sa cause sous la forme de proclamations fracassantes.

Le marquis d'ailleurs a fière allure avec ses cheveux et sa moustache grisonnants, son apparence hautaine et la splendide décoration qu'il arbore et qui lui a été décernée par le gouvernement du Liberia pour bienfaits rendus à l'humanité. Son dialogue avec le procureur ne manque pas de sel.

— Charles-Marie de Rays, c'est en tout cinq millions que vous avez soustraits à vos victimes. Qu'en avez-vous fait ?

Le marquis se croise les bras et bombe le torse :

— En tant que maître absolu d'une colonie libre, je n'ai pas à en rendre compte.

— Mais vous avez songé à tous les gens que vous avez ruinés ?

— Un argent perdu de cette façon est admirablement placé pour le Ciel...

Charles-Marie Bonaventure du Breil, marquis de Rays, passa quatre ans dans les prisons de la république, et puis on l'oublia. Personne ne pensait plus à lui quand il mourut, huit ans plus tard, le 29 juillet 1894.

Son grand rêve était mort bien avant lui. Mais il en reste peut-être quelque chose aujourd'hui. Là-bas, très loin, dans une petite île à l'est de l'Australie, il y a peut-être encore de curieuses bosses de terre surmontées d'une croix et, çà et là, perdus dans une végétation de rêve, des souliers de bal, des colliers de chien et des bouts de papier timbré.

Les Mémoires d'Howard Hughes

William Marlow se prélasse sur la terrasse de sa villa d'Ibiza, aux Baléares, en ce début décembre 1970. Un peu écrivain, un peu play-boy, ce New-Yorkais de trente ans goûte un repos bien gagné. Il vient de publier chez MacGraw-Hill, le plus grand éditeur américain et même mondial, un roman qui s'est fort bien vendu et il profite du soleil méditerranéen en attendant de décider de ce qu'il va bien pouvoir faire... Un autre livre ? Cela ne lui dit rien. La littérature n'est pas vraiment sa passion. C'est beaucoup de travail. Ou alors, il faudrait que cela rapporte vraiment gros...

En face de lui, sur une chaise longue, sa femme Edna, une brune ravissante de vingt-cinq ans qu'il vient tout juste d'épouser, est plongée dans la lecture d'un magazine à gros tirage. Elle relève la tête.

— Ce Hughes, quel personnage ! Quel dommage qu'on n'en sache pas plus sur lui !

Edna Marlow tend la revue à William, qui parcourt distraitement l'article à son tour. Il est consacré à l'individu peut-être le plus étrange de ce siècle : le milliardaire Howard Hughes. Il a une des plus grandes fortunes de la planète. Il possède des usines d'aviation, des compagnies aériennes, des casinos et des firmes de cinéma. Mais depuis 1958, il s'est retranché du monde. Il ne voit personne, à part cinq secrétaires à qui il donne ses ordres pour diriger son empire...

Le journaliste de la revue raconte comment il a essayé de

forcer sa retraite, mais comment il a échoué, Hughes étant défendu par une véritable armée privée. L'article est illustré, outre de la photo la plus récente du milliardaire, qui remonte déjà à douze ans, de la reproduction d'une lettre manuscrite de lui, avec sa signature.

William Marlow reste soudain songeur... Howard Hughes est vraiment quelqu'un d'unique ! Il est vivant, mais il ne veut rien savoir du monde. Il peut agir comme les autres hommes, mais il s'y refuse. Alors, si quelqu'un d'autre le faisait à sa place, écrivait ses Mémoires, par exemple, quelle serait sa réaction ? Il démentirait, démasquerait l'imposteur ? Pas certain, puisqu'il a coupé tout lien avec ses contemporains... La biographie d'Howard Hughes, quel sujet fabuleux ! Un éditeur donnerait une fortune pour un tel livre...

Dans l'esprit de William Marlow, tout un scénario se précise. Le milliardaire n'ira évidemment pas trouver en personne l'éditeur. Il ne quittera pas l'une de ses retraites secrètes où il se terre depuis douze ans. Il choisira un intermédiaire et cet intermédiaire ne sera autre que William Marlow... En fait, Howard Hughes n'interviendra que par écrit et tout est parfait, puisque la revue fournit obligeamment un échantillon de son écriture et de sa signature... Il se tourne vers sa compagne.

— Edna, j'ai trouvé le titre de mon prochain livre : *Les Mémoires d'Howard Hughes* !

— Tu es fou ?

— Pas du tout et je connais même le début. (Il sort son stylo, et s'empare d'une feuille de papier.)

— Le début, cela consiste à imiter sa signature...

Et, sous le soleil hivernal des Baléares, William Marlow se met en devoir de tracer le paraphe d'Howard Hughes... Sur une table près de lui, traîne un exemplaire de son dernier roman, qui lui a rapporté une coquette somme en droits d'auteur, mais qui ne sera rien à côté du suivant. Il s'intitule — c'est une chose qui ne s'invente pas : *Falsification*.

Fin janvier 1971. Bronzé et décontracté, William Marlow rend une petite visite à sa directrice littéraire, chez MacGraw-Hill, à New York.

— Hello, Nancy !

— Hello, William ! Les Baléares vous ont réussi, à ce que je vois. Qu'est-ce que vous nous préparez de beau ? Un nouveau roman ?

William Marlow adopte un ton détaché.

— Non. Pas pour le moment. Je viens de recevoir un petit mot amical d'Howard Hughes et cela m'a donné une idée.

— Vous êtes ami avec Howard Hughes ?

— Cela vous étonne ?

La directrice littéraire secoue la tête... Non, de la part de William Marlow rien n'est surprenant, même le plus invraisemblable. Ce garçon a un culot monstre, un charme insolent et parvient à s'introduire dans les milieux les plus fermés, les plus huppés.

— Pas venant de vous. Et... cette idée ?

— Je lui ai demandé si cela l'amuserait d'écrire ses Mémoires.

— Et il a dit oui ?

— J'attends sa réponsc...

Bien entendu, dès le départ de William Marlow, la directrice littéraire s'empresse de rapporter l'entretien à la direction générale et quand, deux semaines plus tard, William appelle pour dire que le milliardaire est d'accord, c'est le branle-bas de combat. Un rendez-vous lui est immédiatement donné avec le grand patron.

William Marlow arrive, nullement impressionné de se trouver devant le Big Boss de la plus grande maison d'édition du monde, ni de la partie serrée qu'il va devoir jouer. Rien, à vrai dire, ne l'a jamais impressionné... Il dépose trois lettres sur le bureau. Elles sont toutes trois signées « Hughes ». Aucun doute : c'est bien son écriture. Dans la dernière, le milliardaire demande à William Marlow d'écrire sa biographie...

— Alors, qu'est-ce que vous en pensez ?

— C'est fantastique !

— C'est l'affaire du siècle, vous voulez dire. Si vous souhaitez que je donne suite, ce sera cent cinquante mille dollars.

— Vous les avez.

La somme est énorme, mais le patron de MacGraw-Hill ne songe pas un instant à discuter. Il a bien trop peur que Marlow n'aille voir un autre éditeur.

— Très bien. Maintenant, voici comment nous allons procéder. Hughes m'a donné des instructions par téléphone. Il a précisé qu'il ne voulait voir que moi. Si une autre personne entre en contact avec lui, il annulera tout.

— Parfaitement.

— L'avance de cent cinquante mille dollars, c'était pour moi personnellement. Lui veut cinq cent mille dollars à la signature du contrat.

Encore une fois, la somme est énorme, mais l'éditeur ne pipe pas. Elle est normale compte tenu de l'ouvrage. Les Mémoires d'Howard Hughes peuvent rapporter des millions et des millions...

— La somme devra m'être remise en un chèque à mon nom. Je la reverserai ensuite sur un des comptes d'Hughes, selon une procédure qu'il m'indiquera.

C'est l'instant crucial... Mais William Marlow peut se rendre compte, à l'absence de réaction de son interlocuteur, à quel point il a vu juste en choisissant Howard Hughes. Une telle exigence éveillerait immédiatement les soupçons dans n'importe quelle autre circonstance. Elle est, en revanche, parfaitement conforme au goût maladif du secret qu'a le milliardaire.

— OK. Qu'allez-vous faire, maintenant ?

— Je pars pour Porto Rico. Seul, bien entendu... Inutile de préciser que si vous me faites suivre par un avocat, un détective ou qui que ce soit, Hughes, avec les moyens dont il dispose, le saura tout de suite, et que tout sera annulé.

— Il n'est pas question d'une chose pareille. Je fais établir le contrat. Bonne chance, William...

William Marlow s'en va. Il reste absent quinze jours, pendant lesquels règne la plus intense émotion chez MacGraw-Hill et, le 5 mars 1971, il revient, le contrat à la main. Il le dépose sur le bureau du Big Boss, avec cet air décontracté qui fait son charme.

— C'est fait. Il a signé. Vous pouvez vérifier.

Vérifier, l'éditeur y compte bien, mais pas lui-même. Il a fait venir trois des graphologues les plus réputés des Etats-Unis et ceux-ci se penchent aussitôt sur le document... Pour William Marlow, c'est le second moment délicat. Il reste néanmoins confiant. Depuis trois mois, il ne fait que s'exercer à imiter l'écriture et la signature d'Howard Hughes, à tel point que la chose lui est devenue presque naturelle... Après un long examen, les trois spécialistes reposent leurs loupes.

— Pas de doute, c'est bien de lui.

L'éditeur les remercie et, dès qu'ils sont partis, sort un chèque de sa poche... Marlow y jette un coup d'œil rapide.

— Cinq cent mille dollars à mon ordre. C'est parfait.

Le patron de MacGraw-Hill a l'air un peu gêné.

— William, je peux vous demander comment vous allez faire parvenir la somme à Hughes ? Ce n'est pas que je n'aie pas confiance, mais je dois des comptes à mon conseil d'administration...

— Très simple ! Je lui ai fait un chèque de cinq cent mille dollars. Avec le vôtre, je vais m'ouvrir un compte en Suisse et il ira toucher le mien là-bas.

— Il va y aller lui-même ?

— Non, sa femme. Il lui a fait une procuration.

— Il est marié ?

— Qu'est-ce que vous croyez ? Il a eu le temps d'en faire des choses depuis douze ans ! Vous aurez son mariage secret dans le bouquin et pas mal d'autres trucs assez sensationnels...

— C'est fabuleux ! Mettez-vous vite au travail.

— C'est déjà commencé. J'ai des heures d'interview sur mon magnétophone...

William Marlow se met donc au travail, mais décidément travailler n'est pas son fort. Alors qu'il aurait pu tout faire lui-même, il prend le risque de recruter un complice. Il s'assure des services d'un ami de longue date, Gerald Cheney, un documentaliste. Il charge ce dernier de dépouiller dans la presse toute la vie connue du milliardaire ; le reste, la partie mystérieuse depuis sa réclusion volontaire, il la tirera de son imagination et on peut lui faire confiance : William Marlow n'a jamais été à court d'imagination...

Pendant des mois et des mois, il mène ainsi une vie bien réglée. A intervalles réguliers, il se rend à Porto Rico, prétendument pour enregistrer les confidences d'Howard Hughes, en fait pour se prélasser sur la plage ou dans les bars des palaces. De retour à New York, il trouve sur son bureau une pile d'articles sur Howard Hughes que lui a apportés Gerald Cheney et petit à petit, le livre avance...

L'éditeur n'a pas pris le risque de le faire suivre à Porto Rico, mais il a tout de même voulu prendre discrètement des renseignements du côté de la Suisse. Et ce qu'il a appris l'a rassuré. William Marlow a fait virer l'argent à Zurich. Un peu plus tard, une belle brune se présentant sous le nom d'Helga R. Hughes est venue retirer la somme pour la transférer sur un compte numéroté...

Toute l'année 1971 se passe ainsi... Noël n'est pas loin et William Marlow est en train d'imaginer les circonstances fantastiques dans lesquelles Howard a rencontré Helga, la future Mme Hughes, lorsque le téléphone sonne à son domicile new-yorkais. L'appel émane du directeur de la grande revue américaine *Life*, celle, précisément, où il avait lu l'article qui est à la base de tout.

— Monsieur Marlow, nous savons que vous êtes sur les Mémoires d'Howard Hughes. Que diriez-vous de deux cent cinquante mille dollars pour une prépublication ?

William Marlow en dit qu'il est tout à fait d'accord et l'énormité de cette somme, accordée comme cela, sans avoir vu une ligne, lui fait soudain comprendre qu'il n'a pas été assez exigeant. Il rappelle MacGraw-Hill.

— Ce rapace d'Howard Hughes fait des histoires. Il réclame un million de dollars supplémentaires !

Cette fois, l'éditeur proteste. Il se fâche, même.

— Pas question qu'il ait un cent de plus ! Il a signé. Il y a des lois, dans ce pays, même pour lui !

— Dans ce cas, il vous rend ses cinq cent mille dollars et il arrête tout...

S'ensuit une longue discussion à l'issue de laquelle Marlow « promet de faire tout son possible pour ramener Hughes à la raison » et prend aussitôt l'avion pour Porto Rico... Quand il revient, une semaine plus tard, avec l'air épuisé de l'homme qui a mené de rudes négociations, il annonce triomphalement à MacGraw-Hill :

— Vous pouvez me remercier. J'ai pu ramener la somme à huit cent cinquante mille dollars. Mais c'est à prendre ou à laisser.

— Sous quelle forme veut-il être payé ?

— Pareil. Un chèque à mon ordre et sa femme va le toucher en Suisse.

— D'accord, mais c'est la dernière fois !...

Les Américains ont la réputation justifiée d'être doués pour les affaires et leur plus grand éditeur ne fait pas exception. Il n'est pas fou. Il sait parfaitement que toute l'histoire est peut-être entièrement fausse et que Marlow n'est peut-être qu'un escroc. Seulement, ce risque, il l'a accepté ; il l'a même certainement chiffré. Les profits résultant d'une biographie d'Howard Hughes sont tellement fabuleux qu'ils justifient la perte de huit cent cinquante mille dollars supplémentaires.

Mais il est bien décidé à ne pas perdre la trace de ce nouveau chèque. Une agence de détectives suit les faits et gestes de William Marlow. Elle constate ainsi qu'il fait, comme la première fois, un virement à une banque de Zurich. Une surveillance est organisée là-bas. On voit de nouveau arriver la ravissante Mme Hughes, qui fait le transfert sur un compte numéroté. Mais il n'y a pas besoin d'une bien longue enquête pour établir que celle qui se fait appeler Helga R. Hughes se nomme en réalité Edna Marlow...

Le 20 janvier 1972, MacGraw-Hill porte plainte contre William Marlow. Suite à la plainte, la police prend le relais des détectives et les trois lettres d'Howard Hughes fournies par Marlow sont analysées par le capitaine MacNally, principal expert en graphologie du FBI. Il conclut à la falsification, encore que l'écriture soit très proche de l'original et qu'il ait fallu déployer des efforts considérables pour parvenir à une telle imitation.

Ces résultats nuancés incitent l'éditeur à la prudence. D'autant que William Marlow, laissé en liberté moyennant une forte caution, se défend avec son assurance coutumière. Il balaie les conclusions du capitaine MacNally.

— Les graphologues, c'est fait pour se tromper, c'est bien connu ! Les trois premiers avaient dit le contraire.

Quant à sa femme remplaçant celle d'Howard Hughes, il n'est pas en peine d'explications.

— Là, c'est vrai, j'ai menti. Mais c'est sur l'ordre d'Hughes lui-même. Il a exigé qu'Edna serve d'intermédiaire pour brouiller les pistes.

Que penser ? De la part du milliardaire, rien n'est invraisemblable. Et en plus, William Marlow apporte les mille feuillets de la biographie qu'il vient enfin de terminer. Si ce qui concerne la partie connue de la vie d'Hughes n'est qu'un honnête travail, sans plus, ce qui touche à la partie inconnue est passionnant... L'éditeur aimerait tant y croire ! Croire que Marlow dit vrai, croire qu'il n'a pas versé une somme folle à un escroc, mais qu'il est en possession du manuscrit du siècle... Chez MacGraw-Hill, on se reprend à espérer...

Et pourtant, quelques jours plus tard, cet espoir est brisé net ! Ce que William Marlow pensait impossible se produit : après maintenant quatorze ans de réclusion et de silence, Howard Hughes décide de se manifester. Il convoque aux Bahamas sept journalistes qui l'ont bien connu autrefois et leur accorde une interview.

Oh, pas une interview ordinaire, comme peut en donner n'importe quel particulier ou même n'importe quel chef d'Etat, une interview à la Hughes ! Les journalistes sont dans une pièce, lui, dans un autre lieu impossible à déterminer. Il s'exprime par l'intermédiaire d'un système vidéo, extrêmement sophistiqué pour l'époque, qui lui permet de les voir et eux seulement de l'entendre.

— Vous reconnaissez ma voix ?

— Oui, monsieur Hughes.

Il adresse alors à chacun quelques mots, leur rappelant tel ou tel détail d'une conversation qu'ils ont eue jadis.

— Maintenant, vous êtes tous certains que c'est bien moi qui vous parle ?

— Oui, monsieur Hughes.

— Alors écoutez-moi. Je n'ai jamais rencontré Marlow. C'est un menteur et un escroc...

Cette fois, il n'y a plus de doute. MacGraw-Hill n'a plus que ses yeux pour pleurer. Il a perdu un million et demi de dollars, neuf cents millions de centimes et la revue *Life* deux cent cinquante mille dollars. En tout, William Marlow a empoché plus de un milliard ancien. Le retentissement est énorme, non seulement aux Etats-Unis, mais dans le monde entier.

On ne parle que de Marlow dans les médias. *Newsweek*, l'autre grande revue américaine, concurrente de *Life*, secrètement ravie des malheurs de sa consœur, lui consacre sa couverture, avec comme titre : « L'escroc de l'année »...

William Marlow passe en jugement au tribunal fédéral de New York le 16 juin 1972, en compagnie d'Edna et de son ami Gerald Cheney. Il est condamné à deux ans de prison, sa femme à deux ans avec sursis et deux mois ferme, plus dix mille dollars d'amende chacun. Le documentaliste Cheney s'en tire, de son côté, avec six mois de détention.

Vingt mille dollars, quand on en a escroqué un million sept cent cinquante mille, cela n'incite pas au désespoir. Mais l'histoire ne s'arrête pas là... Devinez à quoi William Marlow a occupé ses loisirs forcés en prison. A écrire un livre, bien sûr !

Il s'était trompé quand il avait dit à Edna qu'après *Falsification*, il écrirait *Les Mémoires d'Howard Hughes*. Après *Falsification*, il a écrit... *Les Mémoires de William Marlow*. Cela n'a pas été le succès du siècle, mais quand on a fait la couverture de *Newsweek*, quand on s'est vu décerner le titre d'escroc de l'année, on a tout pour exciter l'intérêt et le public s'est arraché l'ouvrage. William Marlow est sorti de prison riche et célèbre. Une conclusion pas très morale, mais la vie ne ressemble pas toujours à une fable de La Fontaine.

Le miraculé

Armand et Céleste Lambert s'activent dans leur épicerie encore fermée, située dans le centre de Dijon. Il est sept heures et demie du matin, en ce 18 septembre 1912. C'est l'heure où, avant d'ouvrir le rideau de fer, il y a mille choses à préparer : regarnir les étagères, mettre de la monnaie dans la caisse, donner un dernier coup de torchon sur les bocaux.

Armand Lambert, quarante-cinq ans, n'a pas spécialement un physique avantageux. On voit qu'il est plus habitué à servir la clientèle dans sa boutique qu'à se promener au grand air. Le teint pâle, le corps chétif, les yeux myopes derrière de petites lunettes métalliques, le visage creusé, le dos un peu voûté, il a même quelque chose de déplaisant. Pourtant, la clientèle n'en semble pas gênée, sans doute à cause de son extrême politesse, qui frise la flagornerie.

Céleste Lambert, son épouse, est du genre effacé. C'est une petite bonne femme aux yeux bleus et aux cheveux pâles. Elle s'efforce d'être perpétuellement souriante, même si, avec son mari, ce n'est pas toujours facile...

Armand Lambert va chercher la manivelle pour remonter le rideau de fer. Céleste a un air de contrariété.

— J'ai peur, Armand ! Tu ne devrais pas...

Armand Lambert hausse les épaules tout en actionnant la manivelle.

— Laisse-moi faire. Tu veux de l'argent ou non ? Tu veux qu'on rachète le magasin d'à côté ou non ?

— Oui, mais quand même ! De cette manière...

Le rideau de fer est relevé. Derrière la porte, plusieurs clientes attendent. Avant d'ouvrir le loquet, l'épicier se tourne une dernière fois vers sa femme.

— Maintenant, tais-toi ! Et tout à l'heure, tâche d'être à la hauteur. Je veux des cris, des larmes !

Céleste Lambert se mord les lèvres et hoche la tête en silence. Oui, elle essaiera d'être à la hauteur, car elle sait bien que ce 18 septembre 1912 va être pour eux un jour décisif... « A la hauteur », c'est drôle, quand on y pense... Mais Céleste n'a vraiment pas envie de rire.

Toute la matinée se passe sans incident et puis voilà qu'un peu avant midi, une cliente prononce la phrase fatidique :

— Un kilo de sucre de canne, madame Lambert.

Céleste Lambert pâlit. Elle répond d'une voix aussi naturelle que possible :

— Eh bien, mon mari va aller vous chercher cela, madame Justin...

Armand Lambert prend l'échelle et la met en place. Le sucre de canne se trouve tout en haut, sur le dernier rayon. C'est le moment... Il monte rapidement, se penche un peu pour attraper la marchandise réclamée et perd brusquement l'équilibre. Il y a un cri dans le magasin. Les quatre clients présents accourent vers l'épicier en même temps que sa femme. Il semble ne pas s'être trop mal reçu, mais sait-on jamais ?

Et, effectivement, Armand Lambert ne se relève pas. Au contraire, il se met à gémir.

— Céleste, j'ai mal ! Je ne peux plus bouger.

C'est l'affolement général. Il n'y a pas le téléphone dans la boutique. Il faut courir appeler un médecin. Lorsque celui-ci arrive, un quart d'heure plus tard, en compagnie des agents, Armand Lambert est toujours immobile. Il faut l'emmener, geignant, sur une civière.

24 décembre 1912. Trois mois ont passé depuis l'accident. Armand et Céleste Lambert, une fois le rideau de fer fermé, s'apprêtent à passer le réveillon en tête à tête... Un bien triste réveillon, pensent les gens du quartier. M. Lambert a fait en effet une très mauvaise chute du haut de son échelle. Quoique n'ayant rien de cassé, il est resté paralysé des deux jambes et il est maintenant dans un fauteuil roulant...

Les gens du quartier seraient bien surpris s'ils voyaient ce qui se passe derrière le rideau de fer. Dès que celui-ci a touché le sol, Armand Lambert saute de son fauteuil et arpente le magasin à grandes enjambées.

— Ce n'est pas trop tôt ! Ce n'est pas du tout reposant de rester assis toute la journée, au contraire.

Céleste Lambert a un sourire timide.

— Tu vas oublier cela. On va passer un bon réveillon.

L'épicier ouvre la trappe pour descendre à la cave.

— Et comment ! C'est la fête ! Je vais aller chercher ma meilleure bouteille.

Il disparaît, tandis que Céleste va dans la cuisine de leur appartement, qui est attenante à la boutique. Armand la rejoint peu après, alors qu'elle est en train de préparer la dinde. Il ricane.

— Ces idiots de docteurs ! Un choc nerveux...

C'est en effet un choc nerveux qu'ont diagnostiqué à l'hôpital les médecins, pour expliquer la totale absence de réactions musculaires des membres inférieurs. Après sa chute, Armand Lambert n'avait que des contusions légères, pas même une fêlure. Mais ses jambes étaient apparemment sans vie ; alors il fallait bien justifier le phénomène.

Son certificat médical en poche, Armand Lambert est aussitôt allé trouver la compagnie d'assurances auprès de laquelle il avait souscrit un gros contrat en cas d'accident. On ne peut pas dire qu'ils aient eu l'air contents à la compagnie, mais allez donc faire quelque chose contre l'avis des médecins ! Ils ont dû payer la somme convenue en cas de paralysie définitive des deux jambes : cent mille francs ! De quoi acheter la boutique du crémier qui a fait faillite, à côté. Et ce n'est pas tout... Armand Lambert a du mal à parler à sa femme, tant il rit.

— Derrière la caisse, j'ai fait les comptes : aujourd'hui, on a battu tous les records.

Céleste approuve d'un hochement de tête.

— Il y avait une personne sur trois que je ne connaissais pas...

Car, c'est bien cela le plus extraordinaire : la fausse infirmité d'Armand Lambert ne lui a pas permis seulement d'empocher l'argent de l'assurance, elle a fait faire un bond prodigieux au chiffre d'affaires. Dans tout le quartier, les gens se sont apitoyés sur son sort. Beaucoup de ceux qui allaient chez les concurrents ont changé leurs habitudes parce qu'il fallait « faire quelque chose pour ce pauvre M. Lambert qui a eu un tel malheur et sa pauvre femme qui est si méritante... ». Céleste regarde son mari.

— Ce n'est pas trop dur pour toi ?

L'épicier sourit.

— Si, mais avec l'habitude cela va sûrement s'arranger. Et dès qu'on aura gagné assez, on partira tous les deux dans le Midi, au soleil, là où personne ne nous connaît.

Mars 1913. L'épicerie de M. et Mme Lambert, qui a doublé de surface depuis qu'ils ont racheté la boutique du crémier d'à côté, ne désemplit pas. Jamais les affaires n'ont été aussi bonnes. Pourtant, ce jour-là, une fois le rideau de fer baissé, ce ne sont pas des propos optimistes que l'épicier échange avec sa femme. Armand Lambert saute à bas de son fauteuil roulant.

— Je n'en peux plus, Céleste !

Céleste Lambert essaie maladroitement de calmer son mari :

— Un peu de patience...

Du coup, Armand Lambert explose tout à fait :

— Un peu de patience : tu en as de bonnes ! Ce n'est pas toi qui es soumise à ce supplice quotidien. Tu sais dans combien de temps nous aurons assez d'argent pour descendre dans le Midi ? J'ai fait le calcul : pas avant trois ans.

— Au début, tu disais que tu allais t'y faire...

— Eh bien, je m'étais trompé, voilà ! Quand on est vraiment paralysé, on n'a pas le choix. Mais quand on ne l'est pas, quand on sent que ses jambes vivent et qu'on ne peut pas les bouger, c'est trop dur... Céleste, je ne pourrai pas !

L'épicière regarde son mari avec effarement.

— Pourtant, il le faut, Armand !

— Je ne pourrai pas, je te dis ! Je suis capable de me lever, comme cela, en plein magasin, devant tout le monde, pour que ce soit fini.

— Mais ce n'est pas possible ! Tu iras en prison, il faudra fermer boutique. Nous serons ruinés, déshonorés.

Armand Lambert baisse la tête. Vis-à-vis de sa femme, il s'était toujours comporté en maître. Mais cette fois, il est humble, pitoyable.

— J'ai fait une erreur, Céleste. J'ai sous-estimé les difficultés. Je te demande pardon. Nous sommes perdus...

L'épicier et l'épicière restent un long moment silencieux. Soudain, Céleste Lambert se met à parler d'une voix troublée :

— Non ! Pas cela. Il ne faudrait pas !

— Tu as trouvé une idée ?

— J'ai honte d'avoir pensé une chose pareille.

— Dis-le-moi.

— Non !

— Parle, Céleste ! C'est un ordre.

Alors, Céleste Lambert parle... Ce qu'elle a imaginé, contrainte et forcée par la situation, est effectivement très particulier et, il faut bien le dire, très osé.

13 août 1913. Les Lambert sont seuls dans un compartiment de première classe en direction de Paris. Ce n'est pas à Paris qu'ils se rendent, mais les communications directes entre villes de province sont souvent inexistantes et, de Dijon, il faut passer par la capitale pour se rendre à Lourdes.

Car telle était l'idée de Mme Lambert : un faux miracle ! Après s'être baigné dans l'eau miraculeuse, son mari n'aurait qu'à prétendre qu'il était guéri et tout rentrerait dans l'ordre...

Quand elle lui a dit cela, Armand Lambert a sauté au cou de sa femme et l'a embrassée avec des larmes de reconnaissance. Puis il s'est employé à vaincre ses scrupules, car Céleste a, comme on dit, de la religion. Ensuite, il a ajouté au scénario sa touche personnelle. Il fallait que le « miracle » ait le plus grand retentissement possible. Car non seulement il lui permettrait de retrouver ses jambes, mais, du jour au lendemain, il deviendrait une vedette, il serait connu dans toute la région, peut-être même dans toute la France. On s'écraserait dans son épicerie, on viendrait acheter n'importe quoi rien que pour le voir.

Oui, à eux deux, les Lambert ont mis au point quelque chose d'aussi franchement répugnant que parfaitement génial. Le faux accident leur a apporté l'aisance et le faux miracle va rendre l'accidenté comme avant, en leur apportant, cette fois, pas loin de la fortune.

Voilà pourquoi ils ont attendu la mi-août pour aller à Lourdes. Le 15 août est le jour où il y a le plus de monde à Lourdes et le miracle aura, ce jour-là, un retentissement sans égal. Pour cela, Armand Lambert n'a pas hésité à rester quelques mois de plus dans son fauteuil roulant. Il avait désormais un moral à toute épreuve...

Dans le compartiment de première classe, Armand sourit à sa femme.

— Quand on rentrera à Dijon, il faudra peindre une Sainte Vierge sur la devanture. Et il faudra aussi rebaptiser le magasin. Qu'est-ce que tu penses de « Au Miraculé » ?

Céleste Lambert fait la moue.

— Un peu vulgaire... Je préférerais : « Chez Sainte Bernadette »...

Leur conversation roule sur cet intéressant sujet et sur leurs innombrables projets d'avenir pendant tout le voyage et, le surlendemain 15 août, c'est le grand jour. Céleste a le cœur qui bat en poussant le fauteuil de son mari. Elle a passé toute la journée de la veille chez le coiffeur.

— Il m'a coupé les cheveux un peu court, tu ne trouves pas ? J'ai peur que cela fasse mauvais genre sur les journaux.

— Mais non. Ne t'inquiète pas...

— Je n'aurais pas dû mettre ma robe bleue. Le bleu ne me va pas.

— Les photos ne seront pas en couleurs.

— C'est vrai. Tu as raison. Je suis si émue...

La longue file des fauteuils roulants et des brancards avance lentement au son des cantiques, vers le bassin où l'on plonge les malades. Armand et Céleste Lambert remarquent les nombreux journalistes et photographes. Ils ont bien choisi leur jour...

Plusieurs heures passent dans une chaleur accablante. C'est enfin à eux. Deux infirmiers vigoureux saisissent Armand Lambert et le plongent dans la piscine. Celui-ci se laisse couler puis se dresse sur ses jambes et lance, d'une voix bouleversée :

— Mais... je marche !

Dans la foule, il y a d'abord un flottement, puis un brouhaha et enfin un cri de triomphe s'élève :

— Mon mari marche ! C'est un miracle !

Alors, c'est un mouvement d'allégresse indescriptible. Certains tombent à genoux et récitent des prières, tandis que d'autres tentent de se rapprocher de l'ancien paralytique qui brandit son fauteuil à bout de bras au milieu des photographes et qui crie :

— C'est un miracle !...

Le soir, dans leur hôtel, les Lambert sont appelés au téléphone. C'est l'un des adjoints au maire de Dijon. Sa voix est vibrante :

— Monsieur Lambert, nous vous attendons avec impatience. Quand comptez-vous rentrer ?

Armand Lambert déplie ses jambes et se renverse sur sa chaise :

— Je ne sais pas encore.

— Monsieur Lambert, tout le conseil municipal sera là, de même que le préfet, la fanfare et, bien entendu, les autorités religieuses.

L'épicier se rengorge. Il avait vu juste. C'est le début de la gloire. Il fait mine de réfléchir.

— Eh bien, avec tous les engagements que nous avons jusqu'ici, disons le 20 août...

20 août 1913. Le train Lourdes-Paris roule rapidement. Dans moins de dix heures, ce sera l'arrivée à Dijon et, pour les Lambert, le triomphe et la fortune... Armand et Céleste, seuls dans leur compartiment comme à l'aller, sont repartis dans leur éternelle discussion :

— L'épicerie s'appellera : « Au Miraculé » !

— Non. C'est trop vulgaire ! Je préfère : « Chez Sainte Bernadette ».

C'est à ce moment qu'il y a un long, un très long coup de freins et puis un choc. Le Lourdes-Paris vient d'entrer en collision avec un train de marchandises à l'arrêt sur la voie. Le choc est peu violent. Il n'y a pas de victimes et pas de blessés, sauf dans le wagon qu'occupaient Armand Lambert et sa femme...

Céleste est indemne mais son mari a été touché aux jambes par une glace qui s'est brisée dans le choc et l'a atteint en tombant. Il est transporté à l'hôpital.

Lorsque Céleste vient prendre de ses nouvelles, le médecin essaie de cacher son désarroi :

— Il vivra.

— C'est grave ?

— C'est-à-dire... Il fallait faire vite. Nous avons été obligés de l'amputer.

— L'amputer ?

— Oui, hélas... Des deux jambes.

L'épicerie des Lambert n'a pas changé de nom. Elle ne s'est appelée ni « Au Miraculé », ni « Chez Sainte Bernadette ». Au début, lorsque les Lambert sont revenus, ce fut l'affluence, la cohue. Tout le monde voulait exprimer sa sympathie au malheureux Armand. Mais il était vraiment trop triste, trop désespéré. A la longue, les clients n'ont pas supporté la montagne de malheur qui s'exhalait de ce petit homme maigre dans son fauteuil à roulettes. On avait beau lui répéter :

— Il faut vous dire que c'est comme avant le miracle, monsieur Lambert. Rien n'a changé, voilà tout...

Cela ne faisait que le rendre plus malheureux, plus agressif encore. Alors, peu à peu, tout le monde est allé faire ses achats ailleurs. L'épicerie a fait faillite et les Lambert sont partis à leur tour. Peut-être vers le Midi, qui sait ?...

On n'a reparlé d'eux qu'en 1940, à la mort de Céleste Lambert, quinze ans après celle de son mari. Elle avait laissé une confession publique qu'ont reproduite les journaux. En apprenant l'histoire, les croyants ont dit :

— Le bon Dieu l'a puni !

Et les autres, toutes opinions confondues :

— C'est bien fait !

Le faux trésor de Rennes-le-Château

Contrairement à ce qu'on pourrait supposer, Rennes-le-Château n'est pas une bourgade bretonne sur les bords de l'Ille ou de la Vilaine. C'est l'Aude qui passe non loin. Le climat est celui, brûlant, des Corbières toutes proches, le paysage est à la fois sauvage et beau. Le village lui-même est bâti dans un site particulièrement impressionnant, sur un piton rocheux. Il a été oppidum romain, camp retranché des Wisigoths, forteresse médiévale. C'était une place cathare, qui a été ravagée par Simon de Montfort. Comme on le voit, il a derrière lui une histoire violente : quand on creuse un peu profond, on trouve des ossements...

Son église Sainte-Marie-Madeleine est décorée de manière étrange. Le bénitier est soutenu par un diable, qui lui sert de pilier. C'est une composition étonnante, presque morbide, en plâtre colorié avec des yeux de verre et qui laisse une impression de malaise, presque de peur. Les statues des saints et des saintes qui décorent le reste de l'église sont de la même facture : en plâtre avec des yeux de verre. Eux aussi font peur bien que ce ne soit pas leur rôle. Ils sont figés dans des attitudes d'un réalisme insolite et ils vous dévisagent avec leurs regards fixes. On dirait des morts vivants.

Le décor est planté et l'histoire qui va s'y dérouler n'est pas moins extraordinaire. La preuve : un siècle après, on en discute encore.

L'histoire de Rennes-le-Château, c'est celle de l'abbé Saunière...

Etonnante destinée que celle de François Béranger Saunière, étonnant personnage aussi ! Né en 1852, il manifeste les dons les plus brillants pour l'étude. Il est le meilleur élève du séminaire de Narbonne. Il pratique couramment non seulement le latin et le grec, mais aussi l'hébreu. Ses qualités sont tellement vives qu'une fois ordonné prêtre, il reste au séminaire, mais en tant que professeur cette fois.

Seulement, l'abbé Saunière a un grave défaut : ce sont ses idées, des idées « avancées » comme on dit à l'époque. Et l'Eglise d'alors n'est pas précisément libérale.

François Béranger Saunière est un danger pour les jeunes esprits qu'il a mission de former et l'évêque n'hésite pas à sévir. Il l'envoie dans l'une des plus pauvres paroisses de son diocèse, dans la partie la plus aride des Corbières, à Rennes-le-Château.

A Rennes-le-Château, l'abbé Saunière découvre une église en ruine et des caisses tout aussi pitoyables. Il y a, en tout et pour tout, pour faire fonctionner la paroisse, six cents francs laissés par son prédécesseur et cinq cent dix-huit francs légués par une dévote.

Cela ne l'empêche pas de se mettre courageusement à sa tâche pastorale, mais il montre dès le début que, décidément, il n'est pas un religieux comme les autres. Il engage comme servante une jeune ouvrière, Marie Denardaud. Elle n'a pas l'âge canonique, elle aurait plutôt l'âge diabolique : elle vient d'avoir dix-huit ans. Mais François Béranger Saunière s'en moque absolument et ne se soucie pas davantage de cacher leur liaison, qui ne tarde pas. Il a des idées avancées dans tous les domaines et pas seulement en politique... Cela, d'ailleurs, lui réussit. Cet homme de trente ans, bien bâti, au visage qui exprime à la fois l'autorité et la joie de vivre, et cette jeune fille vive et enjouée forment un couple assorti et les villageois finissent par les accepter...

C'est en décembre 1891 que tout commence. L'abbé Saunière a fini par obtenir de la municipalité un prêt de mille francs pour réparer le maître-autel, une somme bien modeste, mais astronomique par rapport à ses revenus : pendant toute l'année précédente, les quêtes ne lui ont pas rapporté plus de vingt-cinq francs.

Les maçons sont au nombre de deux. Ils commencent par desceller l'autel, qui est une simple table de pierre, posée sur un pilier datant des Wisigoths. Ils s'encouragent en poussant des cris, pèsent de toutes leurs forces sur leur barre de fer. La jointure cède. Ils soulèvent la pierre, la retournent et c'est au tour de François Béranger Saunière de pousser un cri : la dalle est sculptée à l'envers. C'est un très curieux motif représentant un homme à cheval tenant un sceptre. Mais surtout, le pilier est creux. L'abbé se penche. Il y a trois petits étuis de bois, contenant des parchemins. Il se retourne vivement vers les ouvriers.

— Vous pouvez partir. Je n'ai plus besoin de vous.

— Mais on vient juste de commencer.

— Allez-vous-en, je vous dis. Je me débrouillerai tout seul.

— Ces choses qu'on vient de découvrir...

— Ce sont des reliques !

Les deux maçons savent bien que le curé n'est pas commode quand il a quelque chose en tête, mais ils sont tellement désorientés qu'ils protestent tout de même :

— Monsieur le maire nous a payés pour deux jours. Qu'est-ce qu'on va faire ?

Le curé les pousse hors de l'église :

— Allez boire un coup à ma santé.

L'abbé ne reste pas seul longtemps. Le maire ne tarde pas à faire irruption. Quand il l'aperçoit, l'abbé Saunière glisse prestement les manuscrits dans sa soutane.

— Qu'est-ce que c'est que cette histoire de parchemins, monsieur le curé ?

L'abbé Saunière n'est pas de nature à se laisser impressionner.

— Ils étaient dans l'église, donc ils appartiennent à l'église. Je compte les vendre. Ce sera un moyen de rembourser ma dette.

L'argument porte. Le maire n'insiste pas.

— D'accord, mais il me faut le contenu pour les archives de la commune.

Le curé approuve rapidement :

— Bien sûr, bien sûr... Je vous en ferai un calque.

Ce calque, c'est Marie Denardaud qui l'apporte au maire quelques jours plus tard : une suite de mots latins totalement incompréhensibles. Mais s'agit-il de la véritable reproduction ? Car l'original, nul ne l'a vu...

Quoi qu'il en soit, à partir de ce moment, François Béranger Saunière se met à veiller fort tard. On voit de la lumière allumée presque toute la nuit au presbytère. Et quelque temps après, il fait revenir les maçons dans son église. Il leur désigne une dalle près de l'autel.

— Vous allez me la desceller.

La dalle finit par céder et, cette fois, c'est bien plus extraordinaire encore : elle révèle une cavité, avec, au fond, une marmite remplie d'objets brillants. Comme la première fois, le curé envoie promener les ouvriers.

— C'est bien comme cela. Je vous remercie.

— Mais, monsieur le curé, on vient de découvrir un trésor !

— Ce sont des pièces sans valeur, vous n'y connaissez rien. Allez, bonsoir !

A Rennes-le-Château, la nouvelle est aussitôt connue : monsieur le curé a trouvé un trésor. L'abbé Saunière dément avec hauteur, mais il refuse de montrer les pièces...

La semaine suivante, François Béranger Saunière monte à Paris. On chuchote qu'il se rend à la Bibliothèque nationale en quête d'une information qui lui manque pour trouver le reste du trésor... Il rentre cinq jours plus tard.

Et il semble bien avoir fait une découverte, car il se met aussitôt au travail. Les habitants de Rennes-le-Château voient l'abbé Saunière et Marie Denardaud se livrer, la nuit, à des fouilles. Elles sont bien étranges. Une nuit sur deux, ils sont au cimetière attenant au presbytère. A l'aide de ficelles et de mètres pliants, ils prennent des mesures. De temps à autre, ils creusent un trou peu profond et inscrivent quelque chose sur un carnet.

Une nuit sur deux, au contraire, ils s'en vont à pied au plateau de Razes, à une dizaine de kilomètres de là, portant chacun une hotte. Ils en reviennent au petit matin, et l'un et l'autre semblent lourdement chargés.

Alors, le trésor est-il réparti en deux endroits ? Ou bien François Béranger Saunière hésite-t-il encore sur son emplacement ? Ou bien encore l'une des deux fouilles n'est-elle qu'une mise en scène pour brouiller les pistes ? A moins que ce ne soit les deux. Tout se passe peut-être ailleurs, à l'abri des regards, dans l'église par exemple...

Toujours est-il que cela dure des années et que, en date du 12 mars 1895, les habitants de Rennes-le-Château se plaignent au préfet que leur curé détériore les tombes de leurs familles : « Nous, électeurs, protestons que monsieur le curé n'a pas le droit qu'après que nous avons fait des embellissements ou placé des croix et des couronnes, tout soit remué, levé ou changé dans un coin... »

Mais ce travail de Romain porte soudain ses fruits, car, en 1897, tout change brutalement !

A partir de ce moment, François Béranger Saunière, qui ne récoltait de ses fidèles que vingt-cinq francs par an, se lance dans de folles dépenses. Il achète un terrain près de l'église et se fait bâtir la maison de ses rêves : une énorme bâtisse au goût plus que douteux, de style néo-gothique. Il n'oublie pas sa maîtresse : Marie Denardaud a droit elle aussi à sa maison près de la sienne.

Le train de vie du curé de Rennes-le-Château est extraordinaire. Il importe par barriques du rhum de la Jamaïque. Il élève des canards qu'il nourrit avec des biscuits à la cuillère. Il fait venir à grands frais une cantatrice célèbre et des musiciens pour des concerts privés.

Bien entendu, les autorités ecclésiastiques s'émeuvent. L'évêque de Carcassonne le suspend de ses fonctions en l'accusant de ce qu'on appelle en langage ecclésiastique trafic d'indulgences ou simonie, c'est-à-dire de vendre contre de l'argent la promesse du paradis. Cela ne l'empêche pas de rester à Rennes-le-Château comme simple citoyen et de continuer la même vie qu'auparavant. Avec son argent, il engage même les meilleurs avocats de l'époque pour plaider sa cause auprès du Vatican et il retrouve sa cure en 1915...

Malheureusement François Béranger Saunière ne pourra pas réaliser son dernier rêve : construire une chapelle avec une piscine pour les baptêmes. Il meurt brusquement en janvier 1917. Marie Denardaud a la curieuse idée d'exposer son cadavre dans son fauteuil de velours cramoisi à glands dorés. Les habitants de Rennes-le-Château défilent devant lui et prennent les glands en guise de reliques.

Quand on ouvre son testament, on espère connaître l'étendue de sa fortune, voire y trouver la révélation de l'emplacement du trésor. Mais c'est une cruelle désillusion : il n'a plus un sou. Il a légué tous ses biens — les bâtiments de mauvais goût qu'il a fait construire — à Marie Denardaud. C'est désormais vers cette dernière que convergent tous les regards. Elle et elle seule sait où est le trésor. Marie se contente, d'ailleurs, de dire de temps à autre, comme pour entretenir la curiosité :

— Un jour, je vous dirai comment devenir puissant...

Mais si elle sait où est le trésor, une chose est certaine : elle n'en profite pas pour elle-même. Pendant les trente-six ans où elle survit au curé, elle ne vit pas dans le luxe, elle est même dans la gêne et finit par vendre tout son avoir en viager. Mais bien qu'on ait mis un magnétophone à côté de son lit de mort, elle s'éteint sans avoir fait la moindre révélation et le mystère du trésor de Rennes-le-Château reste intact.

C'est ici que s'arrête l'histoire. Depuis la mort de l'abbé Saunière, plusieurs livres et des dizaines d'articles ont été consacrés à Rennes-le-Château et ce village perdu des Corbières a acquis, non seulement en France mais à l'étranger, une incroyable notoriété. Il a vu défiler des dizaines de faux touristes, feignant de s'intéresser aux beautés du site ou de l'architecture et s'activant, la nuit principalement, dans les environs, avec une pioche, voire un détecteur de métaux. Rennes-le-Château est devenu un chapitre obligé de tous les livres traitant des trésors cachés.

Et pourtant, c'est bien dans un ouvrage consacré aux grandes arnaques que l'histoire de l'abbé Saunière a sa place, car, n'en déplaise aux amateurs de sensationnel, c'est lui et lui seul qui a tout inventé. Et la vérité, telle qu'on peut l'établir aujourd'hui avec une presque totale certitude, défie l'imagination, car l'abbé a fait preuve en la circonstance d'une diabolique ingéniosité...

François Béranger Saunière n'était pas seulement ce religieux non conformiste qui aimait s'entourer d'un certain panache. Il avait un grave défaut : il aimait aussi l'argent. C'est pourquoi il pratiquait effectivement la simonie, le trafic des indulgences.

A la fin du XIXe siècle, les gens sont encore très croyants, surtout dans les campagnes, et beaucoup, sentant leur dernière heure arriver, ou même avant, sont prêts à payer cher un prêtre qui leur donnerait, moyennant finances, l'assurance du paradis.

François Béranger n'a pas eu de scrupules à accepter. Seulement, comment justifier cet argent, alors que les caisses de la paroisse contenaient moins de douze cents francs lorsqu'il a pris ses fonctions et qu'il prétend ne recevoir de ses fidèles que vingt-cinq francs par an ?

Il est en train de se poser ces questions, quand, brusquement, en décembre 1891, Dieu fait un miracle ! Les ouvriers mettent au jour de vieux parchemins sous le maître-autel. Grâce à la présence d'esprit qui lui est coutumière, le curé de Rennes-le-Château comprend tout de suite le parti qu'il peut tirer de la situation. Il chasse les ouvriers en leur disant des rouleaux : « Ce sont des reliques. »

Et le comble est qu'il ne ment absolument pas ! Jadis, quand on élevait un autel à colonnes, on faisait une colonne creuse, appelée « tombeau », dans laquelle on mettait des ossements de saints et un parchemin indiquant la date de consécration de l'autel, ainsi que le nom de l'évêque qui avait procédé à la cérémonie. Il n'y avait rien d'autre sur les fameux manuscrits et certainement pas le plan d'un trésor.

Et toute la suite n'est qu'une brillante mise en scène : la seconde fouille dans l'église et la découverte de cette marmite pleine de pièces qu'il a sans doute déposée lui-même, le voyage à Paris, les nuits passées dans le cimetière, les fouilles au plateau de Razes et les retours au matin en compagnie de Marie Denardaud, tous deux courbés sous le poids d'un fardeau imaginaire.

En 1897, François Béranger Saunière se décide enfin à profiter des sommes considérables que son trafic d'indulgences lui a permis d'amasser. Et chacun croit dur comme fer qu'il vient de découvrir le trésor. Il n'y a que la hiérarchie ecclésiastique qui n'est pas dupe et qui le suspend de ses fonctions...

Alors, comment, dans ces conditions, s'étonner qu'après la

mort du curé, la servante n'ait rien dit ? Parler aurait été souiller la mémoire d'un homme qu'elle avait aimé. Elle s'est donc tue et a été assez habile pour entretenir le mystère avec des phrases ambiguës...

Il faut le dire et le répéter : le trésor de Rennes-le-Château n'a jamais existé, car, aujourd'hui encore, il se trouve des gens pour affirmer le contraire, au mépris de l'évidence. Il n'y a jamais eu, à Rennes-le-Château, que la mise en scène d'un mystificateur de génie, qui avait la particularité d'être ecclésiastique. N'est-ce pas, dans le fond, plus étonnant encore ?

Meegeren de Delft

25 mai 1945. Il y a tout juste un peu plus de deux semaines que la guerre est terminée. Deux hommes en imperméable sonnent à la porte d'une opulente maison particulière du centre d'Amsterdam. S'ils en ont l'allure, ils n'ont rien à voir avec les sinistres agents de la Gestapo, qui ont sévi aux Pays-Bas pendant l'Occupation. Au contraire, ils font partie de la police militaire hollandaise chargée de traquer les collaborateurs.

Un homme maigre entre cinquante et soixante ans vient leur ouvrir. Il semble malade, usé. Il a une petite moustache mal entretenue, de profondes rides sur le front.

— Henri Van Meegeren ? Nous aimerions vous poser quelques questions...

L'homme les fait entrer dans le luxueux salon de sa demeure.

— Le nom de Miedl vous dit-il quelque chose ?

— C'est un banquier.

— Parfaitement, un banquier allemand, agissant pour le compte d'Hermann Goering. Fin 1943, vous lui avez vendu pour la somme de un million six cent cinquante mille florins une *Femme adultère* de Vermeer.

— Je croyais bien faire. Il m'avait dit qu'en échange il permettrait la restitution de tableaux de maîtres hollandais.

— Vous vous moquez de nous ? Vous croyez que c'est dans les habitudes des Allemands ? Vous avez cédé un trésor national à l'occupant.

— Vous m'arrêtez ?

— Oui. Pour collaboration. Et vous risquez le maximum : la prison à vie !

Une lueur d'angoisse passe dans le regard du petit homme.

— Alors, je préfère tout vous dire. Je n'ai pas collaboré avec les Allemands. Je leur ai joué un bon tour, au contraire. Le tableau que je leur ai vendu était un faux.

— Un faux ? Et de qui ?

— De moi. Je suis un faussaire. Il y a des années que je fais de faux Vermeer...

Les deux policiers ne croient visiblement pas un mot de ce qu'ils viennent d'entendre et lui passent les menottes.

— Vous raconterez tout cela au juge. Suivez-nous...

Mais devant le juge d'instruction, Henri Van Meegeren maintient ses aveux, il les amplifie, même.

— Depuis 1937, j'ai vendu quatorze faux Vermeer pour plus de sept millions de florins.

— Quels faux Vermeer ?

— Toute sa peinture religieuse.

— Vous ne voulez pas dire que *Les Pèlerins d'Emmaüs* du musée Boymans de Rotterdam et le *Christ dans la maison de Marthe et de Marie* du Rijksmuseum d'Amsterdam sont faux ?

— Si. C'est moi qui les ai peints.

— Vous dites n'importe quoi pour échapper à votre châtiment !

Le juge n'y croit pas. Il ne veut pas y croire ! *Les Pèlerins d'Emmaüs* de Vermeer, un faux, peint par ce petit homme maladif ? *Les Pèlerins d'Emmaüs*, la gloire du musée Boymans, qui, tout comme la *Ronde de nuit* de Rembrandt, bénéficie d'une exposition privilégiée, avec une cordelière rouge pour empêcher les visiteurs d'approcher trop près et un tapis de grand prix posé devant...

Mais si c'était vrai, ce serait le monde qui s'écroulerait ! Et tous les critiques du monde entier qui se sont extasiés à qui mieux mieux sur la découverte de la peinture religieuse de Vermeer et tous les experts, plus renommés les uns que les autres, qui ont délivré des certificats d'authenticité !... Il est en présence d'un mythomane, il n'y a pas d'autre explication. Un collaborateur mythomane...

Le petit homme maigre pousse un soupir.

— Je vois que vous ne me croyez pas. Mais j'ai un moyen de prouver ce que j'avance : mettez-moi à l'épreuve.

— Comment cela ?

— Enfermez-moi chez moi, dans mon atelier. Je vous peindrai un faux Vermeer sur un sujet de votre choix.

Le juge accepte et décide comme thème : « Jésus enseignant dans le temple »... Henri Van Meegeren est reconduit dans sa luxueuse maison particulière d'Amsterdam et il se met au travail, surveillé en permanence par des policiers. Le juge vient voir tous les jours l'avancement de la toile. Et une fois les esquisses terminées, il blêmit. C'est cela ! C'est exactement cela ! Van Meegeren reproduit à la perfection la manière du maître de Delft, qu'on croyait inimitable. Un Vermeer est en train de naître sous ses yeux, un faux Vermeer...

Il est en présence du plus grand faussaire artistique de tous les temps et cela signifie que les chefs-d'œuvre que les musées hollandais avaient acquis récemment et qui faisaient la gloire du pays sont bons à jeter... Henri Van Meegeren, tout en maniant avec précision ses pinceaux, peut l'entendre murmurer :

— C'est une catastrophe !

Henri Van Meegeren est né cinquante-six ans plus tôt, en 1889, à Deventer, ville moyenne du nord-est des Pays-Bas. Dès son plus jeune âge, il est malingre, de constitution fragile, mais doué des plus vifs dons artistiques.

Il veut devenir peintre. Ses parents s'y opposent et acceptent seulement qu'il soit architecte. Il étudie donc l'architecture, mais il choisit de le faire à Delft, la ville de Vermeer, car il a toujours voué au peintre une véritable dévotion.

Il abandonne vite l'architecture et, en 1912, il est nommé professeur de dessin et d'histoire de l'art, toujours à Delft. Il peint également des tableaux, qui ont un succès réel. Ils sont plusieurs fois primés et lui permettent de vivre dans l'aisance. Mais cela ne lui suffit pas. Il est hanté par son idole, Vermeer, dont il sent l'ombre flotter dans les rues de la ville. Il a conscience de la médiocrité de sa peinture par rapport à la sienne. Il veut faire aussi bien que lui et peu à peu une idée naît en lui. Le meilleur moyen d'égaler Vermeer serait de faire la même chose que lui, de faire du Vermeer ! Et puis, il y a les critiques et les experts, qu'il déteste. Il aimerait bien donner une bonne leçon à ces gens toujours sûrs d'eux, prétentieux, les ridiculiser à jamais !

En cachette de sa femme, qui ne sera jusqu'au bout au courant de rien, il lit tous les ouvrages existants sur la technique du grand artiste de Delft. Il découvre un ouvrage rare : *La Technique des huiles grasses*, traité scientifique, non destiné aux peintres, mais qui permet de savoir comment on peut donner à un tableau l'aspect de l'ancien. Il court les antiquaires pour trouver des tableaux contemporains de Vermeer. Il achète ainsi à vil prix des peintures médiocres, mais seuls l'intéressent le bois du cadre et la toile.

Pour mener à bien son entreprise, il ressent le besoin de se couper de ses amis et relations. En 1936, il s'installe dans une villa de Roquebrune, sur la Côte d'Azur, et là, il se met au travail. Dans son atelier où il ne laisse entrer personne, pas même sa femme, il s'applique à reconstituer les couleurs de l'époque. Il rencontre beaucoup de difficultés avec les huiles, notamment les huiles de fleurs employées alors, mais il parvient tout de même au résultat désiré.

Il se fabrique également des pinceaux semblables à ceux qu'employait Vermeer, avec des soies de blaireau et non de porc. Il pousse la méticulosité jusqu'à acheter chez les antiquaires des ustensiles flamands de l'époque, qu'il reproduira sur ses toiles et, après avoir gratté la peinture médiocre figurant sur une toile contemporaine du peintre, il se met à l'ouvrage... Il décide de faire faire à Vermeer, qui n'avait peint dans toute sa vie qu'un seul tableau sacré, une œuvre religieuse et choisit pour sujet : « Les Pèlerins d'Emmaüs ».

Il lui faut six mois d'efforts pour peindre son faux, après quoi intervient l'opération techniquement, sinon artistiquement, la plus difficile : le vieillir. Il passe la toile enroulée autour d'un gros tube de métal au four à cent dix degrés pour donner à la peinture le durcissement normal de trois siècles, puis la remet sur le châssis d'origine. Voilà, c'est parfait ! Il peut tenter l'épreuve de vérité...

Il se rend à Monte-Carlo, début 1937, et fait savoir qu'il est possesseur d'un Vermeer qu'il désire vendre. Le plus grand spécialiste du peintre, l'expert hollandais Abraham Brédius, se déplace spécialement pour l'expertiser. Là, il ne peut cacher sa surprise. Les dimensions de l'œuvre (1,20 x 1,17 m) sont tout à fait inhabituelles. Vermeer peignait au contraire de petits tableaux. Et le sujet est plus étonnant encore. Alors que tout le monde l'ignorait, Vermeer était donc aussi un grand peintre religieux !... Malgré tout, Abraham Brédius n'a pas une seconde d'hésitation et conclut à l'authenticité.

Il a tout de même une question à poser à son interlocuteur :

— Comment se fait-il que vous soyez en possession d'une telle merveille ?

— J'agis pour le compte d'une famille de l'aristocratie italienne, qui se trouve actuellement dans la misère.

— Vous ne voulez pas me dire laquelle ?

— Non. Elle exige l'anonymat pour qu'on ne sache pas sa situation.

L'explication est plausible et la nouvelle fait le tour du monde : Vermeer est l'auteur d'un grand tableau religieux : *Les Pèlerins d'Emmaüs*. Les musées se bousculent pour l'acheter, surtout ceux des Pays-Bas, afin de récupérer ce qu'ils considèrent comme une partie du patrimoine national. C'est le musée Boymans de Rotterdam qui l'emporte. L'Association Rembrandt lui permet de compléter la somme considérable demandée : cinq cent vingt mille florins...

Du jour au lendemain Henri Van Meegeren devient follement riche. Pour justifier sa subite fortune, alors que normalement tout devrait revenir à la famille italienne ruinée, il dit qu'il a gagné gros à la Loterie nationale française. Et c'est alors que tout bascule... Primitivement, son intention était de se prouver à lui-même qu'il pouvait peindre aussi bien que Vermeer et de ridiculiser les experts et les critiques. Mais tout a été si facile et puis, il y a l'appât du gain : il continue...

En 1939, il rentre en Hollande et s'achète une luxueuse maison particulière dans le centre d'Amsterdam. Dans les années suivantes, de 1939 à 1943, quatre autres Vermeer religieux apparaissent et sont achetés des centaines de milliers de florins.

En 1943, le Rijksmuseum d'Amsterdam acquiert pour un million deux cent cinquante mille florins un *Christ dans la maison de Marthe et de Marie* de Vermeer.

D'autres toiles de Vermeer, toujours religieuses, continuent de circuler et des doutes commencent à naître, car on croyait que l'artiste, mort jeune, avait très peu peint. Et c'est d'autant plus étrange que toutes sont proposées par la même personne, Henri Van Meegeren, agissant pour le compte d'une mystérieuse famille italienne. Quelle était donc cette fabuleuse collection dont on ignorait tout ?

Mais la guerre empêche qu'on approfondisse ces questions. Dans la Hollande occupée, la Gestapo fait la chasse aux juifs et aux résistants. Tout comme en France, il y a des attentats et des représailles sanglantes. Et c'est à la Libération, par le biais d'un tableau vendu à Goering, que l'affaire Van Meegeren est découverte...

Tel est le dossier que peuvent constituer les policiers après son arrestation, en mai 1945. La suite de l'enquête ne fait que confirmer les dires du faussaire. A Roquebrune, sont retrouvés les objets flamands de l'époque, pots et assiettes en étain, figurant comme éléments de décor sur les toiles. Ces dernières sont analysées scientifiquement sous la direction du professeur Coremans, directeur du laboratoire central des musées de Belgique. L'examen aux rayons X permet de découvrir les anciens tableaux, contemporains de Vermeer, que Van Meegeren a utilisés. Les analyses chimiques sont tout aussi concluantes : la peinture contient de la résine synthétique, produit fabriqué seulement depuis le xxe siècle.

C'est le 12 octobre 1947 qu'a lieu le procès Van Meegeren. La salle du tribunal, dont les revues du monde entier publient des photos, ressemble à un musée, avec toutes ces toiles accrochées au mur. L'accusé, en revanche, attire beaucoup moins l'attention, avec son physique insignifiant. Il n'est pas, bien sûr, poursuivi pour collaboration, mais sous l'inculpation vague de « fraude »...

Les nombreux journalistes présents restent sur leur faim. Les autorités hollandaises ont tellement peur d'être ridiculisées dans cette affaire que les débats sont expédiés à toute allure. Ils ne durent que quelques heures. Et pourtant, Van Meegeren fait d'importantes révélations ! Il avoue qu'il a commis beaucoup d'autres faux de peintres hollandais : Pieter De Hooch, Frans Hals, Gerard Terborch... C'est à peine si on l'écoute et le verdict tombe déjà : un an de prison.

Van Meegeren demande l'autorisation de peindre dans sa cellule. Elle lui est accordée. Et ce n'est pas le travail qui va lui manquer. Il peut se croire à l'orée d'une nouvelle et incroyable carrière, une carrière de faussaire officiel, en quelque sorte ! De partout, en effet, affluent des commandes pour « l'homme qui sait peindre comme Vermeer »... Mais le destin en décide autrement. Quelques jours seulement après sa condamnation, le 31 octobre 1947, Henri Van Meegeren meurt subitement d'une crise cardiaque...

Il y a un second épilogue judiciaire à cette affaire... En 1952, un collectionneur hollandais, qui avait acheté en 1941, à Van Meegeren, une *Cène* de Vermeer pour un million six cent mille florins, refuse de s'avouer vaincu et intente un procès au professeur Coremans. Il est soutenu par un expert belge qui affirme que la résine synthétique ne provient pas de la peinture originelle, mais a été déposée par un vernis moderne.

S'ensuit une nouvelle bataille d'experts, qui dure quatre ans, mais le 4 avril 1956, les héritiers du collectionneur, mort entre-temps, sont déboutés. Ils sont même condamnés à verser d'importants dommages et intérêts au professeur Coremans, dont la réputation professionnelle avait été mise en cause.

Cette fois, le doute n'était plus permis : Vermeer de Delft n'a jamais été un grand peintre religieux et Meegeren de Delft a bien été le plus grand faussaire artistique de tous les temps.

Le coffre de Thérèse Humbert

Un individu hors de lui fait irruption dans la grand-salle du château de l'Œillet, aux environs de Toulouse, ou plutôt dans la pièce commune de la ferme mal entretenue que son propriétaire a baptisée ainsi. Il brandit une liasse de papiers.

— Monsieur d'Aurignac, payez-moi mes traites. Vous avez déjà un mois de retard !

L'homme ainsi interpellé ne s'émeut nullement.

— Je vous paierai, mon cher.

— Avec quoi ? Vous devez de l'argent à tout le monde.

— Je n'en devrai pas longtemps... Approchez. A vous, à vous seul, je vais dire un secret.

Le créancier, un paysan aisé, vêtu comme on l'est à la campagne en cette fin du Second Empire, ne peut s'empêcher d'être troublé par l'assurance d'un homme qu'on dit être un noble ruiné et qui a les bonnes manières de la ville. Ce dernier baisse la voix.

— Voilà... Mme d'Aurignac n'est pas réellement ma mère. Il s'agit, en fait, de Mme Mont-Malette de Castel, châtelaine près de Toulouse, dont je suis l'unique héritier. J'en ai les preuves ici même... (il lui désigne un des meubles de la pièce, vaguement médiéval, aux ferrures compliquées et à la serrure fermée)... dans ce coffre.

Le paysan fixe l'objet, visiblement impressionné.

— Alors ? M'accordez-vous un délai ? Mme Mont-Malette de Castel est fort âgée et, à sa mort, je serai en mesure de tout vous rembourser avec de gros intérêts.

— Evidemment, si c'est ainsi...

M. d'Aurignac n'a plus qu'à raccompagner son créancier en le prenant familièrement par l'épaule. Quand il revient, une petite fille d'une dizaine d'années, qui avait assisté à toute la scène, se précipite vers lui.

— Père, est-ce vrai que nous allons être riches un jour ?

Son père a un sourire. Il va chercher une grosse clé dans le buffet et l'introduit dans la serrure du coffre.

— Mieux que cela, Thérèse. Regarde !...

Il y a un grincement. Le couvercle se soulève et l'intérieur apparaît. Il y a beaucoup de poussière et une bouteille vide.

— L'important, ce n'est pas d'être riche, c'est de faire croire qu'on l'est. Tu comprends ?

Oui, Thérèse comprend. La scène du coffre, elle ne l'oubliera jamais et elle la rééditera plus tard à sa manière. Mais si son père était roublard, elle a tout simplement du génie. Et elle va devenir un des plus grands escrocs de tous les temps, un mot qui — on se demande bien pourquoi — n'a pas de féminin.

Thérèse, la future Thérèse Humbert, naît en 1856, dans un environnement familial difficile. Son père est un enfant naturel que sa mère refuse de reconnaître. Il n'a d'autre ressource que de se faire appeler par ses deux prénoms : Guillaume Auguste. C'est seulement quand il est âgé de trente-huit ans que sa mère, Mme Daurignac, consent enfin à le déclarer comme sien. Il devient donc Guillaume-Auguste Daurignac et, pendant qu'il y est, s'invente une particule et se prétend comte. Noblesse obligeant, la ferme où il habite, au lieu-dit l'Œillet, près de Toulouse, devient le « château de l'Œillet ».

Cela n'empêche pas la famille de vivoter. Le « comte d'Aurignac » est agent matrimonial et vigneron amateur, activités d'un rapport médiocre. La jeunesse de Thérèse est pourtant heureuse. Elle adore ce père plein de vie, d'esprit, et elle partage ces sentiments avec ses frères et sa sœur : Emile, Romain et Marie. Pour eux, la moralité est une notion plus que vague et, quand il s'agira de passer à l'action, toute la famille sera derrière Thérèse...

Thérèse grandit. Nous sommes en 1877 et elle a de peu dépassé ses vingt ans... Les d'Aurignac ont depuis quelques années pour voisins et amis les Humbert. Gustave Humbert, qui possède une propriété de vacances non loin de l'Œillet, vient s'y reposer tous les étés. Il a acheté une barrique de vin à Guillaume d'Aurignac et des relations se sont nouées entre les deux familles.

Gustave Humbert n'est pas n'importe qui. C'est un personnage important, considérable, même. C'est un des hommes politiques les plus en vue de la IIIe République : il est sénateur, procureur général à la Cour des comptes et professeur de droit à la faculté de Toulouse. Il a un fils, Frédéric, qui termine sans enthousiasme des études de droit et Thérèse ne tarde pas à tomber amoureuse du jeune homme.

Elle-même n'est pas belle. Un journaliste la décrira ainsi : « Son nez contourné, cassé, busqué, sa lèvre supérieure trop longue qui confère à l'ensemble un aspect caricatural, son menton d'homme, tout cela ne donne aucune grâce à sa physionomie. » Mais il ajoute : « Cette femme qui est laide, mais d'une laideur peu banale, séduit par un étrange don de persuader. » En fait, le charme de Thérèse vient de son intelligence et Frédéric ne tarde pas à tomber amoureux lui aussi.

Il n'y a certainement aucun calcul de la part de Thérèse. Les deux jeunes gens s'aiment, c'est tout. Elle, qui a passé toute sa vie à mentir, dira plus tard : « Le seul être que j'ai séduit sincèrement, c'est mon mari. » Mais s'ils s'aiment, il ne peut être question de mariage entre eux. La différence de notoriété et de fortune de leurs deux familles l'interdit. Alors, Thérèse d'Aurignac va se souvenir du coffre, elle va inventer une première histoire d'héritage...

Une histoire fort habilement construite. Elle a recueilli la succession d'une demoiselle Baylac, propriétaire du château de Marcotte. Cela représente une fortune importante, mais il existe une usufruitière, Mlle de La Trémoillière, qui se montre particulièrement tatillonne. Thérèse a entrepris les démarches pour lui fournir les documents demandés ; malheureusement, elle s'est aperçue que son prénom avait été mal orthographié par l'état civil, ce qui a nécessité une procédure judiciaire.

Le mensonge n'est pas destiné à Frédéric. Peut-être même le met-elle dans la confidence et est-il son complice. C'est le futur beau-père, Gustave Humbert, qu'il faut convaincre, bien sûr... Et cela marche ! Le professeur de droit à la faculté de Toulouse, le procureur général de la Cour des comptes accepte toute l'histoire, sans chercher un instant à faire la moindre vérification. C'est que, comme tous les grands escrocs, Thérèse inspire spontanément la confiance. Non qu'elle en impose. Bien au contraire, elle a l'air de tout sauf d'une intrigante. Elle feint admirablement la naïveté, presque la sottise. Elle est hésitante, timide, un léger zézaiement la rend touchante. Bref, Gustave Humbert s'écrie, conquis :

— Dans mes bras, ma belle-fille !

Et le mariage a lieu sans tarder, courant septembre 1878... A cette occasion, d'ailleurs, la nouvelle Mme Humbert donne un échantillon de son talent. Alors que son coiffeur vient lui réclamer sa note de deux mille francs, elle réussit à ne pas le payer et à lui faire avancer la location des voitures du cortège, dont il ne sera jamais remboursé...

Le couple s'installe à Paris, rue Monge, dans le quartier modeste de Mouffetard. Comme ils n'ont pas d'argent, ils hypothèquent Marcotte, ce qui ne leur coûte pas grand-chose, puisque la propriété n'existe nulle part ailleurs que dans l'imagination de Thérèse. Dès ce moment, les jeunes mariés sont complices et il faut reconnaître qu'ils se complètent admirablement. L'histoire a retenu le seul nom de Thérèse Humbert, mais c'est un peu injuste ; il vaudrait mieux dire : « le couple Humbert ». Elle, sait mentir comme personne, lui, connaît le droit. Elle va être une actrice géniale, il va se montrer tout aussi génial dans les artifices juridiques.

Pendant quelques années, tout comme le père de Thérèse, ils vivotent de petites escroqueries... Pour qu'une existence prenne un tour exceptionnel, il faut un coup de pouce du destin et c'est alors qu'il se produit : en 1882, Gustave Humbert devient garde des Sceaux. Du jour au lendemain, les voilà le fils et la belle-fille du ministre de la Justice. Leur couple est l'un des plus en vue de Paris. C'est le moment ou jamais d'en profiter !

Thérèse Humbert n'hésite pas un seul instant : elle va rééditer le coup du coffre, elle va emprunter en donnant pour garantie un héritage fictif. Mais elle n'ignore pas les difficultés qu'elle va rencontrer. Il ne s'agit plus, cette fois, de berner un maquignon de province ou de convaincre un père attendri par les sentiments de son fils. L'escroquerie à l'héritage est l'une des escroqueries les plus délicates, car elle oblige à tromper des professionnels : banquiers, notaires, prêteurs de métier. Ces gens-là sont tout sauf des naïfs et ils se montrent particulièrement méfiants lorsqu'il s'agit d'avancer des sommes sur un héritage à venir. Ils vérifient soigneusement sa réalité et la validité des droits de l'emprunteur.

Et c'est là que Thérèse Humbert va faire preuve de génie. Pour empêcher les vérifications, elle va monter de toutes pièces un procès entre elle et une partie adverse lui disputant les droits à la succession, et elle va s'arranger pour que sa cause soit bien meilleure que celle de l'adversaire. Comme, des deux côtés, on va dépenser des sommes considérables dans la procédure, comment douter de la réalité de l'héritage ? Et comme le droit de Thérèse sera meilleur, les prêteurs n'hésiteront pas.

Voici donc toute l'histoire, celle de l'héritage Crawford, qui sera bientôt connue de la France entière... Henry Robert Crawford, richissime Américain, avait été l'ami intime des d'Aurignac et même l'amant de la mère de Thérèse. Le 6 septembre 1877, il a fait à Nice un testament instituant Thérèse, sa fille adultérine, comme légataire universelle de sa fortune : cent millions en actions françaises au porteur. Il est mort peu après.

Thérèse Humbert allait entrer en possession de la somme, quand un autre testament a été découvert. Henry Robert Crawford léguait sa fortune à Marie d'Aurignac, sœur de Thérèse, et à ses deux neveux Henry et Robert Crawford. Thérèse n'avait plus qu'une rente viagère de trente mille francs.

La loi a prévu le cas : quand il y a deux testaments, c'est le plus récent qui est valable. Malheureusement, comme il arrive quelquefois avec les millionnaires, Henry Crawford était un excentrique. Il a fait les deux testaments le même jour. Tout de suite après avoir choisi Thérèse comme héritière — ou tout de suite avant, on ne peut pas le savoir —, il est allé chez un autre notaire niçois pour faire l'autre donation.

Comme le problème juridique semblait insoluble, les deux parties sont convenues d'un accord : la fortune revenait à Thérèse Humbert, à charge pour elle de verser six millions à Henry et Robert Crawford. Le protocole a été signé, mais peu après, les deux neveux se sont rétractés et se sont opposés à ce que Thérèse Humbert entre en possession de l'héritage...

Les choses en sont là, début 1883, quand les Humbert racontent pour la première fois l'histoire à leurs amis et connaissances. Or, il se trouve que les deux neveux Crawford sont alors à Paris. Thérèse et son mari leur envoient leur avocat, qui se rend à l'adresse indiquée, une suite d'un grand hôtel. Ils sont reçus par deux hommes à l'accent américain. En fait, il s'agit de Romain et Emile d'Aurignac, les frères de Thérèse, qui ont accepté de tenir le rôle.

— Que venez-vous faire ici, monsieur ?

— Vous demander de respecter l'accord que vous avez signé avec Mme Humbert.

— Il n'en est pas question ! Et puisque c'est ainsi qu'on nous traite dans ce pays, nous retournons en Amérique et nous ne reviendrons pas...

Aussitôt dit, aussitôt fait : ils quittent l'hôtel et prennent le train pour Le Havre. Mais avant de s'embarquer, les pseudo-Américains rendent visite à un avocat de la ville, Me Parmentier, lui donnant la responsabilité de leur cause et le chargeant de recruter tous les avocats nécessaires à Paris. C'est un trait de génie, car à partir de là, personne ne verra plus les neveux Crawford et personne ne s'en étonnera. Quant aux avocats parisiens, ils ne mettront pas en doute l'honnêteté de leur confrère havrais. La partie adverse fantôme est donc admirablement constituée et sa mauvaise foi étant évidente, elle ne pourra que perdre son procès.

Me Parmentier est même si honnête que, dans un premier temps, il refuse cette cause perdue d'avance.

— Messieurs, je ne peux pas accepter. Vous avez signé ce protocole. Vous n'avez aucune chance.

Peut-être même a-t-il des soupçons. Quelqu'un qui veut plaider en étant sûr de perdre, cela peut cacher quelque chose. Mais Thérèse Humbert avait tout prévu... Voici ce que révèlent ses frères déguisés à Me Parmentier. Ils n'avaient accepté le protocole d'accord, en apparence désavantageux pour eux, que parce qu'il était entendu verbalement que Robert Crawford épouserait Marie d'Aurignac. Or, celle-ci s'est rétractée depuis.

Bien sûr, ils vont perdre leur procès, mais ils veulent se venger de Thérèse Humbert ! Ils veulent que celle-ci entre le plus tard possible en possession de son héritage. Et l'un des deux frères conclut, avec un fort accent :

— Pour cela, maître, nous sommes prêts à employer toutes les ressources de la procédure.

Tandis que l'autre ajoute, cherchant ses mots en français :

— L'argent, ce n'est pas important. Nous sommes très, très riches. Vous aurez tous les moyens qu'il faut.

Cette fois, Me Parmentier ne peut plus refuser. Les motifs des Crawford sont parfaitement logiques : c'est une sorte de vengeance que leur permet leur fortune et, accessoirement, c'est pour lui la perspective d'honoraires considérables. Il se met à l'ouvrage...

Le procès est engagé et le bruit court rapidement dans le Tout-Paris que la belle-fille du garde des Sceaux, Thérèse Humbert, a hérité de cent millions-or. Ils sont presque à elle, ils sont même chez elle. Ils sont entreposés dans un coffre à son domicile. Malheureusement, elle ne peut pas y toucher, car deux Américains de mauvaise foi lui ont intenté un procès qu'ils sont sûrs de perdre.

Face aux moyens déployés par les neveux Crawford, Thérèse Humbert n'a que son bon droit pour elle et, même si elle est sûre de gagner, elle a besoin d'argent pour son procès. Comme elle l'avait prévu, c'est la bousculade ! Banquiers, notaires et hommes d'affaires se précipitent pour lui prêter de l'argent. Psychologiquement, il est pratiquement impossible de concevoir que les neveux Crawford dépensent tant d'argent pour un héritage qui n'existe pas. Et de surcroît, comment douter de l'honnêteté de la belle-fille du ministre de la Justice ?

C'est le début d'une interminable procédure et... de la fortune de Thérèse Humbert. Me Parmentier, habile manœuvrier, va employer tous les moyens d'opposition mis à sa disposition par la loi. Frédéric Humbert, de son côté, va trouver des artifices juridiques pour rallonger encore les choses. Et pendant tout ce temps, les prêteurs de toutes sortes, alléchés par le mirifique héritage Crawford, vont payer, payer... Cela va durer vingt ans !

Avec les millions qu'on leur prête, les Humbert s'installent d'abord rue Fortuny, un nom qui ne s'invente pas, puis dans un luxueux hôtel particulier de l'avenue de la Grande-Armée. En même temps, ils achètent le château des Vives-Eaux, près de Melun, et mènent un train princier. Le couple est un des plus en vue de Paris ; il donne des réceptions fastueuses. Les prêteurs se battent pour avoir l'honneur de leur avancer de l'argent, car Thérèse Humbert accepte sans difficulté les taux les plus élevés...

Au bout de trois ans, les Crawford ont employé tous les moyens prévus par la législation française : défaut, opposition, incompétence, suspicion légitime et, le 27 octobre 1886, le tribunal rend son verdict : Thérèse Humbert obtient gain de cause. Les Crawford doivent exécuter le protocole. Thérèse leur remettra les six millions et entrera en possession de la fortune d'Henry Robert Crawford.

Les prêteurs se précipitent pour la féliciter et reprendre leur argent avec les intérêts. Elle accueille tout le monde avec une joie qui fait plaisir à voir et donne une fête inoubliable dans l'hôtel particulier de la Grande-Armée. Après quoi, les Humbert font enregistrer la transaction, ce qui leur coûte cent vingt mille francs de frais de procédure, environ deux millions de francs actuels, et ils attendent de pouvoir procéder à l'ouverture du coffre.

Et c'est alors que se produit la catastrophe, malgré tout prévisible : les neveux Crawford, les horribles neveux Crawford, font appel ! Il faut attendre encore. Tout est à recommencer...

Tout recommence donc, avec plus d'éclat encore que par le passé : la bousculade des prêteurs, alléchés par les taux usuraires qu'accepte Thérèse, les réceptions avenue de la Grande-Armée, les fêtes somptueuses au château des Vives-Eaux. Frédéric Humbert se lance dans la politique et, avec son argent et ses relations, il n'a aucun mal à se faire élire député de Seine-et-Marne. Bref, c'est le triomphe sur toute la ligne.

Malgré tout, la procédure suit son cours et, quatre ans après le jugement en première instance, le 3 janvier 1890, la Cour d'appel rend son arrêt qui est, bien entendu, favorable à Thérèse Humbert. Cette fois, c'est, apparemment, la fin de la grande aventure, toutes les possibilités légales étant épuisées.

Eh bien non ! Car après avoir fait preuve de tant d'habileté, le couple Humbert est servi par une chance insolente. En prononçant le verdict, le président commet une erreur matérielle, puis la rectifie. Or, c'est contraire à la loi et, bien entendu, les Crawford se pourvoient en cassation, sûrs du succès.

Dans le Tout-Paris, on ne parle que de cela. Jamais on n'a vu un pareil feuilleton judiciaire. Mais personne n'a pour l'instant le moindre soupçon. Thérèse Humbert est victime d'adversaires d'un acharnement incroyable et, de surcroît, le sort lui est contraire. Les cent millions-or sont là, chez elle, à portée de main, dans son coffre, mais hélas il lui est interdit d'y toucher. C'est une malheureuse. On la plaint de tout cœur.

Toutefois, certains créanciers commencent à réclamer leur argent. Ce n'est pas qu'ils se méfient ; simplement, ils en ont besoin. Thérèse Humbert les rembourse en empruntant à d'autres et elle a même alors une idée grandiose, fabuleuse ! Elle se met dans la tête de rembourser tout le monde.

Elle a à sa disposition des sommes considérables et elle décide de faire comme les banquiers : faire fructifier l'argent des autres. En 1893, elle fonde avec des prête-noms « La Rente viagère de Paris », une société dont le siège social se trouve 16 rue Pergolèse, ce qui n'est autre que l'entrée de service de l'hôtel de la Grande-Armée, puis elle se lance dans les placements immobiliers.

Et elle est aussi bonne femme d'affaires qu'escroc. Elle réalise des profits considérables. Si elle dispose du temps suffisant, elle va peut-être avoir réellement les cent millions qu'elle prétend détenir. Elle aura ainsi réussi l'escroquerie parfaite, absolue : gagner une fortune sans que cela ait coûté un sou à ses victimes, puisqu'elle les aura toutes dédommagées. Partie de rien, du vide, d'un mensonge, elle va devenir fabuleusement riche sans léser personne !

C'est une question de temps... Malheureusement pour Thérèse Humbert, la Cour de cassation a pris ses malheurs judiciaires en pitié et, bien que le vice de forme de la Cour d'appel soit patent, elle essaie de trouver un moyen de ne pas casser un jugement où le bon droit l'emporte aussi clairement. Elle y parvient, grâce à un travail remarquable qui figure, aujourd'hui encore, dans les manuels de droit. Le jugement en appel n'est donc pas cassé, Thérèse peut toucher les cent millions du coffre, à charge pour elle d'en verser six aux Crawford. C'est de nouveau la catastrophe !

Pourtant, face à une situation désespérée, les Humbert — en l'occurrence Frédéric, le spécialiste du droit — font preuve de génie. Ils compliquent encore l'imbroglio judiciaire. Ils font savoir qu'un nouveau protocole vient d'être signé avec Henry Crawford, se portant garant de son frère Robert. C'est donc ce nouveau protocole qui est valable et l'ancien, celui qui avait été l'objet du procès en appel, est nul et non avenu. Mais apprenant la chose, Robert Crawford fait savoir qu'il n'a jamais donné son accord et intente un procès à son frère et aux Humbert. Toute la procédure repart !

Cette fois, on est tout de même étonné de ces péripéties jamais vues. Pour prévenir tout danger, Thérèse décide de frapper un grand coup. Elle propose, par l'intermédiaire de son avocat, que l'avocat de Robert Crawford vérifie le contenu du coffre. Mais ce dernier reçoit une lettre de son client, en réalité écrite par Romain d'Aurignac, lui interdisant de vérifier la totalité du coffre, ce qui pourrait être interprété comme un acquiescement au protocole d'accord. Il devra simplement constater que les intérêts de la somme y figurent. Au jour dit, Thérèse Humbert exhibe devant lui cinq cent quatre-vingt-dix-sept mille francs, qui sont remis dans une enveloppe scellée à l'intérieur du fameux coffre...

Et la haute société défile de plus belle dans l'hôtel particulier de la Grande-Armée. Le préfet de police Lépine est l'un des plus assidus. Les Humbert, grâce aux placements immobiliers de la société de Thérèse, commencent à figurer parmi les plus grosses fortunes de France. Cela fait quinze ans que l'escroquerie a commencé et la confiance n'est pas entamée. La meilleure preuve est que certains créanciers demandent à la Lloyd's de garantir leur remboursement et que la grande compagnie de Londres accepte sans difficulté.

Thérèse, qui a le sens de la mise en scène, accroît encore son capital de sympathie en faisant circuler une lettre de Robert Crawford où celui-ci a des mots particulièrement peu élégants sur l'inconduite de Mme d'Aurignac, femme de Guillaume-Auguste. Cela ne change rien au fond de l'affaire, mais Thérèse prend la chose avec une grande dignité qui émeut tout le monde... Les années passent encore. La fin du siècle approche et l'affaire de l'héritage Crawford a débuté en 1883 !

Pourtant, il y a maintenant des signes avant-coureurs de la fin. Pour la première fois des personnes posent la question : les Crawford existent-ils ? En 1898, Girard, directeur de la Banque d'Elbeuf, qui avait prêté dix millions à Thérèse, se suicide. L'émotion est vive. Thérèse Humbert se défend : Marie d'Aurignac va épouser Robert Crawford ; elle expose même dans sa maison le trousseau de la future mariée. Elle rembourse un créancier important qui venait de porter plainte et qui la retire.

Mais c'est trop tard. Car c'est alors, et alors seulement, que le syndic de la faillite de la Banque d'Elbeuf pose à Thérèse Humbert cette question à laquelle personne n'avait pensé jusque-là : où habitent les Crawford ? En effet, leur courrier leur était adressé « poste restante, New York ». Elle répond au hasard « 1202 Broadway ». On vérifie : c'est l'adresse d'un square...

Le journal *Le Matin* mène une campagne acharnée contre les Humbert. L'avocat de la Banque d'Elbeuf, Waldeck-Rousseau, qui sera bientôt président du Conseil, proclame :

— C'est la plus grande escroquerie du siècle !

La justice est saisie début mai 1902, mais cette fois, pas à propos de l'héritage Crawford : contre le couple Humbert. Paradoxalement, c'est leur avocat qui va précipiter leur chute. Ce dernier, Me du Buit, croit sincèrement à leur bonne foi et, comme le président la met en doute, il s'écrie indigné :

— Je propose, afin d'arrêter toute insinuation malveillante, de faire ouvrir leur coffre-fort pour inventaire.

Le magistrat accepte avec empressement :

— L'ouverture aura lieu le 9 mai à deux heures de l'après-midi. L'inventaire sera fait par Me Lanquest, président de la chambre des notaires.

Au jour et à l'heure dits, il y a foule avenue de la Grande-Armée. Les curieux se mêlent aux journalistes venus de toute la France et même de l'étranger. Le service d'ordre est dirigé par le préfet de police Lépine en personne, responsabilité dont l'ancien intime des Humbert se serait sans doute volontiers passé. Hommes de loi, policiers et notaire se font ouvrir la porte. L'un des membres de la nombreuse domesticité officiant dans l'hôtel particulier affirme d'un ton stylé :

— Monsieur et madame sont dans leur château des Vives-Eaux, mais ils ne sauraient tarder.

Tout le monde se rend alors dans le bureau de Frédéric où trône le fameux coffre... Le coffre-fort des Humbert, que les caricaturistes de toute la presse ont reproduit, est là, énorme, avec sa porte massive et ses serrures dernier modèle.

Malgré les assurances prodiguées, les Humbert tardent pourtant à rentrer. Et le procureur de la République se décide : il fait appel aux services d'un serrurier. Après des heures d'efforts, la porte cède enfin. Dans le silence religieux succédant aux coups frappés sur le métal, Me Lanquest, notaire chargé de l'inventaire, s'approche et annonce :

— Un vieux journal et un sou italien...

Non, le coffre n'était pas vide ! Un coffre vide, c'est banal, c'est triste, c'est digne d'un vulgaire escroc et Thérèse était tout sauf vulgaire. Le coffre de Thérèse Humbert n'était pas plus vide que jadis celui, aux allures moyenâgeuses, du château de l'Œillet. Le vieux journal et le sou italien n'étaient pas là par hasard, par oubli. C'était un clin d'œil, un hommage à celui qui lui avait dit un jour : « L'important, ce n'est pas d'être riche, c'est de faire croire qu'on l'est... »

La suite ressemble aux épilogues de toutes les affaires frauduleuses. Non seulement les Humbert ne reparaissent pas avenue de la Grande-Armée, mais ils ne sont pas non plus au château des Vives-Eaux où la police se précipite.

Ils ne sont même plus en France. Ils se sont réfugiés, en compagnie des frères et sœur d'Aurignac, à Madrid, en emportant la caisse de « La Rente viagère de Paris ». La France réclame et obtient leur extradition et, au mois de décembre 1902, ils sont arrêtés.

Thérèse Humbert passe en jugement, avec son mari, ses deux frères et sa sœur, le 8 août 1903, au milieu d'un public tout acquis à sa cause. La « Grande Thérèse », comme on l'appelle dans la presse, n'inspire, en effet, que la sympathie. Elle n'a escroqué que des nantis attirés par l'appât du gain, qui ont eu, dans le fond, ce qu'ils méritaient et elle a fait rire la France entière.

Les jurés auront d'ailleurs la même indulgence, compte tenu de l'énormité de l'escroquerie : des dizaines de milliards d'anciens francs d'aujourd'hui, peut-être cent milliards. Ils infligeront seulement cinq ans de prison aux époux Humbert, trois ans à Romain d'Aurignac, deux à Emile et acquitteront Marie. Mais il y a des cas où la réprobation cède le pas à l'admiration et la Grande Thérèse méritait bien ce coup de chapeau.

Le collier de la reine

Paris, 12 octobre 1793. Une femme vieillissante aux cheveux blancs, qui n'a pourtant que trente-huit ans, répond au Tribunal révolutionnaire réuni pour la juger. Elle s'appelait autrefois Marie-Antoinette, reine de France, elle n'est plus à présent que la veuve Capet, son mari Louis XVI ayant été guillotiné au mois de janvier précédent. Le président Hermann l'interroge :

— N'est-ce pas au Petit Trianon que vous avez connu pour la première fois la femme La Motte ?

— Je ne l'ai jamais vue.

— N'a-t-elle pas été votre victime dans l'affaire du fameux collier ?

— Elle n'a pu l'être puisque je ne la connaissais pas.

— Vous persistez donc à nier que vous l'avez connue ?

— C'est la vérité que j'ai dite et que je persisterai à dire...

Le président Hermann n'insiste pas. Il pense sans doute que c'est effectivement la vérité. Et puis, il y a tant d'autres accusations, bien réelles celles-là, contre l'ancienne reine : dilapidation de l'argent public, intelligence avec l'ennemi, menées contre-révolutionnaires. Les débats se poursuivent. Ils aboutiront à la condamnation et à l'exécution de la « veuve Capet ».

Oui, Marie-Antoinette était totalement étrangère à ce qu'on a appelé l'« affaire du collier de la reine », totalement innocente des faits qu'on lui reprochait alors. Et, pourtant, le paradoxe veut que ce soit cet énorme scandale qui ait ruiné à jamais sa réputation, l'ait fait haïr du peuple et soit l'une des causes de sa mort.

L'affaire du collier de la reine est aussi — on l'oublie souvent en raison de ses répercussions politiques — une des plus fantastiques escroqueries de tous les temps, commise avec une audace folle et qui a rapporté une fortune à ses auteurs. Et au départ de tout, il y a une aventurière de génie...

Cette femme, la « femme La Motte », comme dit le président du Tribunal révolutionnaire, s'appelle en réalité Jeanne de Valois. Ce nom prestigieux n'est nullement usurpé. Elle descend réellement des Valois par le roi Henri II, mais sa famille est par la suite tombée dans la misère et la déchéance.

Son extraordinaire destinée commence en 1780. Elle végète à Bar-sur-Aube, lorsque, à vingt-sept ans, elle épouse un officier de gendarmerie, Marc-Antoine de La Motte. Ils sont aussi ambitieux et dénués de scrupules l'un que l'autre. Ils se font appeler comte et comtesse de La Motte-Valois et se rendent à Paris pour faire fortune.

Jeanne est jolie, pas loin d'être ravissante, et elle gravite parmi les grands personnages de la cour, essayant d'attirer l'attention sur « le triste sort d'une orpheline du sang des Valois ». Après un an de tentatives plus ou moins réussies, elle finit par arriver à ses fins en la personne du cardinal de Rohan.

Louis, cardinal de Rohan, porte l'un des plus grands noms de France. Il est né, quarante-sept ans plus tôt, dans le château des princes de Rohan, en Bretagne ; il est archevêque de Strasbourg, grand aumônier de France, commandeur de l'ordre du Saint-Esprit et membre de l'Académie française. Mais, malgré ces prestigieuses distinctions et son état ecclésiastique, c'est un homme futile et mondain, grand amateur de femmes. Il est de surcroît fort naïf, ce qu'a su remarquer un autre aventurier, Joseph Balsamo, dit Cagliostro, qui est parvenu à devenir son homme de confiance.

Les La Motte-Valois profitent pendant quelque temps, comme tant d'autres parasites de la cour, des libéralités du grand personnage. Le « comte » est nommé capitaine des dragons de

Monsieur, frère du roi, et la « comtesse » bénéficie des largesses du cardinal. Mais pour elle, cela ne saurait suffire. Elle veut aller plus loin, beaucoup plus loin. Elle a une assurance que rien ne désarme. Comme tous les grands escrocs, elle a reçu du ciel le don de persuasion ; elle peut dire les pires extravagances et être crue. C'est ainsi qu'elle fait courir le bruit qu'elle voit fréquemment la reine, pensant que cela pourra lui être utile. Les résultats vont dépasser ses espérances...

Car il se trouve que la reine est la blessure secrète du cardinal de Rohan. Il a été ambassadeur à Vienne, mais il a eu le malheur de déplaire, à cause de la légèreté de ses mœurs, à l'impératrice Marie-Thérèse, mère de Marie-Antoinette. Sanctionné, rappelé à Versailles, il a constaté à quel point la reine, sans doute convaincue par sa mère, lui était hostile. Le faible Louis XVI a adopté la même attitude que sa femme et, depuis, le cardinal se trouve au désespoir.

Aussi, entendant dire que Jeanne de La Motte-Valois est devenue une familière de la souveraine, il s'enhardit à lui demander :

— Croyez-vous que vous pourrez parler de moi à Sa Majesté ?

La « comtesse » promet de faire son possible et, après un long délai, justifié par la délicatesse d'une telle démarche, lui déclare un beau jour :

— Je suis autorisée par la reine à vous faire demander par écrit votre retour en grâce.

Le cardinal, fou de joie, prend sa plus belle plume pour solliciter son pardon. Jeanne transmet la lettre et — ô miracle ! — la reine répond. Certes, le ton est froid, sévère même, mais la glace est rompue et la souveraine n'interdit pas à Rohan de continuer à correspondre.

Une correspondance va donc s'établir, toujours par l'intermédiaire de la comtesse de La Motte-Valois. En réalité les lettres de Marie-Antoinette sont écrites par Marc-Antoine Rétaux de Vilette, un ancien gendarme, camarade du comte et devenu amant de Jeanne, avec la bénédiction du mari, car le personnage est fort habile et peut leur servir.

Et cela dure. Cela dure trois ans !... Pas un instant le cardinal de Rohan ne doute qu'il correspond avec la reine : il a tellement attendu que cela arrive, il a tellement besoin d'y croire ! A la longue, pour son plus grand ravissement, le ton de sa royale correspondante s'adoucit, devient presque tendre. Elle demande bien, de temps à autre, quelques milliers de livres pour faire face à un embarras imprévu. Mais quoi de plus naturel ? Chacun sait que la souveraine est follement dépensière et toujours à court d'argent. C'est même un honneur qu'elle s'adresse à lui. Le prélat s'empresse de remettre la somme demandée à Jeanne de La Motte-Valois, intermédiaire infatigable, et baise mille fois les lettres écrites par l'ancien gendarme...

La crédulité humaine a pourtant ses limites. Le cardinal de Rohan finit par trouver étrange que Marie-Antoinette, qui lui témoigne par écrit l'amitié la plus vive, continue à lui manifester chaque fois qu'elle le voit les marques du plus profond mépris. A la fin, il n'y tient plus et pose la question à Jeanne :

— Comment Sa Majesté peut-elle m'écrire des lettres aussi chaleureuses et se montrer aussi hostile vis-à-vis de moi en public ?

La fausse comtesse n'est jamais à court d'argument.

— C'est qu'elle veut garder votre réconciliation secrète, monseigneur. A cause du roi et de certaines autres personnes de la cour.

Elle est pourtant trop fine pour comprendre que cela ne durera pas éternellement ainsi. Elle en parle à son mari et à son amant. Tous trois sont d'accord. La mystification ne pourra se poursuivre que si l'on franchit un pas de plus. Il faut organiser une rencontre entre la reine et le cardinal, une rencontre secrète !

Pour cela, il faut un sosie de Marie-Antoinette. C'est le comte qui en fait la découverte au Palais-Royal. Il s'agit d'une jeune fille pas trop farouche, Mlle Oliva. M. de La Motte fait sans grand mal sa conquête et l'amène à sa femme. Celle-ci se présente comme une intime de la reine et entre dans le vif du sujet.

— Ma chère, pourriez-vous me rendre un petit service en échange de quinze mille livres ?

La jeune demoiselle ne peut que balbutier :

— Qu'aurai-je à faire pour cela ?

— Aller à Versailles, rencontrer de nuit un grand personnage, lui remettre une rose et une lettre.

— Et... c'est tout ?
— Vous lui direz : « Vous savez ce que cela veut dire... »
Si étonnant que cela paraisse, du temps des rois, l'accès aux jardins de Versailles était pratiquement libre, à la différence d'aujourd'hui. La nuit convenue, le 11 août 1784, aux environs de minuit, Mlle Oliva est conduite sur les lieux. Elle est revêtue d'une robe de linon moucheté blanc, réplique de celle que portait Marie-Antoinette sur le dernier tableau de Mme Vigée-Lebrun. Jeanne de La Motte-Valois lui fait prendre place sous une charmille du « bosquet de Vénus », revient avec le cardinal et s'éclipse.

Mlle Oliva voit le grand dignitaire de l'Eglise se prosterner à ses pieds et lui baiser le bas de sa robe. Elle est tellement émue qu'elle ne lui donne que la rose, oublie la lettre et bredouille plus qu'elle ne prononce la phrase convenue... A ce moment arrive l'ancien gendarme Rétaux de Vilette, déguisé en domestique de la reine, qui s'écrie à mi-voix :

— Voici le comte et la comtesse d'Artois !

Mme de La Motte surgit à son tour et prend Mlle Oliva par le bras.

— Vite, vite ! Venez !

Le cardinal de Rohan reste seul. Il est ébloui, transporté. Il est si bouleversé qu'il est sûr d'avoir entendu, dans les balbutiements de Mlle Oliva, la reine lui dire :

— Vous pouvez espérer que le passé sera oublié...

A partir de là, leur correspondance reprend, mais le ton n'en est plus tout à fait le même. La reine est plus exigeante ; elle demande beaucoup plus d'argent. Le cardinal, de son côté, se laisse aller à la passion la plus débordante. Il lui écrit bientôt, dira Rétaux de Vilette, « des lettres dont un homme qui se respecte ne pourrait achever la lecture ».

Nous sommes dans les derniers jours de 1784 et c'est alors que va avoir lieu le deuxième acte. Jeanne de La Motte-Valois entend pour la première fois parler du collier.

Il a déjà toute une histoire...

Il a été conçu par Böhmer, joaillier de la cour, et son associé

Bassenge. Il ne s'agit pas vraiment d'un collier, mais d'un énorme pendentif assez laid, « un poitrail pour cheval de cirque », a-t-on pu écrire. L'ensemble est d'un goût plus que douteux, mais c'est le bijou le plus fabuleux qu'on puisse concevoir : six cent quarante-sept diamants admirables, pesant en tout deux mille huit cents carats.

Il y a bien longtemps que Böhmer et Bassenge l'ont mis en vente, mais sans succès. Il a été refusé par Louis XV pour la comtesse du Barry. La cour d'Espagne l'a refusé aussi. Dix ans plus tôt, en 1774, Böhmer avait supplié Marie-Antoinette de l'acheter. Mais il en demandait un million six cent mille livres et la reine avait repoussé le disgracieux bijou. Au désespoir, Böhmer avait menacé, se jetant à ses genoux, d'aller se précipiter dans la Seine. Elle l'avait sèchement prié de « mettre fin à ses contorsions de désespoir ».

Depuis, les deux joailliers restent avec cette fabuleuse marchandise invendue sur les bras. Aussi, on peut imaginer leur joie lorsque, le 29 décembre 1784, Mme de La Motte-Valois, qu'ils savent être une intime de la reine, vient les trouver pour se faire montrer le collier.

Elle ne fait aucun commentaire et, aussitôt après, va voir le cardinal de Rohan.

— Monseigneur, la reine désire le collier de Böhmer, mais le roi désapprouve cette folie. Aussi, elle veut l'acheter en cachette sur sa cassette personnelle. Pour cela, elle a besoin d'un intermédiaire. Elle a pensé à vous.

— A moi ?

— Vous lui feriez plaisir en négociant cet achat...

Il n'en faut pas plus pour convaincre Rohan. Sa crédulité peut paraître invraisemblable, mais elle s'explique en grande partie par la réputation de la reine. Chacun sait qu'elle est légère, follement dépensière, prête aux folies les plus ruineuses. Les bruits les plus extravagants courent à son sujet. Ne dit-on pas qu'une salle entière du Trianon, que le roi a fait construire pour elle, est tapissée de diamants ? Qu'elle a coûté plus cher à la France que toutes les favorites de Louis XV ?

Le 21 janvier 1785, Mme de La Motte revient trouver Böhmer. La reine, lui explique-t-elle, désire acquérir son collier par l'intermédiaire du cardinal de Rohan. On se met d'accord sur la somme de un million six cent mille livres, payables en quatre versements sur deux ans, le premier devant intervenir le 1er août suivant.

Dès lors, tout est mené rondement. Le 29 janvier, le cardinal de Rohan remet à Böhmer une lettre écrite de sa main résumant leur accord. La comtesse de La Motte-Valois en prend possession et la rapporte quelques jours plus tard avec la mention : « Approuvé, Marie-Antoinette, reine de France. » Les bijoutiers n'ont plus qu'à remettre le collier au cardinal, qui le donne à la comtesse de La Motte-Valois. Celle-ci se présente en compagnie de Rétaux de Vilette, porteur d'un billet de la même écriture que les lettres de la reine, confirmant l'achat du bijou. Le cardinal de Rohan reconnaît l'homme qui était apparu la nuit du bosquet de Vénus. S'il avait un dernier doute, il a disparu...

Dès qu'ils sont seuls, c'est, pour les trois complices, le moment du triomphe. Rétaux, Jeanne et le comte dépècent le collier avec un couteau et contemplent leur butin. Les six cent quarante-sept pierres, toutes de la qualité la plus rare, s'étalent devant eux. C'est vraisemblablement le plus grand vol de diamants de tous les temps !

M. de La Motte se charge de les vendre aux bijoutiers de Paris et c'est à ce moment que la catastrophe manque de se produire. Devant le prix ridicule qu'il demande pour de telles merveilles, les négociants préviennent la police et il est arrêté. Mais comme aucun vol de bijou n'est signalé, on le relâche.

Il juge plus prudent d'aller en Angleterre pour écouler la marchandise. Il négocie ainsi, pour deux cent quarante mille livres, des diamants endommagés « comme s'ils avaient été arrachés d'une parure ». Là encore, les bijoutiers préviennent l'ambassade de France, mais là encore, en l'absence de plainte pour vol, l'affaire n'a pas de suite.

Le comte revient donc en France avec une fortune. Jeanne de La Motte-Valois quitte Versailles et ils s'installent dans la ville de leurs origines, à Bar-sur-Aube, où ils mènent une vie princière. Ils achètent des carrosses, des chevaux, des meubles qu'ils font venir de Paris dans quarante-deux voitures de rouliers. Ils donnent des fêtes fabuleuses, insensées, dignes de la cour, mais sans que personne ne les soupçonne de quoi que ce soit.

A la cour, justement, la vie se poursuit et le bijoutier Böhmer est un peu surpris que Marie-Antoinette ne porte pas son collier. Il profite de ce qu'il lui apporte une parure pour lui remettre, le 12 juillet 1785, un billet où il lui fait part d'une manière assez alambiquée de son étonnement. La reine le prend distraitement et ne le lit qu'une fois qu'il est parti : « Madame, nous sommes au comble du bonheur d'oser penser que les derniers arrangements qui nous ont été proposés et auxquels nous nous sommes soumis avec zèle et respect, sont une nouvelle preuve de notre soumission et dévouement aux ordres de Votre Majesté. Et nous avons une vraie satisfaction de penser que la plus belle parure qui existe servira à la plus grande et la meilleure des reines. »

Marie-Antoinette ne comprend évidemment pas un traître mot et demande à sa première femme de chambre, confidente et amie, Mme Campan, si elle a plus de lumières qu'elle. Mme Campan avoue, elle aussi, son incompréhension. La reine déclare, irritée :

— Cet homme existe pour mon supplice. Il a toujours quelque folie en tête. Je ne compte plus me servir de lui !

Il y a une chandelle allumée. Elle en approche vivement la lettre.

— Cela ne vaut pas la peine d'être gardé !

L'instant d'après, le billet de Böhmer n'est plus que cendres... Sans le savoir, Marie-Antoinette a commis un geste lourd de conséquences. Car la lettre tendait à prouver qu'elle n'était au courant de rien. A présent qu'elle l'a détruite, on pourra toujours prétendre qu'elle savait et qu'elle était complice...

Deux semaines passent. Le 1er août, date de la première échéance, Böhmer voit arriver le cardinal de Rohan. Mais au lieu des quatre cent mille livres attendues, ce dernier lui remet une lettre signée Marie-Antoinette, demandant un délai et proposant de régler sept cent mille livres le 1er octobre. Il apporte, en outre, trente-cinq mille livres pour les intérêts.

Dire que Böhmer est furieux est au-dessous de la vérité. Pour lui, ce contretemps signifie la ruine, car il a déjà réglé ses fournisseurs. Et surtout, il devine, il comprend tout ! La reine, qui avait si sèchement refusé le collier la première fois, la reine qui ne l'a jamais porté depuis qu'elle l'a prétendument acheté, la reine qui n'a pas répondu à son billet, la reine n'est au courant de rien ! Il est livide.

— Monseigneur, vous avez été trompé par la comtesse de La Motte-Valois !

Le cardinal, lui aussi, a blêmi. Mais il se ressaisit.

— Si je vous disais que j'ai traité directement avec la reine, me laisseriez-vous tranquille ?

— Oui, monseigneur, mais...

Il lève la main en signe de serment.

— Eh bien, j'ai traité directement avec elle. Elle a pris l'argent en ma présence, dans le petit secrétaire de son boudoir.

Et il s'en va, laissant le bijoutier en proie aux sentiments les plus contradictoires...

Le cardinal a menti. Il s'est parjuré pour gagner du temps, mais lui aussi a enfin compris l'escroquerie dont il a été victime. Il fait venir son ami Cagliostro pour lui demander conseil. L'aventurier italien, qui se dit alchimiste, mage et prétend avoir vécu au temps du Christ, ne lui donne pas en l'occurrence un mauvais avis :

— Monseigneur, il n'y a qu'une chose à faire : aller tout raconter au roi et implorer son pardon.

Malgré tout, Rohan hésite. Il pense à payer lui-même le collier. Mais la somme est tellement énorme que la chose ne peut se faire facilement. Il faudra vendre d'importants biens familiaux... Cette hésitation va lui être fatale. Le temps presse et le scandale va éclater.

Car Böhmer n'est, malgré tout, pas entièrement convaincu. Après le départ du cardinal, il rend visite à Mme Campan.

— Pourrais-je savoir, madame, quand la reine donnera réponse à mon billet ?

— Jamais, monsieur. Elle l'a brûlé sans même avoir compris ce que vous vouliez dire.

— Ah, madame, ce n'est pas possible ! La reine sait bien qu'elle a de l'argent à me donner.

— Quel argent ? Il y a longtemps que la reine vous a soldé vos derniers comptes.

— Pas mon collier ! La reine me doit un million six cent mille francs pour mon collier.

— Ce collier dont vous lui parlez depuis des années et dont elle ne veut pas ?

— Elle le veut, madame. Elle l'a fait acheter par le cardinal de Rohan.

— Vous perdez la raison ! La reine n'a pas adressé une seule fois la parole au cardinal depuis son retour de Vienne. Il n'y a pas, à la cour, une personne plus en sa défaveur.

— C'est vous qui perdez la raison ! La reine a remis au cardinal trente-cinq mille livres, qu'il m'a données à titre d'intérêts pour le retard. Elle a pris l'argent en sa présence dans le petit secrétaire de son boudoir.

— C'est le cardinal qui vous a dit cela ?

— Bien sûr, madame, le cardinal lui-même...

Mme Campan ne comprend qu'une chose : l'affaire est grave. Elle va tout raconter à Marie-Antoinette qui convoque le joaillier. Celui-ci lui fait un récit extravagant, selon lequel le cardinal de Rohan, grand aumônier de France, serait venu pour lui acheter le collier pour la reine. Marie-Antoinette est folle furieuse.

— Comment avez-vous pu croire une chose pareille, alors que tout le monde sait que je ne rencontre jamais le cardinal ?

— Il ne vous a rencontrée qu'une seule fois, Majesté, quand vous lui avez remis les trente-cinq mille livres d'intérêts. Le reste du temps, c'était Mme la comtesse de La Motte-Valois qui servait d'intermédiaire entre lui et vous.

— La Motte-Valois ?

— La descendante du roi Henri II, Majesté, votre dame de confiance...

— Mais je n'ai jamais entendu prononcer ce nom...

Marie-Antoinette, abasourdie par ce qu'elle appelle un « étrange roman », demande à Böhmer un mémoire résumant tout. Il le lui apporte le 12 août et elle le remet aussitôt au roi. La machine est en marche et les circonstances, ainsi que l'incroyable légèreté des uns et des autres, vont donner au scandale un éclat inouï.

C'est le 15 août que Louis XVI réunit en conseil secret Breteuil, ministre de la Maison du roi, Miromesnil, garde des Sceaux, et la reine. Le cardinal de Rohan, en tant que grand aumônier de France, vient de célébrer la messe solennelle de ce jour d'Assomption et il attend, en habits pontificaux, dans la galerie des Glaces, en compagnie de toute la cour.

Marie-Antoinette parle la première. Elle veut qu'on fasse arrêter immédiatement le cardinal qui s'est parjuré, car, évidemment, il ne l'a jamais vue prendre de l'argent pour le lui remettre. Breteuil, qui déteste Rohan, est du même avis. Miromesnil est pour la prudence, Louis XVI aussi.

— Ne serait-il pas préférable d'attendre un peu ? Aujourd'hui, cela risque de produire un effet fâcheux...

Mais Marie-Antoinette est hors d'elle. Elle tempête, elle crie, elle pleure et le roi n'a jamais su lui résister quand elle est ainsi. Il ordonne :

— Qu'on fasse venir le grand aumônier !

Il est onze heures... Rohan arrive en robe d'apparat dans le cabinet du roi. Ce dernier l'apostrophe.

— Mon cousin, avez-vous acheté des diamants à Böhmer ?

— Oui, sire.

— Qu'en avez-vous fait ?

— Je croyais qu'ils avaient été remis à la reine.

— Qui vous a chargé de cette mission ?

— Une dame s'appelant madame la comtesse de La Motte-Valois.

La reine s'étrangle de fureur.

— Comment avez-vous pu croire, vous à qui je n'ai pas adressé la parole depuis huit ans, que je vous choisissais pour conduire cette négociation par l'intermédiaire d'une pareille femme ?

— Je vois que j'ai été cruellement trompé. L'envie que j'avais de plaire à Votre Majesté m'a aveuglé et je n'ai vu nulle supercherie. Je paierai le collier.

Le roi reprend son interrogatoire.

— Où est cette femme ?

— Sire, je ne sais pas.

— Où est le collier ?

— Il est entre ses mains.

— Et où sont les billets prétendument écrits par la reine ?

— Je les ai. Je les remettrai à Votre Majesté.

Louis XVI se tait. On sent qu'il hésite, qu'il est tout de même disposé à temporiser, mais Marie-Antoinette redouble de fureur. Elle crie, elle hurle, elle gémit pour que justice soit faite.

— Arrêtez-le, Majesté. Il faut que ses vices hideux soient démasqués ! Il faut que la France et l'Europe le sachent !

Egarée par la haine, la reine vient, en cet instant, de décider de sa perte. Car c'est elle qui va être l'objet du scandale et non le cardinal, dont tout le monde se moque. Et, à bien y réfléchir, ce n'est pas entièrement injuste. Si le grand aumônier a pu croire que la reine acceptait de ruiner les finances publiques en cachette du roi et entretenait avec lui une correspondance indécente, n'est-ce pas à cause de tout ce qu'il avait entendu dire d'elle ? Certes, dans l'affaire du collier, Marie-Antoinette est innocente, mais elle aurait pu être coupable : c'est ce que retiendra l'opinion.

Louis XVI en a peut-être le pressentiment, mais il est faible. Il cède une fois de plus à son épouse. Il se tourne vers le cardinal.

— Monsieur, je vous préviens que vous allez être arrêté.

Rohan est pâle comme la mort.

— Ah, Votre Majesté ! Epargnez-moi la douleur de l'être dans mes habits pontificaux, aux yeux de toute la cour.

— Il faut que cela soit !

Le prélat a le temps de demander à l'abbé Gorel, son collaborateur, de « détruire le portefeuille rouge », c'est-à-dire celui où il conserve toute la pseudo-correspondance de la reine. L'instant d'après, le marquis de Breteuil le pousse devant lui et ouvre la porte. En ce jour de fête, la cour, qui n'est au courant de rien, est là au complet, et attend la venue du roi. Breteuil s'adresse au capitaine de ses gardes :

— Arrêtez monsieur le cardinal !

La foudre tombant au milieu des courtisans n'aurait pas produit plus de saisissement. Le retentissement est énorme.

Pendant des semaines, on ne va parler que de cela, non seulement dans toute la France mais, comme le souhaitait Marie-Antoinette, dans toute l'Europe...

Sur le plan policier, les choses se font sans difficulté aucune. On découvre Jeanne de La Motte-Valois à Bar-sur-Aube où elle ne se cachait pas le moins du monde. On lui laisse le temps de brûler les lettres enflammées que le cardinal avait écrites à Marie-Antoinette et on l'expédie à la Bastille le 18 août. Interrogée, elle nie les faits et met en cause Cagliostro et Mlle Oliva, qui la rejoignent à la Bastille. Le comte de La Motte-Valois se trouvait alors à Londres pour vendre les derniers diamants et l'Angleterre, trop heureuse de cette affaire qui embarrasse la France, refuse son extradition.

Bien que les faits soient parfaitement clairs, Mme de La Motte choisit pour se défendre d'accuser le cardinal.

— C'est M. de Rohan qui a volé le collier. C'est sur son ordre que nous avons fait vendre les diamants qui en provenaient...

Les ministres sont d'avis d'étouffer l'affaire ou, du moins, de la laisser à ses dimensions purement pénales, de la traiter comme une simple escroquerie. Mais encore une fois, Marie-Antoinette, dans son désir de vengeance contre Rohan, va provoquer la catastrophe. Elle ne cesse de harceler son mari :

— C'est une affaire politique. Il faut qu'elle soit jugée par le Parlement !

Et elle finit par obtenir satisfaction : le Parlement de Paris jugera le cardinal de Rohan... C'est ce qui s'appelle donner des verges pour se faire battre ! Le Parlement, toujours en lutte contre le pouvoir royal, ne va pas perdre une telle occasion de prendre sur lui une éclatante revanche. Et il sera soutenu en cela par le peuple tout entier, qui déteste celle qu'il n'appelle plus « la reine », mais « l'Autrichienne »... Comment ! Elle achète un collier un million six cent mille livres, alors que les pauvres gens des villes et des campagnes meurent de faim ! Elle se laisse courtiser par un cardinal, elle lui donne la nuit un rendez-vous secret ! La colère gronde.

L'un des membres du Parlement, un homme aux idées avancées — ce qui ne l'empêchera pas d'être guillotiné en 1794 —, s'écrie avec clairvoyance :

— Grande et heureuse affaire ! Que de fange sur la crosse et sur le sceptre ! Quel triomphe pour les idées de liberté !

Et la cour elle-même n'est pas en reste. Dans ce milieu où l'on passe son temps à se jalouser et à se haïr, les pires calomnies se mettent à circuler. On présente l'arrestation du cardinal comme une manifestation de l'odieux arbitraire royal. On affirme que la reine était au courant de l'achat du collier. La preuve, c'est qu'elle a brûlé le billet de Böhmer...

Le 22 mai 1786, le Parlement de Paris se réunit pour instruire l'affaire. Le 30 août, c'est l'audition de Mme de La Motte-Valois. On la presse de questions sur la correspondance détruite entre le cardinal et la reine et la réponse vient :

— Son Eminence m'a montré deux cents lettres de la reine où elle le tutoyait.

Le cardinal de Rohan lui succède. Il est accusé non pas du vol des diamants, reconnu le fait du couple La Motte-Valois, mais de lèse-majesté, pour avoir cru que la reine pouvait lui avoir donné un rendez-vous galant et lui avoir écrit des lettres enflammées.

Sa déposition est parfois à la limite du compréhensible. Il est livide, il balbutie son discours. Mais il est visible qu'il n'a pas de souci à se faire. Le tribunal, qui comme tout le monde hait la reine, lui est entièrement acquis et, quand il se retire, le Parlement se lève pour le saluer.

Le verdict de l'affaire du collier de la reine tombe le 31 mai 1786. Le cardinal de Rohan, par vingt-six voix contre vingt-deux, est « déchargé de toute espèce d'accusation », Cagliostro et Mlle Oliva sont acquittés, Rétaux de Vilette est banni du royaume. Quant à Jeanne de La Motte-Valois, elle est condamnée à être marquée au fer rouge aux deux épaules du « V » de « voleuse » et emprisonnée à vie. Lorsque le jugement est connu, le peuple de Paris se répand dans les rues et pavoise.

L'exécution publique de la sentence contre Jeanne de La Motte-Valois, le 20 juin 1786, va encore ajouter à l'impopularité royale. La condamnée pousse des cris horribles, elle se débat furieusement, ce qui oblige les bourreaux à la mettre à demi nue et, comme elle est fort bien faite, la foule tombe sous son charme. Elle voit dans son châtiment — pourtant bien léger, à une époque où l'on pendait les domestiques pour avoir volé un sou — une horrible manifestation de tyrannie.

La fausse comtesse ne restera d'ailleurs que quelques mois en prison. Elle s'évade, grâce à de mystérieuses complicités, rejoint son mari en Angleterre où elle mourra en 1791...

Marie-Antoinette a été furieuse à juste titre de l'acquittement de Rohan. C'était une véritable gifle qui lui était infligée. Le roi, sous son influence, a exilé le cardinal dans son abbaye de La Chaise-Dieu, ce qui était une nouvelle maladresse, car c'était remettre en cause la chose jugée. Mais de toute manière, le mal était fait. Marie-Antoinette était discréditée à jamais. C'était la première fois qu'une reine de France était perdue de réputation depuis Isabeau de Bavière, quatre siècles plus tôt, et elle allait entraîner dans sa chute la royauté elle-même.

Mirabeau l'a dit le premier et tous les historiens sont d'accord sur ce point : l'affaire du collier a été le prélude de la Révolution.

L'affaire Stavisky

Malgré la nuit et la neige, une voiture roule à vive allure sur la nationale 6 en provenance de Paris et en direction du sud. L'homme qui se tient à côté du chauffeur a la quarantaine légèrement dépassée. Il ne manque pas de charme : il est mince, avec un visage glabre, des yeux noirs très vifs, une bouche expressive. Il se tourne vers le conducteur :

— Plus vite !

— Je fais ce que je peux, mais il y a du verglas.

Effectivement, il y a du verglas et fort peu de monde sur les routes. Cela se comprend. C'est l'heure du réveillon : nous sommes le 24 décembre 1933, et il faut avoir une raison bien pressante pour prendre le volant dans ces conditions.

La raison est simple : dans la journée, la police vient de lancer un mandat d'arrêt contre le fugitif : « Mandat d'arrêt contre Stavisky, Sacha, dit Alexandre, Serge, né le 20 novembre 1886 à Slobodka (Russie). Rechercher très activement cet individu et, en cas de découverte ou même d'un renseignement susceptible d'orienter les recherches, aviser d'urgence M. le directeur de la Police judiciaire. »

Pour Stavisky, qui se fait appeler depuis plusieurs années Serge Alexandre, l'heure est grave. Une seule solution dans l'immédiat : se cacher. Ensuite, il sera toujours temps d'aviser. Pour cela, il a fait confiance à l'un de ses amis, René Pigaglio, qui a eu l'idée de le conduire à Servoz en Savoie, dans les bâtiments d'une colonie de vacances, vides en cette saison.

Mais la route est décidément trop glissante. Les deux hommes doivent abandonner leur voiture et prendre le train. Quand ils arrivent à Servoz, autre contretemps : la colonie de vacances est inhabitable à cause du froid. Il faut donc louer une villa. Une habitante du village, Mme Dussay, a un chalet vide, « Les Argentières ». Elle accepte de le louer pour la période de Noël.

C'est Pigaglio qui a négocié l'affaire. Stavisky ne s'est pas montré. Il entre dans la maison une fois que tout est conclu et s'enferme dans une chambre. Il a été convenu avec la propriétaire que son jardinier viendrait préparer les repas et les poserait sur une table, sans déranger personne.

Cette précaution un peu voyante se comprend mieux si l'on sait les mesures prises par la police. Au même moment, les frontières, les ports, les aérodromes sont surveillés. Dans toute la France, des milliers de gendarmes et d'agents participent aux recherches. C'est que l'affaire est grave, très grave. Ce n'est pas loin d'être une affaire d'Etat.

Alexandre Stavisky est le fils d'un juif russe qui a quitté son pays à cause des persécutions et qui a été naturalisé français en 1900. Tout jeune, il montre des dispositions évidentes pour la malhonnêteté. Son père est dentiste et il commence par lui voler de l'or pour prothèses. A dix-sept ans, il sort du lycée et se lance dans des liaisons avec des dames mûres.

En 1908, à vingt-deux ans donc, le jeune Alexandre réussit son premier gros coup, avec la complicité de son grand-père Abraham Stavisky, de qui il tient vraisemblablement. Tous les deux louent pendant le mois d'août le théâtre des Folies-Marigny. Ils engagent un nombreux personnel : artistes, machinistes, ouvreuses, etc., contre le versement d'une caution en argent. Puis ils disparaissent avec douze mille francs.

L'affaire est découverte. Alexandre passe en jugement en 1912. Entre-temps, son grand-père est mort. Il choisit comme avocat Me Albert Clemenceau, le frère de Georges. Dès le départ, il a eu cette intuition : rechercher l'appui des milieux politiques pour échapper à la justice. En l'occurrence, le procédé est un succès puisqu'il est condamné à quinze jours de prison avec sursis et vingt-cinq francs d'amende. Comparé aux douze mille francs qu'il a mis dans sa poche, ce n'est guère dissuasif.

La guerre arrive. Stavisky est mobilisé, mais il parvient à se faire réformer en janvier 1915. Toutefois, comme il a appartenu à une unité combattante, il bénéficie de l'amnistie automatique. C'est donc avec un casier judiciaire vierge que, pendant que les autres se font tuer, il mène de front plusieurs affaires fructueuses : faux chèques, recel, trafic de stupéfiants, tripots clandestins, escroqueries au moyen de sociétés fictives. Bien entendu, il y a des plaintes, des poursuites mais il s'en sort à chaque fois par un non-lieu. Sans doute, dès cette époque, a-t-il des relations bien placées.

La police, quant à elle, ne se fait aucune illusion puisqu'elle a rédigé cette note sur lui : « Type parfait du chevalier d'industrie capable d'entreprendre n'importe quoi. Il sait utiliser avec une habileté incroyable les relations qu'il a su se ménager dans les milieux les plus divers. »

Mais tout a une fin. En 1926, après un vol de titres chez un agent de change, Stavisky est arrêté. Le commissaire Pachot, qui le traque en vain depuis longtemps, tient sa revanche. Elle est de courte durée. Alexandre Stavisky parvient à s'échapper lors de sa comparution dans le bureau du juge d'instruction, sans doute, une fois encore, grâce à des complicités.

Son vieux père, le dentiste, va trouver les policiers. Il les supplie d'accepter un million, toute sa fortune, pour rembourser les vols d'Alexandre. La police refuse cette transaction illégale et M. Stavisky père se suicide de désespoir.

Le commissaire Pachot ne lâche pas sa proie. Par un indicateur, il apprend que l'escroc se cache dans une somptueuse villa de Marly-le-Roi. Le 28 juillet 1926, a lieu une arrestation théâtrale. Stavisky donne un grand dîner d'adieu, en compagnie de sa maîtresse Arlette Simon, un mannequin de chez Chanel. Dix personnes sont arrêtées en même temps que lui, mais Arlette, enceinte, est laissée en liberté.

Pour la première fois, Alexandre Stavisky connaît la prison. Il y reste dix-huit mois en attendant d'être jugé. Mais elle lui réussit particulièrement mal puisque, le 22 décembre 1927, il bénéficie d'une liberté médicale pour « tumeur abdominale profonde ».

La santé lui revient vite. Quinze jours plus tard il épouse Arlette Simon qui lui a déjà donné un fils, Claude, et qui lui donnera une fille, Micheline. Quant au procès, il n'aura jamais lieu. De 1926 à 1933, Stavisky n'obtient pas moins de dix-neuf reports. Il a des complicités au Palais, dont Me André Hesse, député radical, ancien ministre. Est-ce qu'il a des complicités aussi au Parquet de Paris ? La question sera posée et elle est d'importance. A sa tête, se trouve en effet le procureur général Pressard, beau-frère de Camille Chautemps, président du Conseil à plusieurs reprises. A ses côtés, le rôle du conseiller Prince, chargé plus spécialement de la section financière, et donc des escroqueries, est loin d'être clair. Disons que les deux hommes n'ont pas fait preuve d'empressement pour suivre les nombreux rapports adressés par la police, notamment par le commissaire Pachot.

Et Stavisky, pendant ce temps ? Eh bien, plus personne n'en entend parler. Il semble avoir disparu. En revanche, un nouveau personnage commence à se faire remarquer dans les milieux mondains et financiers : Serge Alexandre.

C'est en effet ce pseudonyme transparent qu'a choisi l'escroc pour continuer ses activités. Et il est bien décidé à les pratiquer désormais sur une grande échelle. Il fait la connaissance d'un certain Desbrosses, directeur du Crédit municipal (c'est-à-dire le mont-de-piété) d'Orléans. Desbrosses doit émettre des bons de caisse sur gages. M. Alexandre fonde alors avec un complice une « Société de bijoux et orfèvrerie Alex ». Il fait expertiser des émeraudes véritables, qu'il remplacera par des fausses au moment de les mettre au coffre. Le Crédit municipal d'Orléans peut donc émettre ses bons remboursables avec les pierres précieuses. Personne n'a remarqué la supercherie.

Parallèlement, M. Alexandre semble en proie à une véritable fièvre de création d'entreprises : la « Foncière d'entreprise générale de travaux publics », dont le conseil d'administration est présidé par l'ancien préfet de police Hudelo ; une « Société d'installation de machines agricoles », et encore une « Société immobilière pour l'aménagement du quartier de la Muette ». Désireux de faire bien les choses, Serge Alexandre prend conseil, pour toutes ces opérations, auprès de René Renoult, ancien garde des Sceaux. En outre, pour soigner sa publicité, il s'est acheté un journal assez mal nommé *La Volonté* et dirigé par Albert Dubary.

Puisque l'affaire du Crédit municipal d'Orléans a si bien marché, M. Alexandre décide de la refaire en plus grand, à Bayonne, dont il connaît le député-maire radical-socialiste Joseph Garat. Celui-ci se laisse sans mal convaincre d'ouvrir un mont-de-piété dans sa ville, et la direction en est confiée à Gustave Teissier, homme de confiance de M. Alexandre. Comme à Orléans, les bons de caisse sont gagés sur de fausses pierres précieuses : un bouchon de carafe en cristal d'une valeur de quinze cents francs est estimé six cent mille francs, etc.

Comment aurait-on des doutes ? Les recommandations viennent du plus haut niveau. Pour faire plaisir à son ami Garat, le ministre du Travail et du Commerce Dalimier n'hésite pas à écrire publiquement : « Etant donné les avantages de sécurité que présentent de tels placements, je suis certain que les conseils d'administration, et plus particulièrement ceux de la région de Bayonne, réserveront un bon accueil aux offres qui leur seront faites. »

D'autres personnalités s'engagent dans le même sens, tels le général Bardi de Fortou, ancien attaché militaire en Bulgarie, ou le diplomate sud-américain Dorn y Alsua, grand-croix de la Légion d'honneur.

Parmi les gros et les petits épargnants, c'est la ruée. La compagnie d'assurances « La Confiance » (cela ne s'invente pas) souscrit à elle seule pour deux cent trente-huit millions de bons de caisse.

Cette fois, pour M. Alexandre, c'est la fortune. Avec la ravissante Arlette, ils deviennent les vedettes du Tout-Paris. Ils ont un appartement au Claridge, une villa à Vaucresson, une écurie de courses et même un théâtre, l'Empire. On voit le couple partout où il est de bon ton d'être vu : dans la capitale, à Deauville, à Biarritz ou à Cannes. Pourtant, plusieurs personnes ne sont pas dupes. Le commissaire Pachot, en particulier, inonde le Parquet de Paris de rapports selon lesquels Serge Alexandre est en réalité Alexandre Stavisky. Mais ses rapports disparaissent mystérieusement...

Dans ce type d'escroquerie, l'auteur est contraint à la fuite en avant. En effet, tout se découvre tôt ou tard, et il faut alors rembourser l'affaire compromise par une autre affaire, tout aussi frauduleuse, mais encore plus importante. Stavisky Alexandre tente donc une opération extrêmement audacieuse et considérable sur les bons de réparations de guerre des propriétaires hongrois dépossédés. Le mécanisme en est très compliqué, mais le bénéfice escompté est absolument fabuleux : un milliard de l'époque. Seulement, pour cette transaction internationale, Stavisky a besoin de l'accord du gouvernement français. Et Georges Bonnet, dont dépend la décision, ne l'aime pas. Il refuse tout net.

Une catastrophe n'arrivant jamais seule, au même moment le pot aux roses est découvert à Bayonne. La compagnie d'assurances « Urbaine-Vie » porte plainte. Gustave Teissier est arrêté et passe des aveux complets. Il a pourtant le temps de prévenir Stavisky par un coup de téléphone laconique :

— Nous sommes cuits !

Stavisky est un homme plein de ressources. Le 24 décembre 1933 au matin, une terrible catastrophe ferroviaire fait deux cents morts près de Lagny. Il va voir aussitôt un de ses amis, le louche inspecteur de police Bonny. Il lui demande de glisser ses papiers sur un cadavre défiguré pour faire croire à sa mort. Mais Bonny refuse. Il est trop avisé pour ne pas se rendre compte que la chance de M. Alexandre a tourné. Il faut être du bon côté. Et il sera un des enquêteurs les plus actifs par la suite.

Alexandre Stavisky n'a plus le choix. René Pigaglio, un des êtres obscurs qui gravitent dans son entourage, lui propose d'aller dans la colonie de vacances de Servoz. Il accepte...

A la villa « Les Argentières », Stavisky s'ennuie ferme. Pigaglio, sur son ordre, est retourné à Paris pour essayer de rapporter quelque argent. Il vit enfermé dans sa chambre, communiquant avec le jardinier par des billets qu'il glisse sous la porte. Ce dernier finit par trouver bizarre ce locataire qui ne veut pas se montrer et il alerte la police.

C'est sur ces entrefaites que René Pigaglio revient avec un complice, Henri Voix, et sa maîtresse, Lucette Almeras. A juste titre, Pigaglio considère qu'il serait dangereux de rester et tout le monde part à la recherche d'un nouveau refuge. On le trouve à Chamonix, sous la forme d'un chalet, « Le Vieux Logis », loué à M. Chatou, ancien maire de la localité. Stavisky s'y installe discrètement. Dans sa cachette, il ne se fait guère d'illusions : les journaux ne parlent que de lui. Il découpe avec nostalgie les photos d'Arlette en première page.

La fin est proche, effectivement. La police l'a manqué de peu à Servoz, mais elle est sur sa piste. Le commissaire Charpentier, responsable de l'enquête, a appris qu'une malle marquée aux initiales S.A. avait été envoyée à Chamonix. Le 8 janvier, il acquiert la certitude que le fugitif se cache au « Vieux Logis ».

A quatorze heures, la maison est cernée par les gendarmes. René Pigaglio, Henri Voix et Lucette Almeras sont sortis faire des courses. Le commissaire Charpentier entre avec la clé en compagnie du propriétaire, M. Chatou. Le chalet, qui ne comprend qu'un rez-de-chaussée, est vide, sauf une pièce fermée à clé. Au lieu d'essayer d'entrer, le commissaire envoie alors un de ses inspecteurs explorer le sous-sol en compagnie de M. Chatou. Une visite bien minutieuse puisqu'elle ne dure pas loin d'une heure et demie. Les deux hommes remontent enfin. Le commissaire Charpentier, qui était en ligne avec Paris, raccroche. Il se dirige vers la porte fermée à clé et frappe. Une voix s'élève de l'autre côté :

— Qui est là ?

— Ouvrez, au nom de la loi !

Pour toute réponse, un coup de feu éclate. Deux gendarmes entrent par l'extérieur en cassant un carreau et vont ouvrir. Le spectacle est affreux : Stavisky gît sur la descente de lit, la tête fracassée, dans une mare de sang. A ses côtés, un revolver 6,35 ; sur la table de chevet une lettre d'adieu destinée à Arlette.

« Ma femme bien-aimée,

« J'aurais voulu te laisser dans une plus belle situation matérielle mais tu es courageuse et tu pourras installer un petit commerce grâce auquel tu vivras et tu élèveras dignement les enfants. Quand je songe que j'ai possédé tant d'argent et que je te laisse dans une si pénible situation, c'est une raison de plus pour que je disparaisse... »

Dans l'opinion, le scandale est énorme. *L'Action française* publie les lettres du ministre Dalimier, recommandant de souscrire aux bons de Bayonne. Dalimier démissionne, suivi peu après par tout le ministère Chautemps.

De jour en jour, le scandale grossit. Le député de Paris Bonnaure est convaincu d'avoir été appointé cinq cent mille francs par mois par Stavisky. D'autres députés sont compromis à leur tour : Garat, le maire de Bayonne, bien sûr ; mais aussi Hulin, Proust, Hesse, le sénateur René Renoult. La presse publie également une lettre de Charles Wurtz, président honoraire du Conseil d'Etat, se plaignant à Stavisky de ne pas percevoir des honoraires suffisants.

Les sommes détournées par l'escroc défient l'imagination. La seule affaire de Bayonne lui aurait rapporté cent soixante millions, soit environ soixante milliards de centimes actuels. Si le projet hongrois s'était réalisé, il aurait fallu multiplier la somme par cinq...

Stavisky s'est-il réellement suicidé ? Personne ou presque dans l'opinion ne le croit. « Un décès bien opportun », titre *Le Figaro* en annonçant le drame ; quant au *Canard enchaîné*, il ironise dans son style à lui : « Stavisky s'est suicidé d'une balle dans la tête tirée à trois mètres. Ce que c'est que d'avoir le bras long ! »

La formule est brillante mais fausse : la balle n'a pas été tirée à trois mètres mais à bout portant. En fait, l'élément troublant vient de sa trajectoire, qui semble indiquer que Stavisky était assis lorsqu'il a tiré. Or il n'y avait pas de chaise dans la pièce. D'autre part, sa femme Arlette jure qu'il n'avait jamais possédé de revolver. Mais ce témoignage ne peut pas vraiment être pris en considération. Dans le fond, le plus louche est l'attitude de la police. Pourquoi le commissaire Charpentier a-t-il isolé à la cave le propriétaire du chalet pendant une heure et demie ? Il est évident qu'il a pris pendant ce temps des directives au plus haut niveau. Mais quelles étaient-elles ?

Malgré tout, et tout bien considéré, le suicide semble difficilement réfutable. La pièce du drame était bien fermée lorsque le commissaire a frappé. A l'intérieur, une voix a bien demandé : « Qui est là ? » et un coup de feu a bien éclaté. Si ce n'était pas Stavisky, qui cela pouvait-il être ?

En fait, même s'il y a des détails obscurs, même si cette manière de mettre fin à ses jours cadrait peu avec la personnalité d'un escroc sans honneur, il n'y a pas d'argument de poids pour réfuter le suicide. Stavisky, se rendant compte que tout était perdu pour lui, a choisi de disparaître, comme il l'a écrit lui-même à sa femme...

Si Alexandre Stavisky est mort, l'affaire Stavisky commence. Elle va constituer un événement historique de première importance.

En 1933, la situation économique se dégrade rapidement. La France, qui avait été épargnée par la crise de 1929 en raison de la faiblesse même de son économie, est frappée à son tour de plein fouet. Ce sont des faillites en série, le chômage, les marches de la faim.

Mais les ouvriers ne sont pas seuls touchés, les classes moyennes sont atteintes elles aussi. Des ligues de mécontents se constituent ; elles regroupent la droite traditionnelle, l'Eglise, les anciens combattants, mais aussi les extrémistes, alors très actifs : royalistes, admirateurs de ce qui se passe de l'autre côté des Alpes ou du Rhin.

A tous ces gens-là, il faut des boucs émissaires et l'affaire Stavisky leur en fournit. Stavisky était juif et certains en font le symbole d'une « race » sans foi ni loi, composée d'individus apatrides dont le seul intérêt est l'argent. Pour une partie des Français, tous les juifs sont des Stavisky, des « stavisqueux », selon l'adjectif qui vient d'être inventé. Un flot de haine semblable à ce qu'on avait connu pendant l'affaire Dreyfus se répand dans la presse.

Mais Stavisky n'était pas seul dans cette affaire. Il y a tous les personnages politiques qui l'ont protégé, presque exclusivement des radicaux, dont beaucoup étaient francs-maçons. Là encore, pour l'Eglise notamment, le scandale va être l'occasion de régler un vieux compte. Le prétendu « complot judéo-maçonnique » a été inventé à la suite de l'affaire Stavisky.

Le 6 février 1934, dans le but patent d'abattre le régime, les ligues d'extrême droite manifestent place de la Concorde aux cris de « La France aux Français », « A bas les voleurs ! ». Il y a vingt morts et deux mille blessés.

Paradoxalement, les conséquences du 6 février seront diamétralement opposées au but de ses auteurs. Devant la menace, la gauche manifeste à son tour et l'unité se crée spontanément à la base. Sur la lancée, communistes et socialistes emporteront les élections de 1936 et l'affaire Stavisky sera une des causes directes du Front populaire.

La droite n'admettra jamais cet échec et prendra sa revanche sous l'Occupation. L'affaire Stavisky aura empoisonné la vie française pendant plus de dix ans, créant un facteur de guerre civile.

Il arrive parfois — comme ce fut le cas dans l'affaire du collier de la reine, dont il a été question précédemment — que les escrocs jouent un rôle déterminant dans l'histoire. Ce n'était certainement pas dans leurs intentions et ce n'est guère conforme à la morale, mais c'est ainsi.

Le faux Utrillo

L'arnaque la plus imparable — et la plus réjouissante aussi — est celle où la victime a voulu faire preuve de malhonnêteté. Car, lorsqu'elle découvre qu'elle a été dupée, elle ne peut s'en prendre qu'à elle-même. Et, dans ce domaine, l'histoire du faux Utrillo représente la perfection. Elle a l'allure d'une petite fable qu'on pourrait intituler « Le voleur volé » ou « Tel est pris qui croyait prendre »...

Elle se passe à Paris au début des années cinquante. Elle met en scène un milliardaire américain, que nous appellerons M. Smith pour ne pas le désobliger, et un marchand de tableaux fort connu à l'époque que nous nommerons M. Durand pour les mêmes raisons de discrétion.

Nul n'étant ni tout à fait blanc ni tout à fait noir, M. Smith possède à la fois un bon et un mauvais côté. Son bon côté, c'est son goût pour l'art et en particulier la peinture. Il emploie sa fortune à réunir une des plus belles collections de tableaux de la planète, qu'il léguera à sa mort aux musées. Son mauvais côté, c'est sa rapacité, grâce à laquelle, parti de rien, il est précisément devenu milliardaire. Son appât du gain en toutes circonstances est proverbial, sa pingrerie fait la colère des employés des palaces dans lesquels il descend ; de mémoire de portier, de groom ou de maître d'hôtel, on n'a jamais vu M. Smith donner un pourboire...

Bref, M. Smith est pour M. Durand un aussi bon client qu'un détestable interlocuteur. Il achète beaucoup, et avec beaucoup de discernement, mais c'est toujours à la suite de négociations acharnées : il conteste, il ergote, il mégote. Tant et si bien que M. Durand finit par concevoir tout un plan pour lui faire regretter de confondre marchand de tableaux et marchand de tapis et aussi, sans doute, pour s'enrichir à ses dépens...

Ce jour-là, après les discutailleries habituelles, M. Smith vient d'acquérir toute une série de toiles contemporaines abstraites, car il ne s'intéresse pas qu'aux valeurs confirmées, il spécule aussi sur les jeunes talents. Il se rend avec M. Durand dans le bureau de ce dernier, attenant à la galerie, pour signer le chèque.

La pièce est, comme à l'accoutumée, dans un désordre on ne peut plus artistique : des toiles qui viennent d'être vendues, d'autres, qui attendent au contraire d'être exposées, traînent un peu partout. M. Smith sort son stylo sans perdre de temps, car, selon la formule consacrée : *Time is money*, mais il s'arrête soudain... Il vient d'apercevoir, posé à même le sol, à côté de la corbeille à papiers, un tableau sans cadre représentant la place du Tertre et signé « Utrillo ».

— Qu'est-ce que c'est ?

— Quoi donc ?... Ah, le faux Utrillo !

— Je peux le regarder ?

— Si vous y tenez...

Le milliardaire ramasse la toile abandonnée et l'examine longuement. Le directeur de la galerie a une expression amusée.

— Pas mal imité, hein ?

— Oui, pas mal...

« Pas mal », c'est le moins qu'on puisse dire !... Dès cet instant, M. Smith a une certitude : ce n'est pas un faux Utrillo qu'il tient en main, c'est un vrai. Et pas n'importe lequel : un représentant de la période blanche, la meilleure, la plus chère. Il n'est pas expert au sens strict du mot, mais il s'y connaît suffisamment pour ne pas se tromper... Son interlocuteur veut le ramener à la réalité.

— Donc, pour nos abstraits...

— Attendez ! Celui-là aussi m'intéresse. Je vous l'achète.

— Vous plaisantez ? Je ne vends pas de faux.

— Cela ne fait rien. Il me plaît. Cinq cent mille francs...

— C'est hors de question.

— Un million...

Le marchand de tableaux s'approche de son client.

— Ecoutez, monsieur Smith, je ne vous vendrai pas ce tableau pour deux raisons. La première, c'est qu'il n'a aucune valeur ; il vaut peut-être dix mille francs en tant qu'honnête imitation... La seconde, c'est que pour moi, il en a une : une valeur sentimentale. C'est la première toile que j'ai achetée. Elle était dans ma chambre de jeune homme quand je suis monté à Paris.

— J'insiste...

— Je suis désolé, monsieur Smith...

Cette fois, l'Américain se tait. Continuer paraîtrait suspect et M. Durand a peut-être raison. Il peut s'agir d'un faux exceptionnel, mais d'un faux... Il a déjà son plan en tête. Il signe le chèque pour les tableaux abstraits, salue et s'en va...

Quelques heures plus tard, deuxième acte de la pièce. M. Smith est en grande discussion, dans sa suite d'un des plus luxueux hôtels parisiens, avec Hervé S., expert de renom.

— Ce que vous me demandez est à la limite de la légalité, monsieur Smith...

— C'est une expertise, voilà tout. Une expertise discrète.

— Et pour quelle raison irais-je trouver Durand ?

— Pour lui acheter un tableau. Le fait d'être expert ne vous interdit pas d'avoir envie d'une toile. Vous vous arrangez pour aller dans son bureau et vous examinez l'Utrillo...

Hervé S. finit par accepter contre une importante rétribution et se rend sans plus attendre à la galerie de tableaux...

Troisième acte : le fameux expert et critique d'art Hervé S. fait son entrée dans la galerie. M. Durand l'accueille avec chaleur.

— Cher ami ! Quel bon vent ?...

— Vos abstraits... Il paraît que vous en avez déniché de prometteurs.

— Je vous laisse vous faire une idée. Nul n'est mieux qualifié que vous...

Après avoir fait mine de s'intéresser aux tableaux exposés, Hervé S. a un brusque mouvement de contrariété.

— J'oubliais : un coup de fil urgent à donner. Me serait-il possible ?...

— Mais bien sûr, cher ami. Passez dans mon bureau à côté.

En homme discret, le directeur de la galerie laisse l'expert seul dans la pièce. Celui-ci se précipite vers la vue de la place du Tertre négligemment abandonnée par terre. Il sort une loupe de sa poche, mais sa conviction est déjà faite. C'est un authentique Utrillo de la période blanche, la meilleure et la plus chère, une pièce de musée... Il n'a plus qu'à annoncer la bonne nouvelle à M. Smith, étonné tout de même qu'un homme averti comme l'est Durand ait pu se tromper aussi lourdement...

Quatrième acte : le marchand de tableaux voit revenir le lendemain matin dès l'ouverture de la boutique son client américain.

— Monsieur Durand, je n'ai pas pu dormir de la nuit à cause de votre Utrillo !

— Encore ? Je vous avais dit...

— J'ai beau savoir qu'il est faux, il me plaît tel qu'il est. Je veux l'emporter en Amérique comme souvenir de Paris.

— C'est impossible !

Une expression de crainte passe subitement sur le visage du milliardaire.

— Vous l'avez vendu ?

— Mais non. C'est impossible parce qu'il n'est pas à vendre. N'ai-je pas été assez clair hier ?

— Un million... Cela fait longtemps que nous nous connaissons, monsieur Durand. Nous sommes pour ainsi dire de vieux amis. Vous ne pouvez pas refuser.

— C'est justement parce qu'il y a entre nous des liens d'amitié qu'il est exclu que je vous vende un faux. Et puis, je vous l'ai dit, cette toile a pour moi une valeur sentimentale...

Et la conversation reprend, chacun s'accrochant à sa position. Finalement, de guerre lasse, M. Durand capitule pour la somme de deux millions de francs. Il fait passer son acheteur dans le bureau et ramasse la toile sans cadre, qui était toujours à la même place, près de la corbeille.

M. Smith lui jette à peine un coup d'œil et sort son carnet de chèques. Deux millions de francs d'alors correspondent en gros à quatre cent mille francs d'aujourd'hui, quarante millions de centimes. C'est beaucoup, mais rien du tout comparé à un Utrillo authentique de cette classe. Il va réaliser aux dépens du malheureux M. Durand la meilleure affaire de sa vie ! Il lui adresse son plus large sourire.

— Sachez combien je vous suis reconnaissant du sacrifice que vous me faites.

Mais le marchand de tableaux l'arrête d'un geste.

— Attendez. Je ne veux pas qu'on puisse m'accuser de malhonnêteté. Il me faut une décharge.

— Tout ce que vous voudrez.

— Alors, écrivez sur cette feuille de papier : « Je soussigné M. Smith, reconnais avoir acheté ce jour à M. Durand un faux Utrillo pour la somme de deux millions de francs. M. Durand m'a expressément spécifié que le tableau était un faux et qu'il ne valait en aucune manière une telle somme. » Voilà, vous datez, vous signez et vous n'avez plus qu'à me faire votre chèque. Je vous emballe votre faux Utrillo...

Le cinquième et dernier acte a lieu dans le palace parisien où loge M. Smith. Hervé S., le grand expert, arrive à la suite d'un coup de fil affolé du milliardaire. Il n'a rien voulu lui dire au téléphone, mais il lui a demandé s'il pouvait passer toutes affaires cessantes... Hervé S. aperçoit la place du Tertre contre le dossier d'un fauteuil.

— Eh bien, que vous arrive-t-il, mon cher ? Vous l'avez votre Utrillo. Vous l'avez réussie l'affaire du siècle !

Mais M. Smith n'a pas du tout l'air de quelqu'un qui a réussi l'affaire du siècle. Il est pâle, il est même blême.

— C'est que... en déballant la toile, j'ai eu une curieuse impression...

L'expert s'approche et pousse un cri.

— Mais c'est un faux !

— Vous en êtes sûr ?

— Certain. C'est une bonne imitation, mais incontestablement un faux.

— Comment avez-vous pu vous tromper ? Vous m'aviez affirmé que c'était un Utrillo de la période blanche.

— Je ne me suis pas trompé et vous le savez parfaitement ! Le tableau que nous avons vu vous et moi dans le bureau était authentique, celui-ci ne l'est pas. Il y a eu substitution. Vous vous êtes fait rouler, c'est tout !

Devant l'air effondré du milliardaire, Hervé S. se radoucit.

— Vous avez raté l'affaire du siècle, mais vous pouvez récupérer votre argent. Attaquez Durand. Portez plainte !

La voix du milliardaire n'a sans doute jamais été aussi piteuse de toute sa vie.

— Je lui ai signé un papier reconnaissant que j'achetais un faux en connaissance de cause malgré ses mises en garde...

Rideau. L'expert n'a plus qu'à se retirer sur la pointe des pieds en réprimant un sourire... Il s'est, bien sûr, empressé de raconter toute l'histoire, qui a fait rapidement le tour des milieux artistiques. C'est grâce à lui qu'elle nous est connue. M. Durand et M. Smith, pour des raisons différentes, se seraient bien gardé, eux, de l'ébruiter, ce qui, avouons-le, aurait été dommage !

La bonbonne d'uranium

En ce bel été 1950, le baron Michel de Rosier s'ennuie. Il a pourtant tout pour lui dans la vie. A trente ans, il est bel homme, avec un physique qui lui permettrait, s'il lui en prenait l'envie, de faire du cinéma. A l'écran, il pourrait fort bien avoir pour partenaire son épouse Rosita, vingt-cinq ans, d'origine sud-américaine, une beauté à couper le souffle. Et comme si cela ne suffisait pas, le baron de Rosier est riche, très riche : un hôtel particulier à Paris, une villa de rêve sur la Côte d'Azur, des actions, des immeubles.

Dans le fond, c'est peut-être pour cela que le baron Michel de Rosier s'ennuie. Il ne fait rien, il vit de ses rentes. En ce mois d'août 1950, il est en vacances dans sa propriété de la Côte. Mais que signifie pour lui le mot « vacances » ? Ne rien faire au soleil au lieu de ne rien faire en ville, les réceptions sur les yachts au lieu des réceptions dans les salons, l'oisiveté en smoking blanc au lieu de l'oisiveté en smoking noir...

Dieu que tout cela est monotone ! Michel de Rosier soupire en vidant son whisky-soda, dans le bar du casino de Monte-Carlo où il vient de perdre quelques dizaines de milliers de francs, en l'absence de Rosita, qui déteste le jeu. Pour un peu, il envierait les ouvriers et tous ces gens qui ont un patron, des horaires, des fins de mois, mots vides de sens pour lui... Pourtant, il ne les aime guère, les ouvriers ; il ne les aime pas du tout, même ! Car le baron de Rosier a un second souci dans la vie, à part l'ennui : la politique.

La tournure des événements depuis la guerre l'inquiète au plus haut point. La vague communiste, partie de l'Est, menace la France. Si le danger devient trop pressant, il n'hésitera pas, il s'expatriera aux Etats-Unis. Mais lui en laissera-t-on le temps ? Les bolcheviks ne le rattraperont-ils pas avant ? Ne connaîtra-t-il pas le sort de ses malheureux ancêtres pendant la Révolution ?

Bref, le baron de Rosier a peur des Rouges. Ce n'est pas qu'il soit de naturel craintif. Au contraire, il a fait partie de la Résistance et a fini la guerre dans les services de renseignements de l'armée française. Mais c'est cette inaction qui est intolérable. Etre là à ne rien faire, à attendre les coups...

— Drôle d'époque que nous vivons, monsieur le baron...

Un homme de son âge environ, assis à côté de lui au bar, le regarde en souriant. Lui aussi a un physique de cinéma, menton carré, regard viril, genre héros redresseur de torts.

— Comment me connaissez-vous ?

— Qui ne vous connaît ici, monsieur le baron ? Et puis, c'est un peu mon métier. Je me présente : inspecteur Bertino...

La conversation s'engage. L'individu est sympathique et Michel de Rosier ne tarde pas à lui confier ses préoccupations concernant la situation politique. Il constate avec plaisir que l'inspecteur Bertino partage exactement son point de vue... Soudain celui-ci baisse le ton.

— J'ai l'impression que je peux vous faire confiance. Je vais vous faire un aveu : j'appartiens à la DST.

— Vous faites partie du contre-espionnage ?

— Oui. Réseau Centre-Europe...

Le baron de Rosier se met à son tour à chuchoter.

— Moi aussi, j'ai fait du renseignement pendant la guerre...

Devant son interlocuteur attentif, il se met à raconter les divers exploits qu'il a accomplis. Lorsqu'il se tait enfin, l'autre hoche la tête et dit d'un ton pénétré :

— Je vois, je vois... Vous êtes quelqu'un sur qui on peut compter pour des missions délicates.

— Bien sûr. Dites-moi quoi !

— Pas si simple. Il faut d'abord que j'en parle à mes chefs et que nous prenions nos renseignements sur vous. Mais nous nous reverrons, monsieur le baron.

— Quand ?

— Le moment venu… A notre future collaboration !

Tout en trinquant, le baron de Rosier est aux anges : enfin, il se passe quelque chose dans son existence si monotone ! Et pas n'importe quoi : il va pouvoir se dévouer pour la cause qui lui tient à cœur, se battre pour elle…

Son interlocuteur est tout aussi euphorique que lui. Il tient l'homme qu'il cherchait. Pas l'espion de haut vol capable de tenir tête aux Russes, bien sûr, puisqu'il n'a jamais appartenu à la DST… Non, il a enfin trouvé le pigeon idéal après lequel ils couraient, lui et ses complices, depuis un bon moment. Et celui-là, ils ne vont pas le lâcher !

L'inspecteur Bertino n'a pourtant pas entièrement menti quand il s'est présenté au baron. Il s'agit bien de son vrai nom — il s'appelle Sauveur Bertino, originaire de Corse — et il a bien été inspecteur ; il a juste omis de dire qu'il avait été radié de la police pour diverses indélicatesses…

En quittant le bar du casino, Bertino va immédiatement trouver ses acolytes : Léon Masiglia et César Carducci, deux truands de modeste envergure qu'il avait rencontrés dans ses activités de policier et avec lesquels il avait préféré s'entendre plutôt que de les arrêter. Mais s'ils n'appartiennent pas au grand banditisme, Masiglia et Carducci ont une qualité, qu'ils partagent d'ailleurs avec lui-même : une imagination débordante…

Tous trois échafaudent sans mal leur plan et conviennent de prendre leur temps. Il faut faire attendre le baron, le faire mourir d'impatience et, à ce moment-là, il sera prêt à avaler n'importe quoi…

Deux mois ont passé. Nous sommes en octobre 1950. A sa grande déception, le baron de Rosier est rentré à Paris sans avoir eu la moindre nouvelle de l'inspecteur Bertino… S'agissait-il d'un mystificateur ? Il ne veut pas y croire. En fait, la réalité est sans doute plus simple et plus décevante encore : l'homme n'avait pas menti et il a bien transmis la demande à ses chefs ; seulement, ceux-ci ne l'ont pas jugé digne de faire partie du contre-espionnage. Michel de Rosier est abattu, déçu. Et Rosita partage son désappointement, car il avait tout raconté à son épouse et la jeune femme, qui n'a pas froid aux yeux, était décidée à partager ses risques...

Aussi, on imagine son émotion et sa joie lorsque son majordome vient le trouver dans le salon de son hôtel particulier.

— Il y a là un inspecteur Bertino qui vous demande, Monsieur.

Michel de Rosier se précipite pour aller accueillir l'arrivant.

— Cher inspecteur... Je ne m'attendais pas à vous voir ici !

L'inspecteur Bertino a plus que jamais ses allures de héros de film policier. Son visage énergique exprime la détermination.

— J'ai une bonne nouvelle pour vous, monsieur le baron.

— Vos chefs sont d'accord ?

— Non seulement ils ont donné leur accord, mais ils ont pensé à vous pour une mission particulièrement dangereuse.

— Laquelle ? Je l'accepte par avance.

— Un responsable militaire viendra vous donner ultérieurement des instructions...

Bien qu'il meure d'impatience, le baron de Rosier se garde bien de poser la moindre question et il laisse partir l'inspecteur, qui n'en ajoute pas davantage... Une semaine passe encore, interminable, insupportable, et c'est alors que le baron a la surprise de sa vie.

Une voiture militaire fait irruption dans la cour de son hôtel particulier. Elle est conduite par un simple soldat, qui va ouvrir la portière à un lieutenant-colonel en grande tenue. Michel de Rosier dévale les marches pour aller l'accueillir. Le militaire se présente de manière assez raide. On sent le meneur d'hommes, investi de lourdes responsabilités.

— Lieutenant-colonel Berthier, sous-chef du réseau Centre-Europe.

— Voulez-vous passer dans le salon, mon colonel ?

Devant un verre de fine, le lieutenant-colonel se détend un peu.

— Ce que je vais vous dire est, bien sûr, hautement confidentiel... Une bonbonne de soixante kilos de sable uranifère se trouve à vendre sur le marché et les Russes sont sur le point de l'acheter. Vous conviendrez avec moi que, si la chose se produit, c'est la catastrophe.

Le baron de Rosier a une expression d'effroi.

— Il faut à tout prix empêcher cela ! Les services français ne peuvent pas l'acheter avant ?

— Avec quoi, mon cher ? Nous dépendons des politiques, qui sous-estiment le danger. Nous n'avons qu'un budget de misère et pas un sou pour une telle transaction... Non, voyez-vous, ce qu'il faudrait c'est qu'un généreux patriote se porte acquéreur de la bonbonne. Malheureusement, c'est cher : dix millions...

— Il n'y a pas de problème, mon colonel. La somme est à vous.

L'officier a un large sourire qui illumine d'aise le baron.

— Je savais qu'on pouvait compter sur vous, Rosier ! Bertino ne s'était pas trompé, vous êtes un type bien... Mais rassurez-vous, il ne s'agira pour vous que d'une simple avance. Les Espagnols aussi sont sur le coup...

Le lieutenant-colonel Berthier se laisse servir un second cognac et, baissant le ton, explique toute l'affaire... Les Espagnols de Franco, « nos meilleurs alliés contre les Rouges », sont prêts à mettre dix-sept millions pour la bonbonne. Il faut donc la convoyer jusque chez eux. Michel de Rosier se remboursera de ses dix millions et donnera le bénéfice à la DST...

A peine s'est-il tu que le baron, sans phrase inutile, va chercher son carnet de chèques et inscrit la somme demandée, qui n'est, effectivement, pas négligeable : dans les cent millions de centimes actuels. En le tendant au sous-chef du réseau Centre-Europe, il a un sourire timide.

— Mon colonel, est-ce que ma femme pourra m'accompagner ? Elle insiste beaucoup. Elle est très sûre.

L'officier fronce le sourcil. Visiblement, il ne s'attendait pas à une pareille demande. Mais après un moment de silence, il empoche le chèque avec un mouvement de tête affirmatif.

— Vous avez ma confiance, Rosier. Va pour votre épouse... Mais soyez seul, demain, pour prendre la marchandise. Minuit, rue des Vinaigriers, Alfortville...

La rue des Vinaigriers, à Alfortville, est une artère tout ce qu'il y a de sinistre, à la chaussée défoncée et chichement éclairée, de place en place, par un bec de gaz. Le baron Michel de Rosier avise une voiture noire qui attend dans un endroit obscur. Il se gare à côté. Deux hommes en sortent. Ils sont en imperméable, avec un feutre enfoncé jusqu'aux yeux. Il reconnaît néanmoins le lieutenant-colonel et l'inspecteur. Ce dernier va ouvrir son coffre.

— Ne perdons pas de temps !

Le baron de Rosier découvre une bonbonne cerclée de plomb et de sparadrap, sur laquelle on a collé une étiquette : DANGER. NE PAS OUVRIR. Il aide l'inspecteur Bertino à la transporter dans son propre coffre. Lorsque l'opération est terminée, le lieutenant-colonel Berthier prend la parole à voix basse.

— Portez le colis à Saint-Jean-de-Luz. Là-bas, vous recevrez d'autres instructions.

— Quand dois-je partir ?

— Dès demain matin... Dernière chose : si vous vous apercevez que vous êtes suivi, abandonnez et réfugiez-vous dans votre villa de la Côte. Là, attendez.

Michel de Rosier aimerait poser une ou deux questions, mais le colonel et son adjoint se sont déjà engouffrés dans leur voiture noire, qui démarre en trombe...

Commence alors, pour Michel de Rosier et sa ravissante épouse Rosita, la plus rocambolesque des aventures. Craignant les radiations, ils se sont fait confectionner à tout hasard des gilets en amiante, ce qui leur donne une silhouette manquant pour le moins d'élégance. Mais, par chance, il ne fait pas chaud et ils ne quittent pas leurs manteaux.

Pourtant, le danger ne vient pas des radiations. Alors qu'il approche de Saint-Jean-de-Luz, le baron de Rosier constate qu'il est suivi. Une voiture ne quitte pas son rétroviseur. Obéissant aux instructions, il prend aussitôt la direction de la Côte d'Azur, imité jusqu'au bout par son mystérieux poursuivant.

Là, il attend, conformément aux ordres, avec la bonbonne toujours dans son coffre. Mais au lieu des services secrets français, c'est un tout autre contact qui l'attend. Dès le lendemain de son arrivée, on sonne à la porte de sa villa. Il se trouve nez à nez avec un individu à l'épaisse moustache brune. Ce dernier prend la parole avec un fort accent slave.

— Mon nom Revlov... Je viens pour objet dans voiture.

Le baron pâlit... Il serait étonné si on lui disait qu'il a déjà vu son interlocuteur — il est vrai qu'il faudrait être particulièrement physionomiste pour reconnaître dans l'espion russe l'insignifiant soldat qui conduisait la voiture du colonel. Léon Masiglia, qui interprète les deux rôles, a un incontestable don de transformation... Le baron l'empoigne par le col de son veston.

— Espèce de crapule, comment oses-tu ?

— Je peux trente millions, monsieur le baron...

Roué de coups, le faux Revlov s'enfuit comme il peut... Et, le soir même, le baron est tout heureux de raconter son exploit à l'inspecteur Bertino, qui se manifeste enfin au téléphone. Michel de Rosier ajoute :

— J'aurais peut-être dû descendre ce salaud. J'avais un revolver sur moi...

Au bout du fil, la voix de l'agent de la DST exprime un affolement subit.

— Surtout pas ! Ne faites jamais une chose pareille. C'est contraire à toutes les consignes...

Le baron doit promettre de ne plus avoir d'arme sur lui ; à la suite de quoi, l'inspecteur se calme un peu.

— Rentrez à Paris avec l'objet. Vous recevrez d'autres instructions...

A Paris, les instructions consistent en une nouvelle visite du lieutenant-colonel Berthier. Il est beaucoup plus détendu et cordial que la première fois.

— Compliments, Rosier. Vous vous êtes très bien comporté... Mais je ne vois pas votre charmante épouse.

— Elle peut assister à notre entretien ?

— Bien sûr. Elle est des nôtres, à présent...

Rosita, tout intimidée, vient donc les rejoindre. C'est pour entendre le sous-chef du réseau Centre-Europe déclarer :

— Nous avons retrouvé trois autres bonbonnes et un cylindre d'eau lourde. Il y en a pour cinquante millions. Inutile de dire que la DST n'a pas cette somme.

Pour la première fois, Michel de Rosier semble contrarié.

— C'est que je n'ai plus que dix millions sur mon compte. Je ne vois pas comment faire. A moins que Rosita...

Cette dernière n'a pas un instant d'hésitation.

— Je vais chercher mes bijoux. Il y en a bien pour quarante millions...

Un peu plus tard, le lieutenant-colonel a en main le chèque du baron et les bijoux de son épouse, le tout représentant au moins cinquante millions, un demi-milliard de centimes actuels. Il a l'air bouleversé.

— Le général voudra certainement vous témoigner en personne sa reconnaissance.

— Quel général ?

— Mais mon supérieur, le grand patron du réseau Centre-Europe...

La rencontre a lieu un peu plus tard, dans un salon du Café de la Paix... Même en civil, avec sa cinquantaine distinguée, ses tempes argentées et sa rosette de la Légion d'honneur sur la poitrine, le général en impose. C'est pourtant le même personnage qui était apparu dans la villa de la Côte sous les traits de Revlov. Léon Masiglia a même dû attendre que son œil au beurre noir, dû à un direct du baron, ait disparu... Il s'incline pour baiser la main de Rosita et donne une chaleureuse accolade à son époux.

— Général Combaluzier... Mes amis, il n'y a pas de mots pour exprimer ma reconnaissance envers vous.

Il tapote le revers vierge de la veste du baron.

— C'est bien triste, tout cela ! Nous allons y mettre un peu de couleur.

— Mon général...

— Allons, allons ! Pour Noël, mon cher, je vous promets la Légion d'honneur...

Comme il arrive parfois aux grands acteurs, Léon Masiglia en a rajouté sur son rôle. Promettre une décoration est quelque chose de concret qui va forcément donner l'alerte à sa victime. Mais il est vrai que la mystification avait déjà pris de telles proportions qu'elle ne pouvait plus durer bien longtemps.

A Noël, le baron Michel de Rosier se jette sur le *Journal officiel*, pour constater qu'il n'est pas sur la liste des promus à la Légion d'honneur. Très déçu, il appelle le ministère de la Guerre et la DST. Mais personne n'a jamais entendu parler du général

Combaluzier, du lieutenant-colonel Berthier et de l'inspecteur Bertino. On lui conseille de porter plainte. Ce qu'il fait...

S'ils avaient montré une imagination débordante, les trois complices firent preuve de moins de prudence. Alors qu'ils auraient dû s'enfuir, le pseudo-lieutenant-colonel Berthier, César Carducci, fut arrêté dès le 1er janvier à l'hôtel particulier des Rosier, alors qu'en galant homme, il allait porter des marrons glacés à la baronne. Et les deux autres ne tardèrent pas à le rejoindre derrière les barreaux.

Léon Masiglia ne fit aucune difficulté pour avouer que son pseudonyme de Combaluzier lui était venu juste avant le rendez-vous, en prenant l'ascenseur... Les bijoux étaient vendus depuis longtemps et l'argent dépensé. Il ne subsistait pratiquement rien des millions que le baron avait versés pour la patrie.

Restait ce qui avait fait l'objet de la transaction : les quatre bonbonnes de soixante litres et le cylindre métallique entreposés dans la cave de l'hôtel particulier. Afin de ne prendre aucun risque, les quatre volumineux objets furent amenés par des spécialistes, dans un camion spécial, au centre de contrôle du fort de Châtillon. Ils ne contenaient que du sable mouillé...

Le procès de Sauveur Bertino, Léon Masiglia et César Carducci s'ouvrit quelques mois plus tard devant la 13e chambre correctionnelle de Paris. Le baron Michel de Rosier, beau joueur, reconnut sa naïveté et se refusa à accabler les accusés.

— Tout est de ma faute. J'ai été bête, je ne serai pas inélégant.

Et il rit comme les autres lorsque, le président s'exclamant : « Du sable à ce prix-là ! Vous n'avez pas honte ? », Léon Masiglia, qui n'avait plus les intonations slaves de Revlov ni les tournures distinguées de Combaluzier, lui répliqua avec un bel accent marseillais :

— Oh, mais, monsieur le président, c'était du sable de Martigues, le plus cher !

Sauveur Bertino et César Carducci furent condamnés à quatre ans de prison et Léon Masiglia à dix-huit mois. L'histoire des bonbonnes d'uranium s'était terminée dans la gaieté et la guerre avec les Russes n'a jamais eu lieu. Que demander de mieux ?

1 + 1 = 3

1 + 1 = 3 : la formule est fausse, direz-vous ? Pas fausse, malhonnête. C'est celle d'un genre d'arnaque bien particulier : l'escroquerie à la paire. Pour la mettre en pratique, il suffit d'y ajouter un peu d'imagination, des dons d'acteur et un culot à toute épreuve. Démonstration...

Un homme distingué, âgé d'une quarantaine d'années, franchit la porte d'une bijouterie située dans une artère parisienne tout aussi distinguée. Nous sommes à la mi-janvier 1960, la période des fêtes est passée et les clients ne sont pas nombreux en ces premières journées de l'année. Aussi, l'arrivant est-il accueilli avec une chaleur toute particulière.

— Monsieur désire ?

— Des perles rares. Ma femme en raffole. C'est pour notre anniversaire de mariage.

— Bien sûr, monsieur. Nous sommes justement spécialisés dans la perle.

Le bijoutier s'empresse de sortir de ses écrins tout ce qu'il y a de mieux dans la boutique, mais il ne provoque chez son client que des moues désabusées... Ce peut être bon ou mauvais signe. Soit c'est le genre d'homme difficile qui n'achètera rien, voire un curieux qui n'est là que pour se rincer l'œil, soit c'est le gros client, celui qui veut le fin du fin... On ne va pas tarder à être fixé.

— Dans ce cas, monsieur, il me reste à vous montrer la perle en goutte d'eau...

Le joaillier va dans un coffre et en extrait un écrin avec une perle d'un éclat incomparable et d'une forme tout à fait particulière, semblable, en effet, à une goutte d'eau ou à une poire... Cette fois un sourire apparaît sur le visage de l'homme.

— C'est tout à fait cela ! Combien ?

Le chiffre astronomique, même exprimé en nouveaux francs qui viennent juste de remplacer les anciens, n'efface en rien le sourire du client... Pourtant, celui-ci devient songeur.

— Elle me convient. Mais vous n'en auriez pas une autre ?

— Vous voulez dire une perle semblable ?

— Oui. Je sais que ma femme a très envie de boucles d'oreilles. Et si vous aviez la paire...

— Certainement pas comme celle-ci. Elle est d'une forme très rare et d'un éclat également très particulier. Mais nous avons de très belles boucles d'oreilles en perles au magasin.

— Non, non... Je veux celle en goutte d'eau, pas une autre. D'ailleurs, je vous la prends. Mais j'aimerais que vous cherchiez sa jumelle.

— Cela risque de prendre du temps et le résultat est, je vous l'avoue, très improbable.

— Notre anniversaire de mariage est le 26 février. Vous avez un mois et demi.

— D'autre part, en cas de réussite, il risque d'y avoir un problème...

— Vous voulez parler du prix ? Je suis prêt à payer la deuxième le double de celle-ci.

— S'il en est ainsi, nous allons nous mettre tout de suite à l'ouvrage.

La perle en forme de goutte d'eau est luxueusement emballée... Au moment de payer, le client est pris d'un doute.

— Est-ce que je peux l'emporter ? Vous n'en avez pas besoin pour la comparer à l'autre ?

Mais le bijoutier le rassure.

— Toutes nos pièces sont photographiées. Soyez sans crainte...

L'homme paie donc, laisse sa carte de visite et se retire avec son achat, profondément salué par le commerçant. Ce dernier a tout lieu d'être satisfait : il vient de faire une grosse vente en période creuse et il a la perspective de réaliser une affaire plus rentable encore, s'il trouve l'oiseau rare.

Comme tous les gros joailliers, il est en relation avec ses confrères du monde entier. Il leur expédie des photos de la perle en spécifiant qu'il s'agit de trouver la paire pour un client. Ce détail a de quoi les allécher, car ils savent que le deuxième élément d'une paire vaut plus cher qu'un exemplaire unique et qu'ils pourront en demander un prix élevé...

Malheureusement, ainsi qu'on pouvait le craindre, la réplique exacte de la perle en goutte d'eau n'existe nulle part... C'est d'autant plus contrariant que le client n'a pas changé d'avis. Il téléphone même à plusieurs reprises.

— Comment se fait-il que vous ne trouviez pas ? Je veux absolument ces boucles d'oreilles !

Le 26 février approche et c'est alors, à quelques jours seulement de la date fatidique, que le bijoutier reçoit un appel d'un courtier belge.

— Je l'ai trouvée. C'est exactement la même. Prodigieux !... Je dois passer à Paris. Je vous l'apporte.

Le lendemain, le courtier dépose la perle sur le comptoir du joaillier parisien. C'est effectivement prodigieux : même forme, même éclat si particulier. La perle en goutte d'eau avait, contrairement à toute attente, sa jumelle !

Seulement, le prix qu'en demande le courtier est, lui aussi, prodigieux : le double de la première, exactement ce que proposait le client. Le bijoutier appelle ce dernier pour lui faire part à la fois de la bonne et de la mauvaise nouvelle.

— Nous l'avons trouvée !

Au bout du fil, il y a un cri de joie.

— C'est fantastique ! Félicitations.

— Seulement, il y a un ennui. Le prix est plus élevé que prévu...

Et le bijoutier annonce la somme, c'est-à-dire le double, majoré de son bénéfice. Son interlocuteur est toujours aussi euphorique.

— Aucun problème ! Achetez. Je passe la prendre demain...

Mais, le lendemain, il ne se présente pas à la boutique, pas plus que le surlendemain ni le jour suivant. A la fin, le bijoutier n'y tient plus et rappelle.

— C'est au sujet de la perle, monsieur...

— Quelle perle ?

Le commerçant pense avoir fait un mauvais numéro et se prépare à raccrocher, mais la voix poursuit, de manière dolente :

— Ah, la perle en goutte d'eau...

— Eh bien, oui, la perle en goutte d'eau.

— Evidemment, vous ne pouviez pas savoir...

— Savoir quoi, monsieur ?

— Ma femme m'a quitté ! Alors, les cadeaux d'anniversaire de mariage...

— Mais monsieur, vous ne pouvez pas...

— Pas quoi ?

— C'est vous qui m'avez dit d'acheter !

— C'était avant son départ. Je ne me doutais de rien. Jamais je n'aurais pu imaginer une chose pareille !

— Enfin, monsieur, moralement...

— C'est à elle qu'il faut faire la morale, pas à moi !

Au bout du fil, retentit la tonalité « occupé » : le client a raccroché... Il a réussi à revendre la perle qu'il avait achetée un peu plus tôt — car il s'agissait de la même, bien entendu — le double de son prix, au même commerçant. Il n'a plus qu'à donner sa commission à son complice, le faux courtier, et à empocher le reste.

1 + 1 = 3 : CQFD. Le principe de l'arnaque à la paire vient de ce que deux bijoux identiques, ou n'importe quels objets précieux, valent environ trois fois la valeur d'un seul. On peut faire le même coup avec tout ce qui va par paires : les sujets de cheminée, les appliques, les meubles d'angle, les tables de nuit, les potiches, etc. Il suffit de proposer au commerçant beaucoup plus cher que ce qu'on vient de payer pour avoir l'identique et de faire rapporter la marchandise plus tard par un comparse. L'arnaque à la paire ne marche pas toutes les fois, mais elle présente l'avantage d'être sans risque, car il est absolument impossible de prouver qu'il y a eu malhonnêteté.

Aussi, pour rester du côté de la morale, nous terminerons par un conseil aux commerçants. Si vous voyez arriver, de manière miraculeuse, le second élément de la paire que vous avait commandée un client, demandez à celui-ci de vous ramener l'autre pour comparer un détail. Et quand vous aurez les deux sous les yeux, faites affaire. Pas avant.

Les vrais-faux billets de mille

— Monsieur Genet ! Pst, monsieur Genet...

L'homme ainsi interpellé, Louis Genet, a la cinquantaine fatiguée. Le cheveu gras, le ventre débordant, le teint rouge, un éternel mégot au coin des lèvres. Il n'est guère reluisant de sa personne, mais il s'en moque complètement. Il vit seul depuis la mort de sa femme et plaire est le cadet de ses soucis. En fait, son seul souci est l'argent, plus précisément les loyers qu'il fait rentrer chaque mois, car Louis Genet exerce l'honorable profession de marchand de sommeil.

On ne peut appeler autrement, en effet, les locations en meublé qu'il propose dans sa bâtisse de Clichy : un vieil immeuble de cinq étages, sans confort, tout délabré où s'entassent de pauvres gens qui n'ont pas les moyens d'aller ailleurs. Lui-même habite le rez-de-chaussée, dans des conditions guère meilleures que ses infortunés locataires, mais il est indifférent à son cadre de vie...

— Il faut que je vous parle, monsieur Genet...

Lucienne Lefèvre, qui est en train d'interpeller ainsi le propriétaire, est sa voisine. Elle habite le pavillon d'en face. Soixante ans, mais paraissant davantage, Lucienne Lefèvre est veuve. Son mari a été tué pendant la Grande Guerre, à Verdun, ce qui ne remonte pas si loin, car il faut préciser que nous sommes en juillet 1937.

— Qu'est-ce qu'il se passe, madame Lefèvre ?

La veuve baisse le ton.

— Pas dans la rue. Venez dans mon jardin...

Intrigué, Louis Genet la suit dans le jardinet de son pavillon.

— C'est au sujet de votre locataire du quatrième, l'Italien...

— M. Vincenzo ? Il n'est pas italien, il est français.

— Enfin, moi je l'appelle l'Italien... Vous avez remarqué ses horaires ? Il part tous les matins à six heures moins le quart et il rentre à onze heures du soir.

— C'est sans doute qu'il travaille loin.

— Vous savez ce qu'il fait dans la vie ?

— Non. Je ne le lui ai pas demandé. Moi, du moment qu'il me paie son loyer. Et depuis un an qu'il est ici, je n'ai jamais eu de problème.

Visiblement, Louis Genet est un peu agacé. Il considère la veuve d'un regard sans indulgence. Mais celle-ci poursuit sa pensée.

— Je vous demandais cela parce que je ne sais pas si c'est pour aller travailler qu'il part tous les matins.

— Pardon ?

— C'est plutôt chez vous qu'il travaille. Car — écoutez bien, c'est cela qui est extraordinaire —, quand il rentre à onze heures, il allume la lumière et elle reste allumée toute la nuit ! Il ne l'éteint qu'à six heures moins le quart, quand il part.

— Il ne dort pas ?

Le marchand de sommeil reste ébahi, la bouche entrouverte, son mégot jauni au coin des lèvres. Quelqu'un qui ne dort pas chez lui, c'est la première fois !

— Non. Je me suis dit qu'il dormait peut-être avec la lumière allumée. Les originaux, cela existe. Mais pas du tout ! On voit son ombre derrière les volets. Quelquefois même, il les ouvre et il passe la tête à la fenêtre, comme s'il cherchait quelqu'un.

— Il reçoit peut-être une femme.

— Non, pas de femme. Pas d'homme non plus. Personne de toute la nuit. J'en suis sûre... J'ai des insomnies.

— Mais alors ?

La veuve de guerre baisse la voix.

— Alors, si vous voulez mon avis, monsieur Genet, c'est un conspirateur, un terroriste !...

— Bon Dieu !...

Louis Genet se met à transpirer. Il se passe la main dans ses cheveux gras... Cette vieille chouette a sûrement raison ! Car des complots, des conspirations, on ne parle que de cela, en cette année 1937. Il y a la Cagoule, la mystérieuse organisation d'extrême droite, qui multiplie les attentats, et puis il y a les agents de l'Italie fasciste et de l'Allemagne nazie, sans compter les anarchistes de tout poil...

Mais quand même, Victor Vincenzo, il ne s'attendait pas à cela de lui. Un Français de pure souche, malgré son nom, né pas loin d'ici à Colombes, le plus régulier de ses locataires, payant d'avance, toujours le premier du mois... Evidemment, si c'est avec l'argent de son organisation, ce n'est pas difficile !

— Qu'est-ce que vous allez faire ? Vous allez prévenir la police ?

Louis Genet a malgré lui un sursaut.

— Je... je vais réfléchir...

La police, ce serait la catastrophe ! Si elle mettait son nez chez lui, même pour une affaire de terrorisme, elle remarquerait sûrement que l'état des lieux n'est pas réglementaire. Elle alerterait la brigade des garnis. Et puis, il y a sa comptabilité qui n'est pas en règle non plus. Il fraude le fisc.

— Je vais me débrouiller tout seul. Merci, madame Lefèvre.

— Vous me tiendrez au courant, hein ?...

Louis Genet marmonne quelques mots d'acquiescement et s'en va... En cet instant, il a très peur, physiquement peur. Il tremble pour sa vie. Pourtant, ses jours ne sont nullement en danger et ce n'est pas de terrorisme qu'il s'agit, mais d'escroquerie, d'arnaque. Mais cela, il ne le saura qu'à la fin. Trop tard, évidemment...

Toute la journée, Louis Genet hésite. Bien sûr, la sagesse lui commanderait d'appeler quand même la police. Ces gens-là sont dangereux ; face à eux, il ne peut pas faire le poids. Mais son avarice finit par être la plus forte. Pas question qu'on inspecte son meublé et ses comptes ! D'ailleurs, ainsi que la pipelette d'en face l'a noté, Victor Vincenzo ne reçoit personne. A un contre un, avec l'effet de surprise, il a sa chance. D'autant qu'il est armé. Il a un revolver — sans permis de port d'armes, il faut le préciser...

Onze heures du soir... Dans son petit appartement du rez-de-chaussée, où il a tout éteint pour faire croire qu'il dormait, Louis Genet entend le pas de son locataire du quatrième. Il a le cœur battant, mais sa résolution est prise. Il faut lui laisser le temps de commencer sa mystérieuse activité. Il n'interviendra qu'à minuit... Que va-t-il découvrir alors ? Que fait Vincenzo derrière ses volets clos ? Il fabrique des bombes ? Il décrypte des textes codés ? Il envoie des messages radio ?

A minuit, tremblant, dégoulinant de sueur, mais d'un pas ferme quand même, Louis Genet monte les quatre étages, son revolver dans la main droite, le double de la clé dans la main gauche. Il est devant la porte. La clé glisse sans bruit dans la serrure : il a pris soin de l'huiler, et il ouvre brusquement.

— Bon sang, qu'est-ce que c'est que ça ?

Le studio misérable, au plafond suintant, aux murs moisis et au plancher vermoulu, comme tous ceux de l'immeuble, est encombré d'un attirail invraisemblable. Il y a là des plaques de zinc, une presse à main, des bacs à acide, des flacons de produits chimiques, de minuscules pots de peinture... En le voyant, Victor Vincenzo, un grand brun moustachu, a levé les mains en l'air.

— Ne tirez pas !

— Mais qu'est-ce que vous fabriquez chez moi ?

— Des faux billets de mille francs. Je suis perdu !

— Des billets de mille ?...

Du coup, le marchand de sommeil baisse son arme et se met à sourire... Ce n'était donc pas un conspirateur, mais un faux-monnayeur ! Il pousse un intense soupir de soulagement. C'est tout de même moins dangereux... Son locataire s'effondre sur l'unique chaise bancale de la pièce.

— Cela devait forcément arriver ! C'est à cause de mes horaires que vous m'avez repéré ?

— Oui. C'est à cause de cela.

— Je travaille la nuit chez vous ; la journée, je vais dormir dans un autre garni et écouler mes billets. Vous avez dû vous demander : mais quand est-ce qu'il dort ?

Tout en l'écoutant, Louis Genet s'approche de l'installation clandestine. Sur la presse, il y a une coupure de mille francs encore tout humide. Trois autres billets sont accrochés par des pinces à linge à une ficelle tendue entre deux murs. Il en prend un, le palpe et le met devant l'ampoule nue qui pend au plafond.

— Pas mal imité...

— Vous êtes sévère. Cela fait des années que je m'entraîne et je crois être arrivé à la perfection. L'ennui, c'est qu'avec cette presse à main, je peux n'en faire qu'un par nuit.

— C'est ressemblant, mais on voit que c'est un faux.

— Je suis désolé : il est parfait. Allez le changer ce matin, vous verrez bien...

Victor Vincenzo lui donne les trois autres billets, y compris celui encore humide sous la presse.

— Changez-les eux aussi et si un seul vous est refusé, je ne m'appelle plus Vincenzo !

Le marchand de sommeil tient intérieurement conseil... Il est plus que jamais hors de question de prévenir la police. Un faux-monnayeur sous son toit, c'est le scandale et la ruine assurés. Si cela se trouve, il serait même arrêté comme complice... Après tout, rien ne presse. Le plus sage est d'attendre.

— Je ne veux pas d'histoires chez moi. Je vous boucle et je prendrai ma décision plus tard.

Le lendemain, ignorant les questions avides de Mme Lefèvre, Louis Genet se rend à son bar-tabac habituel, prend un café et un paquet de cigarettes et paie avec l'un des billets de mille. Le patron empoche l'argent sans sourciller et lui rend la monnaie. Louis Genet n'en revient pas. Il insiste :

— Tu es sûr qu'il est bon ? J'avais l'impression de m'être laissé refiler un faux billet.

Le buraliste l'examine de plus près.

— Des faux billets comme celui-là, j'en prends tous les jours !...

Dans l'esprit du marchand de sommeil, il se fait un trouble immense... Se pourrait-il qu'il ait chez lui, à sa disposition, pour ainsi dire, le faussaire absolu, parfait ? Mais si c'était le cas, ce serait la fortune !

Pour le savoir, il n'y a qu'un seul moyen. Il est risqué, évidemment, mais infaillible. Louis Genet se rend à la Banque de France, au guichet de la petite monnaie. Il réunit tout son courage pour s'adresser au caissier. Il lui tend les trois dernières coupures fabriquées par son locataire.

— Voilà... Je suis commerçant. Ces trois billets m'ont paru louches. Est-ce que vous pourriez les examiner ?

L'homme les palpe, sort une loupe et les examine par transparence. Il a un sourire :

— Ils sortent de chez nous. Vous n'avez aucune crainte à avoir...

Sur le chemin du retour, pendant tout le trajet qui le sépare de Clichy, Louis Genet a le temps d'échafauder son plan. Il va s'associer avec Vincenzo. Ce dernier n'a pas le choix : il a bien trop peur qu'il ne le dénonce. Il continuera sa production et ils partageront moitié-moitié. Mais plus question de la presse à bras et d'un billet par nuit. Pas de procédé de gagne-petit. Il faut faire les choses en grand !

En voyant la porte de son bouge s'ouvrir, Victor Vincenzo fait un bond. Puis, il écarquille les yeux, étonné.

— Vous n'êtes pas avec la police ?

— Non. Vous êtes un véritable génie et on n'arrête pas les génies.

— Vous n'allez pas me dénoncer ?

— Non plus. Dites-moi : combien coûterait une presse véritable pour faire des billets ?

— Oh, très cher, sinon il y a longtemps que j'en aurais une !

— Combien ?

— Il faut compter dix millions.

— Je vais revenir. Pardonnez-moi si je vous enferme, mais je tiens trop à vous...

En redescendant l'escalier, Louis Genet fait ses comptes... Ses activités de négrier lui ont rapporté à peu près, fraude fiscale comprise, cinq millions. Il en manque la moitié. Il doit donc s'associer avec quelqu'un. Mais qui ? Il ne faut en aucun cas que la chose s'ébruite.

Et c'est alors que la réponse lui vient : Lucienne Lefèvre, la pipelette d'en face. Elle a peut-être des économies et, de toute manière, il doit la mettre dans la confidence, sinon elle est capable de prévenir elle-même la police... Il va la trouver dans son jardinet.

— Alors, vous êtes enfin décidé à me dire ce qui se passe ?

— Je vais tout vous dire, madame Lefèvre. Et je vais même vous proposer une bonne affaire !

— Une bonne affaire ?...

Lucienne Lefèvre avait des économies et, étant aussi cupide que son voisin, elle n'a pas hésité à s'associer à part égale avec lui... Le marchand de sommeil a donc pu apporter, quelques jours plus tard, dix millions en liquide à son locataire.

Celui-ci s'est jeté à genoux en le voyant.

— Vous êtes mon sauveur !

— Pas votre sauveur, votre commanditaire. Allez vite acheter la machine et mettez-vous au travail !

— A l'instant même...

Et Victor Vincenzo a disparu, avec ses cinq millions et ceux de la veuve de guerre. Il a vraiment disparu, c'est-à-dire qu'il n'est jamais revenu. Il avait gagné dix millions dans l'affaire ou, pour être exact, 9 996 000 francs, car les quatre billets de mille qu'il avait remis à son propriétaire étaient effectivement d'authentiques coupures de la Banque de France.

Tout, depuis le début, n'était que mise en scène... Un jour ou l'autre, ses activités nocturnes allaient forcément attirer l'attention et son « atelier clandestin » allait être découvert. La cupidité humaine ferait le reste. Quand on a sous la main quelqu'un capable de faire de la monnaie parfaite, comment résister à la tentation ?

L'affaire nous a été révélée par Victor Vincenzo lui-même, qui, arrêté pour un délit mineur, n'a pas pu s'empêcher de raconter sa prouesse aux policiers. Louis Genet n'était d'ailleurs pas sa seule victime. Il avait fait le coup à d'autres marchands de sommeil. Mais aucun d'eux n'avait porté plainte, avouer qu'on a remis de l'argent à quelqu'un pour qu'il fabrique de la fausse monnaie étant pour le moins délicat.

Victor Vincenzo n'a pas été inquiété à la suite de ces déclarations. Il n'y avait, en effet, strictement rien à lui reprocher. Il n'avait pas fait de faux billets et l'argent lui avait été donné.

Il n'en est resté qu'une des arnaques les plus brillantes qui soient conservées dans les annales. L'une des moins immorales aussi. Car s'il y avait des gens qui ne méritaient pas d'être plaints, c'étaient bien ses victimes !

Bons baisers de Vénus

18 juin 1957. Paula Gobel, cinquante-huit ans, secrétaire dactylo aux Fromageries réunies de Milwaukee, dans l'Etat du Wisconsin, vit un des plus beaux moments de sa vie. Elle est en train de visiter la National Gallery de Washington et découvre les chefs-d'œuvre de ce musée prestigieux. Pour la première fois de sa vie solitaire — car Paula Gobel n'est pas mariée et c'est une vraie jeune fille —, elle a décidé de prendre des vacances et de quitter son Wisconsin natal. Une affiche, dans une agence de voyages, vantant un séjour dans la capitale fédérale, l'a convaincue de se rendre à Washington.

Paula Gobel vient de s'arrêter devant un tableau de grandes dimensions. Il est dû au peintre Rubens et s'intitule *Vénus entourée de tritons et de satyres*. On y voit au centre le corps potelé d'une femme peu voilée par l'écume de la mer, tandis que des hommes bruns soufflent dans des trompes ou jouent de la flûte de Pan. Les hommes en question, les tritons et les satyres, sont nus. Normalement, Paula Gobel, qui vient d'une contrée très puritaine, n'aurait jamais osé regarder un tel spectacle, mais comme il s'agit d'une œuvre d'art, elle se sent le droit de contempler et elle ne s'en prive pas. La plastique des satyres, en particulier, lui semble vraiment réussie...

Elle est toujours en train d'admirer ces beaux corps d'athlètes, quand une voix retentit derrière son dos.

— Eh oui, Vénus ! Si on savait...

Effrayée, Paula Gobel serre son sac à main sur son cœur et se retourne. Il s'agit d'un homme à peu près de son âge. Elle bredouille :

— Pardon ?

— Oh, rien, madame. Toutes les fois qu'il est question de Vénus, l'espace s'ouvre devant moi. Vénus, l'étoile du soir. L'avez-vous déjà vraiment observée ?

Paula Gobel remarque que l'homme est habillé d'une manière distinguée, avec un costume de la meilleure coupe. Peut-être est-ce un des nombreux hauts fonctionnaires qui sont en service à Washington. Peut-être même travaille-t-il à la Maison Blanche...

— Non, j'avoue que je ne fais jamais attention aux étoiles.

— Moi, je connais bien Vénus, très bien même. On vole à travers une vapeur bouillonnante qui cache sa surface, et puis on se trouve devant de vastes champs de fleurs parfumées qui nous sont inconnues. De grandes villes blanches...

L'homme élégant fixe un point lointain. Il a l'air à mille lieues de la National Gallery de Washington. Paula Gobel a une pensée qu'elle réprime aussitôt : il ressemble au séducteur âgé dans les romans de Daphné Du Maurier, son auteur préféré.

— Que voulez-vous dire, monsieur ?

— Vous avez entendu parler des soucoupes volantes ?

— Oui, bien sûr.

Il faut dire que les soucoupes volantes sont très à la mode en cette année 1957. On en voit partout.

— Et vous y croyez ?

— Je dois avouer que c'est troublant.

— Eh bien, je peux vous dire qu'elles existent ! Moi-même... Mais excusez-moi, je ne me suis pas présenté : je m'appelle Josuah Barney...

Paula tend une main timide.

— Paula Gobel, Mlle Paula Gobel...

Après s'être incliné, Josuah Barney baisse le ton.

— Parfois on ne peut garder pour soi tout ce qu'on sait. J'ai besoin de confier mon lourd secret à une âme sensible et je sais que vous l'êtes à la manière dont vous admiriez cette œuvre d'art. Accepteriez-vous de prendre une tasse de chocolat avec moi ?

Paula Gobel murmure un mot d'assentiment et suit son compagnon à la cafétéria. Qu'ils sont loin, en cet instant, les problèmes des Fromagers réunis de Milwaukee, Wisconsin ! Tout vient de changer. Elle a l'impression que sa vie entière vient de basculer...

Elle ne se trompe pas.

— Je suis fabricant d'antennes de télévision...

Les yeux fixés sur sa tasse de chocolat, Paula Gobel réprime une moue de déception. L'homme qui ressemble tant aux héros de Daphné Du Maurier ne travaille donc pas avec le président. Mais il est vrai que la télévision, ce n'est pas mal non plus. C'est encore nouveau, en cette année 1957. Cela garde tout son prestige, tout son mystère... D'ailleurs, comme s'il avait deviné ses pensées, Josuah Barney ajoute aussitôt :

— J'ai aussi de fréquents contacts avec la Maison-Blanche. Non officiels, il va de soi.

Paula n'ose poser aucune question à ce sujet et il poursuit :

— C'est en installant une de mes antennes que la chose est arrivée. Je suis entré en contact télépathique avec les Vénusiens.

— Comment est-ce possible ?

— Je ne sais pas. J'ai dû me régler sans le faire exprès sur leur longueur d'onde. Toujours est-il qu'ils m'ont dit qu'ils m'avaient choisi pour être le premier homme à venir voir les merveilles de leur planète. Et ils m'ont donné rendez-vous pour le lendemain minuit devant chez moi.

Josuah Barney semble perdu dans son rêve. Il ne regarde ni Paula ni sa tasse, mais un endroit indéterminé du plafond.

— Et à l'heure dite, ils étaient là. Leur soucoupe s'est posée sur ma pelouse dans une lumière bleue.

— Comment sont-ils ?

— Comme nous, sauf qu'ils sont plus petits et qu'ils ont la peau verte... Je suis monté, nous avons décollé et, vingt-cinq heures et demie plus tard, j'arrivais sur Vénus. Ils m'ont tout de suite conduit dans leur laboratoire et m'ont révélé le secret de leur énergie...

Josuah Barney se penche vers sa compagne et lui chochote quelque chose à l'oreille. Celle-ci, qui n'a rien entendu, le fait répéter.

— C'est le modulateur. Une invention grandiose, plus importante que l'énergie atomique. Avec lui, on peut se rendre maître des espaces intersidéraux.

Suivent des considérations techniques dont elle ne comprend pas un traître mot. Josuah Barney doit s'en rendre compte, car il y met brusquement un terme.

— Bref, je suis rentré de Vénus et je suis maintenant capable, grâce au modulateur, de construire la première soucoupe volante terrienne. J'ai créé pour cela une société : l'« Universal Modulator Association ».

— Une société ?

— Construire le modulateur coûte cher. Il me faut des capitaux. Chaque associé aura droit à une place dans la soucoupe et à autant de voyages sur Vénus qu'il voudra.

Cette fois, Paula Gobel a tout compris. Elle risque d'une voix timide :

— Vous avez déjà beaucoup d'associés ?

— Je vous l'ai dit : vous êtes la seule personne à qui j'ai osé parler de tout cela.

— Alors, je pourrais être la première... La première à aller sur Vénus avec vous ?

— Chère mademoiselle, ce serait tout bonnement merveilleux !

Paula ferme les yeux. Elle s'imagine quittant la terre à bord de la soucoupe, aux côtés de cet homme qui ressemble si fort au séducteur âgé de Daphné Du Maurier. Emportée par le puissant modulateur, elle voit les Fromageries réunies de Milwaukee, Wisconsin, s'éloigner à toute allure et elle se retrouve dans les étendues sidérales qui mènent à la planète Vénus.

— J'ai quelques économies...

— Vous ne sauriez en faire meilleur usage.

— C'est qu'il faut que je retourne d'abord chez moi.

— Vénus n'est pas à un jour près...

Il ne faut pas plus d'une semaine à Paula Gobel pour tout régler. De retour à Milwaukee, elle démissionne de son poste de secrétaire dactylo et vide entièrement son compte en banque, qui contenait trente-huit mille dollars, fruit de quarante ans de travail et de vie austère. Après quoi, elle retourne à Washington et se rend sans plus tarder chez Josuah Barney.

L'adresse qu'il lui a donnée est celle d'un studio plutôt modeste, dans un quartier quelconque de la ville. Elle est un peu étonnée, car elle s'attendait à voir la maison sur la pelouse de laquelle les Vénusiens ont débarqué. Mais cela signifie sûrement que Josuah Barney possède deux domiciles.

D'ailleurs, ce dernier le lui confirme, quand il vient lui ouvrir.

— J'ai préféré vous faire venir ici plutôt que dans ma maison. C'est plus discret.

Paula jette un coup d'œil autour d'elle. Les murs du studio sont décorés de deux grandes photographies en couleurs : une planète, qui ne peut être que Vénus, et une carte du ciel sur laquelle a été tracé un itinéraire au crayon rouge... Comme tout cela est excitant ! Elle ne peut s'empêcher de demander :

— Vous n'avez pas une photo des Vénusiens ?

— Non, je suis désolé. Ils ne m'en ont pas donné. Ils sont d'un naturel assez timide.

— Parlez-moi encore d'eux.

Josuah Barney fait un geste vague de la main :

— Ils sont, disons... Ils font à peu près un mètre cinquante... Dites-moi, mademoiselle Gobel, vous avez apporté le chèque ?

Paula Gobel lui tend en rougissant son chèque de trente-huit mille dollars. Josuah Barney hoche la tête avant de le mettre dans sa poche.

— Et maintenant, en route pour la grande aventure cosmique !...

L'aventure cosmique consiste d'abord, pour Paula Gobel, à taper à la machine, ce qu'elle avait fait jusqu'à présent sans discontinuer pendant quarante ans. Josuah Barney lui dicte le manuscrit de son livre : *Deux semaines sur Vénus*. Mais passé le premier moment de déception, elle retrouve tout son enthousiasme. Cela n'a rien à voir avec la correspondance des Fromagers réunis. C'est passionnant, prodigieux !

Elle devient rapidement experte sur tout ce qui concerne Vénus. Dès la cent dixième page, elle sait circuler les yeux fermés à travers les dangereux courants magnétiques polarisés qui se trouvent entre la Terre et la lointaine planète. Dès la cent quatre-vingt-quinzième, elle connaît par cœur le laboratoire vénusien qui contient le modulateur. Il est fait d'une matière vitrifiée qui a des reflets verts sous la lune de Vénus...

Josuah Barney lui a généreusement cédé le studio, dans lequel elle s'est installée. Il vient lui dicter son livre une ou deux heures par jour ; mais le reste du temps, il ne chôme pas. Il passe son temps en conférences ultrasecrètes de la plus haute importance avec des personnalités de la Maison Blanche.

Un jour, elle le voit arriver avec un petit homme maigre qui clignote sans cesse des yeux. Il fait les présentations.

— M. McCalley, libraire à Washington, qui a investi vingt mille dollars dans l'Universal Modulator Association. A présent vous êtes deux associés dans la grande aventure !

A la demande de Josuah Barney, Mlle Gobel fait au nouvel arrivant une lecture à haute voix du livre et le libraire se déclare enchanté. Le bouche à oreille doit fonctionner car, dès lors, les visiteurs ne cessent d'affluer dans le petit studio de Washington. Tour à tour, un dentiste de New York, un brasseur du Minnesota et une riche veuve de Chicago découvrent les merveilles de Vénus et les prodiges du modulateur...

Un peu plus de six mois ont passé. Nous sommes au début de l'année 1958. Le livre *Deux semaines sur Vénus* est maintenant presque achevé. Le premier samedi de janvier, après avoir terminé sa tâche quotidienne, Josuah Barney dit brusquement à Paula :

— Je vais devoir m'absenter. Une soucoupe atterrit cette nuit.

La demoiselle sent son cœur se nouer.

— Et moi, je ne pourrai pas... ?

Josuah Barney la prend affectueusement par l'épaule.

— Non, mademoiselle Gobel, vous ne pouvez pas m'accompagner. Je dois d'abord annoncer votre visite. Les Vénusiens n'accepteraient jamais d'être en présence d'une inconnue. Je serai de retour dans trois semaines.

— Je comprends...

— Mais rassurez-vous, en tant que première associée de l'Universal Modulator Association, vous serez la première à venir avec moi. La prochaine fois nous irons tous les deux, rien que tous les deux.

Paula Gobel fait de son mieux pour retenir ses larmes.

— Alors, soyez prudent. Faites attention aux champs de protubérances de la *Borea Australis*.

— C'est promis !

— Et aussi à la météorite errante...

Paula Gobel ne revit jamais Josuah Barney... Ce qui ne veut pas dire qu'elle n'eut pas de nouvelles de lui. Car un mois plus tard, alors qu'elle se mourait d'inquiétude, elle eut la surprise de recevoir un courrier de Vénus. A vrai dire, il portait le cachet d'Eagle Pass, un village du Texas, et il était affranchi par un vulgaire timbre de l'US Mail. Mais il venait bien de Vénus. Un certain Marcellus, fonctionnaire du gouvernement de la planète, était venu sur la Terre pour poster la lettre et était reparti aussitôt.

Hélas, de quelle triste nouvelle il s'agissait ! « Chère mademoiselle Gobel, j'ai la douleur de vous apprendre que Josuah Barney est décédé sur Vénus. En tant que première associée de l'Universal Modulator Association et sa plus fidèle collaboratrice, c'était vous que je devais informer en priorité. »

Surmontant sa douleur, Paula Gobel décida d'agir sans retard. Elle écrivit au président Eisenhower. Sous la mention « confidentiel », elle racontait la triste mort de Josuah Barney sur Vénus, rapportée par le fonctionnaire Marcellus. L'employé qui ouvrit l'enveloppe ne sourit même pas en lisant. C'est par dizaines, en effet, que les lettres de déséquilibrés arrivent à la Maison-Blanche tous les jours. Elles sont déposées au casier n° 3, prévu à cet effet, et incinérées le soir même.

Ne recevant pas de réponse du président, Paula Gobel décida d'aller confier sa peine au seul de ses coassociés qui habitait Washington, le libraire McCalley. Elle lui tendit la lettre en écrasant une larme, mais la réaction du petit homme maigre aux yeux clignotants ne fut pas du tout celle qu'elle imaginait.

— Nous nous sommes fait rouler !

— Mais vous n'avez pas lu ce que dit Marcellus ?

— Aucun être sensé ne peut croire une chose pareille. Je vais porter plainte...

Le FBI retrouva Josuah Barney dans le port de Mobile (Alabama). Il se livrait à son travail de peintre de panneaux publicitaires, sa profession d'origine, et il était en train d'exécuter une réclame pour un marchand d'œufs et fromages de Mobile, un concurrent des Fromagers réunis de Milwaukee, en quelque sorte. On était revenu au point de départ. La boucle était bouclée, la grande escapade intersidérale était terminée...

Josuah Barney fut condamné à cinq ans de prison pour escroquerie. Il avait empoché en tout près de cent mille dollars, qu'il avait dépensés presque aussitôt sur les terrains de courses. Et Paula Gobel, ayant perdu son argent et ses illusions, s'en retourna à Milwaukee, Etat du Wisconsin.

Chauds, les diamants !

— Regardez ceci, sir Julius.

Henri Lemoine défait l'épingle de cravate fichée dans le foulard de soie qu'il porte artistement noué autour du cou. Tout d'ailleurs, dans son personnage, lui confère des allures d'artiste : ses cheveux blonds qui ondulent naturellement, ses favoris, sa fine moustache. Il est jeune encore, aux environs de trente ans. Il est de ceux à qui la vie semble sourire dès le départ...

— Vous n'allez pas me dire... ?

Sir Julius Wernher prend l'épingle en main et considère le superbe diamant dont elle s'orne.... Sir Julius Wernher n'est pas n'importe qui. C'est même, en ce début du XXe siècle, un des hommes les plus importants du Royaume-Uni. Il est gouverneur de la De Beers, la plus célèbre et la plus importante mine de diamants du monde, située dans la plus riche des possessions de Sa Gracieuse Majesté, l'Afrique du Sud.

Julius Wernher ne ressemble pas à son vis-à-vis, c'est le moins qu'on puisse dire. Grisonnant, raide comme la justice dans sa redingote, il incarne de manière presque caricaturale l'homme d'affaires britannique. Mais s'il a pris l'initiative de donner rendez-vous, en ce 5 mai 1905, à Henri Lemoine au siège londonien de la De Beers, ce n'est pas par hasard. Sir Julius Wernher ne fait rien par hasard.

— Non, sir Julius, ce diamant n'est pas mon œuvre. Mais je vous promets la même chose grâce aux miracles de l'électricité...

Il y a un moment de silence dans l'imposant et austère bureau aux boiseries sombres. Le Britannique finit par rendre l'objet à son propriétaire.

— Combien demandez-vous pour votre installation de production de diamants artificiels ?

— Dix mille livres.

Julius Wernher sort de son bureau une grosse liasse de billets, car la somme est considérable, environ cinq cent mille francs actuels.

— Quand vous mettrez-vous au travail ?

— Dès mon retour à Paris.

— Je vous propose une association. Je suis prêt à vous verser quatre-vingt mille livres supplémentaires à la production du premier diamant, pour acquérir le droit de participer pour moitié à l'exploitation. Est-ce correct ?

— Parfaitement correct. Je pense obtenir mes premiers résultats d'ici un mois.

— Seulement ?

Henri Lemoine a un sourire modeste en enfouissant les billets dans la mallette qu'il avait emportée.

— La technique n'est pas compliquée. Tout le secret est dans les deux poudres, la blanche et la noire, et dans leurs affinités avec l'électricité.

Le Français sort une enveloppe cachetée de la même mallette.

— Tenez. J'ai tout consigné ici. Le procédé est si simple que n'importe quelle personne ayant des notions de chimie pourrait le réaliser. Je vais remettre ce document à mon notaire en lui donnant consigne de vous le remettre, et à vous seul, si je venais à décéder brusquement.

— C'est fort aimable à vous, monsieur Lemoine.

— Viendrez-vous à Paris, quand je serai prêt ?

— Bien sûr, toutes affaires cessantes. Ceci est plus important que tout.

— Alors, à très bientôt, sir Julius. Je vous enverrai un télégramme.

Les deux hommes se serrent la main et le Français aux allures d'artiste quitte l'imposant bureau de la De Beers.

Sir Julius Wernher reste songeur... Cet homme réputé pour son sérieux n'a nullement perdu la raison. Il sait très bien qu'il a toutes les chances de se trouver en face d'un charlatan, d'un escroc. Mais ce n'est pas absolument certain et c'est là tout le problème.

En ce début de xxe siècle, on vient de découvrir l'électricité, source d'énergie encore mal connue et qu'on dote des pouvoirs les plus extraordinaires, comme l'énergie nucléaire il y a quelques dizaines d'années. Qui pourrait affirmer qu'une décharge électrique ne peut pas produire un diamant ? Dans *Frankenstein*, un roman encore à la mode, le savant créait un être vivant au moyen de l'électricité. Bien sûr, il s'agissait de fiction, mais on est à l'époque où les développements de la science sont fulgurants et où la croyance au progrès est absolue. Quand on dirige les plus grandes mines de diamants du monde, on ne peut pas faire la sourde oreille aux propos d'un Henri Lemoine.

C'est exactement le raisonnement que s'était tenu Henri Lemoine. Car c'est réellement un scientifique : il est diplômé de l'Ecole des mines et est spécialiste de chimie minérale. Seulement, il a toujours moins brillé par sa moralité que par ses qualités intellectuelles. Dès sa plus tendre enfance, il s'est découvert des dons pour les tours de passe-passe. Prestidigitateur était même sa vocation. Ses parents, en l'obligeant à faire des études, en ont décidé autrement. Mais il va prendre sa revanche ! Il va unir science et prestidigitation et démontrer à quel point l'alliance des deux peut être fructueuse...

En arrivant à Paris, Henri Lemoine installe son laboratoire dans un petit deux-pièces de la rue Lecourbe, dont lui seul a la clé. La chose est d'ailleurs vite faite, son matériel étant constitué en tout et pour tout d'un four électrique. Il laisse passer le temps raisonnable pour ses essais et envoie un télégramme à Londres, à l'attention de sir Julius Wernher.

Ce dernier accourt et, le 12 juin 1905, a lieu la grande épreuve. Le Britannique a une moue de surprise en se retrouvant dans ce cadre peu engageant, mais son interlocuteur le rassure d'un sourire.

— La discrétion avant tout, sir Julius. Et n'oubliez pas que les inventions qui ont bouleversé le monde ont souvent eu lieu dans des endroits comme celui-ci.

Le gouverneur de la De Beers prend place sur une chaise après l'avoir époussetée avec son mouchoir. Henri Lemoine apporte sur la table le four électrique, branche la prise, ouvre le couvercle, puis va chercher deux boîtes de petites dimensions. Il verse le contenu de la première, annonçant d'une voix solennelle :

— La poudre blanche !

Il fait de même avec la seconde :

— La poudre noire !

Ensuite, il referme le four et presse un bouton rouge. Il y a un grésillement. Il laisse s'écouler environ une minute, puis appuie de nouveau sur le bouton.

— Si vous voulez bien ouvrir et constater par vous-même...

D'une main malgré tout un peu tremblante, Julius Wernher s'exécute et en ressort quelques petits cailloux brunâtres.

— Qu'est-ce que c'est ? On dirait du bort...

Le Français vient voir à son tour.

— Effectivement, c'est du bort. Ce n'est évidemment par encore tout à fait cela, mais c'est encourageant. Chimiquement, la formule est la même. C'est juste le tour de main qui doit me manquer.

Le gouverneur de la De Beers hoche la tête en contemplant le tas sombre qu'il a en main... Le bort est un diamant brut de qualité médiocre, impropre à la joaillerie, qui est utilisé pour le polissage des diamants eux-mêmes. C'est effectivement un résultat remarquable, bien que, sur le plan commercial, l'intérêt soit négligeable.

— J'apprécie, monsieur Lemoine. Mais je ne peux vous verser la somme convenue que contre de vrais diamants.

— Cela va sans dire, sir Julius. Je suis désolé pour le contretemps, mais je suis sûr que la prochaine fois sera la bonne. Voulez-vous revenir demain ?...

Le Britannique accepte et, le lendemain à la même heure, il se retrouve dans le deux-pièces de la rue Lecourbe... C'est volontairement qu'Henri Lemoine a commencé par ce demi-échec. Comme tous les artistes et les prestidigitateurs en particulier, il sait qu'il faut graduer ses effets. Si l'on commence par le tour le plus fort, le public n'apprécie pas à sa juste valeur, tandis que si l'on fait monter la tension...

Et la tension de sir Julius Wernher est à son comble lorsqu'il revient le lendemain. Il n'a pas dormi de la nuit et il se pose fébrilement la question : est-ce que, cette fois, c'est du bort ou de vrais diamants qui vont sortir du four ?

Henri Lemoine procède au même rituel, verse successivement les poudres blanche et noire, ouvre le couvercle...

— Venez voir. Je crois que, cette fois, ça y est !

Malgré son flegme britannique, Julius Wernher se précipite...

— Bonté divine !

Dans sa main, se trouvent, mêlés aux scories et aux cendres, une vingtaine de diamants blancs, petits, mais très purs, encore tout chauds... Sir Julius avale péniblement sa salive et tente de maîtriser les battements de son cœur. Bien sûr, il peut s'agir d'une supercherie, mais si ce n'en est pas une, c'est toute l'industrie des pierres précieuses qui est sens dessus dessous. Les sociétés comme la De Beers peuvent fermer leurs mines et mettre la clé sous la porte, à moins... à moins d'être associées au procédé Lemoine, ce qui est heureusement le cas... De toute manière, il doit rentrer immédiatement à Londres. Mais avant, chose promise, chose due. Il sort plusieurs papiers de sa poche.

— Accepterez-vous d'être payé par chèque, monsieur Lemoine ? Je n'ai pas apporté une pareille somme en liquide. D'autre part, voici notre contrat d'association, que je vous demande de signer.

Henri Lemoine accepte de bonne grâce le chèque de quatre-vingt mille livres à son ordre et signe le contrat par lequel il s'engage à partager avec la De Beers la production de ses diamants.

A Londres, sir Julius Wernher convoque immédiatement Angus MacPhresp, l'ingénieur en chef de la société. Il dépose les vingt petits objets brillants devant lui et lui explique leur provenance.

— Alors qu'en pensez-vous ?

Angus MacPhresp a un léger sourire.

— J'en pense que vous n'avez pas fait une bonne affaire, sir. Ces diamants ne valent pas quatre-vingt mille livres.

— Soyez sérieux ! Ce ne sont pas eux que j'ai payé ce prix, c'est la moitié de la production Lemoine.

L'ingénieur en chef quitte son sourire.

— Précisément, sir. J'ai moi-même mené des recherches dans ce domaine et je suis parvenu à la conclusion qu'il est impossible d'obtenir des diamants par chaleur électrique, à moins, peut-être, d'atteindre des températures de plusieurs milliers de degrés, ce qui est, à l'heure actuelle, impossible.

— Vous pensez donc qu'il y a eu supercherie ?

— Avec votre permission, sir, j'en suis certain.

— Et que me conseillez-vous ?

— Refaites-lui faire l'expérience en présence d'un professionnel.

— Entendu. Nous allons ensemble à Paris.

Angus MacPhresp se remet à sourire.

— Je ne parle pas de ma profession, sir, je parle de la sienne. Faites-vous accompagner d'un illusionniste de métier...

18 septembre 1905. Il y a de nouveau du monde dans le petit deux-pièces de la rue Lecourbe. Il y a même une personne de plus que la fois précédente : un homme au teint bronzé que Julius Wernher a présenté comme son ingénieur en chef. Celui-ci demande à observer le four et, après un rapide examen, se déclare satisfait. Nullement impressionné, Henri Lemoine se livre au même manège que précédemment. Il va chercher deux boîtes de petites dimensions et en verse le contenu dans le four, annonçant tour à tour :

— La poudre blanche !... La poudre noire !...

Il referme, appuie sur le bouton rouge et, au bout d'un court moment, déclare :

— Si vous voulez bien ouvrir et constater par vous-même. Ils sont encore chauds...

Julius Wernher plonge la main et la tourne dans sa direction pour lui en montrer le contenu.

— Vous vous êtes beaucoup amélioré depuis la dernière fois,

monsieur Lemoine. A présent, vous produisez des diamants tout taillés !

Henri Lemoine réprime un juron... Au milieu des scories noirâtres, il y a une dizaine de petites pierres brillantes et une grosse, parfaitement taillée, qui brille de tous ses reflets.

— Voici Frank Gregor, qui fait en ce moment à Londres un numéro sous le nom de « Magicus ». Je lui ai demandé d'introduire cette pierre par manipulation, comme vous.

L'illusionniste hoche la tête.

— Vous-même avez opéré au moment d'ouvrir le four. Vous êtes un amateur doué, mais pas un professionnel. C'était très visible.

Henri Lemoine a totalement perdu sa belle assurance. Il retire son foulard de soie pour respirer.

— Que comptez-vous faire ?

Julius Wernher le foudroie du regard, mais se contente de répliquer :

— Je vais aviser.

Et il se retire en compagnie de l'illusionniste...

Henri Lemoine avait à sa portée une chance inouïe : l'impunité... Les jours ont passé et il n'a pas eu la moindre nouvelle de Julius Wernher et de la De Beers. Il était évident que le gouverneur de la société minière renonçait à porter plainte pour éviter le scandale. Il avait touché quatre-vingt-dix mille livres, près de cinq millions de nos francs, ce qui était assez cher payé pour un tour de passe-passe pas très au point selon l'avis d'un professionnel.

Mais Henri Lemoine n'était pas de ceux qui savent s'arrêter. Il a continué à chercher d'autres dupes pour ses diamants en produisant comme argument le contrat signé avec la De Beers. La chose a fini par s'ébruiter dans les milieux financiers : un ingénieur français aurait trouvé le moyen de fabriquer des diamants artificiels. Du coup, les actions de la société se sont effondrées et sir Julius Wernher a été obligé de porter plainte...

Henri Lemoine est passé en jugement le 17 mars 1906. Ce fut l'occasion d'un coup de théâtre. Il s'est défendu de manière particulièrement audacieuse en accusant Julius Wernher d'avoir tout manigancé.

— Il voulait faire s'effondrer les cours des mines de diamants pour les racheter à bas prix. Moi, je n'étais que son complice. Bien sûr, ma supercherie aurait été découverte tôt ou tard, mais les gens y auraient cru assez longtemps pour qu'il arrive à ses fins...

La chose était dans le fond vraisemblable et le malheureux industriel a eu toutes les peines du monde à prouver qu'il était seulement un naïf. Quant à Henri Lemoine, escroc brillant mais trop gourmand, il a été condamné à six ans de prison.

Ah, un dernier détail ! Par décision de justice, sa recette miracle pour faire les diamants, celle contenue dans l'enveloppe scellée à ouvrir par sir Julius Wernher en cas de décès, a été saisie chez le notaire et lue au procès.

Sur ce point au moins, Henri Lemoine n'avait pas menti : elle était simple... La voici : 1) Disposer d'un four électrique. 2) Prendre de la suie et du sucre en poudre. 3) Faire chauffer le mélange à cent vingt degrés afin de le transformer en diamants. 4) Lorsque la température est atteinte, retirer les diamants encore chauds.

Les vingt-trois cercueils

Les faux-monnayeurs — et il est question des plus célèbres d'entre eux dans cet ouvrage — suscitent spontanément la sympathie. Ce n'est peut-être pas normal, mais c'est ainsi : au lieu de réprouver leur coupable industrie, on s'extasie sur leur talent ; on est de leur côté et non pas du côté des Etats et des Banques centrales, qui ne font, tout bien réfléchi, que défendre les honnêtes gens.

Il y a pourtant une exception. Dans le récit qui va suivre, les faussaires n'inspirent qu'horreur et dégoût. Et l'on y est dès le début dans le drame, puisque tout commence par la découverte de vingt-trois cercueils.

Il est vrai que ce faux-monnayeur-là s'appelait Hitler.

15 mai 1945. Il y a exactement une semaine que le IIIe Reich a capitulé à Berlin. Dans les troupes d'occupation alliées qui stationnent en Allemagne, la liesse de la victoire n'est pas encore retombée. Mais la joie n'est pourtant pas sans mélange. Il y a le désarroi des populations civiles, les réfugiés, les déportés. Les armes se sont tues, mais la mort est partout présente ; on fait çà et là de macabres découvertes.

Le major McNally, agent du Service secret américain, est le plus grand spécialiste de son pays en matière de lutte contre la fausse monnaie. Il est cantonné à Francfort, après s'être illustré brillamment dans les combats. C'est alors qu'au début de la matinée, une jeep avec à son bord un sous-lieutenant vient le trouver. L'homme est seul.

— Major, j'ai ordre de vous emmener avec moi.

Le major McNally ne discute pas et prend place dans le véhicule, qui effectue un long trajet dans les rues de la ville. Partout, des immeubles éventrés rappellent les tragiques événements qui viennent de se dérouler... Brusquement, la jeep stoppe devant une villa de la périphérie gardée par une petite armée. Des soldats américains et anglais montent la garde, le doigt sur la détente... Que se passe-t-il ici ? Sans doute un haut dignitaire nazi qui vient d'être arrêté. Mais en quoi cela le concerne-t-il ?

Intrigué, le major descend. Et c'est alors qu'il a une seconde surprise. Une figure bien connue vient à sa rencontre : le commandant Reeves de l'Intelligence Service ! Reeves est son homologue anglais : le spécialiste de la lutte contre la fausse monnaie. Avant-guerre, il exerçait aussi des responsabilités à Interpol dans cette spécialité.

— Ce vieux Reeves ! Qu'est-ce qui me vaut le plaisir... ?

— La découverte qu'on vient de faire, major : des cercueils.

— Je ne comprends pas...

— Ce ne sont pas des cercueils ordinaires. Vous allez voir...

L'instant d'après, ils pénètrent dans la villa. Sur le plancher du living-room reposent, côte à côte, vingt-deux cercueils. Mais, ainsi que le commandant Reeves l'avait dit, ils ne sont pas ordinaires ! Leur couvercle est enlevé et dévoile leur contenu : des liasses, des centaines, des milliers de liasses de billets de banque, précisément des livres sterling.

Le major McNally se précipite sur l'un d'entre eux.

— Bon sang ! Les voilà donc ?

— Oui, voilà la fausse monnaie d'Hitler ! Et il y en a pour vingt et un millions. Nous venons de les compter. Vingt et un millions de livres, une fortune !

Le major retrouve ses réflexes de responsable du Service secret. Il prend les billets en main, les palpe, les examine par transparence, leur cherche un défaut.

— C'est extraordinaire, stupéfiant !

— Attendez, vous n'avez pas tout vu...

— Parce qu'il y a autre chose ?

— Oui et qui vous concerne directement : le vingt-troisième cercueil... Passons dans la pièce à côté.

Dans cette dernière, il y a effectivement encore un cercueil ouvert. Mais son contenu n'est pas de la même couleur que les autres : il est vert, uniformément vert... Le major McNally pousse un cri :

— Des faux dollars ! Ils en faisaient aussi ! Mais comment se fait-il qu'on ne l'ait pas su ?

— A mon avis, ils venaient juste de commencer la production et ils n'ont pas eu le temps de l'écouler...

L'Américain se penche sur les petits rectangles verts. Des faux dollars, il n'a vu que cela pendant toute sa carrière, mais ceux-ci sont presque parfaits, à part peut-être le papier... Il murmure :

— C'est terrifiant ! Comment ont-ils réussi ?

Le commandant Reeves lui tape amicalement sur l'épaule.

— Cela, c'est à nous de le découvrir. Nous sommes chargés tous les deux de mener l'enquête. Les cercueils étaient dans un camion trouvé par nos troupes à Redl Zipg, un village pas loin d'ici. Si vous êtes d'accord, je vous propose d'aller faire un petit tour là-bas...

La fausse monnaie d'Hitler... A part quelques responsables et spécialistes anglais et américains, il y a alors encore bien peu de personnes qui sont au courant de cet extraordinaire épisode de la guerre. Dans la jeep qui le conduit vers Redl Zipg, le commandant Reeves a tout le temps de repenser à ce qui a été sa guerre à lui, la plus étrange des guerres, mais dont l'enjeu était aussi capital qu'une bataille qui aurait mis aux prises des divisions entières...

Il était affecté aux services de contre-espionnage, lorsque, début 1943, il avait été convoqué par son supérieur.

— Commandant, vous allez reprendre vos anciennes activités : la lutte contre la fausse monnaie...

— Que se passe-t-il ?

— On signale une quantité alarmante de faux billets. Ils arrivent par paquets de cent mille livres en provenance de Suisse, de Suède, du Portugal, et d'autres pays neutres. En temps de guerre, un tel trafic est plus intolérable encore qu'en temps de paix. Vous avez carte blanche pour découvrir qui sont les faussaires et d'où ils opèrent...

Qui sont les faussaires ? C'est ce que le commandant Reeves s'est demandé pendant des mois avec une angoisse croissante. Non seulement il n'arrivait à rien, mais la situation devenait de jour en jour plus préoccupante. La qualité des billets s'améliorait constamment et il en venait de plus en plus. Profiter ainsi de la guerre pour faire de la fausse monnaie était une idée diaboliquement habile. Interpol n'existait plus et les polices étaient terriblement démunies... Et c'est alors que brusquement, la vérité s'est dévoilée.

On a arrêté à Edimbourg un espion allemand, qui venait d'être déposé par un hydravion. Il était porteur d'une valise remplie de faux billets. Et l'on a compris alors que le faussaire n'était autre que l'Allemagne elle-même...

Un Etat ! Quel responsable de la lutte contre la fausse monnaie s'était jamais trouvé dans une situation pareille ? Le commandant Reeves n'avait pas en face de lui un individu, ni même une bande, mais un pays, avec toute la puissance matérielle et technique que cela impliquait. Et c'était d'autant plus terrible que, dans les conditions économiques de l'époque, la monnaie anglaise était la plus forte du monde. Elle jouait un rôle de garantie, au même titre que l'or. Pour certains pays, cela risquerait d'entraîner la ruine, avec des conséquences incalculables en pleine guerre...

La catastrophe fut évitée de justesse. Et — Reeves doit bien se l'avouer — pas grâce à l'action de ses services. Simplement parce que les victoires alliées ont entraîné la désorganisation, puis l'effondrement de l'Allemagne...

A Redl Zipg, Reeves et McNally commencent sans tarder leur enquête. Les habitants parlent avec réticence. Visiblement, ils savent des choses, mais ils ont peur qu'on ne les traite comme des complices.

— On a vu des soldats du côté de la carrière. C'est tout ce qu'on peut dire...

— Conduisez-nous là-bas.

Peu après, l'Anglais et l'Américain arrivent devant d'anciennes carrières désaffectées. Ils s'engagent dans l'ouverture et ils croient rêver !... Il y a là tout un réseau de galeries et d'entrepôts. Ils sont à l'intérieur d'une véritable usine souterraine, avec des dizaines de presses à billets ! Ils découvrent également des dortoirs immenses qui indiquent assez bien le nombre d'hommes qui travaillaient là. Mais c'est tout : pas le moindre document, pas la moindre archive.

Ils retournent à Redl Zipg et, cette fois, les villageois sont interrogés avec moins de ménagements. Où sont ceux qui étaient dans l'usine souterraine ? Est-ce que c'étaient des Allemands ? des prisonniers ? Est-ce qu'ils se sont enfuis ? Est-ce qu'ils ont été exécutés ?...

Et les habitants de Redl Zipg parlent :

— C'étaient des prisonniers. Avant votre arrivée, les soldats les ont emmenés.

— Combien étaient-ils ?

— Beaucoup, plus de cent...

— Où les a-t-on conduits ?

— Ils ont pris la route d'Ebensee. Ils sont sûrement allés au camp...

Reeves et McNally se précipitent vers le sinistre camp d'extermination d'Ebensee. Son commandant, un ancien SS, est extrait de sa prison. Il est à présent aussi humble et soumis qu'il le peut.

— Oui, j'ai reçu cent quarante prisonniers en provenance de Redl Zipg. J'avais ordre de les envoyer à la chambre à gaz, mais je ne l'ai pas fait, je vous le jure !

— De qui venait cet ordre ?

— De Himmler lui-même.

Reeves et McNally échangent un regard. Si le chef de la Gestapo a donné cet ordre, c'est bien, ainsi qu'on le supposait, que l'opération avait été conçue au niveau suprême par le Führer en personne.

— Que sont devenus ces hommes ?

— Ils ont été libérés avec les autres à l'arrivée des Alliés. Mais je ne crois pas que vous les retrouverez facilement.

— Pourquoi cela ?

— J'ai vu leurs dossiers. C'étaient tous d'anciens prisonniers de droit commun. Ils ont sans doute préféré filer...

L'ancien SS ne se trompe pas. Tous les déportés du camp d'Ebensee qui ne sont pas décédés depuis sont retrouvés, sauf les cent quarante hommes en provenance de Redl Zipg. Ils ont préféré disparaître... C'est pour Reeves et McNally un véritable travail de limiers qui commence, mais leur obstination porte ses fruits. Différents témoins signalent que le chef de l'opération était un prisonnier tchèque, Oskar Skala. Ils finissent par le retrouver, à Pilsen, en Tchécoslovaquie, où il vient de s'établir comme marchand de bière.

L'homme semble terrorisé quand il les voit arriver. Mais l'Anglais et l'Américain tiennent à le rassurer.

— Quoi que vous ayez fait, nous ne vous considérons pas comme un coupable, mais comme une victime. Nous vous demandons seulement de ne rien nous cacher.

Le Tchèque se détend un peu.

— C'est vrai que je n'avais pas le choix. Au début de la guerre, j'étais en prison pour fausse monnaie. J'ai été transféré dans un camp de concentration. Bernhard Kruger est venu me trouver et m'a dit que c'était ça ou la chambre à gaz. Alors j'ai accepté.

— Qui est Bernhard Kruger ?

— Le responsable. D'ailleurs l'opération portait son nom. On l'appelait en code « opération Bernhard »... Je suis devenu son adjoint et j'ai fini par être au courant de tout.

Et, devant le major McNally et le commandant Reeves éberlués, Oskar Skala raconte l'opération Bernhard...

Dès le début de la guerre, l'opération consistant à ruiner l'Angleterre avec de la fausse monnaie avait été conçue par Himmler, sur instruction d'Hitler. Mais c'est en 1942 qu'elle commence véritablement sous la direction de Bernhard Kruger, un des bras droits du chef de la Gestapo.

Kruger se heurte dès le départ à un problème inattendu : les fonctionnaires de la Reichsbank, à qui il s'adresse tout naturellement, refusent d'imprimer de la fausse monnaie. Même en temps de guerre et pour abattre l'ennemi, cela heurte leur conscience professionnelle. Ils fabriquent des vrais billets, pas des faux. Et l'adjoint d'Himmler a beau menacer, ils n'en démordent pas. Reconnaissons qu'il fallait une certaine dose de courage pour adopter une pareille attitude dans l'Allemagne nazie de 1942. Et le plus étonnant est que Bernhard Kruger cède ! Il n'insiste pas. Il va procéder autrement.

Une idée lui est venue : recruter les faussaires parmi les prisonniers de droit commun et les interner dans un camp. Après avoir constitué son équipe, il l'installe dans un bâtiment du camp de concentration de Sachsenhausen, près de Berlin. Les imprimeurs allemands sont requis pour fournir les machines et les papiers nécessaires.

Les billets ne tardent pas à être produits en masse et sont répartis en trois catégories : 1) ceux qui sont presque parfaits, pour les achats de l'Allemagne dans les pays neutres et pour être expédiés en Angleterre ; 2) ceux de bonne qualité, pour payer les donneurs de renseignements dans les pays occupés ; 3) les moins bons, pour un plan extravagant conçu par Himmler : ils sont destinés à être largués par avion au-dessus de l'Angleterre. Les gens se jetteraient dessus et tenteraient de les utiliser, ce qui entraînerait un climat d'anarchie dans le pays. Mais la Luftwaffe ayant perdu la maîtrise du ciel, ont dû renoncer à ce projet... Oskar Skala précise :

— Les billets n° 1 ont fait beaucoup de victimes, notamment dans les pays neutres, chez les banquiers. Ils étaient si bien imités que certains sont revenus en Allemagne après un itinéraire compliqué, sans que les autorités allemandes s'en aperçoivent... En tout, nous avons imprimé sept cents milliards de livres sterling, parmi lesquelles cent vingt milliards de catégorie 1 ont été mises en circulation.

Intérieurement, le commandant Reeves approuve... Ces livres étaient si parfaites que les seules qu'on pouvait découvrir étaient celles qui portaient un numéro déjà existant. Jusqu'à la fin, les banques britanniques n'ont eu d'autre ressource que d'envoyer à la chaudière un double sur deux, sans savoir s'il s'agissait de l'original ou de la copie. Mais tout n'a pas été récupéré...

Le major McNally intervient.

— Et les faux dollars ?

— C'est une initiative de Kruger. Mais on a commencé

beaucoup plus tard, début 1944, et c'était beaucoup plus difficile qu'avec les livres, notamment pour le papier...

Les premiers essais ne donnent, effectivement, que des copies grossières. C'est alors que les services secrets allemands découvrent dans une prison Solly Smolianoff, Russe de naissance et faussaire hors pair. Lui aussi accepte de collaborer pour sauver sa vie.

Fin 1944, Smolianoff arrive à mettre au point des billets très acceptables, mais le camp de Sachsenhausen est de plus en plus exposé aux bombardements et Bernhard Kruger obtient de se replier dans les Alpes bavaroises, à Redl Zipg. Là encore, l'avance des troupes américaines, plus rapide que prévue, contrarie les projets. Il faut même tout arrêter. Bernhard Kruger reçoit l'ordre d'Himmler de détruire les archives, d'immerger les planches ainsi que les billets dans le lac voisin de Topliz, et d'envoyer au camp d'extermination les cent quarante personnes qui ont travaillé à la fausse monnaie. Il obéit aux ordres et lui-même s'enfuit en Suisse, avec un gros paquet de billets véritables qui servaient de modèles et des passeports parfaitement imités, car la manufacture fabriquait aussi de faux papiers...

Cette fois, Oskar Skala a tout dit. Telle a été la redoutable opération Bernhard, qui a bien failli ruiner l'Angleterre... Le commandant et le major ont encore quelques questions à lui poser sur ce qui a permis, précisément, de tout découvrir.

— Comment se fait-il qu'on ait retrouvé quand même des billets ?

— Je suppose que les soldats chargés de les immerger dans le lac ont voulu en garder quelques-uns, les plus beaux.

— Et pourquoi les ont-ils mis dans des cercueils ?

— Sans doute parce qu'ils en avaient sous la main. Des cercueils, il y en avait un peu partout, à l'époque. On n'arrêtait pas d'exécuter...

Faut-il préciser que jamais Bernhard Kruger n'a été retrouvé par les Alliés ? Nanti de faux papiers et disposant d'une véritable petite fortune, il n'a sans doute eu aucun mal à finir paisiblement ses jours en Amérique du Sud ou ailleurs...

Il y a pourtant un autre épilogue à cette histoire. Après la guerre, le commandant Reeves a repris le poste qui avait été le sien à Interpol et, au début des années cinquante, il a eu à s'occuper d'une affaire de faux dollars.

Les différents services soupçonnaient Solly Smolianoff, établi à Porto Alegre, au Brésil, d'être à la tête d'un réseau de faux-monnayeurs et Reeves a été amené à enquêter sur lui.

Smolianoff était à présent âgé de cinquante ans. Il s'était marié récemment avec une Italienne qui venait de lui donner un enfant. Il vivait, effectivement, dans une aisance suspecte, mais elle pouvait provenir de la fabrique de jouets qu'il avait créée avec l'argent de sa femme et qui marchait fort bien.

Une enquête plus approfondie n'a rien révélé de suspect. Solly Smolianoff s'était définitivement rangé ; il ne s'occupait que de sa fabrique... Le commandant Reeves en a été heureux. Ce pauvre bougre avait suffisamment payé en Allemagne pour son passé malhonnête. Et puis, cette affaire qui avait commencé avec des cercueils se terminait avec des jouets : c'était la plus belle des conclusions.

La boule de neige

Au moment où débute notre histoire, à la mi-1981, Camille Moreau, trente-cinq ans, est employé par une entreprise de construction de pavillons en série, dans une grande ville du centre de la France. Camille Moreau est commercial : c'est lui qui traite avec les acheteurs. Comme il présente bien et qu'il est sympathique, il conclut souvent les ventes. Il est d'ailleurs fort consciencieux. Il sait conseiller les clients en fonction de leurs revenus, leur faire choisir un plan de financement judicieux. Lui-même s'y connaît en placements financiers. Tout naturellement, il joue à la Bourse avec ses économies, mais dans des proportions modestes.

C'est alors que sa femme le quitte. Une de ses amies lui conseille, pour éviter la dépression, de s'occuper de bonnes œuvres. Au Secours catholique, il fait la connaissance de René Degros, que tout le monde appelle dans son entourage « Monsieur René ». C'est pour le moins un personnage étrange ! Il a soixante-quatorze ans, mais garde bon pied bon œil. Il se dépense sans relâche pour l'association caritative, ce qui ne l'empêche pas de mener grand train, d'être amateur de bonne chère et de bons vins. On chuchote qu'il y a un secret à son aisance matérielle : c'est un génie de la Bourse ; nul mieux que lui ne sait réaliser des placement miracles...

Comme Camille Moreau est lui aussi intéressé par la Bourse, ils en discutent plusieurs fois ensemble et, quand ils se connaissent suffisamment, Camille s'enhardit à lui demander son secret.

Monsieur René a un sourire rassurant.

— Il n'y a pas de secret, c'est tout simple...

Et c'est vrai qu'en le voyant, on a l'impression d'être en présence de n'importe qui sauf d'un aventurier. René Degros fait plus que son âge. Avec son crâne dégarni aux rares cheveux blancs et ses grosses lunettes, il a tout du grand-père tranquille, voire de l'arrière-grand-père tranquille... Il précise :

— Je joue sur les marchés asiatiques et j'investis dans des paradis fiscaux, avec des outils très spéculatifs. Il suffit seulement de s'y connaître pour éviter les risques.

— Et vous obtenez quel rendement ?

— Dix pour cent par mois.

— Pardon ?

— Cent vingt pour cent par an, si vous préférez. Confiez-moi une somme, vous verrez bien...

Prudent, Camille Moreau remet dix mille francs à l'étonnant Monsieur René. Ce dernier lui reverse sans sourciller mille francs un mois plus tard et, par la suite, mille francs régulièrement chaque mois. Camille Moreau se met alors à lui confier des sommes plus importantes et en parle autour de lui ; bientôt, il lui apporte l'argent de son entourage...

Il vient de mettre le doigt dans l'engrenage. La suite est un mécanisme implacable bien connu des spécialistes de l'arnaque, qu'on appelle la boule de neige. Un bien joli nom pour un très vilain procédé.

Deux ans ont passé... Camille Moreau a abandonné la vente des pavillons et exerce officiellement la profession de conseil en placements. En fait, il ne s'agit que d'une couverture. Il est devenu l'associé de René Degros. C'est lui qui tient la comptabilité des comptes de leurs clients.

C'est lui également qui lui sert de rabatteur. Après avoir fait profiter ses amis et connaissances des placements miracles, il recrute à présent un peu partout. Il ne perçoit qu'une petite commission sur les placements, mais comme le bouche à oreille fonctionne avec une particulière efficacité, ce sont de très grosses sommes qui transitent par lui et il vit dans une aisance qu'il n'avait jamais connue jusqu'alors.

Camille Moreau sait bien qu'il pratique là une activité illégale, car c'est un travail de banquier et il faut être habilité pour cela. Mais il se rassure en se disant qu'il ne fait rien de mal. A la limite, il ne fait que rendre service. Il s'entoure pourtant de précautions. Les comptes sont numérotés, il y a très peu de papiers et ceux-ci sont détruits dès que possible dans un broyeur. Les sommes lui sont, bien sûr, remises en liquide. Lui-même les remet à son tour à René Degros, qui lui reverse chaque mois les intérêts.

En fait, Camille Moreau n'a qu'un souci véritable : la provenance de l'argent. Monsieur René est toujours aussi avare de renseignements. La seule chose qu'il a bien voulu lui dire est qu'il a un contact avec un investisseur étranger et qu'il possède des informateurs dans les différentes places financières mondiales.

Pour le reste, c'est toujours le même homme. Admirable de dévouement malgré son grand âge, il force le respect de tous. Il se dépense plus que jamais pour les associations caritatives. C'est une figure unanimement appréciée dans la ville...

Les mois passent et les sommes continuent d'affluer. D'importantes, elles deviennent considérables : plusieurs milliards d'anciens francs. Alors, brusquement, Camille Moreau prend peur. Il fait appel à un détective privé. Il ne lui raconte pas le mécanisme de la banque parallèle ; il se présente comme quelqu'un qui va traiter une grosse affaire avec René Degros et qui, méfiant, voudrait des renseignements sur lui.

Les résultats ne tardent pas. Ce cher vieux Monsieur n'est pas la bonne âme qu'on pourrait croire. Il a abandonné sa femme et ses enfants pour rejoindre les compagnons d'Emmaüs. Mais il a quitté ces derniers à la suite d'un différend avec l'abbé Pierre, qui l'accusait de détourner des fonds.

Curieusement, le détective ne dit rien des placements miracles à cent vingt pour cent, preuve que le secret est bien gardé ou simplement qu'il n'a pas fait assez sérieusement son travail, mais il apporte quand même des précisions dans ce domaine. René Degros n'en est pas à son coup d'essai : il a déjà été inculpé quatorze fois pour exercice illégal de la profession de banquier.

Cette fois, Camille Moreau doit impérativement agir. Mais il a beau réfléchir, retourner la situation sous tous les angles, il ne voit pas quoi faire. Il ne peut se résoudre à porter plainte, c'est-à-dire à se dénoncer lui-même : ce serait la ruine et la prison, c'est au-dessus de ses forces. S'enfuir, tout laisser là ? Cela non plus, ce n'est pas possible. Il ne peut abandonner ses clients qui lui ont fait confiance, qui lui ont confié quelquefois toute leur fortune. Sans compter que cela pourrait même être dangereux : certains sont loin d'être des enfants de chœur.

Alors, Camille Moreau reste. Il essaie de se convaincre qu'après quatorze tentatives malhonnêtes, Monsieur René a enfin trouvé le filon légal, qu'il n'y a rien de louche derrière les placements miracles, qu'il s'agit bien de spéculations sur les marchés asiatiques et les paradis fiscaux...

Nous sommes à présent en 1986 et c'est l'inverse de ce qu'avait envisagé Camille Moreau qui se produit : c'est René Degros qui le quitte. Il lui annonce un beau jour :

— Mon cher Camille, je vais avoir quatre-vingts ans et ma santé n'est plus ce qu'elle était. Je dois songer à me retirer.

Camille Moreau n'est pas surpris de cette décision. Il se demandait même comment Monsieur René pouvait avoir encore une telle activité à son âge, mais cela ne l'empêche pas d'être terrorisé. Car il ne sait toujours absolument rien des placements et il va se retrouver avec ses clients qui vont exiger leurs dix pour cent mensuels ! Mais Monsieur René le rassure aussitôt :

— Ne vous inquiétez pas. Je vais vous mettre en contact avec mon correspondant à l'étranger...

C'est ainsi que, le 4 décembre 1986, Camille Moreau rencontre dans un hôtel d'Evian Franz Ferney, citoyen suisse d'une trentaine d'années... L'homme est courtois et va droit au fait.

— Je vous propose de nous retrouver ici chaque samedi. Vous venez avec l'argent de la semaine en liquide, je passe en Suisse avec et je reviens le lundi suivant avec les intérêts.

Camille Moreau espère enfin en savoir un peu plus qu'avec René Degros. Il demande des précisions sur les fameux placements, mais la réponse est exactement la même :

— C'est simple, il s'agit de spéculation sur les marchés asiatiques et d'opérations dans les paradis fiscaux...

Tout continue donc comme avant, à une plus grande échelle

encore. Camille Moreau a désormais plusieurs personnes sous ses ordres dans d'autres villes de province. Chaque semaine, il apporte deux à cinq millions de francs en espèces à Franz Ferney, qui franchit avec la frontière suisse et revient le lundi avec les intérêts.

La catastrophe n'est pas loin ; elle est même terriblement proche. Camille Moreau le devine, même s'il ne veut pas y croire. Six mois plus tard, il n'y a plus personne à l'hôtel d'Evian. Franz Ferney a disparu.

Camille Moreau reste seul avec l'argent de ses clients sur les bras. Que peut-il faire, sinon rembourser les intérêts qui sont dus avec les sommes qui viennent d'être déposées ? C'est la seule manière d'éviter l'effondrement général...

Et c'est alors enfin que Camille Moreau comprend tout. Les placements miracles avec les marchés asiatiques et les paradis fiscaux n'ont jamais existé. René Degros, puis Franz Ferney n'ont jamais rien fait d'autre que ce qu'il va faire maintenant lui-même : payer les intérêts avec l'argent apporté par les derniers clients ! La chose est possible à condition d'accroître sans cesse l'importance des fonds, mais la catastrophe est, à terme, inévitable.

C'est cela, l'arnaque à la boule de neige. Elle permet de mettre dans sa poche des sommes considérables à condition de se retirer à temps. Lorsque le système est sur le point de faire faillite, il faut s'arranger pour en reporter la responsabilité sur un gogo, qui va payer pour son prédécesseur.

Camille Moreau comprend qu'il est ce gogo. Et parce qu'il n'a pas le choix et qu'il veut malgré tout retarder l'échéance, il s'engouffre dans cette logique infernale. Il se lance dans une folle fuite en avant. Il lui faut de l'argent, toujours plus d'argent pour payer maintenant, même si cela signifie des sommes fabuleuses à verser plus tard. Il engage dix-huit rabatteurs dans toute la France. Ils se montrent efficaces. Il faut dire que, parmi eux, il y a des guichetiers de banque, des fonctionnaires et même un ex-inspecteur de police.

Camille Moreau ne craint pas que ses clients portent plainte. Ils sont bien trop compromis eux-mêmes. L'argent qu'ils versent est le plus souvent issu de bénéfices non déclarés au fisc et les intermédiaires leur ont dit que leurs placements transitaient par l'étranger avant de revenir avec les intérêts. Il y a donc exportation illégale de capitaux ou, du moins, puisque en réalité l'argent ne sort pas de France — et pour cause ! —, acceptation de ce délit.

Non, Camille Moreau craint que son trafic prenne de telles proportions qu'il finisse par être découvert et c'est effectivement ce qui se produit... Le 17 novembre 1988, la brigade financière passe à l'action et arrête dix-sept personnes. Camille Moreau est bien sûr du nombre et, sur son ordinateur, la liste des clients est saisie. Normalement, ils sont tous passibles de poursuites, mais la justice décide de se montrer clémente pour éviter un scandale...

L'aventure est finie. Elle signifie pour certains la ruine. Dans la grande ville de province, tout le monde se regarde en chiens de faïence. Seules les banques jubilent. Elles qui avaient été méprisées parce qu'elles proposaient des intérêts de six pour cent, voient revenir leurs clients la tête basse.

Si Franz Ferney, le complice suisse de René Degros, en fuite, n'est pas retrouvé, Monsieur René est arrêté à Nîmes où il se cachait. Néanmoins, à cause de son grand âge, il est laissé en liberté provisoire.

Le procès s'ouvre en décembre 1992 devant la 12e chambre correctionnelle de Paris. Bien que, selon les propres paroles de l'avocat général, « l'intérêt à porter aux victimes soit extrêmement limité », des peines sévères sont requises. Le jugement, mis en délibéré, est rendu en février 1993 : trois ans de prison, dont six mois avec sursis et un million trois cent mille francs d'amende pour Camille Moreau, trois ans de prison, dont trente mois avec sursis, plus un million d'amende à René Degros. Les comparses, les rabatteurs de Camille Moreau se voient infliger des peines de prison légères, couvertes par la préventive, et de lourdes amendes ; huit personnes reconnues comme non responsables sont acquittées...

Ainsi s'est terminée la dernière arnaque à la boule de neige connue. Mais on peut être certain qu'il y en aura d'autres, tellement sont nombreux ceux chez qui la cupidité l'emporte sur le bon sens et le sens moral.

Il faut le dire et le répéter : un placement qui rapporte dix pour cent par mois ou tout autre rendement mirifique est forcément une escroquerie. Il faut même aller plus loin : accepter de faire un tel placement, c'est, moralement du moins, une escroquerie.

L'école de la Loire

La différence entre un faussaire et un copiste est nulle au niveau du savoir-faire. Tous deux savent recréer avec le même bonheur l'œuvre de l'artiste disparu ; simplement, l'un est honnête et le dit et l'autre est malhonnête et ne le dit pas. Et entre les deux, il y a un inclassable, André Mailfert. La mystification qu'il a mise au point au cours des années trente est sans doute unique dans les annales. Certes, il a triché, il a menti, mais il l'a fait avec esprit, avec talent et c'était pour la bonne cause, alors il ne mérite, dans le fond, que notre admiration.

Natif d'Orléans, André Mailfert exerce, à la fin du XIXe siècle, la profession de peintre aquarelliste. Il a une passion, les meubles anciens, mais il est trop impécunieux pour s'en offrir ; les plus belles pièces sont hors de prix. Et c'est de là que lui vient l'idée qui va faire sa fortune. Il y a sans doute beaucoup de gens dans son cas. Pourquoi ne pas créer pour eux des copies, mais des copies dignes de ce nom, pas de médiocres imitations, des reproductions à l'identique ? Elles auraient exactement le même aspect que les originaux, seraient tout aussi décoratives dans un intérieur, mais coûteraient infiniment moins cher.

André Mailfert vient de trouver un « créneau », comme on ne dit pas encore à l'époque. Il crée dans sa ville d'Orléans, en 1904, une petite fabrique de copies de meubles anciens. Et il ne s'était pas trompé : cela marche, les commandes affluent ! Tant et si bien qu'en 1913, il doit s'agrandir. Il s'installe, toujours à Orléans, dans un hôtel particulier datant de François Ier et poursuit sa production de superbes copies : bergères Régence, commodes Louis XV, miroirs vénitiens, bureaux Empire, coiffeuses Louis XVI.

Un tel succès n'est pas dû au hasard, mais à un souci du détail poussé jusqu'à la perfection. Mis à part le sciage initial des billes de bois, les techniques sont rigoureusement celles employées à chaque époque donnée ; la formule des vernis, en particulier, est scrupuleusement respectée. Le vieillissement est obtenu avec beaucoup de soin par brûlure, éclatement, coups, craquelures, addition de poussière. Il en résulte des pièces d'une qualité sans pareille qui se vendent souvent plus cher que des originaux en état médiocre. Certains antiquaires peu scrupuleux n'hésitent d'ailleurs pas à vendre ces meubles pour des pièces authentiques, mais Mailfert n'y est pour rien. Son affaire est plus que prospère et emploie bientôt deux cent cinquante personnes hautement spécialisées...

Et puis, brusquement, en 1931, c'est la crise. Les effets du krach de 1929 à la bourse de New York se font sentir en France et, tout naturellement, touchent en priorité le commerce de luxe. L'ébénisterie va mal. Mailfert va se voir obligé de licencier et cela lui brise le cœur. Les ouvriers qui travaillent dans sa fabrique — il vaudrait mieux dire les artisans, voire les artistes — sont, tout comme lui, des amoureux de leur métier. Alors il réfléchit désespérément à un moyen de s'en sortir et ce qu'il trouve est proprement génial !

Il va inventer de toutes pièces une école d'ébénisterie ayant malheureusement disparu, l'école de la Loire, et il va en faire des reproductions. Bien sûr, il s'agira de copies, mais les originaux n'existant plus, elles se vendront presque aussi cher que des meubles authentiques. A cela s'ajoutera l'attrait de la découverte et, s'il sait habilement s'y prendre, un effet de mode, voire de snobisme.

Il se met sans tarder à l'ouvrage. Sur du papier ancien d'époque Renaissance trouvé dans les combles du musée d'Orléans, il dessine avec le plus grand soin une centaine d'aquarelles, lavis et sépias reproduisant des meubles d'un style nouveau et absolument charmant — quelque chose comme du Louis XV rustique. Ils sont en bois fruitier clair, avec des pieds sobres, des portes à panneaux et des motifs décoratifs en marqueterie représentant exclusivement des bateaux ou des châteaux.

André Mailfert contemple son œuvre avec un intense sentiment de bonheur. C'est ce qu'il aurait créé comme ameublement si on lui avait donné le choix parmi tous les styles. Ce qu'il vient de faire, c'est du Mailfert ! Après avoir copié ses illustres prédécesseurs disparus, il va se copier lui-même... Il enduit ces documents de poussière et les enferme dans une malle d'époque en peau de truie. Maintenant, la mystification qui va sauver ses employés du chômage peut commencer.

A cette « école de la Loire », il faut un chef, un créateur. Comme le coup qu'il va tenter est passablement hardi, il choisit de l'appeler justement « Hardy ». André Mailfert n'a plus qu'à mettre au point la biographie de Jean-François Hardy, maître ébéniste du XVIIIe siècle, puis il se jette à l'eau.

Fin 1931, il publie une luxueuse plaquette : *L'école de la Loire*, qui attire immédiatement l'attention des amateurs et des spécialistes. En voici quelques extraits : « Il nous semble nécessaire d'expliquer le pourquoi de l'engouement subit du public pour le style de l'école de la Loire, encore presque ignorée il y a quelques mois. Peut-être serait-il temps de dire qui est ce Jean-François Hardy, dont beaucoup entendent parler pour la première fois...

« En 1715, Jean-François Hardy, l'élève préféré du maître ébéniste Germain Landrin, fournisseur de la cour de France, dans les ateliers duquel il avait conquis successivement l'apprentissage, le compagnonnage et la maîtrise au bout de dix ans, entreprit un voyage en Hollande pour se perfectionner dans son état. Jean-François Hardy s'arrêta en route à Lille où son passage est signalé par divers travaux d'art exécutés au château de Fournes-en-Weppes.

« De là, il gagna Bruxelles pour y travailler quelque temps sous la direction de maître Jan Hort, puis il arriva en Hollande où il se fixa à Rotterdam, dans une maison près du port. Il se maria en 1719 avec la fille d'un riche bourgmestre, Cornélia Van der Breught, dont il eut trois enfants : Pétrus et Bernard, qui continuèrent son œuvre en France, et Marguerite, qui épousa un ébéniste de Nantes.

« Son fils aîné Pétrus s'établit à Orléans pour y poursuivre l'œuvre de son père, en association avec Gaillard, rue du Bœuf ; son autre fils s'installa à Angers où il s'illustra dans les meubles et boiseries de l'évêché. On signale également à Gien, Saumur et Ancenis des ateliers plus modestes où d'anciens élèves continuèrent la tradition de Jean-François Hardy en reproduisant plus ou moins habilement ses modèles.

« Il est curieux de constater que de tous ces noms aucun ne soit cité par les auteurs des ouvrages sur les ébénistes du XVIIIe siècle. L'*Almanach général des marchands* parlait cependant de lui comme d'un maître vers la fin du XVIIIe et les *Tablettes de la renommée* de 1770 font également mention de ses ouvrages... »

Après tous ces détails qui ne s'inventent pas, suit la reproduction de dessins de meubles du maître, dans ce style Louis XV campagnard si particulier, notamment une bibliothèque, un secrétaire et une chambre à coucher.

La plaquette est illustrée en outre d'un portrait montrant l'ébéniste en pied devant un paysage de mer avec un naufrage dans le lointain. Ce motif curieux s'explique par un événement de la vie de Jean-François Hardy. Rentrant de Hollande pour se fixer en France, son navire, touché par la foudre, a coulé près de Nantes. Mais il a pu survivre, ainsi que toute sa famille, en s'accrochant à une bille de citronnier.

Et le texte précise encore un détail qui est l'ultime trait de génie de Mailfert. En arrivant en France, Jean-François Hardy a trouvé le pays ruiné par la banqueroute de Law. Comme aujourd'hui, les gens de la bonne société n'avaient pas d'argent pour ce qui n'était pas indispensable. Aussi, il a choisi de faire des meubles simples, avec des bois peu coûteux, mais de bon goût. La production du maître méconnu du XVIIIe siècle se trouve miraculeusement adaptée au marché issu de la crise de 1929. Les acheteurs n'ont plus qu'à se précipiter !...

En attendant, André Mailfert est assailli de questions sur sa découverte. Comment se fait-il que les dessins de Jean-François Hardy soient en sa possession et qu'il les ait rendus publics précisément maintenant ? Il s'en explique lors de la réception qu'il donne peu après et qui attire non seulement les notabilités d'Orléans, mais les amateurs de toute la France.

— Le 1er août 1914, j'ai offert le champagne à ceux de mes employés qui allaient partir pour le front. Un de mes ouvriers ébénistes, Simon Hardy, m'a laissé une vieille malle ayant appartenu à son aïeul. Il m'a dit que je pouvais l'ouvrir s'il ne revenait pas.

— Et il a été tué à la guerre, ce Simon Hardy ?

— Oui. Au piton de Vauquois, en 1916.

— Pourquoi n'avez-vous pas ouvert la malle à ce moment-là ?

— Je n'ai appris sa mort qu'après. J'avais laissé cette malle dans mon grenier et je dois avouer que je l'avais complètement oubliée. C'est au début de cette année, en allant faire un peu de rangement, que je suis tombé dessus par hasard...

C'est le succès, c'est même un véritable triomphe ! Du jour au lendemain, tous les milieux spécialisés ne jurent plus que par Jean-François Hardy. Un magazine d'art lui consacre son numéro de Noël. Un fabricant de cartes postales gagne une somme rondelette en reproduisant le portrait de l'ébéniste, avec le naufrage dans le lointain. André Mailfert fait une conférence radiophonique, privilège très rare à l'époque, au Poste National, sous le haut patronage du ministère des Beaux-Arts.

Et surtout, il se met au travail ! Car les affaires reprennent de manière miraculeuse : il a trois millions de commandes après la publication de sa plaquette. Et les « copies » d'après les dessins retrouvés dans son coffre commencent à sortir de ses ateliers. Comme il l'avait prévu, il les vend plus cher que des copies ordinaires, car elles n'ont pas d'originaux. Et ses employés, bien loin d'avoir à redouter le chômage, sont contraints de faire des heures supplémentaires !

Tout le monde marche dans la mystification. Un expert attaque Mailfert dans une revue spécialisée, lui reprochant de ne pas avoir copié avec assez de rigueur les dessins du maître. Il s'exclame dans son article : « Vous avez tué l'œuvre de Jean-François Hardy ! » Un journaliste du *Figaro* découvre la maison natale de Jean-François Hardy à Tours, rue de la Sellerie, et une plaque commémorative est commandée. Le même journaliste accepte de prendre la tête d'un « Comité Jean-François

Hardy ». Le musée de Blois réserve une salle pour abriter sa production...

Mais si vous vous promenez rue de la Sellerie, à Tours, vous n'y trouverez pas de plaque de marbre au nom de l'ébéniste et le musée de Blois a pu sauver à temps sa réputation. En 1935, André Mailfert, ayant définitivement mis à l'abri son personnel, a décidé de prendre un repos bien mérité. Il a vendu sa maison et, une fois à la retraite, a écrit ses Mémoires, qui ont paru sous le titre : *Au pays des antiquaires*.

Il y racontait comment il avait réussi le tour de force de se copier lui-même par « école de la Loire » interposée. Il précisait en terminant que le pseudo-portrait de Jean-François Hardy, celui-là même qui avait fait la couverture des magazines d'art et avait été reproduit en carte postale, n'était qu'une vieille croûte achetée vingt francs aux puces d'Orléans. Il représentait un curé du XIXe siècle, auquel il avait ajouté lui-même une perruque. Quant au naufrage figurant en arrière-plan, il n'avait pas la moindre idée de ce qu'il pouvait bien signifier !

En fait, c'est un peu injustement qu'André Mailfert a sa place dans ce livre consacré aux arnaques. Qu'a-t-il fait d'autre que sauver du chômage ses employés, grâce à son imagination et à son talent ? Et puis, il a créé un style : le Louis XV rustique en bois clair, décoré de marines et de châteaux. Les clients qui ont acquis ses meubles n'ont jamais regretté leurs achats et, aujourd'hui encore, ils restent très honorablement cotés.

André Mailfert n'était pas seulement un mystificateur au grand cœur. C'était aussi un authentique maître ébéniste.

La planche spirite

Dans l'Allemagne de 1952, c'est encore la crise du logement due aux destructions de la guerre. Aussi, lorsque Dora Jung acquiert un grand pavillon près de Munich, elle craint fort qu'on ne lui impose des locataires.

C'est pourquoi elle demande à son amie de toujours, Ingrid Strauss, de venir habiter avec elle. La peur d'être obligée de loger sous son toit quelqu'un qu'elle ne connaît pas n'est pas la seule raison qui a poussé Dora Jung à faire venir son amie Ingrid. Elle vient de perdre son mari, âgé de cinquante ans comme elle. C'est d'ailleurs avec son assurance-vie qu'elle a pu acheter le pavillon, mais la perspective de la solitude la terrifie. Elle est sûre qu'avec Ingrid, de dix ans sa cadette, toujours gaie et pleine de vie, il y aura de l'animation dans son existence.

Et elle ne se trompe pas : de l'animation, il va y en avoir !

Trois mois ont passé... Dora Jung se félicite un peu plus chaque jour d'avoir fait venir Ingrid. Celle-ci a tout pris en main dans la maison et elle-même n'a plus qu'à se laisser porter. Dora retrouve ainsi la situation qui était la sienne avec son mari : c'était lui, en homme autoritaire qu'il était, qui décidait de chaque chose... Pour rien au monde elle ne voudrait que cela change, aussi est-elle vivement inquiète quand Ingrid lui déclare :

— Je me suis renseignée. Deux personnes dans un pavillon de six pièces, ce n'est pas assez. On va sans doute nous imposer un autre locataire.

— Mon Dieu ! Qu'est-ce que nous allons devenir ?

— Rassure-toi. J'ai quelqu'un de très bien à te proposer. Il s'appelle Franz Weber. J'ai fait sa connaissance il n'y a pas longtemps. Un homme à la maison, cela peut être utile.

— Qu'est-ce qu'il fait dans la vie ?

— Justement, il est maçon. Il pourra faire des travaux d'embellissement dans le pavillon...

Dora Jung ne discute pas et Franz Weber vient s'installer à son tour. Cela fait à présent deux personnes qu'elle héberge gratuitement sous son toit, car il n'est pas question de leur demander un loyer.

Dès les premières semaines de cohabitation, elle constate que, malgré son métier de maçon, Franz Weber ne rend guère de services à la maison. Mais elle ne lui en veut pas. Il a tellement de travail, avec toutes ces reconstructions, que quand il rentre, il est épuisé. C'est elle, au contraire, qui se donne beaucoup de mal pour lui préparer de bons petits plats, car Franz aime bien manger et bien boire aussi... Pour la nourriture non plus, elle ne leur fait rien payer ni à l'un ni à l'autre. Elle est trop heureuse d'avoir de la compagnie. C'est elle qui devrait les remercier d'être là !

Il y a pourtant une ombre persistante dans la vie de Dora Jung, une ombre à tous les sens du mot : son mari. Elle ne se console pas de l'avoir perdu. Bien sûr, Ingrid et Franz lui changent les idées, mais s'il était là, ce serait tellement mieux ! Or, Dora ne pense pas que ce soit tout à fait impossible. Elle a toujours été attirée par le spiritisme ; elle croit à la communication avec les esprits, mais elle ne se sent pas elle-même les dons suffisants.

Un jour, elle s'en ouvre à table à ses amis.

— Quel dommage que je ne connaisse pas de médium ! Je suis sûre que mon pauvre mari a tant de choses à me dire...

Franz Weber arrête de dévorer la gigantesque choucroute qui emplit son assiette.

— Mais il n'y a rien de plus simple : il suffit d'avoir une planche spirite !

— Une planche spirite ?

— Vous n'en avez jamais vu ?

Dora Jung avoue, un peu honteuse, son ignorance. Le maçon la rassure :

— Je vais vous en fabriquer une pour demain.

Ingrid Strauss intervient à son tour :

— Et pour le médium, tu ne pouvais pas mieux tomber. On m'a toujours dit que j'avais des dons.

Franz Weber, qui n'avait rien fait de ses dix doigts depuis qu'il avait franchi le seuil du pavillon, travaille pour une fois de bon cœur et, le lendemain, la planche spirite est là...

Si vous êtes dans le cas de Dora Jung et n'en avez encore jamais vu, voici à quoi ressemble l'objet. Il s'agit d'une planche de cinquante centimètres sur cinquante ; à l'intérieur est tracé un grand cercle avec toutes les lettres de l'alphabet, puis un cercle plus petit où figurent les chiffres de 0 à 9 et enfin, les mots « oui » et « non » inscrits dans deux carrés en haut de la planche. Au centre, on place une tasse à café retournée. Les participants doivent poser le doigt sur elle et l'esprit la déplace vers « oui » ou « non », s'il s'agit d'une simple réponse, ou vers les lettres s'il s'agit de faire une phrase.

Dora, très impressionnée, pose en tremblant son doigt sur la tasse en compagnie de son amie de toujours et du maçon, et le dialogue d'outre-tombe commence. C'est Ingrid Strauss, en tant que médium, qui pose les questions.

— Qui est là ?

Mue par une force invisible, la tasse se promène sur les lettres du grand cercle.

— M-A-R-I.

— Où es-tu ?

Même manège...

— P-U-R-G-A-T-O-I-R-E.

Dora Jung est au comble de l'émotion. Elle est partagée entre la joie et la déception. Elle espérait que son époux défunt serait au paradis, du moins n'est-il pas en enfer, c'est déjà cela !... Coupant la parole à Ingrid, elle s'empresse de lui demander :

— Qu'est-ce qui te ferait plaisir ?

Cette fois, la réponse est plus inattendue :

— C-H-A-M-P-A-G-N-E.

Dora est même franchement surprise, car son mari n'avait

jamais bu une goutte d'alcool de sa vie. Toujours par le même moyen, elle lui fait préciser comment il veut qu'elle procède. Il lui répond qu'elle doit déposer le soir la bouteille bien fraîche dans la salle de bains et surtout ne pas essayer d'entrer dans la pièce pendant la nuit...

En cette période d'après-guerre, l'Allemagne est soumise aux restrictions et les produits de luxe coûtent une fortune. Mais Dora Jung n'a pas la moindre hésitation, elle a toujours obéi à son mari et, venant d'outre-tombe, ses désirs sont plus que jamais des ordres. Elle fait comme il a dit et, au matin, constate que la bouteille est vide... Tout émue, elle vient la montrer à Ingrid et Franz.

— Vous avez vu ? Il l'a bue ! C'est bien la preuve que c'était vrai...

A partir de ce moment, la vie dans le pavillon est rythmée par les séances de planche spirite. Le défunt se montre extrêmement disert et fait part de ses moindres désirs à sa femme. Il manifeste un goût marqué pour les produits de luxe : principalement le champagne, mais aussi le cognac et divers spiritueux, les chocolats fins, les cigares et même, une fois, il demande du parfum ! Un parfum français fort cher, qui est d'ailleurs celui d'Ingrid.

Cette fois, Dora Jung s'étonne, elle s'inquiète même.

— Qu'est-ce qui se passe ? Tu es devenu comme ça au purgatoire ?

Heureusement, par tasse à café interposée, il la rassure. Il s'agit d'un cadeau pour la Sainte Vierge, afin qu'elle hâte son passage au paradis...

Mais, après s'être beaucoup amusés et constatant que la crédulité de la veuve est décidément absolue, Ingrid Strauss et Franz Weber décident de passer à l'escroquerie proprement dite... Après avoir demandé à son mari, comme tous les jours, de quoi il avait envie, Dora Jung s'entend brusquement répondre :

— Rien.

Elle blêmit et elle a raison, car les révélations de la planche spirite ne sont pas du tout rassurantes.

— Tu vas avoir de gros ennuis venant du fisc à cause de la maison.

— Mon Dieu ! Qu'est-ce qu'il faut que je fasse ?

— Remets provisoirement le pavillon à Franz Weber. Tu le récupéreras quand tes ennuis seront passés.

Aussitôt dit, aussitôt fait. Dora Jung vend devant notaire le pavillon à Franz Weber pour cent mille marks. Bien entendu, il s'agit d'une vente fictive et le maçon devient officiellement propriétaire mais ne verse pas l'argent. Quant à Dora, elle pousse un profond soupir de soulagement. Elle est sauvée !

Les jours passent... La vie, dans la maison qui est désormais celle de Franz Weber, reste toujours la même, mais il se produit alors quelque chose de totalement imprévu : Dora Jung a des soupçons. Un soir, au dessert, elle déclare brusquement à ses amis :

— Je me demande si c'est bien vrai, cette histoire de planche spirite.

Franz Weber en laisse tomber sa troisième part de tarte.

— Comment cela ?

— Oui, mon mari m'avait prédit des ennuis avec le fisc, mais le fisc ne se manifeste pas...

Poussant intérieurement un soupir de soulagement, les deux complices décident de passer immédiatement à l'action. Dora leur avait avoué qu'elle ne déclarait pas la totalité de sa pension de veuve. Ils écrivent une lettre anonyme de dénonciation aux impôts et le résultat ne tarde pas.

Dora Jung est aux anges quand elle voit débarquer le contrôleur chez elle. Et c'est avec un large sourire qu'elle paie un redressement de cinq mille marks pour les cinq années précédentes. Tout était vrai, elle communiquait bien avec son mari. Elle est heureuse !

Les séances de planche spirite se poursuivent donc avec plus d'ardeur que jamais. Dora Jung ne manque pas de demander à son mari quand elle va récupérer sa maison. La réponse est laconique et toujours identique :

— Patience...

De même, elle s'étonne auprès de lui des disparitions d'argent et de bijoux qui sont de plus en plus fréquentes. L'esprit lui répond invariablement :

— C'est moi qui les ai pris pour aller plus vite au paradis.

Et il explique à qui il les a donnés pour obtenir un tour de faveur. Tous les saints et les saintes y passent, même Jésus-Christ et Dieu le Père. Dans le cas de ce dernier, c'est juste après la disparition de boucles d'oreilles. Dora Jung aimerait bien demander à son mari ce que Dieu le Père va faire de ses boucles d'oreilles, mais elle n'a pas cette audace...

Ses dialogues avec son époux n'ont pas lieu que par planche spirite interposée. Elle se rend souvent au cimetière et lui parle longuement sur sa tombe. C'est cela qui va la sauver et causer la perte des deux escrocs...

Le jour de la Toussaint 1955, elle se retrouve nez à nez avec Hilda Weber, venue déposer des fleurs. Hilda Weber est la fille d'un premier lit de son mari, avec laquelle elle n'a plus de relations depuis longtemps, mais l'envie de confier son extraordinaire aventure est la plus forte.

— Vous savez que votre père va quitter le purgatoire pour le paradis ? Il ne lui manquait plus que cinq cents marks et je les lui ai donnés hier !

— Qu'est-ce que c'est que cette histoire ?

— La planche spirite ! Vous ne connaissez pas la planche spirite ?...

Non seulement Hilda Weber ne connaît pas la planche spirite, mais elle n'y croit pas davantage... Bien qu'elle n'ait jamais eu de particulière sympathie pour la seconde femme de son père, le comportement des deux escrocs la révolte trop pour qu'elle se taise. Quand Dora a enfin terminé son histoire, elle lui déclare :

— Vous allez immédiatement porter plainte !

— Vous êtes folle ?

— Si vous ne le faites pas, c'est moi qui le ferai...

C'est ce qui s'est produit. Prévenue par Hilda Weber, la police a arrêté Ingrid Strauss et Franz Weber, qui se retrouvèrent devant les juges. Le tribunal les a condamnés à un an de prison chacun. Bien que la vente du pavillon ait été faite dans les formes légales, elle a été cassée et Dora Jung a pu récupérer son bien.

Il n'en a pas été de même de son argent, qui avait été dépensé, et de ses bijoux, qui avaient été vendus, à quelques exceptions près. Parmi celles-ci figuraient les boucles d'oreilles. Cette fois, il n'y avait plus de doute, la planche spirite avait menti : ce n'était pas Dieu le Père qui les avait !

Les quatorze mille cousins

Il y a schématiquement deux types d'arnaques : la plus courante consiste à s'emparer d'une grosse somme au détriment d'une personne, d'une société ou d'un organisme quelconque ; la seconde, moins fréquente, consiste à prendre très peu, mais à un très grand nombre d'individus, ce qui permet d'arriver à une somme rondelette. Reste à trouver un prétexte pour faire tomber toute une cohorte de victimes dans le même panneau. Celui dont il est question dans cette histoire est aussi simple qu'ingénieux...

Dans la région de Limoges, une légende circule depuis le Second Empire : un certain Mallet a émigré au XVIIIe siècle aux Amériques et y a fait fortune, mais personne n'en a hérité. On se transmet le récit à la veillée. De vagues recherches effectuées par des familles Mallet n'ont donné aucun résultat.

Nous sommes en juillet 1961, ce qui constitue pour Gisèle Youbi un tournant dans son existence. Après avoir été institutrice toute sa vie, elle vient de prendre sa retraite. Elle se demande à quoi elle va occuper ses loisirs. Et comme de plus elle est seule — née Favier, elle avait épousé un certain Ahmed Youbi dont elle est veuve —, ce n'est pas le temps qui lui manque.

Durant ces jours de désœuvrement, Gisèle pense, entre autres choses, à l'histoire du Mallet d'Amérique et c'est alors que l'idée lui vient. Elle lui vient à cause du nom. Mallet est un des patronymes français les plus courants : consultez l'annuaire ou tapez sur votre minitel, vous en aurez confirmation... C'est d'ailleurs ce que fait Gisèle Youbi : elle ouvre l'annuaire de la Haute-Vienne. Rien que pour le département, il y en a plus d'une centaine — alors pour la France entière... !

Et c'est ainsi que, peu à peu, dans son esprit, son plan se précise. Si l'on disait à ces gens-là qu'ils vont peut-être entrer en possession d'un héritage fabuleux, en échange d'une cotisation modeste, combien seraient-ils à mordre à l'hameçon ?

Le meilleur moyen d'avoir la réponse, c'est de se mettre à l'ouvrage. Gisèle Youbi écrit à tous les Mallet de France, et même aux Malet avec un seul « l » pour ne pas faire de jaloux. Cela représente plusieurs dizaines de milliers de lettres. C'est l'inconvénient de la chose : la mise de départ. Il y en a pour une petite fortune en timbres. Mais si elle ne s'est pas trompée, elle devrait rapidement rentrer dans ses frais. De toute manière, les dés sont jetés. Elle n'a plus qu'à attendre.

— D'après mes estimations, la fortune de votre ancêtre doit s'élever à deux cent cinquante-neuf milliards d'anciens francs !

Un « Oh ! » de stupeur retentit parmi l'assistance rassemblée dans un cinéma de Limoges. Il faut dire que la somme annoncée est fabuleuse et même difficilement concevable, de l'ordre de deux mille milliards de centimes actuels.

Gisèle Youbi laisse passer un moment pour ménager son effet. Il faudrait plutôt dire la princesse Ayoubi, car elle a décidé de prendre un nom à la fois plus harmonieux et plus prestigieux. Elle se prétend donc la princesse Ayoubi, veuve d'un émir du Turkestan qui s'est fait tuer en duel pour ses beaux yeux...

Du haut de l'estrade où elle est installée, elle contemple les visages tournés vers elle. Il y a là trois cents personnes, formant un public des plus divers. On peut y voir des jeunes et des moins jeunes, y compris des couples qui sont venus avec leurs enfants et des mamans portant leur bébé, des riches et des moins riches, des paysans et des gens de la ville. Tous ont pourtant un point commun : leur nom. Ils s'appellent Mallet.

Gisèle Youbi a tout lieu d'être satisfaite. Ils sont trois cents à s'être déplacés de toute la France pour assister à sa conférence et ils sont plusieurs milliers à avoir répondu à sa circulaire. Elle ne s'était pas trompée. Son idée était bonne...

Sentant les Mallet suspendus à ses lèvres, Gisèle Youbi, pardon... la « princesse Ayoubi », commence le récit qu'ils attendent tous.

— Votre ancêtre Joseph, Jean-Pierre Mallet, est né à Saint-Victurnien, dans la Haute-Vienne, le 22 janvier 1759. Etant le cadet d'une famille de onze enfants, il est envoyé par son père, procureur royal, au séminaire de Limoges. Mais être prêtre ne lui dit rien, aussi il s'enfuit et s'embarque comme passager clandestin à La Rochelle. Il a la chance de ne pas se faire prendre pendant le voyage et il arrive en Amérique. Là, il a plus de chance encore : la chance de sa vie. En Louisiane, il sauve une riche héritière créole dans son palais en flammes et l'épouse. Comme toute la famille de la jeune fille a péri dans l'incendie, ils se retrouvent fabuleusement riches et achètent des terres dans le Maine et le Vermont. Ils meurent tous deux en 1816. Peu avant sa mort, Joseph, Jean-Pierre Mallet écrit à ses frères pour qu'ils viennent prendre possession de leur héritage ; mais soit par incrédulité, soit par manque d'argent, ceux-ci ne font pas le voyage... Actuellement, les propriétés Mallet aux Etats-Unis ont environ la taille de six départements français. Mais ce n'est pas tout, car, outre ses biens fonciers, Jean-Pierre possédait des puits de pétrole et des mines d'or. Tout cela est à portée de votre main, si vous le voulez...

Ces mots sont accueillis par une ovation dans le cinéma de Limoges. Les Mallet applaudissent avec un bel ensemble. L'un d'eux, plus hardi que les autres, prend la parole.

— Est-ce que la princesse Ayoubi accepterait de prendre la tête d'un « Syndicat de défense des Mallet » ?

— Je ne sais pas si je suis digne d'une telle responsabilité...

— Acceptez, princesse. Tout le monde vous le demande.

Après s'être fait mollement prier, la princesse Ayoubi accepte et l'on passe à la rédaction des statuts du syndicat. Elle propose qu'on fasse appel aux compétences d'un avocat, Me Barbeau, dont elle s'est assuré les services, omettant seulement de préciser qu'il a été radié du barreau de Paris.

Le premier point, le montant de la cotisation, ne soulève pas la moindre difficulté. Elle est fixée à dix francs par an, soit un peu moins de cent francs actuels. De l'avis général, cette somme est très raisonnable et chacun, d'ailleurs, s'empresse d'aller s'en acquitter auprès de la nouvelle présidente.

Ensuite, on discute de la répartition de l'héritage, ce qui se fait dans une atmosphère bon enfant. Personne ne cherche à avoir plus que son voisin. Mais il est décidé qu'on établira des arbres généalogiques, pour savoir s'il n'y aurait pas un descendant plus proche que les autres de Joseph, Jean-Pierre. Certains ont même des idées on ne peut plus originales.

— Et si l'on créait une mutuelle ?

— Pour quoi faire ?

— Les Mallet auraient droit à des réductions dans les transports et les grands magasins...

— Il faut se revoir pour un grand banquet.

— Où cela ?

— A Saint-Victurnien, évidemment, le village de naissance de Joseph, Jean-Pierre.

— Et puis après, il y aura un bal.

— Et l'élection de Miss Mallet !...

Gisèle Youbi n'en revient pas. Il n'y a pas une question ou presque sur la réalité de son histoire, qu'elle a pourtant inventée de toutes pièces. Ces gens sont si heureux d'avoir appris l'existence de leur fabuleux ancêtre qu'ils ne la mettent pas en doute. Et d'ailleurs, c'est moins l'appât du gain qui les occupe que le plaisir d'être ensemble. Ils viennent de tous les coins de la France, ils appartiennent à toutes les classes sociales et pourtant, ils sont unis par un lien très fort, ils sont cousins, presque frères : ils sont tous des Mallet !

Et cela continue à marcher... Fin 1961, le syndicat compte trois mille adhérents, ayant tous acquitté leur cotisation de dix francs. La princesse Ayoubi est largement rentrée dans ses frais de timbres. Fin 1962, ils sont huit mille et c'est alors qu'a lieu le plus beau moment de cette aventure : le grand banquet qui avait été évoqué lors de la réunion inaugurale.

Pour Noël, les Mallet se rendent en pèlerinage sur la colline de Saint-Victurnien où s'élevait la maison natale de Joseph, Jean-Pierre, leur ancêtre. Ils ne sont pas loin de mille. C'est un événement non seulement dans le village, mais dans la région. Et le soir, dans la nuit du 24 au 25 novembre 1962, c'est le repas de fête, suivi, ainsi qu'il avait été prévu, de l'élection d'une Miss Mallet.

Celle-ci, toute rougissante, avoue son plus secret désir :

— Ne pas changer de nom : épouser un jeune et beau Mallet...

Des représentants de la presse locale et même nationale se sont déplacés et la princesse Ayoubi répond avec beaucoup d'aisance à leurs questions.

— Pourquoi n'y a-t-il aucune trace à Saint-Victurnien de la naissance d'un Mallet en 1759 ?

— Pour une raison simple. En 1880, le consul Giffils est venu des Etats-Unis à Saint-Victurnien pour faire disparaître toute trace du milliardaire français. Dans les journaux de l'époque, on peut voir qu'en 1888, le député Labussière a protesté contre cette intrusion américaine.

— En Amérique, on prétend, dans les milieux bien informés, qu'il n'existe aucun Mallet parmi les plus grosses fortunes.

— Evidemment, les Américains cherchent à garder l'argent chez eux. C'est pour cela que nous avons fondé le Syndicat de défense des Mallet. Quand nous aurons les preuves légales, ils seront bien obligés de payer...

Le temps passe... Le syndicat est maintenant rodé et fonctionne bien. La princesse Ayoubi fait les choses très sérieusement : démarches auprès des pouvoirs publics, campagnes de presse, lettres aux magistrats et au président de la République. En 1965, plus de quatorze mille Mallet, exactement 14 817, paient régulièrement la cotisation.

Contrairement à ce qu'on pourrait penser, ils n'habitent pas qu'en France : ils appartiennent à soixante-treize pays différents ! Il faut croire qu'à l'instar de Joseph, Jean-Pierre, les Mallet avaient la bougeotte ; en tout cas, ils ont essaimé dans le monde entier. Parmi les adhérents du syndicat, il y a de tout, y compris des représentants de la meilleure société, jusqu'à un lord anglais ! La princesse Ayoubi en a même rajouté pour rehausser encore le niveau. Elle n'a pas hésité à inscrire à leur insu des Mallet haut placés. C'est ainsi qu'un médecin réputé est inscrit comme trésorier en second de l'association et sa signature — un faux — est déposée à la préfecture avec les statuts.

C'est le succès, et peut-être bientôt la gloire ! Il est question de tourner un film sur la vie de Joseph, Jean-Pierre Mallet avec Jean Marais et Marpessa Dawn...

Mais le premier tour de manivelle de cette œuvre admirable ne sera jamais donné et le rêve, comme tous les rêves, s'arrête pour faire place à la réalité. Un généalogiste de la Haute-Vienne parvient à retrouver la trace d'un Joseph, dit Jean-Pierre Mallet, à peu près contemporain de celui de l'histoire, mais c'est pour établir qu'il exerçait la profession de cantonnier, qu'il n'a jamais franchi les limites du département et qu'il est mort en laissant à ses héritiers mille trois cent trente-quatre francs et quelques centimes.

Du coup, plusieurs Mallet portent plainte et Gisèle Youbi, inculpée d'escroquerie et de faux, est arrêtée le 19 janvier 1966. Elle reconnaît ne détenir aucun document prouvant l'existence de l'ancêtre Mallet. Mais elle proteste de sa bonne foi :

— Si j'ai créé ce syndicat, qui est devenu maintenant mondial, c'est justement pour rechercher des preuves de l'existence de cet héritier.

Elle reconnaît avoir touché de l'argent en distribuant des cartes d'adhésion, mais elle ajoute :

— Le syndicat me doit trente mille francs...

Elle n'a pas entièrement tort. Vérifications faites, son arnaque n'a jamais pris de grandes proportions. Pendant les cinq ans qu'elle a duré, elle est parvenue tout juste à vivoter avec l'argent de ses dupes, qui, de leur côté, n'ont pas perdu grand-chose dans l'aventure. Dans le fond, l'héritage Mallet aura été pour Gisèle Youbi une manière peu ordinaire d'occuper sa retraite.

Alors, laissons-la en paix et terminons sur un souhait : que, faute d'héritage fabuleux, Miss Mallet ait trouvé le bonheur avec un autre Mallet et qu'ils aient eu ensemble beaucoup de petits Mallet.

Le gang des confiseurs

Maria Brogan a dix-sept ans en cette année 1949. Son père, le pasteur Brogan, a la charge d'une des paroisses huppées de Boston, la ville la plus puritaine des Etats-Unis. C'est dire si Maria Brogan est une fille de bonne famille. Toute la semaine, elle fréquente l'un des collèges les plus chics et les plus chers de la région. Et le dimanche, elle tient la partie de soliste dans le chœur de l'église.

Les paroissiens qui assistent à l'office ne peuvent s'empêcher de l'admirer. Quelle jolie voix, quelle modestie dans sa toilette et dans son comportement ! Dieu merci, dans l'Amérique d'aujourd'hui, il y a autre chose que ces filles débraillées et sans moralité qui dansent sur des airs de jazz...

Brian Lester est un des admirateurs les plus fervents de Maria. Il a dix-huit ans. Son père possède une importante fabrique de textile. Dans son collège, non moins sélect et hors de prix, il brille par son goût de l'étude et par ses excellents résultats dans les matières scientifiques.

Brian s'est longtemps refusé à admettre la vérité, mais maintenant il ne peut plus se le cacher : il est amoureux de Maria, amoureux fou. Quelques mots échangés dans les goûters mondains où ils se sont retrouvés, et surtout à ces offices du dimanche où il l'entend chanter si merveilleusement, ont suffi pour qu'il ait le coup de foudre. Mais cette fois, c'est décidé : à la prochaine occasion, il va se déclarer.

A première vue, on ne voit pas très bien le rapport entre ces charmants jeunes gens et un livre sur les grandes arnaques. Et pourtant, nous allons y venir très vite. Car Maria Brogan et Brian Lester ne vont pas tarder à faire parler d'eux.

C'est le samedi suivant que Brian parvient enfin à parler à Maria. Il a osé attendre la jeune fille à la sortie de son école. En le voyant, elle a un mouvement joyeux dans sa direction :

— Tiens, Brian !

Brian baisse la tête. Il ne sait par où commencer.

— Maria... Je voulais te dire...

Et il se jette à l'eau. Il avoue tout. Le coup de foudre qu'il a ressenti la première fois qu'ils se sont vus, le ravissement de chaque dimanche à l'office quand il l'entend chanter.

A sa grande surprise, Maria n'est pas choquée par sa déclaration. Au contraire, elle a l'air troublé à son tour. Et elle prononce ces mots incroyables :

— Moi aussi, je t'aime, Brian.

Brian Lester ne sait plus où il en est. Après un long silence, il lui demande :

— Veux-tu m'épouser ?

Et Maria répond oui... Ils restent là, sans oser croire à leur bonheur. Il y a de nouveau un long silence que Maria rompt en poussant un soupir :

— Nos parents ne voudront jamais...

Car, dès cet instant, Brian et Maria veulent se marier. Ils veulent se marier tout de suite ! Ils ne se disent pas que, s'ils attendaient deux ou trois ans, leurs familles donneraient leur consentement sans problème, étant donné qu'ils appartiennent à un aussi bon milieu l'un que l'autre.

En fait, c'est précisément ce milieu auquel ils veulent échapper. Ils se revoient plusieurs fois en cachette après ce jour inoubliable et leur résolution ne fait que se renforcer. Ils vont se dresser contre cette éducation qu'ils ont reçue et qu'ils ne supportent plus. Ils vont fuir Boston, cette société fermée, étouffante, pour vivre la vie qu'ils ont choisie, la vivre ensemble, comme mari et femme !

En quelques jours, la fille du pasteur, si touchante de

modestie, et le riche héritier d'une usine de textile deviennent des adolescents révoltés...

Un soir de mars 1949, deux ombres se rejoignent sur un quai de la gare de Boston. Maria emporte dans son sac à main ses quelques bijoux personnels, Brian a tout son argent de poche du mois. Ce n'est pas grand-chose, mais ils n'ont pas voulu voler leurs parents de peur qu'ils ne portent plainte et que la police ne se mette à leur poursuite. De toute façon, ils vont être recherchés puisqu'ils ne sont pas majeurs, mais ce sera moins grave.

En train, Brian et Maria traversent toute l'Amérique. Et le surlendemain, ils se retrouvent dans un autre univers. Il fait beau, il fait très chaud même. Partout ce ne sont qu'enseignes lumineuses, cabarets, casinos fonctionnant vingt-quatre heures sur vingt-quatre. Ils sont en plein désert du Nevada, à Las Vegas, la capitale du jeu aux Etats-Unis...

Mais ce n'est pas pour jouer que les deux jeunes gens ont choisi Las Vegas. Las Vegas, c'est aussi la ville des mariages à la chaîne. Partout, le long de ces grandes avenues droites, il y a des petites chapelles, bâties dans le style Far West, avec des enseignes au néon clignotantes qui proclament « Mariage rapide ». Il n'ont que l'embarras du choix. Bras dessus, bras dessous, ils poussent la porte de l'une d'entre elles... A l'intérieur, un pasteur les attend, ainsi qu'un employé de l'état civil du Nevada et deux personnes qui sont là pour servir de témoins.

Brian et Maria s'approchent de l'autel. Le pasteur prononce ses formules et les bénit. L'employé de l'état civil leur demande leurs papiers et les inscrit sur son registre. C'est fait, ils sont mariés, ils sont devenus M. et Mme Lester ! L'aventure commence...

Car il faut gagner sa vie. Avec ce qui leur reste d'argent, Brian et Maria s'installent à Washington. Pour l'instant, ils n'ont aucune nouvelle de leurs familles, mais ils ne se font pas d'illusions : on doit certainement les rechercher.

Ils emménagent dans un studio au centre de la ville. Pour survivre, Brian accepte un emploi de magasinier dans une épicerie. Avec les quelques dollars qu'il rapporte chaque semaine, ils ont tout juste de quoi payer leur loyer et manger. Maria, de son côté, essaie en vain de trouver un emploi...

Au bout de plusieurs semaines de bonheur et de misère, le jeune couple se rend compte que, s'il veut subsister, il lui faudra trouver autre chose. Car il n'est pas question de capituler, de rentrer à Boston, tête basse, implorer le pardon des familles. Ils ont choisi leur vie ensemble, ils doivent aller jusqu'au bout. Mais il ne faut pas se décourager. Avec son don pour les sciences, Brian devrait pouvoir trouver un travail en rapport avec ses capacités.

Un soir qu'ils ont terminé l'unique boîte de conserve qui leur sert de repas, Brian, qui feuillette distraitement une revue, pousse un cri.

Il est en train de lire un article consacré à Hugo Hedin, le faux-monnayeur qui vient d'être arrêté. Le journaliste décrit en détail le système ingénieux qu'il avait mis au point pour fabriquer de faux dollars. C'est un compte rendu extrêmement technique et sûrement incompréhensible pour le commun des mortels, mais lui, Brian, suit parfaitement.

Il s'agit d'un procédé très compliqué, à la fois photographique et chimique. Certains détails ont été, volontairement sans doute, omis, mais, en s'y mettant sérieusement, on devrait pouvoir les reconstituer.

Brian laisse tomber sa revue. Maria s'approche de lui, un peu inquiète de l'émotion qu'elle lit sur son visage. Mais il la rassure et lui dit tendrement :

— Ma chérie, je sais comment nous allons nous en sortir. Nous allons fabriquer des faux dollars !

Face à ce projet insensé, Maria n'émet aucune objection. Elle se contente de l'embrasser et de lui dire :

— Je suis sûre que tu y arriveras, Brian.

Et Brian Lester se met immédiatement au travail. Il lui faut d'abord acquérir les connaissances techniques indispensables pour comprendre l'ensemble du procédé. Aussi s'inscrit-il tout simplement à des cours du soir de photographie et de chimie...

Chaque jour, en quittant son épicerie, il s'y rend. Il étudie avec acharnement. Il rentre très tard. Mais Maria ne lui fait aucun reproche, elle a une confiance totale en lui, elle sait qu'il réussira et que bientôt ils seront riches.

Effectivement, au bout de trois mois, Brian lui déclare avec un sourire triomphant qu'il est prêt. Il n'a plus maintenant qu'à installer son laboratoire et c'est la fortune !

Pour acheter les appareils indispensables, Maria vend tous ses bijoux. Bientôt la petite salle d'eau du studio est transformée en chambre noire et encombrée d'éprouvettes et de cornues. Chaque soir, en rentrant de son travail, Brian s'y enferme. Au début, c'est décourageant. Il se demande même si l'article de la revue n'était pas un canular, une bonne blague faite aux naïfs comme lui qui auraient eu la bêtise de s'imaginer qu'on pouvait fabriquer soi-même de faux billets.

Pourtant, quelque chose lui dit qu'il ne se trompe pas. Tout ce procédé se tient scientifiquement. C'est simplement une question de dosage, de tour de main...

Et, une nuit de septembre 1949, il réveille Maria qui dort dans la pièce à côté. Il brandit un petit rectangle vert tout humide.

— Chérie, j'ai réussi ! Regarde, c'est un billet de cinq dollars. Maintenant, j'ai tout compris. Je peux en fabriquer des centaines, des milliers ! Nous sommes sauvés, nous sommes riches ! Nous pourrons aller où nous voudrons. Personne ne nous retrouvera jamais...

Et, le lendemain matin, Maria et Brian Lester quittent Washington. Dans les deux lourdes valises qu'emporte Brian, il y a de quoi fabriquer des millions de dollars. Pourtant, ni l'un ni l'autre n'ont l'impression de devenir des faux-monnayeurs, des bandits. Pour eux, c'est simplement la continuation de leur aventure. Ils s'aiment et ils ont trente-cinq ans à eux deux...

Septembre 1950. Le Service secret, la section de la police fédérale américaine chargée de la monnaie, est sur les dents. Depuis un an environ, un gang de faux-monnayeurs particulièrement redoutable inonde le pays de billets de cinq, dix et vingt dollars. La manière d'opérer des bandits présente deux caractéristiques qui compliquent singulièrement la tâche des policiers. D'abord, ils sont extrêmement mobiles, ou bien alors ils ont des ramifications dans tout le pays, car on a retrouvé des faux billets sur tout le territoire, de la côte Est à la côte Ouest. Ensuite, la qualité de la fausse monnaie est particulièrement remarquable.

Aucun commerçant ne serait capable de la déceler. Seuls les numéros permettent de découvrir les faux billets, ainsi que le papier, quand il est analysé par les spécialistes. Le procédé employé rappelle celui du faussaire Hugo Hedin, emprisonné depuis un an. Il semble qu'il ait transmis son secret à des complices qui continuent le trafic pour leur propre compte.

Mais l'enquête policière piétine. On a beau cuisiner Hugo Hedin dans sa cellule, il jure ses grands dieux qu'il n'y est pour rien et il a l'air sincère. Les moyens traditionnels ne donnent aucun résultat non plus. Les indicateurs de police n'ont entendu parler de rien. Le milieu de New York, celui de Chicago, la Mafia, les bandes susceptibles d'avoir mis sur pied un coup de cette envergure sont étroitement surveillés. Et les policiers sont bien obligés de reconnaître qu'ils n'y sont pour rien.

Oui, le Service secret est perplexe. Il se trouve devant un nouveau gang qui n'a aucun lien avec le milieu traditionnel. Dans ces conditions, la seule manière de mettre fin à ses activités est de prendre un de ses membres sur le fait...

Pendant ce temps, Maria et Brian Lester poursuivent leur tour d'Amérique. Ils ont l'impression de vivre des vacances, de faire l'école buissonnière. Ils choisissent au hasard une ville sur la carte d'Amérique puis ils prennent le train. Ils s'installent dans une petite location tranquille. Brian sort son attirail : ses appareils de reproduction photographique, ses éprouvettes, ses cornues et il se met au travail... Quand les billets sont secs, il en donne un paquet à Maria pour qu'elle aille faire des commissions.

Maria s'amuse comme une folle à ce petit jeu... Au bout de peu de temps, elle a même ses habitudes. Maria adore les douceurs. Aussi, le premier endroit où elle se rend pour écouler ses faux dollars, c'est la boutique du confiseur. Là, elle achète des kilos et des kilos de bonbons, de pâtes de fruits, de chocolats et elle en repart les bras chargés. Elle en a pour tout son séjour, car ils restent environ trois semaines dans chaque ville.

Quand ils ont dépensé quelques milliers de dollars, ils prennent leur carte des Etats-Unis. Maria ferme les yeux et désigne un point. Ce sera leur prochaine étape.

Maria et Brian Lester sont heureux. Ils ne songent pas au lendemain. Ils vivent un rêve. Brian s'amuse comme un gosse avec son attirail de photographe-chimiste et Maria, dans chaque nouvelle ville, se précipite comme une collégienne chez le confiseur...

Pour ne pas affoler la population, le Service secret s'est décidé à garder le silence sur le trafic de fausse monnaie. Pourtant, l'affaire prenant de l'ampleur, il faut absolument agir.

Dans le bureau du responsable chargé de l'enquête, se réunit, courant septembre 1950, un véritable conseil de guerre... Les policiers ont sous les yeux la liste des commerçants chez qui les billets ont été écoulés. Il y a de tout : des pompistes, des grandes surfaces, des restaurants, des épiciers. Mais c'est alors qu'un des inspecteurs fait une remarque surprenante :

— C'est curieux. Dans toutes les villes, il y a un confiseur sur la liste.

Les policiers, incrédules, vérifient... C'est vrai. Mais qu'est-ce que cela veut dire ? Peut-être est-ce une sorte de défi, de pied de nez destiné à la police. En tout cas, pour la première fois, on a une chance de coincer ceux que l'on surnomme aussitôt « le gang des confiseurs ».

Dans chacune des villes que les faux-monnayeurs n'ont pas encore visitées, le Service secret donne des instructions aux responsables de la police locale : surveiller les confiseurs et suivre discrètement toute personne qui ferait un gros achat en billets de cinq, dix et vingt dollars...

L'officier de police de Salem, en Caroline du Nord, est aussi surpris que ses confrères de recevoir cette étonnante circulaire du Service secret. A Salem, il y a deux confiseurs. Il leur téléphone et leur demande de lui signaler tout achat important payé en petites coupures.

L'officier n'a guère à attendre. L'après-midi même, il reçoit un appel d'un des commerçants.

— Une jeune fille vient de m'acheter pour soixante-quinze dollars de marchandises. Elle m'a payé en billets de cinq dollars.

Grâce au signalement donné par le confiseur, la police parvient à reconnaître la jeune fille dans un autre magasin de la ville. Ses courses terminées, elle rentre dans un petit meublé. Une expertise des billets qu'elle a donnés en paiement est faite immédiatement : aucun doute, ils sont faux.

Aussi, le lendemain, c'est toute une armée de policiers qui prend position sur place. Tout le pâté de maisons est cerné. Les agents ont mis leurs gilets pare-balles. Ils s'attendent à une arrestation mouvementée, peut-être à un siège...

Un officier de police, suivi d'une dizaine d'hommes, sonne à la porte. C'est la jeune femme qui vient leur ouvrir. Aussitôt, ils la bousculent et font irruption à l'intérieur.

Ils tombent nez à nez avec un jeune homme, presque un adolescent. L'officier braque son arme vers lui :

— Où sont les autres ? Où sont tes complices ?

Brian, terrorisé, ne peut que demander :

— Quels complices ?...

Après avoir minutieusement fouillé l'atelier de Brian et les avoir longuement interrogés, les policiers doivent en convenir : Maria et Brian Lester, dix-huit et dix-neuf ans, appartenant tous deux à la meilleure société américaine, n'ont pas de complices. Ce sont eux, et eux seuls, qui ont, en un an, inondé le pays avec un million de dollars de faux billets, près de six cents millions de centimes actuels.

C'étaient des gamins qui avaient tenu si longtemps en échec le Service secret. Et ils auraient pu continuer longtemps encore s'ils ne s'étaient fait prendre précisément comme des gamins. Parce que Maria, la gourmande, avait un penchant irrésistible pour les sucreries...

Le grand public a découvert en même temps le trafic de fausse monnaie et l'identité de ces coupables pas comme les autres... Leur procès a eu lieu sans tarder. Peut-être en raison de leur jeune âge, Brian et Maria Lester ont bénéficié d'une relative indulgence : dix ans et huit ans de prison.

C'était en 1950... Aujourd'hui, ils sont sortis de prison, ils sont adultes depuis longtemps et même sans doute grand-père et grand-mère. Grâce aux talents scientifiques de Brian, gageons qu'ils ont pu gagner plus que correctement leur vie. Et Maria Lester a pu retourner dans les confiseries acheter des bonbons à ses enfants, puis à ses petits-enfants... Avec de vrais dollars, cette fois.

La statue qui saignait

Tout commence un peu comme dans la fameuse partie de cartes de *Marius*. Nous ne sommes pas à Marseille, mais pas si loin que cela, à Entrevaux, village de neuf cents habitants de ce qui n'est pas encore, en cette année 1953, les Alpes-de-Haute-Provence, mais les Basses-Alpes.

Il est près de vingt heures, nous sommes le lendemain de Noël et Jean Leroi, patron du café-hôtel, est engagé dans une partie de poker acharnée avec le boulanger du village et son mitron. Et il perd, il perd même gros... Après un nouveau coup malheureux, il jette ses cartes avec rage et quitte la table.

Ses compagnons de jeu croient qu'écœuré il arrête la partie. Mais pas du tout, il revient peu après, tenant un objet d'art religieux. C'est une statuette de sainte Anne, en bois polychrome, d'une cinquantaine de centimètres environ, d'une facture agréable. La sainte y est représentée en train d'apprendre à lire à la petite Marie, sa fille, car, pour ceux qui l'ignorent, sainte Anne était la mère de la Vierge.

Le boulanger et son mitron s'étonnent.

— Qu'est-ce que c'est que ça ?

— Une sainte Anne. Je l'ai achetée mille deux cent cinquante francs dans une vente aux enchères.

— Tu donnes dans la religion, maintenant ? Je croyais que tu n'aimais pas les curés.

— Je l'ai achetée parce que l'ai trouvée jolie.

— C'est vrai, elle est jolie. Mais pourquoi tu nous la montres maintenant ?

— Parce que c'est le moment ou jamais qu'elle me rapporte. Avec elle je suis sûr que je vais gagner !

Les deux compagnons de jeu de Jean Leroi ne semblent guère impressionnés par ce renfort venu du ciel et acceptent de reprendre la partie. Les cartes sont distribuées et le cafetier met sans la moindre hésitation tout ce qui lui reste d'argent sur le tapis...

Il a dit vrai : la statue de sainte Anne va lui rapporter très gros, mais pas du tout de la manière qu'on imagine.

Jean Leroi abat ses cartes. Les deux autres joueurs échangent un sourire amusé :

— Tu as encore perdu, Jean !

Effectivement, le patron du café-hôtel d'Entrevaux a encore perdu. Il n'avait même jamais eu une main aussi médiocre. Mais cette fois, il prend très mal la chose. Il est hors de lui et tourne sa rage contre sainte Anne.

— C'est de ta faute ! Tu vas me le payer !

Il assène un violent revers à la statue, qui tombe à terre. Quand il la ramasse, il s'aperçoit que la chute lui a brisé un doigt. Il grommelle :

— Bon, je la recollerai après... Maintenant, il est tard. On ferme !

Ses deux compagnons de jeu n'insistent pas et le laissent à sa mauvaise humeur en emportant leurs gains. Le patron du café-hôtel s'empare du balai et commence à faire le ménage dans la salle. Mais quelques instants plus tard, il sort de son établissement en criant :

— Venez voir ! Vite !

Le boulanger et son mitron font demi-tour. Ils trouvent Jean Leroi dans un état d'excitation invraisemblable.

— La statue... Elle saigne !

Effectivement, sur la table, la statuette de sainte Anne perd un liquide rouge de son doigt brisé. Des gouttes tombent, formant une petite tache sur les cartes de la partie de poker, qui n'avaient pas été débarrassées...

— Ça alors !

— Il faut appeler le docteur. Qu'il nous dise ce qu'il en pense...

— Il faut mettre un verre au-dessous du doigt...

Le médecin du village arrive peu après et ne peut que constater le phénomène. Il conseille :

— Apportons le liquide chez le pharmacien pour analyse.

Le groupe de villageois, qui entre-temps a grossi car les cris de Jean Leroi ont attiré du monde, se rend en délégation chez le pharmacien, qui accepte de rouvrir boutique. En tout, trente gouttes sont tombées dans le verre. Il procède sur-le-champ à l'analyse et conclut :

— Pas de doute, c'est bien du sang humain !

Le même soir, un peu plus tard, Joseph Lainé, le facteur d'Entrevaux, voit une lueur bleue au-dessus du toit du café. Et au même moment, la statue se remet à saigner. Au matin, il y a deux centimètres de sang dans le verre. La nouvelle se répand dans le village, puis dans les environs, en attendant d'être connue de toute la France et même d'une partie du monde :

— Il y a eu un miracle à Entrevaux !...

La grande presse s'empare de l'affaire et au mois de janvier suivant, Jean Leroi part pour Paris, avec la statuette précieusement rangée dans ses bagages. Il a de bonnes raisons d'être optimiste : on ne parle que d'elle, en ce début d'année 1954. Il n'y a que le vieux curé d'Entrevaux qui ait un peu refroidi son enthousiasme. Jean Leroi s'est, bien sûr, précipité à l'église pour lui annoncer la nouvelle. Mais, seul de tout le village, ce dernier n'a manifesté aucun intérêt pour la nouvelle. Il lui a répondu sèchement :

— Si votre statue saigne, eh bien laissez-la saigner !...

Une fois qu'il est dans la capitale, Jean Leroi oublie vite cette fausse note. La statuette est exposée dans une vitrine avec un verre sous son doigt brisé pour recueillir les gouttes de sang et la foule défile pour voir le miracle. Un grand hebdomadaire d'actualités consacre un long article au miracle d'Entrevaux, sans guillemets ni réserves d'aucune sorte. On parle d'exposer la statue dans toutes les grandes villes de

France et d'Europe, ainsi qu'à Caracas, capitale du Venezuela et cité dont sainte Anne est la patronne.

Jean Leroi préfère, plus modestement, rentrer à Entrevaux, avec sa précieuse acquisition. Lui, le libre penseur, se convertit sitôt arrivé, ce qui est interprété comme un nouveau miracle. Commence alors un incroyable afflux de fidèles pour assister aux saignements. On vient de France et de l'étranger. Entrevaux, modeste village des Basses-Alpes, est en train de concurrencer Lourdes !

Celle qu'on appelle désormais la « Vierge d'Entrevaux » — de manière inexacte, car il ne s'agit pas de la Vierge, mais de sa mère — est exposée au café-hôtel, pour le plus grand profit de son propriétaire. L'établissement est bondé, on y consomme des centaines de repas par jour et chaque pèlerin ne manque pas d'acheter la médaille miraculeuse, vendue au bénéfice exclusif de Jean Leroi... Il n'y a que l'attitude de l'Église qui le chagrine. Elle se montre plus que réservée depuis le début ; l'évêché refuse de se prononcer ; quant au vieux curé, il est carrément hostile...

C'est à la fin de 1954 que Jean Leroi voit venir un visiteur qui ne ressemble pas aux autres. Il a une cinquantaine d'années. Il est vêtu avec une élégance savamment négligée : costume clair, chemise de soie et lavallière. L'homme s'adresse à lui avec un léger accent italien.

— Je crois que je peux vous être utile, cher monsieur. Je me nomme Antonini, Michel Antonini. Je suis sculpteur spécialisé dans l'art religieux... Les petites médailles, ce n'est pas suffisant : ce sont des reproductions de la statue qu'il faut vendre.

— Vous pourriez m'en faire ?

— Beaucoup. Des centaines.

— C'est intéressant. Combien prendriez-vous par pièce ?

— Ce n'est pas comme cela que je vois les choses. Pour travailler, il me faut la statue avec moi. Je vous l'achète.

— Pas question !...

La discussion est rude. Finalement, les deux hommes se mettent d'accord sur un compromis : Jean Leroi reste propriétaire de la « Vierge d'Entrevaux » et la loue à Michel Antonini pour cent mille francs par mois, environ dix mille francs actuels... Le sculpteur paie sur-le-champ la première mensualité et emporte la statuette pour, dit-il, faire la première copie.

Un escroc tombe souvent sur plus escroc que lui. Jean Leroi aurait dû méditer cet adage avant de se défaire aussi facilement de sa poule aux œufs d'or. Il ne la reverra, bien sûr, jamais et, en guise de location, il ne touchera rien de plus que ces cent mille francs. Mais si la Vierge quitte Entrevaux, ce n'est pas la fin de la Vierge d'Entrevaux, loin de là ! Michel Antonini est d'une tout autre envergure que le patron du café-hôtel et il conçoit les choses sur une grande échelle.

Il monte à son tour à Paris avec la statuette. Avec lui, il faut le souligner, il n'y aura plus de nouveau saignement « miraculeux », ce qui ne l'empêche pas d'amasser une petite fortune.

Il fait faire des images pieuses représentant la Vierge d'Entrevaux et les envoie par la poste avec une circulaire demandant la charité. Et cela marche ! Les mandats sont modestes, mais nombreux, tant est grande la célébrité de la statuette, dont la presse a tant parlé. S'enhardissant, il met en vente des linges imbibés du sang miraculeux, toujours pour une somme modique. Il en propose partout en France et même à l'étranger. Et c'est la même chose : la multiplicité des sommes finit par lui rapporter gros.

C'est alors que, grisé par le succès, Michel Antonini commet sa première erreur. Avec l'argent qu'il a accumulé, il produit un film, *Miracle à Entrevaux*, et il loue à ses frais une salle d'exclusivité parisienne pour le projeter. Mais le cinéma et le miraculeux ne font guère bon ménage. Le premier jour, la salle est à moitié pleine, le deuxième presque vide, le troisième, il n'y a que quatre vieilles dames, qui, à l'entracte, lisent leur missel...

Michel Antonini se retrouve ruiné, d'autant qu'il est joueur et qu'il a perdu le reste au casino. Il ne se décourage pourtant pas et en revient aux méthodes d'avant, proposant des reliques aux pieuses personnes. Peu à peu, sa situation redevient florissante... Nous sommes en 1961. Cela fait six ans qu'il pratique son commerce d'un genre particulier. Il lui a rapporté pas moins de quarante millions anciens de l'époque — quatre millions actuels — et c'est alors que quelqu'un va brutalement y mettre un terme.

Ce quelqu'un n'est autre que Jean Leroi. Il a longtemps hésité avant de tout révéler, car cela l'obligeait à s'accuser lui aussi, mais les succès de Michel Antonini, qui l'a si cruellement roulé, lui sont devenus trop insupportables. Il avoue toute l'escroquerie par l'intermédiaire du même grand hebdomadaire qui avait naguère consacré un article fervent au « Miracle d'Entrevaux ».

« Ma supercherie était si grossière que je m'étonne qu'elle ait marché. J'avais préalablement cassé le doigt de la statuette et je l'avais recollé légèrement. Quand je l'ai fait tomber, elle s'est évidemment recassée. Je me suis piqué au doigt et j'ai enduit de mon sang celui de sainte Anne. C'était aussi simple que cela ! Tout le monde y a cru, à part l'Eglise... »

C'est d'ailleurs cette même Eglise qui porte l'affaire devant les tribunaux. Sur plainte de l'évêché, l'affaire de la « Vierge d'Entrevaux » arrive devant la justice le 24 septembre 1962. A l'issue des débats, Michel Antonini se verra infliger trois ans de prison ferme et Jean Leroi treize mois...

Quant à la Vierge d'Entrevaux elle-même, ou du moins à la statuette de sainte Anne qui avait été appelée ainsi, elle avait disparu et on ne l'a jamais retrouvée par la suite.

Il est possible — pourquoi pas ? — que vous la retrouviez un jour au cours d'une vente aux enchères et que vous vous en rendiez acquéreur. Si d'aventure vous la voyez saigner, suivez le conseil du vieux curé d'Entrevaux : laissez-la saigner !

Faire chanter la victime

Un mauvais garçon, Frank Allen, un mauvais sujet ! S'il n'a pas plus de méfaits sur la conscience à la fin de cette année 1953, c'est qu'il n'a pas eu l'occasion ou l'audace d'en commettre. Mais à présent, tout va changer. Quand il sort de la prison de Chicago, fin décembre 1953, il ne songe nullement à la manière dont il va passer les fêtes de Noël.

En cellule, au contact de bandits chevronnés, de gangsters réputés, il a pris conscience du chemin qui lui restait à parcourir pour arriver à leur hauteur... Jusqu'ici, il n'a été qu'un minable petit escroc spécialisé dans les chèques sans provision. Mais après tout, il n'a que trente ans. Frank Allen est décidé à se rattraper. Et il ne va pas perdre de temps !

D'allure, pourtant, il est plutôt insignifiant. Il est petit, très brun, mais avec un visage extrêmement mobile, capable de prendre toutes les expressions. C'est un talent qui lui a déjà servi. Il adore se grimer, se déguiser. Cela lui a permis plusieurs fois d'échapper à la police et il se promet de lui échapper longtemps encore...

Frank Allen est né en 1933, en Floride, dans une famille aisée. Son père était avocat. Pourtant, il n'a guère été influencé par son milieu d'origine. Il s'est débarrassé de ses études aussi vite qu'il a pu. Malgré l'opposition de sa famille, il a quitté l'école à dix-huit ans.

Pendant quelques années, il a fait un peu tous les métiers : laveur de voitures, livreur, manutentionnaire. Et puis, par hasard, il est tombé sur un article de journal. « Les chèques sans provision sont une véritable plaie, écrivait l'auteur, principalement dans les grandes villes. Neuf fois sur dix, les malfaiteurs ne se font pas prendre. Qu'attendent les autorités pour réagir ? »

Frank Allen, lui, en tout cas, n'a pas attendu. Et, pendant plusieurs années, il a parcouru les grandes villes des Etats-Unis. Dès qu'il arrivait, il consacrait deux ou trois jours à faire des achats dans les grands magasins de la ville, puis il partait ailleurs, dans un autre Etat. Il revendait sa marchandise dans des bars ou des hôtels louches. Cela lui rapportait à chaque fois quelques centaines de dollars, pas plus, mais c'était suffisant et il n'avait jamais envisagé de vivre autrement...

Frank Allen ne regrette pas ces années. Bien sûr, il a fini par se faire prendre à Chicago, cela ne pouvait pas durer éternellement. C'était le bon temps. Mais maintenant, il va falloir trouver autre chose de plus rentable, de plus audacieux.

Frank Allen erre dans les rues de Chicago. Et, sans qu'il s'en rende compte, ses pas le portent vers le champ de courses. Il a joué un peu aux courses autrefois et il connaît bien le milieu des parieurs et des bookmakers. Mais ce n'est pas pour cela qu'il est venu. D'ailleurs, il n'a pas un dollar en poche. Non, il sent confusément que le milieu des courses peut lui permettre de devenir ce qu'il rêve d'être depuis toujours : un grand escroc...

Pendant plusieurs jours, Frank Allen se promène sur l'hippodrome. Il a déjà son plan. Mais pour le mettre en pratique, il lui faut l'homme idéal, le pigeon. Il sait exactement à quoi doit ressembler sa future victime : un joueur novice venant depuis peu sur le champ de courses, un homme marié jouant à l'insu de sa femme et, bien sûr, assez riche pour se permettre de miser et de perdre gros.

C'est au bout d'une semaine que Frank Allen est récompensé de ses efforts. Depuis quelque temps déjà, il pensait avoir trouvé le personnage rêvé, mais maintenant, il est sûr que c'est lui !

Le docteur Burnett — il a appris son nom en parlant avec d'autres joueurs — doit avoir la cinquantaine. C'est un parieur inexpérimenté. Cela se remarque à ses allures maladroites et même un peu furtives. Et puis, personne ne l'a jamais vu auparavant sur un champ de courses. De plus, il joue gros. Il laisse aux guichets des sommes importantes que d'ailleurs il perd régulièrement. Le docteur Burnett est un joueur malheureux. Tout est donc parfait...

Ce jour-là, précisément, il vient de perdre un important enjeu. Frank Allen le voit déchirer son paquet de tickets d'un geste rageur. Il se décide à l'aborder. Frank a, quand il le veut, des manières aimables, un contact agréable. Il affiche un large sourire :

— Je me présente : Frank Murdoch...

Il laisse passer un temps et continue, d'un ton cordial :

— Vous avez pas mal perdu ces temps-ci, n'est-ce pas ? J'ai horreur de voir les gens perdre.

Son interlocuteur ne lui répond pas. Il le considère d'un air étonné et quelque peu méfiant.

Le pseudo-Murdoch reprend de sa voix chaleureuse :

— Voyez-vous, je crois que je peux faire tourner la chance en votre faveur. Mais pour cela, j'ai besoin de votre confiance. Vous savez, je fréquente les champs de courses depuis pas mal de temps. J'en aide d'autres que vous et ils n'ont jamais eu à s'en plaindre.

Une lueur d'intérêt est passée dans les yeux de l'homme. Mais il est évident qu'il se méfie encore... Frank Allen a tout le temps de le détailler : un bon bourgeois, plutôt grassouillet, le cheveu déjà clairsemé. Il doit pouvoir se laisser convaincre facilement.

Le docteur Burnett répond enfin, d'un ton circonspect :

— La seule chose que vous pourriez faire pour moi, c'est de me donner un tuyau.

— J'ai beaucoup mieux que cela à vous proposer. Seulement, il faudrait que nous puissions en parler tranquillement dans un endroit discret.

L'homme réfléchit. Sans doute est-il en train de calculer les pertes qu'il a déjà accumulées. A la fin, il se décide. Il lui tend sa carte.

— Ecoutez... Je suis le docteur Burnett. Venez à ma consultation demain, nous pourrons discuter.

Et le lendemain, Frank Allen, alias Frank Murdoch, se rend à l'adresse indiquée sur la carte de visite. C'est un immeuble cossu du centre de Chicago.

Dès qu'il pénètre dans le cabinet du docteur, il voit la lueur d'intérêt et d'avidité qui s'allume dans son regard. Son intuition ne l'avait pas trompé. Le docteur est prêt à croire n'importe quoi. A cinquante ans, après des années de travail et d'honnêteté, il doit avoir envie de gagner de l'argent facilement, peut-être même a-t-il une maîtresse qui lui coûte cher...

Le docteur Burnett le questionne d'un ton qu'il voudrait neutre, mais où perce l'impatience.

— Alors, vous avez des tuyaux ?

Frank Allen prend son temps. Il arbore un sourire supérieur.

— Non, aucun tuyau. Moi, je ne joue qu'à coup sûr !

— A coup sûr ? Comment est-ce possible ?

— C'est simple, cher docteur, c'est même plus que simple, c'est lumineux ! J'ai un ami bookmaker à Chicago. C'est un homme qui, comme moi, déteste le hasard. Alors il a imaginé une combine pour placer certaines mises... après l'arrivée de la course.

Le docteur ne réplique rien. Il est trop ému pour cela. Frank Allen continue :

— Bien sûr, mon ami demande une petite commission : vingt pour cent des mises et, de mon côté, je vous demanderai le même pourcentage. Mais à vingt ou trente contre un, cela vous laisse un joli bénéfice.

Le docteur a déjà la main à son portefeuille.

— Combien voulez-vous, monsieur Murdoch ? Cinq cents, mille dollars ?

Frank Allen fait un geste de modération.

— Nous avons une règle d'or, mon ami et moi. Jamais plus de deux cent cinquante dollars à la fois. Des sommes plus importantes pourraient attirer l'attention.

Le docteur Burnett a un sourire. S'il avait encore des doutes sur la sincérité de son interlocuteur, ils viennent de disparaître. Et Frank Allen quitte le cabinet avec ses deux cent cinquante dollars en poche...

Pendant toute la semaine, le docteur Burnett joue régulièrement des sommes de deux cent cinquante dollars. A chaque fois, il insiste pour pouvoir miser plus, mais Frank est intraitable. Jamais plus de deux cent cinquante dollars à la fois, c'est la seule manière de ne pas se faire prendre.

Lorsque la semaine est écoulée, le docteur, qui n'avait rien osé dire jusque-là, demande timidement s'il va bientôt toucher ses gains. Il a déjà joué quinze cents dollars et, d'après ses calculs, en déduisant la commission de quarante pour cent, il doit lui revenir dans les dix-huit mille dollars.

Frank Allen a un air entendu.

— Mon ami le bookmaker ne peut sortir ces sommes qu'en fin de mois, à cause de la comptabilité. Nous sommes le 28, vous aurez votre argent dans trois jours.

En quittant le docteur, Frank Allen sait que sa mystification est arrivée à son terme. Sa victime a beau être crédule, s'il ne donne pas rapidement l'argent, il va tout comprendre.

Evidemment, il pourrait s'en tenir là. Après tout, il vient de gagner facilement quinze cents dollars. Il n'a qu'à recommencer auprès d'un autre pigeon, sur un autre champ de courses. Mais quelque chose lui dit qu'il ne retrouvera jamais un personnage comme le docteur. C'est un véritable filon, il faut l'exploiter jusqu'au bout.

Et c'est alors qu'il imagine un scénario d'une tout autre ampleur. Il s'agit d'une forme d'arnaque particulièrement audacieuse et particulièrement odieuse, que certains escrocs ont déjà pratiquée avant lui : faire chanter la victime...

Une semaine a passé. Le docteur Burnett est déprimé. Depuis quelques jours, il n'a plus aucune nouvelle de Frank Murdoch. Il a beau se renseigner à droite et à gauche sur le champ de courses, il est introuvable. Il a disparu depuis la fin de la semaine précédente.

Les jours passent encore. Et le docteur Burnett comprend enfin qu'il a été le jouet d'un malfaiteur. Mais tout compte fait, il estime s'en être tiré à bon compte. Oui, il a été vraiment fou, à son âge, de parier en cachette, comme un gamin ! Tout cela parce qu'il s'ennuyait auprès de sa femme et dans son métier de médecin respectable. Dans le fond, c'est un mal pour un bien. Il avait perdu beaucoup plus, en jouant tout seul, que ces quinze cents dollars que lui a soutirés l'escroc. Ça lui servira de leçon. Il ne remettra plus jamais les pieds sur un champ de courses !

C'est alors qu'à son cabinet, entre deux consultations, il reçoit un coup de téléphone. Au bout du fil, une voix qu'il ne connaît pas :

— Docteur Burnett ? Vous ne vous attendiez sûrement pas à m'entendre... Non, non, je ne vous dirai pas mon nom. Disons que je suis une de vos victimes.

Le docteur manque de s'étrangler.

— Une de mes victimes ?

Mais son interlocuteur ne lui laisse pas le temps de se récrier.

— Frank Murdoch m'a tout dit. Je sais que vous êtes son complice. A cause de vous deux, j'ai perdu deux mille cinq cents dollars. Très fort le coup des paris truqués ! J'avoue que je me suis laissé avoir. Mais maintenant, il va falloir payer et, comme Murdoch a préféré filer, c'est vous qui allez me rembourser. Deux mille cinq cents dollars demain matin à l'hôtel Excelsior dans une enveloppe au nom de M. Smith, sinon je raconte tout à la police. Compris ?

Le docteur Burnett crie dans l'appareil :

— Ecoutez, je suis moi-même une victime de Frank Murdoch...

Mais c'est inutile, son interlocuteur a raccroché... Le docteur Burnett est devenu tout pâle. Cette voix inconnue ne plaisantait pas. Que faire maintenant ? Bien sûr, il n'a rien à se reprocher, mais si l'homme porte plainte, il va y avoir une enquête !

« Rien à se reprocher », d'ailleurs, ce n'est pas évident... En acceptant de participer à des paris truqués, il a, moralement du moins, commis un délit. Et, de toute manière, sa présence sur le champ de courses va être révélée au grand jour. Tout le monde va le savoir : sa femme, qui l'avait toujours ignoré, sa clientèle, une des plus respectables de la ville. Il imagine déjà sa photo dans les journaux. « Scandale sur le champ de courses. Un médecin de Chicago compromis. » C'est la ruine professionnelle, peut-être la fin de son ménage.

Non, il n'y a pas à hésiter. Deux mille cinq cents dollars, c'est une somme, mais il peut encore se le permettre. Après tout, il aurait peut-être perdu davantage s'il avait continué à jouer. Et puis, après cela, ce sera fini. Il n'a pas affaire à un véritable maître chanteur, mais à un honnête homme trompé qui croit se faire rembourser par un escroc.

Le lendemain matin, le docteur Burnett va déposer à la réception de l'hôtel Excelsior une épaisse enveloppe au nom de M. Smith.

Quelques heures plus tard, le M. Smith en question se présente à la réception. Au cas où le docteur se serait caché pour l'observer, Frank Allen s'est grimé. Il faudrait beaucoup d'imagination pour reconnaître dans ce jeune homme blond et distingué, avec sa moustache à l'anglaise, celui qui fréquentait naguère les champs de courses...

En empochant l'argent, Frank Allen est satisfait de lui. Se servir de sa première escroquerie pour en monter une seconde, plus rentable encore, c'était vraiment bien joué ! Mais il a décidé d'aller plus loin, bien plus loin. Le docteur croit en avoir fini avec ses soucis. Il se trompe. A partir de ce moment, sa vie va devenir un véritable cauchemar !

Une semaine plus tard, il reçoit un nouveau coup de téléphone à son cabinet. C'est un genre de voix qu'il n'a pas l'habitude d'entendre parmi les gens qu'il fréquente. Elle est vulgaire, dure.

— Salut docteur ! Alors, on a voulu faire un petit coup en douce ? C'était pas malin de faire équipe avec Frank Murdoch. Il est dans l'Hudson, en ce moment, Frank Murdoch... Avec vingt livres de fonte aux pieds !

Le docteur Burnett sent sa gorge se nouer.

— Mais... mais qui êtes-vous ?

— Le syndicat, docteur. Vous n'en avez jamais entendu parler sans doute ? Murdoch, lui non plus, ne voulait pas en entendre parler. Cela ne lui a pas porté chance.

Le docteur a la force de demander :

— Que voulez-vous ?

— On verra ça plus tard...

A partir de cet instant, le docteur Burnett reçoit une lettre différente chaque jour. Elles prétendent toutes émaner du mystérieux syndicat... Les lettres ne demandent rien de précis, mais elles n'en sont que plus inquiétantes. Frank Allen poursuit impitoyablement son plan. Il a décidé d'amener sa victime dans un état proche du désespoir pour, enfin, frapper un grand coup : réclamer dix mille dollars !

Pour le malheureux docteur, la vie est devenue impossible. Il n'attend qu'une chose, que le « syndicat » lui dise enfin ce qu'il veut. Il est prêt à payer n'importe quoi pourvu que cesse ce supplice de la lettre quotidienne.

Et à peu près un mois plus tard, le docteur Burnett reçoit au courrier un choc plus violent encore. Car ce qu'il vient de lire dans la dernière lettre est une menace, et quelle menace ! « Fais attention à ta femme et à tes gosses. Si on veut, on les aura eux aussi. »

Sa femme et ses enfants... Le docteur Burnett a l'impression de recevoir une gifle en plein visage. Tout cela, c'est de sa faute ! A cause de sa folie, de sa conduite ridicule, il a mis en danger la vie de sa famille.

Cette fois, c'est trop ! Il prend une brusque décision. Il doit aller à la police. Tant pis si cela signifie pour lui le déshonneur et la ruine. Il n'a plus le droit de se taire. Il doit protéger sa femme et ses enfants !

Peu après, rouge de honte, tremblant d'émotion, le docteur Burnett raconte tout aux policiers. Mais leur réaction n'est pas du tout celle qu'il redoutait.

— Allons, docteur, vous avez eu un moment de faiblesse, voilà tout ! Mais vous allez sans doute nous permettre de mettre la main sur un dangereux escroc et maître chanteur. Alors nous oublierons tout le reste et votre nom ne sera pas cité...

L'étude des lettres permet d'établir qu'elles proviennent toutes de la même personne. Et l'identification de leur auteur n'est qu'un jeu d'enfant. Frank Allen, qui avait encore pas mal de choses à apprendre, avait négligé ses empreintes sur le papier. A côté de celles, trempées de sueur, du docteur, on lit distinctement les siennes qu'on n'a aucun mal à identifier grâce aux fichiers.

Mais surtout, Frank Allen avait commis une grossière erreur psychologique. En menaçant la femme et les enfants du docteur, il pensait lui porter le coup ultime, le faire s'effondrer complètement. C'est exactement l'inverse qui s'était produit. Il l'avait poussé dans ses derniers retranchements et l'avait ainsi obligé à faire face…

Arrêté, jugé et condamné à cinq nouvelles années de prison, Frank Allen eut tout le loisir de méditer sur le sort des escrocs qui ne savent pas jusqu'où on peut aller trop loin.

L'insolation

L'infirmière ouvre la porte de la salle d'attente.

— Monsieur Honoré Duval, s'il vous plaît.

Un homme entre trente et quarante ans se lève. Il est du genre athlétique, très bronzé, presque buriné. L'instant d'après, il est dans le cabinet du médecin. Celui-ci lui parle avec cordialité.

— Rassurez-vous, monsieur Duval, il ne s'agit que d'une simple formalité. Mais étant donné le montant de votre assurance-vie, l'examen est obligatoire. Si vous voulez bien vous déshabiller.

Honoré Duval s'exécute. Décidément, c'est un bel homme, il respire la santé. Il comprend très bien la nécessité de cet examen : quatre millions de capital versés en cas de décès, c'est évidemment beaucoup. En cette année 1947, c'est même une somme considérable et il est normal que la compagnie prenne des garanties.

Après un rapide examen, le docteur lui fait part de ses conclusions.

— Vous êtes en pleine forme, le cœur, le foie, les poumons, tout est excellent. Je vais adresser un avis favorable à la compagnie.

Le médecin bavarde quelques instants avant de raccompagner son client :

— Dites-moi, monsieur Duval, pour être bronzé comme ça, vous avez dû pas mal voyager ?

— C'est vrai, je viens des colonies. Mais je me marie la

semaine prochaine et, cette fois, je compte rester en France...

Et, une semaine plus tard, effectivement, Honoré Duval se marie. Il a rencontré Bernadette un an auparavant, en rentrant d'Afrique-Equatoriale. Entre lui, l'ancien colonial, qui avait fait un peu tous les métiers, et cette jeune Parisienne de bonne famille, l'attirance a été immédiate.

Le mariage est très réussi. Leurs familles et tous leurs amis sont là. Pour ce qui est de l'avenir, Honoré et Bernadette ne savent pas très bien ce qu'ils feront, mais ils ne veulent penser qu'à l'immédiat : ils vont passer leur lune de miel sur la Côte d'Azur. On est fin juillet, ils y resteront tout le mois d'août. Et il y a une chose dont ils sont sûrs, c'est d'avoir beau temps. Car l'été s'annonce particulièrement chaud en cette année 1947.

14 août 1947. La compagnie d'assurances qui avait assuré sur la vie Honoré Duval reçoit un coup de téléphone. C'est Bernadette Duval qui appelle de Nice. Elle demande le directeur. Elle parle avec peine, tant son émotion est grande.

— C'est affreux... Mon mari est mort avant-hier... Une insolation... Je vais vous faire parvenir le certificat de décès.

Il y a un silence. Mme Duval reprend :

— A votre avis, dans combien de temps sera effectué le paiement ?

Après avoir présenté ses condoléances à la veuve, le directeur répond, sans trop s'engager, que la somme sera versée dès que possible. Mais après avoir raccroché, il reste perplexe. Il se fait communiquer le dossier médical d'Honoré Duval et il est de plus en plus intrigué. Ce décès d'un homme apparemment en pleine forme, quinze jours après la signature du contrat, lui semble suspect. S'il s'était agi d'un accident, ce serait différent. Mais une insolation peut cacher quelque chose. On est peut-être en face d'un suicide, ou même — pourquoi pas ? — d'un meurtre...

Le directeur décide de faire appel au détective de la compagnie.

Louis Bertin, le détective, est presque encore un jeune homme. Il a tout juste vingt-trois ans. C'est la première affaire importante dont il s'occupe. Aussi est-il décidé à faire son enquête avec le plus de sérieux possible.

Avant de partir pour la Côte d'Azur, il commence par se renseigner sur le passé d'Honoré Duval. Il pense qu'il pourra peut-être apprendre quelque chose d'intéressant. Et il n'a pas tort, car le casier judiciaire du client n'est pas vierge, loin de là. Il a été mêlé à plusieurs trafics louches en Afrique-Equatoriale française, qui lui ont valu deux ans de prison avec sursis. Il est même fiché à Interpol car il s'était réfugié quelque temps au Nigeria britannique et un mandat d'arrêt international avait été lancé contre lui.

Louis Bertin prend le train pour Nice, le 15 août 1947. Il sent qu'il est sur une grosse affaire. Honoré Duval est mort, c'est la seule certitude. Mais dans quelles circonstances ? C'est tout le problème. Sans doute, comme le suggérait le directeur, s'agit-il d'un empoisonnement. C'est à lui de le prouver. Il lui faudra agir avec perspicacité, mais en même temps, avec tact...

Arrivé à Nice, le jeune détective se rend directement à la villa qu'occupaient les Duval. C'est vrai qu'il fait chaud. Il est trempé de sueur des pieds à la tête quand il se présente, après un quart d'heure de marche, à l'adresse indiquée.

Une femme d'une trentaine d'années lui ouvre. Malgré la canicule, elle est vêtue d'une robe noire très stricte. Elle a un visage bouleversé.

Louis Bertin se sent mal à l'aise. Sa fougue initiale s'émousse un peu. Dans le fond, il s'agit peut-être, tout simplement, d'un drame affreux, d'une femme qui vient de perdre son mari dès le début de son voyage de noces... Le détective parle d'une voix respectueuse.

— Je suis désolé, madame, de vous déranger dans ces circonstances tragiques, mais la compagnie d'assurances m'envoie pour les formalités d'usage.

La veuve l'engage à entrer d'un geste indifférent. Le jeune détective ressent une impression de malaise en pénétrant dans cette villa aux volets tirés. Il y règne une atmosphère lugubre alors que dehors ce sont les vacances, le soleil, la vie insouciante. Il se sent coupable de troubler cette douleur. Il a définitivement perdu son enthousiasme du début. Pourtant il se ressaisit : il doit faire son métier.

— Madame, je suis obligé, pour ma compagnie, de vous demander dans quelles circonstances est mort votre mari.

Bernadette Duval fait un gros effort sur elle-même. Elle parle d'une voix sans timbre, presque mécanique.

— C'était il y a trois jours. En revenant de la plage, Honoré s'est soudain senti mal. Il s'est couché, j'ai appelé le docteur. Il a diagnostiqué une insolation. En partant, le docteur m'a confié qu'il était très inquiet et que si l'état de mon mari ne s'améliorait pas rapidement, il faudrait le conduire à l'hôpital. Seulement, trois heures plus tard, Honoré était mort. J'ai appelé de nouveau le médecin qui n'a pu que constater le décès. Honoré a été enterré hier au cimetière de Nice.

Mme Duval étouffe un sanglot.

— Maintenant laissez-moi, je vous en prie...

Louis Bertin n'a plus qu'à prendre congé. Non, décidément, l'affaire ne se présente pas comme il l'avait supposé. Honoré Duval semble bien mort d'une insolation.

Pourtant, comme il est consciencieux, avant de rentrer à Paris, le détective se décide à aller trouver le médecin qui a signé le certificat de décès.

Celui-ci le reçoit d'assez mauvaise grâce.

— Que voulez-vous que je vous dise ? Cette personne est morte d'insolation, un point c'est tout.

Le détective se permet une question.

— Et vous êtes certain qu'il ne pourrait pas s'agir d'un empoisonnement ?

Le médecin prend très mal la remarque :

— Je connais mon métier. Cet homme est décédé d'une insolation. Maintenant laissez-moi, j'ai du travail...

En sortant du cabinet du médecin, Louis Bertin est franchement désappointé. Il suffoque sous la canicule. Avec une chaleur pareille, il n'est pas étonnant qu'un homme, même en pleine santé, soit mort de s'être trop exposé au soleil. Pour sa première enquête, c'est un peu décevant, mais il faut reconnaître les faits. Le décès de ce jeune marié, deux jours après ses noces, n'est qu'une tragique coïncidence. La compagnie doit au plus vite verser la prime à la veuve qui vient d'être aussi cruellement éprouvée.

Louis Bertin rentre à Paris. Il remet son rapport au directeur de la compagnie. Il n'a rien trouvé. Le certificat de décès et le permis d'inhumer sont en règle, le médecin est formel : il s'agit d'une mort naturelle. La compagnie doit payer.

Et la compagnie paie : quatre millions de francs, une fortune. Mme Duval, qui entre-temps a quitté la Côte d'Azur, a communiqué sa nouvelle adresse à l'étranger, en Suisse. C'est là qu'elle compte s'installer désormais, et c'est là que lui est versé le capital décès.

Le directeur de la compagnie referme le dossier Duval avec un soupir. Après tout, dans les assurances, on court toujours un risque. Dans le cas d'Honoré Duval, la compagnie n'a pas eu de chance et le malheureux moins encore. C'est une affaire classée...

Mars 1950. Les services d'Interpol à Paris reçoivent une communication de la police suisse. Il s'agit d'un ressortissant français, vivant depuis quelques années en territoire helvétique, qui vient d'être condamné pour fraude fiscale et qu'on soupçonne d'avoir eu auparavant des activités répréhensibles en France. Le fonctionnaire d'Interpol prend consciencieusement note de l'identité de l'individu. Dans son esprit, ce n'est rien d'autre qu'une affaire de simple routine.

— Vous dites Honoré Duval, né à Pantin en 1912 ?... Nous faisons les vérifications et nous vous rappellerons.

Le policier retrouve rapidement la fiche en question. Effectivement, l'homme s'est rendu coupable de plusieurs escroqueries aussitôt après la guerre, en Afrique-Equatoriale française. Seulement, il y a un détail qui le laisse perplexe : en bas de la fiche, on a écrit à l'encre rouge : « Décédé le 12 août 1947. »

Il rappelle son collègue suisse. Il lui demande de vérifier. Il ne peut s'agir que d'une erreur... Mais celui-ci est formel. Il a vu lui-même les papiers de l'homme. Il confirme que son nom, son prénom, sa date et son lieu de naissance sont exacts...

Cette fois, une enquête sérieuse est décidée par la police française. C'est ainsi qu'elle découvre dans quelles conditions étranges est mort Honoré Duval, quinze jours après avoir souscrit une grosse assurance-vie.

Devant ces faits troublants, la police demande l'extradition d'Honoré Duval. Celle-ci intervient tout de suite après sa condamnation par la justice suisse à une amende et à une peine de prison avec sursis.

Quand le commissaire français chargé de l'enquête voit arriver Honoré Duval dans son bureau, il sent qu'il se trouve en face d'une affaire hors du commun. Il regarde la photo qui était jointe au dossier d'Interpol et la compare avec son vis-à-vis : c'est bien lui. Il prend les empreintes de l'homme. Il les compare encore une fois avec celles du dossier : il n'y a plus de doute à avoir, il s'agit bien d'Honoré Duval.

Alors, il lui pose la question qui lui brûle les lèvres :

— Parlez-moi de votre mort, monsieur Duval...

Honoré Duval sourit. Il n'a pas l'air tellement contrarié. On sent qu'il est presque heureux de raconter son extraordinaire histoire. Tandis qu'il commence à parler, il s'anime... Oui, il est fier de l'exploit qu'il a accompli et il faut dire qu'en un sens, il y a de quoi. Car, dans la longue série des escroqueries à l'assurance, celle qu'il a réalisée en août 1947 est à peu près unique en son genre.

— Voilà, monsieur le commissaire. Au départ — je vous demande de me croire —, je n'avais pas l'intention de faire quoi que ce soit de mal... Ah, bien sûr, avant, j'avais fait quelques bêtises. Mais tout cela, c'était du passé. Quand j'ai rencontré Bernadette, j'ai voulu sincèrement changer de vie. L'assurance que j'ai prise, c'était pour elle, au cas où il me serait arrivé malheur. Je vous assure que je n'avais pas l'intention de tricher.

Le commissaire, sans le montrer, est impatient de connaître la suite. Il lui dit, d'un ton où l'on sent poindre la curiosité :

— Et pourtant vous avez triché...

Honoré Duval a un haussement d'épaules fataliste.

— Il y a eu l'occasion, monsieur le commissaire. C'est à ce moment-là que l'idée m'est venue. Une occasion pareille, je ne pouvais pas la laisser passer... C'était le 12 août. Comme d'habitude, on avait été toute la journée sur la plage, Bernadette et moi. Je ne sais pas si vous vous souvenez, mais il faisait très chaud en août 47. En rentrant dans notre villa, je me suis senti soudain très mal. Pas de doute, j'avais attrapé une insolation...

Alors j'ai pensé aux quatre millions. Je me suis souvenu d'un vieux truc que j'avais appris pendant mon service aux colonies. En cas d'insolation, si on veut se rendre franchement malade, il faut prendre de la quinine. J'en avais justement un tube avec moi à Nice. J'ai avalé tout le contenu : vingt-quatre comprimés.

Honoré Duval sourit de toutes ses dents au commissaire.

— Je dois dire que j'ai failli commettre la plus grosse bêtise de ma vie et la dernière ! Je n'ai pas été loin d'y passer. Ma femme a appelé le docteur et, quand il est arrivé, j'étais presque dans le coma. En tout cas, j'étais inconscient. Je ne me souviens de rien...

« J'ai repris conscience quelques heures plus tard. J'étais toujours très mal. Alors j'ai dit à Bernadette que c'était le moment de rappeler le docteur en lui disant que j'étais mort. Evidemment, il y avait un risque. S'il m'examinait sérieusement, il découvrirait la supercherie. Mais ma femme pourrait toujours prétendre qu'elle s'était trompée...

« Pourtant, tout s'est déroulé sans problème. Le médecin était lui-même au bord du malaise à cause de la chaleur. Il a juste fait un saut. Il a signé le certificat de décès presque sans m'examiner. Ensuite, Bernadette est allée à la mairie pour demander le permis d'inhumer et elle a prévenu la famille et les amis. Ils sont arrivés le lendemain.

Honoré Duval marque un temps. Son récit l'émeut lui-même.

— Ah, monsieur le commissaire, vous ne pouvez pas savoir comme c'est bouleversant de voir combien les gens vous aiment ! Je m'étais couché sur le lit. Je dois dire que j'étais drôlement impressionnant. Je m'étais enduit le visage et les mains de permanganate : j'étais tout vert...

« Je n'oublierai jamais mon père, ma mère, toute la famille, les amis, les cris déchirants qu'ils poussaient, toutes les gentillesses qu'ils disaient sur moi. Je crois que c'est le moment qui a été le plus difficile pour moi. J'étais tellement ému que j'avais envie de me relever, de leur dire que ce n'était pas vrai. J'avais honte de leur infliger une douleur pareille. Mais j'ai pensé aux quatre millions et je n'ai pas bougé.

Honoré reprend son ton enjoué. Visiblement, la suite des événements le ravit au plus haut point.

— Là où on a eu peur, Bernadette et moi, c'est au moment de la mise en bière. Un peu avant l'arrivée des croques-morts, elle a congédié la famille. On a mis un sac de sable dans le cercueil et je me suis caché dans une armoire. Quand les employés des pompes funèbres sont venus, ma femme leur a dit qu'elle ne pouvait plus supporter de voir mon corps et que la famille l'avait aidée à me mettre en bière. Ils n'ont pas eu l'air surpris.

« Et ensuite, ça a été l'apothéose : mon enterrement. Le cortège est parti de la villa. Toute la famille a suivi le corbillard à pied, en noir, malgré la chaleur. Bernadette a été admirable. Au départ, elle a fait semblant de se trouver mal. Il a fallu la soutenir pour la suite du parcours. Moi, je suivais tout cela de ma fenêtre à travers les rideaux. Je vous assure que cela fait une drôle d'impression d'assister à son propre enterrement !

Et Honoré Duval termine son récit.

— Après, il y a eu l'enquête, bien entendu. La compagnie d'assurances a envoyé un détective. Vous auriez vu comment Bernadette lui a joué la comédie ! J'étais dans la pièce à côté et pour rien au monde je n'aurais voulu perdre un mot de l'entretien.

« La compagnie n'a pas fait de difficulté pour payer. Bernadette était déjà partie pour la Suisse. Moi, j'avais décidé de rester encore un peu avant de la rejoindre. Et avant de partir, je me suis offert un dernier plaisir : je suis allé fleurir ma tombe. Les millions, je les ai oubliés, mais ce moment-là, je m'en souviendrai toute ma vie...

Le tribunal, malgré tout, a été peu sensible au côté pittoresque de la chose. Outre le remboursement des quatre millions, Honoré Duval a été condamné à une forte amende et Bernadette et lui se sont vu infliger une peine de deux ans de prison.

Car, en fin de compte, jouer avec sa propre mort, cela ne mérite pas d'indulgence et ce n'est pas drôle du tout.

Le fausssaire d'outre-tombe

Jim Allyson, éleveur à San Gregorio, une petite ville de Californie, surveille la rentrée du bétail dans les vastes enclos de son exploitation. Une demi-douzaine de vachers s'appliquent à canaliser les bêtes. Soudain, une bousculade se fait à l'entrée du corral. Dans un concert de mugissements, les bœufs, mal guidés, se heurtent les uns les autres. Jim Allyson lance son cheval dans cette direction.

— Quel est l'abruti qui a fait cela ?

Un gringalet de trente-cinq ans environ, perdu au milieu du troupeau, redresse la tête, l'air effaré.

— Ce n'est pas ma faute, patron...

Jim Allyson a un geste de colère.

— C'est encore William ! Mais tu ne seras jamais bon à rien, mon pauvre garçon ! Allez, remets-moi tout cela en ordre et après, tu iras t'occuper de l'étalon.

Le prénommé William ne réplique pas et se met en devoir de réparer sa maladresse... C'est vrai qu'il n'a pas l'air particulièrement dégourdi. Il n'a pas l'air de quoi que ce soit de spécial, d'ailleurs. Il est terne, insignifiant.

A trente-cinq ans, William Laurens est le plus ancien employé de l'exploitation Allyson. Il y est arrivé il y a quatorze ans, à l'âge de vingt et un ans. D'où venait-il ? Que faisait-il avant ? Nul ne le sait. Rien de bien sensationnel, à en juger par son allure et son comportement. Alors que les autres vachers ne faisaient que passer, lui s'est complu dans ce travail monotone au possible. Il habite une petite chambre dans la ferme même et il n'en sort pour ainsi dire jamais...

Les bêtes sont entrées enfin dans le corral. William Laurens fait faire demi-tour à sa monture et se dirige vers l'enclos de l'étalon. Même à cheval, il n'a pas fière allure. De taille moyenne, les jambes courtes, les cheveux blonds coupés en brosse, des taches de rousseur sur les joues, il a encore un peu l'air d'un adolescent. A quoi songe-t-il en cet instant précis ? Mystère. En tout cas, il devrait penser que sa monture est une jument et qu'il faut faire attention à l'approche d'un étalon. La bête devient brusquement nerveuse. Elle a une violente ruade. William Laurens ne s'y attendait pas. Il est déséquilibré et part en vol plané. C'est sa tête qui touche la première le sol. Il ne se relève pas...

Il est transporté à l'hôpital où son état est jugé préoccupant, sans que ses jours soient en danger. Il reprend d'ailleurs connaissance peu après. Il appelle l'infirmière, qui accourt aussitôt.

— Ce n'est rien. Vous êtes tombé de cheval.

Mais, à sa grande surprise, William Laurens se dresse sur son lit, le regard fixe et même halluciné.

— Apportez-moi des pinceaux !

— Pardon ?

— Des pinceaux pour peindre. Et aussi des couleurs, une toile et un chevalet.

L'infirmière regarde le jeune homme et lui lance un bref sourire.

— Je vais chercher cela. Je reviens tout de suite...

Bien entendu, ce n'est pas avec la palette et les pinceaux qu'elle revient, mais avec le docteur Sheppard, médecin-chef du service. Celui-ci examine William d'un air inquiet.

— Il ne faut pas vous agiter comme cela.

Le vacher s'agite de plus en plus, au contraire.

— Où sont les pinceaux ? Hein, où sont-ils ?

Le docteur Sheppard chuchote à l'infirmière de faire au blessé une piqûre de tranquillisants. Lorsqu'elle est faite et que William Laurens a sombré dans l'inconscience, il hoche la tête.

— Je n'aime pas cela. Je n'aurais pas cru pourtant : les radios étaient bonnes. Mais évidemment, avec un choc sur la tête...

Une semaine a passé. Le docteur Sheppard entre dans la chambre de William Laurens. Il a son dossier sous le bras. Il y jette encore un coup d'œil et franchement, il n'y comprend rien. Tous les examens du blessé sont normaux. Il n'a pas de fièvre, il a bon appétit. Il a d'ailleurs une constitution excellente, mais depuis sa chute, il est en proie à une idée fixe...

— Alors, comment va-t-on aujourd'hui ?

— Je veux peindre !

— Mais enfin, mon pauvre ami, pourquoi ?

— Pour savoir qui je suis. Dès que je serai devant une toile, je le saurai, mais pas avant. C'est intolérable ! Vous ne comprenez donc pas à quel point il est intolérable de ne pas savoir qui on est ?

— Vous êtes William Laurens, vacher chez M. Allyson.

— William Laurens ? Qui est cet olibrius ? Un vacher, moi ? Vous plaisantez, j'espère !

Le docteur Sheppard écoute avec un étrange malaise. Le blessé poursuit :

— Je vous en supplie : aidez-moi à retrouver mon identité. Elle est enfouie dans un coin de ma mémoire, mais elle m'échappe !

Le médecin est de plus en plus troublé. La façon de s'exprimer du malade, ses tournures de phrase, son vocabulaire ne sont pas ceux d'un simple vacher. Il veut en avoir le cœur net... Il se trouve qu'il est lui-même peintre du dimanche. Il a chez lui tout ce qu'il faut. Il pose sa main sur l'épaule de William.

— Bien. Demain, vous aurez le nécessaire...

Le lendemain, le docteur, aidé par l'infirmière, apporte un chevalet, une toile de grandes dimensions, une palette et des pinceaux. William Laurens pousse un cri de joie.

— Vite ! Donnez !

Le docteur Sheppard le regarde s'installer.

— Que voulez-vous peindre ? Le paysage du parc ? Le portrait de votre infirmière ?

William Laurens a un ricanement en se précipitant sur les pinceaux.

— Ce que je peins n'est pas ici.

Devant la toile, le vacher est pris de frénésie. Il jette à grands traits des taches de couleur sur la surface blanche et le plus extraordinaire, c'est que ce n'est pas n'importe quoi. C'est bien. C'est même très bien. C'est même... ahurissant !

Le tableau représente une scène de théâtre vivement éclairée. Dans le fond, une rangée de danseuses interprète un french cancan ; au premier plan, on voit un parterre de messieurs en redingote et chapeau haut de forme. C'est criant de vérité. Le sens du mouvement et de la lumière est admirable. C'est du... Oui, c'est cela, comme William Laurens vient de l'inscrire en signant en bas à droite : c'est du Toulouse-Lautrec !

William Laurens s'assied au bord de son lit, l'air épuisé.

— C'est bien. Maintenant, je sais qui je suis.

— Vous n'allez pas me dire... ?

— Montmartre, le Moulin-Rouge, je sais... A présent, il faut que je quitte l'hôpital. J'ai du travail.

Gregor O'Brady frappe à la porte d'un petit pavillon de San Francisco, accroché à l'une de ces rues en pente qui font le charme de la ville. Décidément, cet atelier d'artiste a beaucoup de cachet. Mais Gregor O'Brady a l'habitude des ateliers d'artistes, puisqu'il dirige la plus importante galerie de peinture de Californie.

William Laurens, qui lui ouvre, a les yeux injectés de sang, mais son regard a quelque chose d'inspiré. Il a une barbe de trois jours et son haleine empeste l'alcool. Le marchand se présente. Il enchaîne :

— Ravi de rencontrer celui dont parle tout San Francisco : la réincarnation de Toulouse-Lautrec.

William Laurens bougonne :

— Qu'est-ce que vous me voulez ? Dépêchez-vous...

Gregor O'Brady, un gros homme au visage intelligent, approuve.

— Moi aussi, je n'aime pas perdre mon temps, monsieur Laurens. Alors, j'irai droit au but. Je ne crois pas à cette histoire de réincarnation. Mais je constate que les gens y croient et que vous avez un sacré talent pour imiter Toulouse-Lautrec. Vos toiles n'atteindront jamais les prix de l'original, mais quand même des chiffres très honorables. Confiez-moi l'exclusivité et je ferai de vous un homme riche.

William Laurens a toujours l'air en proie à une invincible inspiration. Il ne semble pas avoir entendu et répond brièvement :

— D'accord.

C'est un procès ayant attiré les foules qui s'ouvre le 16 septembre 1954 devant le tribunal correctionnel de New York. L'association des musées de la ville poursuit en effet William Laurens comme faussaire.

Lorsque celui-ci fait son entrée dans la salle, il n'a assurément plus rien de commun avec le vacher terne, insignifiant, aux cheveux blonds coupés en brosse et aux allures d'adolescent qui a mal grandi. Au contraire, il a tout de l'artiste avec sa tenue négligée, sa chevelure folle et son regard fiévreux. Il s'assied aux côtés de son avocat. On remarque que son visage est secoué de tics et qu'il tremble légèrement.

L'avocat de la partie civile développe sa thèse :

— William Laurens signe ses toiles « Toulouse-Lautrec ». Ce sont donc des faux et non de simples imitations. Il doit être condamné en tant que faussaire.

Mais l'avocat de la défense n'a pas moins d'arguments à faire valoir :

— Le propre d'un faussaire est de faire passer ses œuvres pour celles d'un autre. Ce n'est pas le cas de William Laurens. Il peint ses toiles au grand jour. Il a toujours dit que c'était lui qui les avait exécutées et non Toulouse-Lautrec. Est-ce sa faute si sa chute de cheval a changé sa personnalité ?

Intervention de la partie civile :

— Il n'a pas le droit de signer Toulouse-Lautrec.

— Si, du moment qu'il ne s'en cache pas...

Les juges durent rester longtemps indécis, car après avoir mis l'affaire en délibéré, ce n'est que six mois plus tard qu'ils rendent leur verdict : William Laurens n'est pas coupable de faux.

La nouvelle fait sensation... Ainsi donc, cette extraordinaire production posthume va pouvoir se poursuivre ! En toute légalité, de nouveaux Lautrec vont s'ajouter à ceux que l'on connaissait déjà, des Lautrec qui sont aussi admirables que les vrais. Que s'est-il donc passé pour qu'un garçon vacher mal dégrossi ait pu se métamorphoser à ce point ? Est-il réellement habité par l'âme du peintre disparu ?

Dans tous les Etats-Unis, on se pose sérieusement la question. Des spécialistes de l'occultisme viennent sonner au pavillon de l'artiste à San Francisco. Mais William Laurens ne les reçoit pas. A part le marchand de tableaux Gregor O'Brady, qui vient chercher ses œuvres contre des liasses de plus en plus importantes de dollars, il ne reçoit plus personne... Il faut dire que le caractère de William Laurens s'est rapidement dégradé. Car, comme son illustre modèle, il s'est mis à boire.

8 avril 1955. Gregor O'Brady sonne à la porte du pavillon de San Francisco. William Laurens vient lui ouvrir d'un pas traînant. Il a la voix pâteuse.

— Qu'est-ce que vous voulez ? Je n'ai rien peint. Allez-vous-en !

Mais le marchand de tableaux ne s'en va pas. Au contraire, il s'assied sur une caisse au milieu du désordre invraisemblable de l'atelier.

— William, cela peut sembler idiot, mais j'ai fini par bien vous aimer. Alors je vous dis : ça suffit comme cela !

— Ça suffit quoi ?

— Votre comédie. Gregor O'Brady arrête le geste de William qui attrapait sa bouteille de bourbon.

— Et arrêtez de boire ! Vous êtes en train de vous détruire... Ecoutez, William, vous êtes un type très fort. Vous avez trouvé un truc génial pour gagner de l'argent. Avec cette astuce de la réincarnation, vous avez réussi à être une sorte de faussaire légal. Mais moi, vous le savez, je n'ai jamais marché. Alors, reprenez-vous.

William Laurens lui jette un regard halluciné.

— Je suis Toulouse-Lautrec !

— Non. C'est faux et vous n'y avez jamais cru vous-même. Si vous arrêtiez, William ? Avec tout ce que vous avez gagné jusqu'ici, cela devrait vous suffire.

Le peintre a un étrange sourire.

— Je vais peut-être bientôt m'arrêter...

— Pourquoi ?

— Parce que j'ai trente-sept ans.

— Et alors ?

— Lautrec est mort à trente-sept ans. Vous le savez parfaitement.

C'est le 6 juillet 1954 qu'on a retrouvé le corps de William Laurens dans la baie de San Francisco. Il s'était suicidé en se jetant du Golden Gate, le pont suspendu qui relie les deux rives. Depuis sa dernière entrevue avec le marchand de tableaux, il n'avait pas peint une seule toile.

Dans le désordre de son atelier, on a retrouvé plusieurs feuillets d'une écriture tremblée : la confession de William Laurens. C'est ainsi que l'on a eu la clé de l'énigme. Le jeune vacher mettait tout de suite les choses au point : « Gregor O'Brady avait raison : toute cette histoire de réincarnation n'était qu'une comédie destinée à gagner de l'argent et je ne comprends pas que personne ne l'ait découvert.

« Pour tout deviner, il suffisait de chercher où j'étais avant d'être vacher à San Francisco : à Paris. J'y étais allé pour étudier la peinture aux Beaux-Arts. Je croyais avoir du talent et même du génie, à l'époque. J'ai montré mes œuvres à tout le monde : personne n'en a voulu. On s'est moqué de moi. Je n'intéressais les gens que lorsque je faisais des reproductions. J'étais très fort, en particulier pour imiter Toulouse-Lautrec.

« J'ai éprouvé quelque chose qui ressemble au désespoir. Je suis rentré aux Etats-Unis et je me suis enterré dans une ferme comme vacher. Etait-ce pour essayer d'oublier ou pour me punir de mon échec ? Les deux à la fois peut-être. Je me suis installé dans mon rôle d'imbécile. C'était reposant. J'allais finir par le devenir vraiment lorsqu'il y a eu cette chute de cheval.

« Une chute de cheval : comme celle qu'avait faite Toulouse-Lautrec lorsqu'il était enfant et qui l'avait laissé infirme ! C'est à ce moment que j'ai décidé de jouer cette comédie. Et, à part Gregor O'Brady, tout le monde a marché.

« Seulement, je n'avais pas vu le risque. Un personnage aussi génial que Lautrec ne se laisse pas faire comme cela. Quand on veut s'identifier à lui, il faut aller jusqu'au bout. Puisque je peignais comme lui, il fallait aussi que je me détruise par l'alcool comme lui.

« Au début, c'était presque un jeu. Je pensais que je pourrais m'arrêter quand je le voudrais. Quand j'ai pris conscience de la situation, lorsque Gregor O'Brady est venu me voir la dernière fois, il était trop tard. Je savais que je ne dépasserais pas mes trente-sept ans, l'âge où Lautrec avait succombé à l'alcool. J'étais pris à mon propre piège. »

A côté de la confession, il y avait quelques toiles qui n'étaient pas de Lautrec : celles que William Laurens avait peintes dans sa jeunesse et qui lui avaient valu tant de souffrances. Des portraits aux contours tordus, défigurés. En les voyant, Gregor O'Brady a eu un hochement de tête :

— Très intéressant ! Difficile à comprendre, mais très intéressant. William aurait pu être un grand peintre. Dommage...

Le lévrier blanc

Le soir tombe sur le cynodrome de White City, près de Londres, en ce 8 décembre 1948. Les projecteurs se sont allumés. Dans quelques minutes, à dix-huit heures précises, aura lieu le prix de la Reine, une des courses de lévriers les plus prestigieuses de l'année. Pour cette épreuve exceptionnelle, il y a six engagés seulement. Dans le public, la tension monte. De grosses sommes ont été misées par les parieurs et l'on discute avec âpreté des chances de chacun des chiens.

John Lamberth, le directeur du cynodrome, est dans la tribune d'honneur en compagnie de quelques invités de marque. C'est, comme il se doit, un monsieur élégant : redingote grise, œillet à la boutonnière, vocabulaire distingué...

C'est alors que le chef caissier du cynodrome s'approche discrètement de lui. Il attire son attention en toussotant légèrement. Il a l'air très ennuyé.

— Monsieur le directeur, pourriez-vous venir quelques instants ? Il se passe quelque chose.

Le directeur, surpris, adresse quelques paroles d'excuse à ses invités et suit son employé. Dès qu'ils sont suffisamment à l'écart, celui-ci le met au courant :

— C'est incroyable : la cote de White Spirit vient de s'effondrer d'un coup. Elle est passée de vingt à cinq contre un. Alors j'ai pensé que je devais vous avertir.

John Lamberth fronce les sourcils. Effectivement, c'est étrange et même suspect... Des six lévriers, White Spirit, un magnifique animal tout blanc, est le moins coté. Il fait figure d'outsider. L'effondrement de sa cote signifie que de très gros paris ont été engagés sur lui à la dernière minute. C'est la première fois qu'un tel fait se produit.

John Lamberth n'hésite pas. Il ne doit prendre aucun risque. S'il y a eu une tricherie quelconque, c'est maintenant qu'il doit la découvrir, car une fois que la course aura eu lieu, ce sera trop tard : c'est le règlement.

Il fait retarder l'épreuve d'un quart d'heure. Et, tandis que des cris de désappointement et de surprise se font entendre dans le public, il se dirige vers le chenil pour voir ce qu'il en est.

Le chenil est un long bâtiment en béton. Il découvre William, le gardien, à son poste devant l'unique porte.

— Tout est normal, William ?

Le gardien répond d'un ton un peu étonné :

— Bien sûr, monsieur le directeur.

— Vous n'avez vu personne rôder, rien de suspect ?

— Mais non.

— Bien, je vais examiner les bêtes.

Précédé par le gardien, John Lamberth entre dans le chenil. De part et d'autre du couloir, s'alignent deux rangées de cages. Il y en a dix en tout. Le directeur se penche vers la première. Le gardien lui ouvre la porte grillagée. Un beau lévrier blanc vient à sa rencontre en remuant la queue. John Lamberth, qui est un spécialiste en matière canine, l'examine avec soin. Il lui tâte les pattes, le museau, lui regarde le fond de l'œil, respire son haleine. L'animal n'a pas été dopé, il pourrait en jurer. Puis il va voir les autres bêtes, au cas où ce seraient elles, au contraire, qui auraient été droguées, avec un somnifère ou quelque chose de similaire. Mais là, nul besoin de s'y connaître en chiens pour constater qu'il n'en est rien. Tous sont en pleine santé, ils frémissent d'impatience dans l'attente de la course.

John Lamberth quitte rapidement le chenil. Il n'y a pas de temps à perdre. Dehors, le public commence, lui aussi, à s'impatienter. Il regagne la tribune d'honneur, s'excuse en quelques mots auprès de ses invités et s'installe pour regarder le prix de la Reine.

A dix-huit heures quinze, c'est enfin l'instant solennel. Les bêtes sont sorties de leur chenil et placées sur la ligne de départ, dans des cages qui s'ouvrent toutes en même temps. A cet instant, un lièvre mécanique, guidé par un rail, part sur la piste et les chiens s'élancent à sa poursuite. C'est ainsi, en effet, que se déroule une course de lévriers, spectacle insolite en France, mais très familier outre-Manche.

Les chiens abordent le premier virage. En tête, les cinq lévriers bruns. White Spirit, considéré par tous les spécialistes comme le moins bon, suit à quelques longueurs de distance.

Et c'est alors que se produit l'incroyable. Un grand cri retentit dans la foule, suivi d'un silence impressionnant. Le chien de tête ralentit brusquement, comme si quelque chose l'avait brisé dans son élan. Son poursuivant immédiat ralentit à son tour, puis c'est au tour du troisième et des deux autres. En quelques bonds, White Spirit qui, lui, a conservé son allure, les a tous dépassés. Et tandis que les cinq lévriers bruns se mettent à tituber puis à s'effondrer sur le sol, White Spirit franchit seul la ligne d'arrivée.

Dans les tribunes, l'instant de stupéfaction passé, un grondement de colère se fait entendre. Les chiens ont été drogués, la course était truquée. Déjà les premiers cris s'élèvent.

— Remboursez !

John Lamberth se hâte de quitter la tribune officielle. Il doit appeler la police, d'abord pour empêcher que le public ne casse tout et puis, bien sûr, pour enquêter sur la course. Car les parieurs ont raison : le prix de la Reine a été truqué. Si l'on arrive à en faire la preuve, il faudra rembourser les perdants. En attendant, il faut payer ceux qui ont joué White Spirit, même s'il y a à coup sûr un escroc parmi eux...

John Lamberth sait que ce qui vient d'arriver est un coup fatal pour sa carrière. Sa réputation est à jamais compromise. Il va devoir donner sa démission, avant qu'on ne la lui réclame. Pourtant, en cet instant, ce n'est pas l'abattement qui domine chez lui, c'est la curiosité... Comment ? Oui, comment ont-ils pu faire ? Il a examiné les bêtes lui-même et le gardien n'a vu personne s'approcher du chenil. Alors, que s'est-il passé ?

Une heure plus tard, il répète ces faits à Donald Pierson, inspecteur à Scotland Yard.

L'inspecteur Pierson, après l'avoir écouté, se rend au chenil. Le gardien est là, tout aussi catastrophé que son directeur.

— Quand avez-vous pris votre poste ?

— A quatorze heures, monsieur, quand les bêtes ont été amenées dans le chenil.

— C'est-à-dire que n'importe qui aurait pu s'introduire avant ?

— C'étaient les instructions que j'avais reçues. D'ailleurs, je ne vois pas où quelqu'un aurait pu se cacher. En prononçant ces mots, le gardien a un instant d'hésitation.

— A moins que... Mais non, ce n'est pas possible : j'ai vérifié moi-même.

— De quoi voulez-vous parler ?

— Je pensais à la dixième cage. Elle est inoccupée depuis longtemps. On l'a condamnée en clouant des planches en travers de la porte. Avant la course, comme je le fais toujours, j'ai tiré sur les planches pour voir si elles tenaient, si on n'y avait pas touché. Eh bien elles tenaient. Il est impossible qu'on ait pu se cacher là-dedans.

Sans répondre, Pierson entre dans le chenil, suivi par le directeur et le gardien, qui n'en mène pas large. Il se dirige rapidement vers le fond. Effectivement, la dixième cage est abandonnée. Le grillage a été remplacé par plusieurs planches clouées en travers de la porte. Il s'approche, tire un coup sec et manque de perdre l'équilibre. Les planches viennent de tomber sur lui. Elles n'étaient pas fixées, elles étaient simplement posées.

William balbutie.

— Je vous jure que j'ai dit la vérité. J'ai tiré tout à l'heure et fort, même !

L'inspecteur lui fait signe de se taire... L'air très intéressé, il se penche sur le cadre de la porte, puis sur les planches. Après deux minutes d'examen dans un silence tendu, il se redresse. Il donne une tape sur l'épaule de William.

— Vous n'avez pas menti, mon garçon. Voici exactement ce qui s'est passé. Quand l'individu s'est introduit dans le chenil, il a d'abord décloué les planches. Il est entré dans la cage et il a fixé le tout de l'intérieur, avec des vis. On voit très bien les marques. Quand vous avez tiré, l'ensemble tenait parfaitement.

Donald Pierson marque un temps.

— Ensuite, l'homme a dévissé les planches et il a distribué des appâts drogués à tous les lévriers sauf White Spirit. Quant à la manière dont il est reparti, elle a été aussi simple que pour entrer. Je suppose que vous accompagnez les bêtes sur la piste...

Le gardien hoche la tête.

— Bien sûr, mon rôle est de ne pas les quitter.

— Alors, il est sorti juste après vous.

L'inspecteur examine ensuite les cages des cinq autres lévriers. Il se penche sur le sol et en retire des miettes d'aliments.

— On dirait du poisson... C'est ce que nous cherchons, en tout cas, car il n'y a rien dans la cage de White Spirit. Le laboratoire nous dira quel est le produit utilisé.

Le malheureux Lamberth tente une objection :

— Ils n'étaient pas drogués. Je les ai examinés juste avant la course.

— Ils l'étaient forcément, monsieur...

Le lendemain, la course truquée du prix de la Reine fait, au grand désespoir de John Lamberth, la une des journaux britanniques. Le montant de l'escroquerie s'élève à cent mille livres, une fortune ! Pendant que l'escroc droguait les bêtes, un de ses complices, un jeune homme brun, a déposé vingt mille livres sur White Spirit, chez un bookmaker de Londres.

C'est en fin de journée que le directeur du cynodrome reçoit un appel de l'inspecteur Pierson.

— Monsieur Lamberth, je viens d'avoir les résultats de l'analyse. C'est extrêmement ingénieux. Nous avons affaire à quelqu'un de très fort !

Le directeur du cynodrome éprouve un sentiment d'amère satisfaction : au moins il va savoir, il va comprendre...

— Le produit utilisé est du chlorétone. C'est une drogue employée en pharmacie, notamment dans les médicaments contre le mal de mer. Le chlorétone a une particularité étonnante. Chez un sujet au repos, il n'a pratiquement aucune action. Mais en cas d'effort violent, il a un effet foudroyant. Dès qu'ils se sont mis à courir, les malheureux lévriers ont été asphyxiés.

Pour le reste, l'inspecteur n'a pas grand-chose à dire : il

surveille les milieux traditionnels du jeu. Il est sûr que c'est un spécialiste qui a fait le coup. Il pressent aussi qu'il aura beaucoup de mal à le coincer...

Il ne se trompe malheureusement pas. Le bookmaker chez qui le pari a été joué est honorablement connu et n'a sûrement rien à voir avec la machination. A propos du jeune homme brun venu engager un pari de vingt mille livres sur White Spirit, il n'a rien à dire, sinon qu'il ne l'avait jamais vu. L'enquête commence mal.

Pourtant, au début de l'année 1949, trois semaines seulement après l'escroquerie, Donald Pierson recueille une information : Gilbert Moore a été vu dans un cercle de jeu de la capitale. Il a perdu cinq cents livres sur le tapis vert et il s'est retiré sans en paraître autrement affecté. Au contraire, il a terminé sa soirée dans un des meilleurs restaurants de Londres avec de nombreux amis. Il a réglé l'addition, a distribué des pourboires royaux au personnel et s'en est allé, visiblement très satisfait de lui-même.

Gilbert Moore : il s'agit, pour l'inspecteur Pierson, d'une vieille connaissance. C'est le spécialiste, depuis une trentaine d'années, de toutes les combinaisons louches en matière de courses et de jeux de hasard. Il a été arrêté à plusieurs reprises mais s'en est toujours sorti par un non-lieu. L'inspecteur l'a interrogé plusieurs fois pour d'autres affaires. Et il en a gardé un mauvais souvenir. L'homme a de l'assurance, de la repartie. En le faisant venir à son bureau, Donald Pierson sait qu'il va se trouver face à un adversaire coriace.

Gilbert Moore se présente ponctuellement à la convocation. C'est un homme d'une cinquantaine d'années, aux cheveux roux, aux yeux bleus. En le revoyant, l'inspecteur retrouve cet air faussement naïf qui l'a toujours mis mal à l'aise. Il attaque néanmoins l'entretien d'un ton décidé.

— Comme on se retrouve, Moore ! Ces derniers temps, vous n'étiez pas, semble-t-il, dans une situation tellement brillante. Et puis voilà que vous vous mettez à jeter l'argent par les fenêtres : cinq cents livres en une seule soirée, plusieurs mois de salaire d'un policier.

Gilbert Moore répond sans aucune difficulté.

— C'est que j'ai gagné pas mal aux courses.

L'inspecteur bondit.

— Vous avouez avoir joué sur White Spirit ?

Son interlocuteur a un air étonné puis il sourit comme s'il venait tout à coup de comprendre.

— Ah, je vois... Vous voulez parler de ce chien blanc ? Non, non, inspecteur, moi je ne m'intéresse qu'aux chevaux. Je peux vous indiquer tous les paris que j'ai faits et les sommes qu'ils m'ont rapportées.

Donald Pierson l'interrompt avec un geste d'agacement.

— Taisez-vous. Je sais très bien que vous pouvez me réciter la liste des chevaux gagnants de toutes les dernières courses et que vous allez me dire que vous avez joué sur eux. Pourtant, vous n'avez joué qu'une fois, Moore, et ce n'était pas sur un cheval, c'était sur un lévrier !

Le grand rouquin le considère avec un étonnement sincère.

— Inspecteur, vous avez de la suite dans les idées. J'ai cru lire dans les journaux que la personne qui avait fait un gros pari juste avant la course était un jeune homme brun.

Donald Pierson sait qu'il ne pourra pas aller plus loin. La certitude de sa défaite le met hors de lui. Il explose :

— Bien sûr ! C'est votre complice. Mais je vous aurai tous les deux, vous pouvez me faire confiance. Allez-vous-en !

Cependant, les mois passent... L'inspecteur Pierson est certain que l'homme est bien le coupable. Gilbert Moore continue à dépenser sans compter son argent. Il se sait l'objet d'une surveillance constante de Scotland Yard, mais il ne craint pas de s'afficher au grand jour. Quant à son mystérieux complice, le petit jeune homme brun, on n'en retrouve aucune trace.

C'est au mois de mai 1949 que Donald Pierson apprend que Gilbert Moore est passé sur le continent. Le grand rouquin, sans doute lassé de la compagnie de Scotland Yard, a préféré aller en France pour continuer à dilapider le produit de ses gains.

L'inspecteur se met en rapport avec la police française en lui demandant de surveiller ses faits et gestes. C'est ainsi qu'il apprend que Moore s'est acheté une luxueuse villa sur la Côte d'Azur et qu'il fréquente régulièrement le champ de courses de Cagnes-sur-Mer.

Malheureusement pour lui, Donald Pierson n'en apprendra jamais plus. Gilbert Moore joue effectivement aux courses, et de grosses sommes, mais tout à fait régulièrement. Il mène une vie rangée de retraité richissime...

Gilbert Moore est resté en France jusqu'à la fin de ses jours, dans sa belle villa de la Côte d'Azur. Les policiers, qui n'ont pas cessé de le surveiller, ont fini par s'habituer à cet homme tranquille, avec sa Rolls-Royce et ses deux compagnons inséparables : deux magnifiques lévriers blancs.

Bien sûr, ils savaient, tout le monde savait que c'était bien lui l'auteur d'une des plus audacieuses et ingénieuses escroqueries de l'après-guerre. Mais que faire ? Deux lévriers blancs ne sont pas une preuve. Un clin d'œil, tout au plus.

Colin-maillard

Redfield, dans le Dakota du Sud, est le type même de petite ville des Etats-Unis sans histoire. Et, parmi les habitants de Redfield, M. et Mme Clark sont le type même de couple sans histoire.

Cinquante-deux ans, pas très grand de taille et plutôt bedonnant, Peter Clark tient, avec sa femme Emily, une boutique de confiserie. L'un et l'autre entretiennent les meilleurs rapports avec leurs voisins. Ce sont des gens modestes, presque effacés. Elle est très pieuse et fait partie de plusieurs associations caritatives ; lui aime le bricolage, les animaux. Bref, il n'y a rien à dire à leur sujet, du moins jusqu'au 15 avril 1963.

Ce matin-là, Peter Clark est en train de balayer la neige tardive devant son magasin, lorsqu'une voiture, que les témoins décriront comme de couleur noire, arrive à toute vitesse. Glisse-t-elle sur une plaque de verglas ? Toujours est-il qu'elle fait une embardée et fauche le malheureux. Tandis que le véhicule disparaît, les passants ramassent le confiseur inanimé sur le trottoir. Il a été heurté violemment à la tête et saigne abondamment du crâne.

Emily Clark sort, affolée, de la boutique. Quelques minutes plus tard, elle monte dans l'ambulance aux côtés de son mari, toujours sans connaissance.

20 mai 1963. Après un mois d'hôpital, Peter Clark est de retour chez lui. Sa vie s'est métamorphosée en une fraction de

seconde. Il est brutalement passé du monde des gens normaux à celui des infirmes. Le traumatisme crânien provoqué par la chute était en lui-même bénin, mais il a eu une conséquence dramatique. Lorsque Peter Clark a repris connaissance, il a entendu la voix d'Emily et celle du docteur. C'est tout. Il ne les a pas vus. Il était devenu aveugle.

Le médecin lui a fait passer examen sur examen. Il a essayé de le rassurer. Il lui a dit qu'il n'avait pas de lésion des yeux et aucune atteinte cérébrale irréversible. La vue pouvait très bien lui revenir. Mais comment de telles paroles pourraient-elles arracher Peter à son désespoir ? Elles signifient que l'inverse peut très bien se produire aussi. Il peut rester aveugle toute sa vie...

Pour l'instant, Peter Clark est seul. Emily est au magasin ; il faut bien continuer à gagner sa vie. Il est affolé sur son fauteuil. Il n'ose pas en bouger. D'ailleurs, pour aller où ? Pour quoi faire, sinon pour se cogner partout ?

Il n'a plus qu'à attendre. Car il attend quelqu'un. Tout à l'heure, le détective des assurances doit passer pour son enquête. Combien va-t-on lui verser ? Cinquante mille dollars, si sa mémoire est bonne. Comme c'est risible ! Même un million de dollars ne réparerait pas le préjudice. La vue n'a pas de prix... Il se reprend, néanmoins. Il ne doit pas être égoïste. Ce sera utile à Emily, qui doit, à présent, faire vivre seule le ménage et, en plus, s'occuper de lui.

Dix-neuf heures. On sonne à la porte. Emily, qui est revenue du magasin, va ouvrir. Un petit homme d'une trentaine d'années, en costume strict, avec un chapeau sur la tête, fait son entrée. Il a un accent faubourien particulièrement désagréable :

— Madame Clark ? Je suis Richard Lemmon, détective de la compagnie d'assurances. Votre mari est là ?

— Où voulez-vous qu'il soit ?

Richard Lemmon, sans rien dire d'autre ni se découvrir, entre dans le living-room et s'avance vers Peter Clark, la main tendue. Le malheureux confiseur n'a, bien sûr, aucune réaction, ce qui déclenche une grimace de contrariété chez l'homme des assurances et un cri indigné chez Emily.

— Mais que faites-vous ?

— Mon métier, chère madame.

— Vous avez essayé de tendre un piège à mon mari, comme si...

Peter Clark intervient d'une voix calme :

— Quand la compagnie va-t-elle payer ?

Richard Lemmon fixe le confiseur intensément. Décidément, le personnage est tout ce qu'il y a de plus déplaisant : un visage replet et rose qui exprime le contentement de soi et deux petits yeux durs, inquisiteurs, comme ceux d'un oiseau de proie.

— Pas si vite ! L'argent, vous ne l'avez pas encore. Je dirai même que je suis là pour ça.

— Comment cela ? Les examens qu'on m'a faits à la clinique prouvent que je suis aveugle.

Richard Lemmon sort brusquement un paquet de cigarettes de sa poche et le tend vers son interlocuteur, déclenchant un nouveau cri d'Emily. Constatant l'absence totale de réaction de Clark, il remet rageusement le paquet dans sa poche.

— J'ai vu ces examens. Je ne les conteste pas, bien au contraire. Ils disent que vous pouvez recouvrer la vue à tout moment.

— Moi, je n'ai retenu qu'une chose : ils disent que je peux rester aveugle toute ma vie.

— Je sais. D'après votre contrat, nous devons vous verser cinquante mille dollars six mois après votre accident, si vous n'avez pas recouvré la vue à cette date, c'est-à-dire le 15 octobre 1963 à midi. Cela nous laisse encore du temps, monsieur Clark.

Emily intervient, blanche de colère.

— Vous n'avez pas honte de vous comporter ainsi avec un infirme ? Si vous prenez mon mari pour un escroc, dites-le tout de suite !

— Je prends tout le monde pour un escroc. C'est mon métier, madame Clark.

— Eh bien, je vous plains d'être comme cela.

Le détective sourit.

— Ne me plaignez pas, chère madame. Je vais tout vous dire : je touche dix pour cent sur les sommes que la compagnie ne verse pas grâce à moi. Cinq mille dollars, ça vaut la peine, non ?

Il se tourne vers Peter Clark.

— A bientôt, monsieur Clark. Je viendrai vous rendre visite souvent...

Dix jours ont passé, ce qui n'a pas grande signification pour Peter Clark, quand, comme lui, on ne distingue plus le jour de la nuit. Il est de nouveau à la maison, tandis que sa femme est au magasin. Il est en proie au plus total abattement. L'attitude odieuse du détective, ses pièges, dont lui a fait part Emily, contribuent à l'assombrir encore davantage. Ce n'est pas qu'il craigne de ne pas toucher les cinquante mille dollars : il les aura, puisque, hélas, il reste aveugle, mais il est révolté par tant de dureté et de cruauté. Dieu que l'humanité est laide ! Pour un peu, il serait heureux de ne plus la voir...

C'est au moment précis où il se fait ces réflexions que le miracle se produit. Cela commence par un brouillard lumineux. Peter Clark pousse un cri : la vue lui revient ! Il se tait aussitôt et attend dans l'angoisse. Est-ce que les choses vont en rester là ? Est-ce que la vue va se limiter pour lui à cette sorte de clarté laiteuse ?... Mais non, le miracle continue ! Peu à peu des formes apparaissent. Il reconnaît les meubles et les objets familiers. Les contours se précisent encore et se stabilisent définitivement. Peter Clark bondit de son fauteuil avec un hurlement de triomphe : il voit ! Il voit exactement comme avant !

L'émotion est tellement forte qu'il chancelle et retombe dans son fauteuil. Il se relève et se prépare à courir au magasin pour annoncer la nouvelle à Emily, mais aussitôt, presque sans le vouloir, il se rassied. Une pensée vient de le traverser : l'homme des assurances, le rire de triomphe de ce Richard Lemmon quand il va apprendre la chose et empocher ses cinq mille dollars ! Le répugnant personnage a donc gagné. Peut-être même sera-t-il persuadé qu'il avait eu raison lors de leur première entrevue : que lui, Clark, avait déjà recouvré la vue et jouait la comédie, mais qu'il a renoncé ensuite quand la situation est devenue invivable...

Eh bien non, cela ne sera pas ! D'un seul coup, Peter Clark vient de prendre sa décision. Lui, le brave, l'honnête confiseur sans histoire, a décidé de se lancer dans l'escroquerie à l'assurance. Et ce n'est pas par appât du gain. Les cinquante mille dollars, il n'y pense pas. Qu'importe si c'est plus d'argent qu'il n'en a gagné en toute une vie. Qu'importe si, avec une telle somme, Emily et lui pourraient mener une vie dorée pour le restant de leurs jours, quitter l'insipide Redfield et le Dakota du Sud pour la Floride, les Bahamas ou l'Europe... Non, ce qui compte, ce sont les dix pour cent de Richard Lemmon. Il ne les aura pas ! Entre eux, désormais, c'est la guerre. Le petit confiseur se sent soudain une âme de gangster chevronné !

Maintenant que sa décision est prise, il s'efforce de réfléchir calmement. Il y a un problème : Emily. Il n'est pas question de lui dire la vérité. Elle a des principes trop stricts. Elle n'accepterait jamais une pareille tromperie, même si l'attitude de l'homme des assurances la révolte autant que lui. Et, d'ailleurs, elle ne serait pas à la hauteur. Elle ne sait pas mentir.

Il devra donc lui jouer la comédie à elle aussi. Il pressent bien que l'épreuve dans laquelle il s'engage va être difficile, dangereuse, mais il ne reculera pas. Il est resté sans voir suffisamment longtemps pour avoir pris des habitudes d'aveugle. Il devra les garder, s'obliger, en particulier, à conserver les yeux fermés quand il sera seul. Nous sommes le 30 mai, la fin de l'épreuve est pour la mi-octobre : il va s'agir de tenir bon jusque-là !

A partir de ce moment, s'engage une terrible, une impitoyable partie de colin-maillard. Car, si Peter Clark n'a aucun mal avec la candide Emily, qui ne se doute de rien, il n'en est pas de même avec Richard Lemmon, qui tente par tous les moyens de le coincer. Il y met même un acharnement inimaginable.

Un jour de juin, Peter Clark est en train de se promener dans les rues de Redfield avec sa canne blanche et un chien que ses voisins se sont cotisés pour lui acheter. Il marche précautionneusement en tapant le rebord du trottoir et tourne à un angle, lorsque l'homme des assurances surgit brusquement devant lui. Il se tient là, immobile, lui barrant le passage. Peter n'a pu s'empêcher de tressaillir. Richard Lemmon a un cri de triomphe.

— Vous êtes démasqué, Clark ! Vous m'avez vu.

Mais le confiseur arrive quand même à rétablir la situation.

— Je ne vous ai pas vu. J'ai senti une présence. Depuis que je suis aveugle, je repère les gens à l'air qu'ils déplacent...

Un peu plus tard, début juillet, c'est au contraire Peter Clark qui marque un point. Il est seul chez lui, lorsqu'il entend un bruit imperceptible dans l'entrée : la clé dans la serrure. Il demande :

— C'est toi, Emily ?

Pas de réponse... Richard Lemmon apparaît, marchant lentement sur la pointe des pieds. Il s'est procuré on ne sait comment un double de la clé, à moins qu'il n'ait un passe-partout. Mais il en est pour ses frais. Peter, qui s'attend à tout, à tout moment, est en train d'apprendre le braille sur la table du living. Richard Lemmon s'arrête au milieu de la pièce avec un air de dépit qui illumine de joie son adversaire.

— Je sais que c'est vous, Lemmon. Je ne vous vois pas mais je sais que c'est vous.

— Vous êtes très fort. Mais je vais vous dire une chose. Je suis sûr — vous m'entendez ? — absolument sûr que vous n'êtes pas aveugle et je vous aurai !

— Disparaissez ou j'appelle la police.

— De quelle manière ?

— En allant au téléphone et en composant le numéro sur le cadran. Tous les aveugles savent faire cela.

— OK, OK. Bien sûr, je n'ai laissé aucune trace de ma visite.

Lemmon agite ses mains gantées :

— Vous voyez ?

Peter Clark répond simplement :

— Je sais que vous avez des gants...

15 août 1963. Peter Clark est seul dans le living en train d'écouter la radio. Il n'a jamais été spécialement amateur de programmes radiophoniques, mais étant aveugle, c'est ce qu'il doit faire logiquement. Les rideaux sont bien tirés et il a fait changer la clé. Le détective n'est pas à craindre pour l'instant. Aussi, le confiseur s'accorde un moment de détente. Il lit la page sportive du journal qu'Emily a laissé traîner sur la table. Il

tourne le dos à la porte et le bruit de la radio l'a empêché d'entendre la porte s'ouvrir. Un cri retentit derrière lui.

— Peter !

Peter Clark se retourne. Emily se tient devant lui, le visage décomposé. Il serait absurde de nier.

— Ecoute, Emily. Je vais t'expliquer...

Emily a retrouvé ses esprits.

— C'était donc vrai ? C'était lui qui avait raison et toi qui mentais ! Tu es un escroc ! J'ai épousé un escroc !

Peter Clark s'approche de sa femme d'une démarche normale de voyant. Il la prend dans ses bras.

— Je vais tout te raconter...

Et il lui dit tout. Il était réellement aveugle la première fois ; ce n'est pas l'appât du gain qui l'a décidé, quand il a recouvré la vue, mais la perspective de voir l'odieux individu triompher. Elle doit le croire, il est prêt à tout pour qu'elle le croie ! Il a une illumination soudaine.

— Tiens ! Pour te le prouver, les cinquante mille dollars, si nous les avons, je jure de les donner à tes bonnes œuvres.

— C'est vrai ?

— Aussi vrai que je te vois...

Emily Clark renifle et s'essuie les yeux avec son mouchoir.

— Je te crois, Peter. Mais jouer la comédie, moi je ne pourrai pas. Le détective des assurances est tout le temps à rôder par ici.

— Pars. Va habiter chez ta sœur.

— Il va avoir des soupçons. Il va m'interroger et je vais me trahir.

— Il ne te retrouvera jamais là-bas...

Bien sûr que si : Richard Lemmon retrouve la trace de Mme Clark ! Il y a passé des jours et des jours, mais il a fini par découvrir sa retraite : le pavillon de sa sœur, dans une bourgade du Vermont, au nord-est des Etats-Unis. Il était temps pour lui, car nous sommes le 10 octobre 1963 et dans cinq jours il faudra payer...

Lorsqu'il sonne, il a la chance que ce soit Emily elle-même

qui lui ouvre. A sa vue, elle pousse un cri et tente de refermer la porte, mais il la bloque avec le pied.

— Ne soyez pas si nerveuse, chère madame. Je ne vous veux aucun mal.

— Qu'est-ce que vous me voulez, alors ?

— Vous poser une question. Pourquoi avez-vous quitté votre mari ?

— Je n'ai pas à vous répondre. Allez-vous-en !

— Si vous ne me répondez pas, j'en conclurai que vous êtes partie parce que vous avez découvert qu'il n'était pas aveugle.

— Concluez ce que vous voudrez.

— Ce sera noté dans mon rapport et cela peut être une cause d'annulation du versement.

Emily Clark ne sait pas si ce qu'il dit est vrai ou non. Mais dans le doute, elle doit répondre quelque chose, trouver une raison plausible à son comportement.

— Je... je ne pouvais plus m'occuper d'un aveugle. C'était au-dessus de mes forces.

— Vous voulez dire que vous avez abandonné votre mari parce qu'il est devenu infirme ? Vous, dont la charité et le dévouement sont connus dans toute la ville ?

— C'est pourtant la vérité.

— Madame Clark, pourquoi faites-vous cela ? Il ne le mérite pas. C'est un menteur ! Vous vous imaginez qu'à cause de vous il va profiter tout seul des cinquante mille dollars ? Et quand je dis tout seul, je me trompe. Avec une somme pareille, il vous aura vite trouvé une remplaçante.

Richard Lemmon n'a pas la possibilité d'en dire plus. La porte vient de se refermer sur son pied. Il pousse un cri autant dû à la douleur qu'à la rage.

En retrouvant Mme Clark, il pensait avoir gagné. C'est encore une fois raté. Pourquoi le protège-t-elle, malgré tous ses principes ? Allez comprendre les femmes ! Et l'autre qui passe son temps à lire des livres en braille qu'il achète par paquets à une maison de vente par correspondance ! Décidément, il est tombé sur des coriaces.

Richard Lemmon est furieux et ce n'est pas seulement pour les cinq mille dollars qui vont lui passer sous le nez. Il ne supporte pas de voir les Clark l'emporter. Il se sent pris de haine pour le confiseur et son épouse... Mais il ne veut pas désespérer encore. Au dernier moment, il aura peut-être une idée. Allons, il faut garder espoir !

Me Jones, de l'étude Jones and Jones, est notaire à Redfield. C'est dans son bureau que doit avoir lieu la remise du chèque par la compagnie d'assurances. Il est onze heures cinquante, ce 15 octobre 1963. Peter Clark arrive au bras d'un voisin. Le détective est déjà là, de même que le notaire. Richard Lemmon lui lance :

— Vous avez gagné, monsieur Clark. Vous êtes le plus fort. Vous allez avoir votre argent.

Peter Clark rétorque d'une voix terne :

— Je n'ai rien gagné. C'est le dédommagement de mon infirmité.

Me Jones procède alors à l'interminable lecture du contrat d'assurances, avec toutes ses clauses et ses alinéas. Pendant ce temps, Richard Lemmon fixe le confiseur de ses yeux d'oiseau de proie et c'est alors que l'idée qu'il espérait lui vient. Il sait quelle doit être sa tension en cet instant. Cela fait des mois qu'il joue une comédie à la limite du supportable. Il est passé à travers les pires épreuves et dans quelques secondes tout sera terminé pour lui. Ce sera la libération, la victoire. C'est pourquoi ce dernier piège qu'il vient d'imaginer, même s'il est grossier, a toutes les chances de marcher...

Il sort d'une sacoche un chèque qu'il tend au confiseur.

— Cinquante mille dollars à votre ordre, monsieur Clark. Si vous voulez bien vérifier...

Et il pousse aussitôt un cri de triomphe. Clark est tombé dans le panneau ! Il a pris machinalement le chèque et a lu la somme ! Il n'a pas pu aller jusqu'au bout. Il a relâché sa vigilance un instant trop tôt.

Mais son euphorie fait place tout aussi brusquement à la stupeur. Qu'est-ce que cela signifie ? Le confiseur ne s'effondre pas. Il ne blêmit pas, il ne balbutie pas des mots sans suite. Il prend la parole fort calmement.

— Cinquante mille dollars : tout est en règle... Oh, vous avez une tache sur votre cravate, monsieur Lemmon !

L'agent des assurances est trop abasourdi pour prononcer le moindre mot. C'est le notaire qui le fait à sa place.

— Mais vous voyez !

— Oui, maître. Plus exactement, la vue vient de me revenir. Voudriez-vous me répéter quand la compagnie devait me verser la somme en cas de cécité.

— Aujourd'hui même, à midi...

— Cela a commencé par un brouillard lumineux et, peu à peu, les formes se sont précisées. La première chose que j'ai vue est la pendule sur votre bureau. Elle indiquait midi une...

C'est ainsi que s'est terminée cette peu banale partie de colin-maillard. Emily et Peter Clark sont retournés dans leur confiserie de Redfield, Dakota du Sud, où ils sont redevenus des gens sans histoire dans une ville sans histoire. Ils ont versé les cinquante mille dollars à une fondation pour les aveugles et Richard Lemmon, qui s'était visiblement fait berner, a été licencié par ses employeurs.

L'homme qui vendit la tour Eiffel

Juillet 1925. Dans la file de taxis qui stationnent devant l'hôtel Crillon, le chauffeur de la voiture de tête replie brusquement son journal. La portière vient de s'ouvrir. Un homme élégamment vêtu, costume gris, gilet de soie, fleur à la boutonnière, s'installe sur la banquette arrière et dit d'une voix distinguée, où perce un léger accent étranger :

— A la tour Eiffel.

Le chauffeur a tout de suite vu à qui il avait affaire : à un riche touriste, sans doute américain ; et comme il sortait du Crillon, c'est sûrement un bon pourboire en perspective.

Effectivement, arrivé devant la tour Eiffel, l'homme laisse un gros billet, dit : « Gardez la monnaie » et s'en va.

L'homme flâne sur le Champ-de-Mars, il passe et repasse sous les piliers d'acier. Mais est-ce vraiment un touriste ? Il n'a pas l'air d'être là pour admirer. Il n'est pas comme tous les autres avec leur appareil photo en bandoulière et leur guide qu'ils feuillettent avidement. Lui, il est décontracté, il a même un sourire ironique au coin des lèvres.

Personne ne fait attention à lui, tandis qu'il est là à regarder la tour Eiffel, à l'examiner sous toutes les coutures. Et pourtant, si les gens savaient à quoi il pense en ce moment précis, ils auraient la plus grosse surprise de leur vie. Car le touriste distingué au léger accent étranger, en regardant la silhouette d'acier qui se dresse vers le ciel, est en train de se poser cette incroyable question : combien cela peut-il valoir ?

Il s'appelle Victor Lustig. Depuis plusieurs années, il a réussi des exploits très, très particuliers. Mais ce coup-ci va être le couronnement de sa carrière.

Il va vendre la tour Eiffel.

Quand on a la chance d'être bien parti dans la vie, il semble que le destin soit tout tracé.

Et c'est bien le cas de Victor Lustig. Il est né en 1890, à Hostinne en Autriche-Hongrie, de parents fortunés. Son père, un gros industriel, est le maire de sa petite ville. Le jeune Victor a droit à la meilleure éducation, dans les collèges les plus réputés, et il justifie d'ailleurs admirablement les espoirs placés en lui. Il apprend avec une étonnante facilité le français et l'anglais. Il est incontestablement doué pour toutes les matières littéraires et ses professeurs, qui ne tarissent pas d'éloges sur lui, disent un jour à ses parents :

— Votre fils a tout ce qu'il faut pour devenir un grand avocat.

Seulement, il y a un petit détail qui va tout changer : c'est Victor Lustig lui-même. Il a dix-neuf ans, il vient de passer facilement ses examens et il a envie, lui aussi, de réussir, mais pas tout à fait de la manière dont l'entendent ses professeurs et ses parents. Ce qu'il veut, c'est réussir tout de suite, pas dans dix ans, pas dans vingt ans, tout de suite. Aussi, sans prévenir personne, il part pour Paris avec une idée bien précise : faire fortune par n'importe quel moyen...

Nous sommes en 1909. Le Paris d'alors, c'est celui de la Belle Epoque, l'endroit rêvé pour les audacieux, surtout quand on est comme Victor : jeune, beau et sans trop de scrupules.

Et avec ses bonnes manières, sa haute taille, sa magnifique chevelure blonde, son léger accent étranger, Victor Lustig se fait vite remarquer, des femmes principalement. C'est pourquoi il décide de se lancer dans la profession qui lui semble la plus efficace pour faire fortune rapidement : le proxénétisme.

Du côté de la rue de Lappe, sa silhouette aristocratique est devenue familière. Mais un désagréable incident fait vite comprendre à Victor Lustig qu'il n'est pas fait pour le métier. Il lui manque une qualité essentielle : la violence. Un jour, un de ses concurrents, un méchant, lui envoie un coup de couteau à travers la figure. Victor n'insiste pas. Il abandonne Paris sans même dire au revoir à ses deux protégées, la rousse et la brune. Il décide de faire fortune ailleurs.

Et il trouve vite un cadre et une activité qui lui conviennent bien mieux : les grands paquebots et le jeu. Dans le décor feutré et luxueux des salons de première, il se sent beaucoup plus à l'aise que dans les rues chaudes de Paris. Il fait la navette entre Le Havre et New York et propose à ses compagnons de voyage des parties de poker. Il joue bien, triche un peu et gagne mille ou deux mille dollars par traversée.

Bref, c'est une vie agréable, confortable, sans grand risque et qui pourrait durer longtemps. Mais à la dixième traversée, Victor Lustig fait une rencontre inattendue qui va changer radicalement le cours de sa vie...

Un soir qu'il vient de gagner quelques centaines de dollars aux dépens d'un Américain, il voit s'approcher de lui un monsieur distingué d'un certain âge. Ce dernier se présente poliment.

— Je m'appelle Nicky Arnstein. Je vous ai observé avec beaucoup d'intérêt, jeune homme. Vous êtes doué, mais vous avez besoin de quelques conseils.

Avant que Lustig n'ait pu dire quoi que ce soit, l'homme l'entraîne au bar et ils se mettent à bavarder...

Nicky Arnstein repose son verre :

— Tu vois, Victor — car au bout du troisième whisky ils s'appellent par leur prénom et se tutoient —, on fait le même métier tous les deux. Moi aussi, je gagne ma vie au poker. Mais le principal, ce n'est pas de savoir bien jouer, ni même de savoir bien tricher. Le principal, c'est de placer l'autre dans une situation telle qu'il ne puisse s'en prendre qu'à lui, qu'il se dise : « C'est de ma faute. » N'oublie jamais ça, Victor : il faut que ta victime ne puisse rien faire.

Victor ne comprend pas bien. Mais déjà Nicky Arnstein s'est levé.

— Tu vois cet homme, là, tout seul à sa table ? C'est un gros industriel de Boston. Je l'ai repéré depuis le début du voyage. Maintenant, regarde comment on doit s'y prendre.

Arnstein se présente à l'industriel qui se morfond devant son verre de fine. Bien entendu, l'autre l'invite à s'asseoir. On échange quelques banalités, on parle de la pluie et du beau temps, et puis, comme il fallait s'y attendre, l'industriel propose :

— Si nous faisions une partie de cartes ?

A la table à côté, Victor Lustig ne perd pas un mot de la conversation.

Nicky Arnstein s'est levé brusquement.

— Non, monsieur, je regrette. N'insistez pas !

L'industriel se récrie. Il est vexé, il ne comprend pas. Alors Nicky Arnstein dit d'une voix très douce :

— Ecoutez, monsieur, comme vous m'êtes sympathique, je vais vous faire un aveu : je suis joueur professionnel. Vous comprenez ce que cela veut dire ? Non, je ne veux pas gagner contre vous, n'insistez pas.

L'industriel ouvre de grands yeux à la fois craintifs et admiratifs. Il est tout excité. Un joueur professionnel, un tricheur, mais c'est merveilleux, c'est passionnant ! Enfin il se passe quelque chose durant cette traversée si monotone.

L'industriel commande du champagne. La partie commence. Le lendemain, au petit matin, il a perdu cinquante mille dollars. Evidemment, c'est beaucoup, mais il est quand même ravi. Il en a eu pour son argent. Il va pouvoir raconter son aventure à tous ses amis.

Victor Lustig, émerveillé, a suivi toute la scène. Il a bien retenu la leçon. Il a compris qu'il ne suffit pas de tromper les gens. Nicky Arnstein a raison, il faut les placer dans une situation telle qu'ils ne puissent s'en prendre qu'à eux-mêmes...

Maintenant, il n'y a plus qu'à appliquer le principe et Victor Lustig va y mettre un talent incomparable, un talent qui n'est pas loin du génie.

Pendant cinq ans, il fait l'aller et retour sur les grands paquebots entre Paris et New York, choisissant soigneusement ses clients, ceux qui rapportent gros... En 1914, il se voit pourtant contraint de changer son cadre d'activité. Les traversées sont devenues trop dangereuses : il n'a aucune envie que sa partie de poker soit interrompue par une torpille allemande.

Alors il se fixe aux Etats-Unis. Pourquoi pas ? Il parle anglais couramment et l'Amérique a l'avantage de ne pas être encore en guerre, ce qui, pour un escroc, est appréciable.

Et au Nouveau Monde, les manières élégantes, raffinées — pour tout dire européennes — de Victor Lustig font merveille. Comme il est charmant ce jeune comte autrichien qui parle si bien anglais ! Comment ne pas lui faire confiance ?

Bien entendu, de l'autre côté de l'Atlantique, Victor suit fidèlement les leçons de Nicky Arnstein. Il s'arrange toujours pour que sa victime ne puisse pas porter plainte.

En voici un exemple, parmi des dizaines d'autres, un exemple d'escroquerie à la Lustig, l'escroquerie imparable !

A Salina, une petite bourgade du Kansas, le pseudo-comte autrichien a appris qu'il y avait une ferme à vendre, un bâtiment abandonné, délabré, qui ne vaut certainement pas plus de quinze mille dollars.

A cette époque, Lustig est totalement sans le sou, il ne possède que vingt-cinq mille dollars en « bons de la liberté », qui sont faux. Toujours aussi aristocratique et sûr de lui, il se présente au siège de l'American Saving Bank, la banque locale qui a racheté la bâtisse au propriétaire ruiné.

Le pseudo-comte fait grosse impression auprès du directeur, surtout quand il lui propose vingt-cinq mille dollars pour une propriété qui en vaut quinze mille tout au plus. Aussi, lorsqu'il demande à la visiter sur-le-champ, le directeur s'empresse de l'y conduire.

La visite se fait rapidement, le comte Lustig observe d'un air distrait les bâtiments délabrés et les terres en friche, et jette négligemment au directeur :

— Je passerai demain à votre bureau avec vingt-cinq mille dollars. Veuillez préparer les papiers nécessaires.

Le lendemain, Victor Lustig, toujours aussi imposant avec ses manières européennes, se présente à la Saving Bank. Le directeur l'accueille courbé en deux. Il l'entraîne dans son bureau, où une bouteille de champagne est déjà préparée pour arroser la transaction.

Victor Lustig sort deux paquets de ses poches ; le premier, enveloppé de papier brun, contient les vingt-cinq mille dollars promis.

— Voulez-vous vérifier ? demande Victor Lustig.

Le directeur, qui est trop heureux de cette affaire inespérée, et ne veut pas risquer de mécontenter un client qui lui achète une ruine dix mille dollars au-dessus de sa valeur, s'empresse de déclarer :

— Monsieur le comte, vous n'y pensez pas, nous sommes entre gentlemen !

Quant au second paquet, ce sont les vingt-cinq mille dollars en faux « bons de la liberté » que Lustig dépose avec assurance sur le bureau.

— Au fait, pouvez-vous également me changer ces bons ?

Trop pressé de conclure cette brillante transaction, le directeur de la banque ne songe nullement à n'accepter que les bons en paiement et à rendre la liasse de vingt-cinq mille dollars. Il va au contraire dans son coffre chercher vingt-cinq mille dollars à lui.

On se serre la main. Courbettes du directeur, sourire condescendant du comte...

Ce n'est que quelques heures plus tard que le directeur s'aperçoit que le paquet brun ne contient que du papier journal et que les bons sont des faux.

Mais l'histoire ne s'arrête pas là, car le banquier réagit. Il s'adresse à une agence de police privée qui n'a aucun mal à retrouver Lustig, en train de se prélasser tranquillement dans un palace de New York.

En voyant les deux détectives débarquer dans sa chambre, Lustig ne s'émeut nullement. Il a un sourire :

— Que voulez-vous de moi ? Que je retourne à Salina et que j'aille en prison ? Cela va en faire du bruit, un bruit bien fâcheux pour la banque ! Je me demande ce que vont penser ses clients quand ils vont apprendre que son directeur a vendu vingt-cinq mille dollars une propriété qui n'en vaut pas plus de quinze mille et qu'il s'est si facilement fait rouler par le premier venu... Vous devriez peut-être lui téléphoner pour lui demander ce qu'il en pense.

L'un des deux détectives décroche le téléphone et répète les propos de Lustig. Celui-ci n'entend pas ce que dit le banquier, mais il le devine. Il tape sur l'épaule du détective :

— A propos, dites-lui que je veux mille dollars de mieux. Sinon, je me constitue prisonnier et j'exige un procès public à Salina.

Victor Lustig a eu ses mille dollars !... Oui, du grand art. Jamais les principes de Nicky Arnstein n'avaient été aussi bien appliqués. L'élève avait dépassé le maître.

Début 1925. La guerre est passée. Victor Lustig n'a rien connu de la boue des tranchées et des tueries qui ont ensanglanté le monde, ce dont il n'éprouve aucun remords. Car s'il est doué d'une intelligence hors pair, le sens moral n'est pas son fort. Il se trouve de nouveau à Paris. Non pas, pour une fois, en vue de gagner de l'argent, mais pour le dépenser. Ses escroqueries lui ont tant rapporté en Amérique qu'il a décidé de s'arrêter un peu. Et où, mieux qu'à Paris, dépenser une centaine de milliers de dollars facilement gagnés ?

Lido, Folies-Bergère, Moulin-Rouge : le Paris des Années folles a tout ce qu'il faut pour soulager rapidement le portefeuille d'un riche étranger.

Les mois passent et, début juillet, Victor Lustig s'aperçoit que sa fortune a fondu comme neige au soleil. Alors, il se décide à travailler, du moins à sa manière... A vrai dire, il n'est pas fixé sur le coup qu'il va faire. Il s'en remet, comme toujours en pareil cas, à l'inspiration. Et en lisant le journal, il tombe par hasard sur une information qui le frappe. La Ville de Paris a en ce moment un gros problème avec la tour Eiffel. On doit y effectuer des réparations, mais leur coût est tellement élevé qu'on se demande comment les payer. Et le journaliste conclut son article sur ces mots en forme de boutade : « Va-t-on vendre la tour Eiffel ? »

Dans sa somptueuse suite de l'hôtel Crillon, Victor Lustig lit et relit l'article avec un sourire de plus en plus prononcé. Il sait maintenant ce qu'il va faire. Le journaliste avait cru plaisanter ? Eh bien il s'est trompé. Lui, Lustig, va le prendre au mot. Il va vendre la tour Eiffel !

Et quand il a décidé quelque chose, il ne perd pas de temps... Après une petite visite sur les lieux pour admirer l'objet de la future transaction, il passe aux choses sérieuses. Sur un papier à en-tête de la Ville de Paris, que lui a procuré un faussaire de ses amis, il convoque au Crillon les cinq plus gros ferrailleurs français, pour « une affaire susceptible de les intéresser ».

A l'heure dite, ils sont là tous les cinq dans un salon privé de l'hôtel où on leur sert des cocktails. Après les avoir fait patienter un bon moment pour exciter leur impatience et leur curiosité, Victor Lustig fait une entrée théâtrale.

— Messieurs, vous n'ignorez pas les difficultés que la Ville de Paris rencontre en ce moment avec le plus prestigieux de ses monuments. Je veux parler de la tour Eiffel...

Ses cinq interlocuteurs ouvrent de grands yeux, leur verre à la main.

— Messieurs, à la demande expresse du président de la République, Gaston Doumergue, et du président du Conseil, je vous prie de garder le secret sur ce que je vais vous révéler : la Ville de Paris a décidé de vendre la tour Eiffel et m'en a nommé adjudicateur. Les sept mille tonnes d'acier du monument iront au plus offrant. En attendant, je suis habilité à vous le faire visiter. Mais je vous demanderai, bien sûr, la plus grande discrétion...

La visite de la tour Eiffel en compagnie des ferrailleurs est le chef-d'œuvre de toute sa carrière. Victor Lustig est trop avisé pour ne pas s'imaginer qu'ils ont des soupçons. La crédulité humaine a des limites. Pour les convaincre, il n'y a qu'un moyen : aller encore plus loin dans l'audace, le bluff.

Suivi de ses cinq invités, il ignore la file des touristes et va directement au guichet. Là, il met sous les yeux de l'employé une carte barrée de tricolore et lance :

— Ces messieurs m'accompagnent.

L'employé les laisse passer tous les six. Comment douter après cela qu'il soit bel et bien chargé par le gouvernement de vendre la tour Eiffel ?...

Et, huit jours plus tard, Victor Lustig reçoit la première proposition de rachat pour les prestigieuses tonnes d'acier. Celui des ferrailleurs qui en est l'auteur s'appelle M. Poisson, ce qui ne s'invente pas. Victor décide d'accepter son offre sans attendre celles des autres. Il ne faut jamais aller trop loin et Poisson est un nom prédestiné pour tomber dans ses filets. C'est donc le seul M. Poisson qui revient à l'hôtel Crillon...

Il aurait été intéressant, pour la petite histoire, de savoir quelle était la somme proposée, combien pouvait valoir dans l'esprit d'un ferrailleur le plus illustre monument parisien réduit à un tas de poutrelles et de boulons. Malheureusement, la chose est restée ignorée, tout comme l'importance du pot-de-vin — de règle en pareil cas — que le sieur Poisson a versé à l'adjudicateur.

Tout ce qu'on sait, c'est que le jour même, Victor Lustig a quitté Paris et que le ferrailleur n'a pas osé porter plainte. Il craignait bien trop le ridicule, ce qui n'a pas empêché l'affaire de s'ébruiter. L'infortuné M. Poisson est devenu l'objet de la risée générale et Victor Lustig est entré d'un seul coup dans le tout petit cercle des escrocs de génie.

Et toute sa vie, Victor Lustig a continué à appliquer son principe. Aux Etats-Unis, où il s'est fixé définitivement, il a été arrêté quarante-huit fois et quarante-sept fois il n'est resté pas plus de deux jours en prison, tout simplement parce que sa victime avait retiré sa plainte, devant la perspective d'un procès où elle aurait eu à jouer un rôle antipathique ou ridicule.

La quarante-huitième fois, Lustig se trouvait à La Havane avec une jeune actrice de dix-huit ans, Estelle Sweeny. Comme il était alors à court d'argent, il a été s'en procurer à sa manière. En se présentant comme un producteur d'Hollywood, il a réussi à obtenir quarante mille dollars d'un gros commerçant de New York pour monter un spectacle qui, bien sûr, n'aurait jamais lieu.

Mais dans ce cas précis, il n'avait pas mis en application ses méthodes. Le gros commerçant, sa victime, n'avait aucune raison l'empêchant de porter plainte. C'est d'ailleurs ce qu'il a fait. Lustig a été arrêté et condamné à vingt ans de prison...

Il y est mort. C'était en 1934. Il s'est éteint en 1947, derrière les sinistres barreaux d'Alcatraz.

C'est que Victor Lustig avait voulu ces dollars pour plaire à

Estelle, pour les dépenser avec elle. Victor était amoureux d'Estelle et, pour la première et la dernière fois, il avait perdu la tête.

L'amour était la seule chose qui n'était pas prévue dans les principes de son maître Nicky Arnstein.

Un petit chef-d'œuvre

Il y a des signes infaillibles auxquels on reconnaît un gros client. Lesquels, direz-vous ? Eh bien, d'abord la voiture : quand c'est une Rolls-Royce, c'est déjà bon signe. Et quand un chauffeur stylé se précipite pour ouvrir la portière, alors là, pas de doute, c'est un gros client !

Dans le cas présent, le gros client se présente par un bel après-midi d'hiver, précisément le 23 février 1964, devant la boutique d'un joaillier, place Vendôme, à Paris.

Le bijoutier est déjà sur le pas de sa porte pour l'accueillir. L'homme est d'allure sportive ; il doit avoir la quarantaine. Il est bronzé d'une manière presque insolente et il a le bras droit dans le plâtre. Vu l'époque de l'année, il y a fort à parier qu'il revient des sports d'hiver. Inutile de dire que son pardessus en cachemire et son costume de la meilleure coupe portent, même pour le moins averti, la marque d'un grand couturier. Il tient dans sa main valide une serviette de cuir.

Le bijoutier se précipite.

— Monsieur désire ?

Le monsieur jette un regard blasé sur les pierreries étalées dans les vitrines, comme le font tous les gros clients.

— Je ne sais pas, moi... quelque chose de simple, mais de bon goût. C'est pour ma femme. Notre anniversaire de mariage, vous comprenez ?

Le bijoutier comprend parfaitement et va chercher aussitôt une de ses pièces les plus coûteuses.

— Eh bien, nous avons ceci : une marguerite en rubis et feuilles d'or... Un petit chef-d'œuvre !

Le gros client examine le petit chef-d'œuvre sans faire de commentaire et demande à voir d'autres articles. Pendant près d'une heure, défilent entre ses mains des merveilles, qu'on sort d'écrins, eux-mêmes extraits de tiroirs, qu'on ouvre et referme à clé : bracelets, colliers, boucles d'oreilles, pendentifs. Le joaillier fait l'éloge de chaque pièce, avec toutefois moins d'enthousiasme que pour la marguerite en rubis et feuilles d'or, qui était de loin la plus chère.

Aussi, on peut deviner la joie qui est la sienne quand le gros client déclare soudain :

— Pouvez-vous me remontrer la marguerite ?

Le précieux bijou est aussitôt ressorti de son écrin et, cette fois, un rapide examen suffit.

— Vous aviez raison : c'est un petit-chef d'œuvre. Je la prends.

Il reste pourtant un détail, qu'il faut bien aborder, car il est à la base du commerce : le prix... Le négociant s'incline. A partir d'un certain chiffre, on n'énonce plus les sommes qu'avec respect.

— Deux cent mille francs, monsieur, nouveaux, bien entendu... Une pièce unique, monsieur, un véritable objet d'art...

Le client bronzé ne discute pas cette évidence, même si la somme a de quoi faire frémir le commun des mortels. A titre indicatif, cela doit représenter environ un million actuel... Seulement, il a un petit problème dont il s'ouvre très spontanément au vendeur. Pour des raisons personnelles, il a décidé de payer en liquide. Mais il a juste emporté cent mille francs et cela ne suffit pas. Alors, il est embarrassé.

Le joaillier ne s'étonne pas que l'homme ait sur lui en billets l'équivalent de cinquante millions de nos centimes. Avec les gros clients, il ne faut s'étonner de rien, c'est la règle numéro un. Bien au contraire, il partage son embarras. Il craint, à présent, de voir s'envoler la plus importante vente de ces derniers jours. Mais heureusement, son interlocuteur a soudain une inspiration.

— Pourriez-vous me fournir une feuille de papier ? Je vais

écrire un mot à ma femme pour lui demander de retirer cent mille francs du coffre de notre domicile.

Le vendeur s'empresse d'accéder à ses désirs. Le client prend le stylo qu'il lui tend obligeamment. Comme il a le bras droit dans le plâtre, il s'escrime avec sa main gauche. Mais on peut se rendre compte immédiatement qu'il n'est pas gaucher. Tout ce qu'il parvient à faire, ce sont des petits gribouillis parfaitement illisibles. L'air découragé, il rend son stylo.

— Il n'y a rien à faire. Je suis désolé. Je vais devoir me rabattre sur un modèle moins cher. Tant pis pour la marguerite !

Bien entendu, le commerçant ne l'entend pas ainsi. La vente ne va pas lui échapper d'une manière aussi bête !

— Si vous le permettez, je pourrais écrire à votre place...

— C'est une excellente idée. Je vais vous dicter... Voyons voir... « Ma chérie, pourrais-tu remettre au chauffeur une enveloppe contenant cent mille francs ? Ne lui pose pas de questions. Il s'agit d'une surprise que je te destine et qui, je crois, te plaira fort. »

L'homme bronzé a un sourire très photogénique.

— Voilà. Vous signez de mon prénom, « Georges ». Pour le reste, n'ayez pas d'inquiétude, ce n'est pas mon écriture, mais ma femme connaît le chauffeur.

La missive est remise à ce dernier et, en attendant son retour, celui de la Rolls-Royce et des cent mille francs, les deux hommes discutent. Le joaillier ose une confidence.

— Savez-vous, cher monsieur, qu'en signant je n'ai pas commis de faux ? Nous avons le même prénom !

Le gros client ne s'offusque pas de cette familiarité. Au contraire, il trouve la chose fort plaisante et la conversation s'engage sur les sujets de mise en pareil cas : le temps qu'il faisait la semaine dernière à Megève, les cours de la Bourse, la conjoncture...

Une demi-heure plus tard, le chauffeur revient porteur d'une enveloppe assez épaisse contenant mille billets de cent francs, la plus grosse coupure en circulation à l'époque. Le client l'ouvre, sort les liasses, extrait la même somme de sa serviette et la dépose à côté, ce qui fait un amoncellement comme on en voit rarement.

Multipliant les formules de remerciement, le commerçant va

porter lui-même l'argent à la caisse, tout en y jetant un discret coup d'œil. Mais pas de doute, c'est de la bonne monnaie de la Banque de France. Et, quelques instants plus tard, il raccompagne le gros client à sa Rolls-Royce. Il lui adresse un au revoir ému, tandis que le chauffeur ouvre la portière en retirant sa casquette.

En rentrant chez lui, dans un immeuble cossu du 16e arrondissement, le bijoutier est aux anges. Il a enfin réussi à vendre cette marguerite hors de prix ! Cela fait partie des joies discrètes mais tangibles que réserve de temps à autre le négoce. Pour fêter cela, il va inviter sa femme au restaurant. Elle sera contente, depuis le temps qu'elle le lui demande, qu'elle lui reproche de la sacrifier à son travail.

Mais quand Marinette, sa femme, lui ouvre la porte, elle n'a pas l'air spécialement contente. Elle serait plutôt intriguée.

— Eh bien, Georges, et la surprise ? Tu sais qu'il n'y a presque plus rien dans le coffre, maintenant que j'ai sorti les cent mille francs. Et puis, je ne savais pas que tu avais engagé un chauffeur...

Le malheureux commerçant, après être passé par toutes les couleurs de l'arc-en-ciel, après avoir dénoué sa cravate, bu un verre d'eau et échappé de justesse à l'infarctus, réalise enfin sa peu commune infortune. Le gros client était un grand escroc. Il connaissait son adresse et a envoyé son chauffeur-complice chez sa femme à lui, avec le message écrit de sa main. Il a réussi ce tour de force de se faire offrir, au moins en partie, un bijou avec l'argent du bijoutier. Il ne reste plus à ce dernier qu'à s'en prendre à sa femme, ce qui est un peu injuste et ne sert pas à grand-chose.

— Marinette, comment as-tu pu remettre cent mille francs à un inconnu ?

— Mais Georges, c'était ton écriture et ta signature !

— Et cette surprise ? Comment as-tu cru que j'avais besoin d'argent pour te faire une surprise ?

Cette fois, la malheureuse Marinette éclate tout bonnement en sanglots.

— Mais Georges, justement ! Demain, c'est notre anniversaire de mariage...

Malgré la plainte du bijoutier, l'homme à la Rolls-Royce et au bras cassé n'a jamais été retrouvé. Il faut noter que son coup n'a pas dû lui rapporter grand-chose. Les receleurs achètent les pièces volées à peu près à la moitié de leur valeur et il a dû toucher environ cent mille francs de la marguerite, la somme qu'il avait lui-même déboursée.

A moins qu'il ne l'ait pas revendue, mais qu'il l'ait offerte, qu'il s'agisse d'un Arsène Lupin moderne qui ait voulu combler ainsi la dame de son cœur. A moins encore qu'il n'ait réalisé cette opération blanche non par appât du gain, mais pour la beauté du geste. Car il faut bien reconnaître qu'une pareille escroquerie était, tout comme la marguerite en rubis et feuilles d'or, un petit chef-d'œuvre.

Les petits cochons

M. et Mme Muller sont ravis, positivement ravis ! Ce dimanche passé à la campagne, à la ferme d'Hogeville, est à tout point de vue une réussite. Franchement, ils ne s'attendaient pas à cela. D'abord il y a eu ce repas qu'on leur a servi dans le petit restaurant en plein air, avec cette choucroute à la bavaroise et ces gâteaux allemands pleins de crème : la cuisine du pays, c'est quelque chose qui fait plaisir quand on a immigré à l'autre bout du monde, au Canada. Et puis après, il y a eu ce dancing où ils ont valsé en amoureux, comme au bon vieux temps. Enfin, pour couronner le tout, il y a eu la piscine, si somptueusement aménagée, où ils se sont baignés en profitant de ce beau jour de juillet 1962.

Oui vraiment, leur hôte, John Schmidt, a magnifiquement fait les choses. Un homme charmant, d'ailleurs, qui est venu plusieurs fois s'inquiéter d'eux, malgré tous ses autres invités, un homme si simple dans sa salopette de paysan, et pourtant si impressionnant, si imposant. Car on sent en lui le monsieur, le gentleman.

Et maintenant, c'est l'instant tant attendu, la véritable raison de leur présence à Hogeville. Bras dessus, bras dessous, M. et Mme Muller se dirigent vers un petit bâtiment un peu à l'écart. Ils vont enfin voir Hans, leur petit Hans, leur cher petit Hans...

Dans le bâtiment les attend John Schmidt, toujours aussi souriant et distingué, et à côté de lui, il y a Hans.

M. et Mme Muller ne peuvent s'empêcher de pousser des cris d'admiration :

— Qu'il est beau, qu'il est mignon et si grand déjà pour son âge !

Et ils se précipitent pour le toucher, le caresser, tandis que John Schmidt contemple la scène avec satisfaction.

Quant à Hans, il accueille ces touchantes manifestations de tendresse avec une relative indifférence. Il se contente, en tout et pour tout, d'émettre des grognements, ce qui, à vrai dire, n'a rien d'étonnant quand on sait qu'Hans est un ravissant cochon de six mois.

Pour comprendre cette histoire, il est nécessaire de remonter quelque peu en arrière. Nous sommes début 1962, dans une salle de cinéma de Toronto. Ce soir-là, une réunion rassemble environ cent cinquante personnes de la colonie allemande de la ville, des gens simples pour la plupart, des ouvriers de la métallurgie, de l'automobile et de la chimie.

Un homme prend la parole. C'est Karl Zeller, propriétaire d'un grand magasin de Toronto, et responsable de la colonie allemande. Il est petit, rougeaud, vêtu avec un peu trop de recherche.

— Mes chers amis, voici donc celui que je veux vous présenter, un de nos compatriotes qui a des choses très, très intéressantes à vous dire. Voici John Schmidt !

Un murmure de curiosité parcourt la salle, tandis que, soulevant le rideau de velours rouge, apparaît un homme d'une quarantaine d'années, aux allures de play-boy : yeux bleus, cheveux blonds, sourire photogénique et rassurant. En quelques enjambées pleines d'aisance, il s'approche du micro. L'assistance s'apprête déjà à boire ses paroles et dès les premiers mots elle n'est pas déçue, car John Schmidt va directement au but.

— Mes amis, commence-t-il dans un allemand parfait, je connais vos problèmes. Vous avez quitté le pays dans des circonstances difficiles, souvent douloureuses, et vous avez ici des conditions de travail pénibles, des salaires insuffisants...

Quelques hochements de tête et onomatopées marquent le complet accord de l'assistance.

— Moi, je suis au Canada depuis 1952 et j'ai eu cette chance que vous méritiez tous : j'ai réussi. Mais cette richesse, que je dois à mon travail, je ne me sens pas le droit de la garder pour moi seul. J'ai l'obligation, le devoir moral de la partager avec mes anciens compatriotes, avec vous...

Cette fois, la curiosité mêlée de sympathie se change en réel enthousiasme. Il y a des « Oh ! », des « Ah ! » et des applaudissements spontanés. En homme qui sait ménager ses effets, John Schmidt laisse le mouvement se produire pendant quelque temps, puis il reprend, cette fois sur le ton de la confidence :

— Voyez-vous, mes amis, j'ai acheté il y a quelque temps un terrain à Hogeville, à vingt kilomètres d'ici. Je veux y bâtir une ferme pour l'élevage des cochons, mais une forme d'élevage comme on n'en a jamais fait jusqu'à présent. J'ai fondé une société, les « Eleveurs canadiens réunis », dont je suis le président et dont M. Zeller, ici présent, est secrétaire général. Mais une société ne peut fonctionner sans actionnaires, et ces actionnaires, ce sera vous, vous seuls...

Et devant l'assistance de plus en plus passionnée, John Schmidt expose le mécanisme de son entreprise. La société fonctionnera par actions : chaque action, de cent dollars canadiens, soit environ quatre cent cinquante francs actuels, donnera droit à un porc. Au bout de six mois, le propriétaire du porc pourra le vendre avec un bénéfice de quarante pour cent garanti par contrat, ou, au contraire, le laisser dans l'élevage et acquérir sa progéniture. Une contribution modique est demandée pour la nourriture et les bêtes mortes seront automatiquement remplacées. On peut acheter un ou plusieurs cochons, mais, conclut John Schmidt avec vigueur, le propriétaire d'une seule bête aura droit à la même considération que les autres.

Cette fois, c'est le triomphe. Tous en même temps quittent leur siège, montent sur la scène ; on entoure John Schmidt, on lui serre la main, on le congratule. Le héros du jour répond à chacun quelques paroles modestes, tandis qu'un peu à l'écart, Karl Zeller est aux anges. C'est lui qui a eu l'idée d'inviter John Schmidt et le prestige de son invité rejaillit inévitablement sur lui.

Pour les « Eleveurs canadiens réunis », la soirée est plus qu'un succès, c'est un triomphe. Sur les cent cinquante personnes présentes, près d'une centaine achètent immédiatement un ou plusieurs petits cochons. Et, le lendemain, une trentaine encore reviennent pour acheter — mais pas parce qu'ils ont eu besoin de la nuit pour réfléchir, tout simplement parce que, la veille, ils n'avaient pas leur carnet de chèques sur eux...

D'ailleurs, ce n'est qu'un début. Dans la communauté allemande de Toronto, la nouvelle se répand comme une traînée de poudre. En quelques semaines, le chiffre de mille actionnaires est atteint et les chèques continuent toujours d'affluer. Certains se contentent d'un chèque de cent dollars, le prix d'une action et du petit cochon qui va avec, mais d'autres, pas forcément les plus riches, y mettent toute leur fortune. Il y a des souscriptions de cinquante mille dollars ou même plus.

C'est qu'au-delà de l'appât du gain, il y a pour beaucoup une sorte de dépaysement, d'aventure. Et cela, John Schmidt l'avait prévu dès le départ. Les nouveaux actionnaires sont tous des citadins, des ouvriers d'usine ou des petits commerçants : l'élevage, ils n'y connaissent rien ; le porc, ce n'est pas autre chose pour eux qu'un des composants de la choucroute. Alors, avoir un cochon à soi, un cochon vivant, quelle épopée ! Et puis, et puis il y a les week-ends, qui sont l'invention, le trait de génie de John Schmidt, qui s'est montré en cela un organisateur hors pair.

A Hogeville, sur son terrain à vingt kilomètres de Toronto, il fait bâtir non seulement une ferme modèle pour l'élevage des porcs, mais tout un complexe de loisirs : bar, restaurant, dancing, hôtel avec piscine. Et pour tous ces habitants des banlieues industrielles de Toronto, cela devient, du jour au lendemain, un but d'excursion rêvé pour les week-ends : l'évasion. C'est l'occasion de se retrouver entre immigrés allemands et surtout de profiter des joies de l'élevage sans en avoir les ennuis matériels et sans rien y connaître du tout.

Sur ce petit monde qu'est Hogeville, John Schmidt règne en parfait maître de maison. A tous ses visiteurs d'un dimanche, il se fait un devoir de montrer, personnellement, leur porc — leur porc à eux, reconnaissable à sa date de naissance et au prénom qu'ils lui ont donné. Dans une grange bâtie spécialement à cet effet, c'est tous les dimanches la longue procession, d'un côté, des propriétaires, et, de l'autre des petits cochons avec la plaque d'identité en métal qui leur pend autour du cou. Après quelques minutes d'entrevue où John Schmidt donne des nouvelles de la santé du pensionnaire, chacun repart enchanté...

Telle est la peu banale entreprise mise sur pied par John Schmidt. Bientôt, toute la communauté allemande de Toronto ou presque, possède son porc et est passée au moins une fois à Hogeville. D'autant que les conditions du contrat sont scrupuleusement respectées. Au bout de six mois, Schmidt propose effectivement au propriétaire le rachat de l'animal quarante pour cent au-dessus du prix initial. Mais il n'y a pour ainsi dire personne pour accepter. On préfère au contraire continuer ce placement si original, si rentable et si distrayant. Si bien qu'au bout d'un an, les « Eleveurs canadiens réunis » sont une des sociétés les plus dynamiques de Toronto avec vingt mille actions correspondant à vingt mille porcs et deux millions de dollars canadiens, soit près de neuf millions de francs.

Tout le monde est ravi, à commencer par Karl Zeller. Le petit homme n'avait jamais pensé que ses fonctions ingrates de responsable de la communauté allemande puissent un jour lui rapporter quelque chose. Pourtant cela lui rapporte : il perçoit un salaire régulier et, selon les termes du contrat, c'est Schmidt qui s'occupe de tout.

Aussi, Karl Zeller est-il un peu surpris quand, au début du mois de septembre 1963, et un dimanche de surcroît, il reçoit un coup de téléphone de John Schmidt.

— Mon cher Zeller, je dois m'absenter toute la journée, j'ai des affaires à traiter à Montréal. Alors je compte sur vous pour me remplacer à Hogeville.

Zeller proteste un peu, mais son interlocuteur sait trouver les mots pour le rassurer :

— Ce n'est pas difficile du tout. Vous veillez à ce que personne ne manque de rien et puis vous allez chercher les bêtes pour les montrer à ceux qui le demandent. Vous verrez, c'est très simple. De toute façon je serai de retour demain.

Un peu ennuyé, Karl Zeller prend le chemin de la ferme

modèle. Et sur les routes toutes droites de la campagne de Toronto, au volant de sa grosse voiture américaine, il sent sa bonne humeur lui revenir. Dans le fond, il n'est pas mécontent de cette escapade inattendue. Jusqu'ici il n'est allé que deux fois à Hogeville et en visiteur pour ainsi dire, car c'était Schmidt le seul maître des lieux, Schmidt qui connaissait tout, qui faisait tout fonctionner.

Eh bien, maintenant, lui aussi va voir comment ça marche, il va se rendre compte par lui-même de ce qu'est la société des « Eleveurs canadiens réunis ».

Après un quart d'heure de trajet, Karl Zeller gare sa voiture sur le parking magnifiquement aménagé. Hogeville est là avec ses bâtiments à la fois fonctionnels et cossus. Il a un sourire de satisfaction. Le restaurant, l'hôtel, le dancing, la piscine ont des allures tout à fait coquettes. Décidément, c'est du beau travail. Il n'y a que les bâtiments de l'élevage lui-même qui le surprennent un peu. Dans son souvenir, ils étaient plus grands, mais après tout, il n'y a qu'à aller voir. Il est là pour ça.

Où sont les cochons ? Il suffit de se renseigner, se dit Karl Zeller. Et il se met en quête d'un employé. Mais le personnel lui semble, lui aussi, beaucoup moins nombreux qu'il ne l'aurait cru. Il n'y a presque personne pour s'occuper d'Hogeville qui pourtant, avec vingt mille porcs, devrait être un des plus gros élevages de la région. Ah ! voici quand même un garçon de ferme qui porte de la litière dans une brouette. Zeller l'aborde avec un grand sourire.

— Alors mon gars, il y a combien de bêtes ici ?

L'autre répond sans même s'arrêter.

— Deux mille. Peut-être un peu plus, peut-être un peu moins... Pour cela, faut demander à M. Schmidt.

Karl Zeller réfléchit... Mais oui, bien sûr, Schmidt lui a dit un jour que la société possédait trois autres fermes. Les autres cochons doivent être là-bas et on doit les amener à Hogeville chaque fois que leurs propriétaires veulent les voir.

Karl Zeller marche toujours à côté du garçon de ferme et de sa brouette.

— Et il arrive souvent des cochons des autres fermes ?

L'autre hausse les épaules.

— Je ne sais pas. Je ne suis pas au courant. Pour cela, vous devriez demander à M. Schmidt.

Karl Zeller se jure bien de le lui demander quand il rentrera, et pas plus tard que le lendemain matin à la première heure. En attendant, il continue l'exploration des lieux. Il y a bien environ deux mille cochons mais, chose curieuse, ils ne portent pas sur eux leur fameuse plaque d'identité en sautoir. Et, ce qui est plus curieux encore, c'est que Karl Zeller les découvre ces fameuses plaques, rangées par ordre alphabétique, dans un petit bâtiment attenant à l'élevage. Et il y en a vingt mille, une par cochon vendu !

L'infortuné responsable de la communauté allemande de Toronto a tout compris. Il n'y a jamais eu d'autre ferme qu'Hogeville. Les « Eleveurs canadiens réunis » ont acheté en tout et pour tout deux mille cochons, deux mille cochons et... vingt mille plaques d'identité. Il envoie promener les visiteurs endimanchés qui lui demandent quand ils pourront voir leur petit Helmuth ou leur petite Frida. Mais que peut-il faire ? C'est dimanche, tout est fermé, les banques en particulier. Il faut attendre demain...

Le lundi, après avoir vainement tenté de téléphoner chez Schmidt, il appelle la banque. Il demande le montant du compte courant. On lui répond fort poliment à l'autre bout du fil :

— Mille dollars, monsieur.

Karl Zeller s'étrangle.

— Mais il devrait y avoir deux millions de dollars !

Son interlocuteur lui répond toujours aussi calmement et poliment :

— C'est à peu près ce qu'il y avait en compte samedi dernier, avant le retrait de M. Schmidt. Il s'agit d'un chèque à son ordre d'un million neuf cent cinquante mille dollars. Allô, monsieur... monsieur...

Quand la police canadienne, prévenue par le malheureux Zeller, commence ses recherches pour retrouver John Schmidt, il est déjà trop tard. John Schmidt a disparu pour toujours dans les toilettes de l'aéroport de Montréal. John Schmidt n'était rien d'autre qu'un nom sur une fausse carte d'identité qui ne servirait plus jamais.

Quant à l'homme qui a désormais cessé de s'appeler John Schmidt, il se prélasse dans un fauteuil de première d'un avion de la Swissair. Pourquoi Swissair ? Eh bien parce que, quand on a un million neuf cent cinquante mille dollars canadiens (environ neuf cents millions d'anciens francs) à placer discrètement, on va en Suisse, bien entendu.

A Toronto, c'est un véritable drame dans le petit monde de la communauté allemande. Certains ont tout perdu et pour tous, les week-ends à Hogeville avec la bonne cuisine, la piste de danse, la piscine et la visite aux petits cochons sont bel et bien un souvenir, un souvenir amer...

Mais sur le plan policier, si rien n'est plus possible sur place, les recherches sont menées activement par l'intermédiaire d'Interpol.

Au siège central à Saint-Cloud, les Canadiens envoient les renseignements dont ils disposent. Ils n'ont pas les empreintes de John Schmidt, mais ils possèdent sa photo, ce qui n'est guère difficile, car elle a paru dans toute la presse locale. Et puis, ils font aussi la description détaillée de l'escroquerie elle-même. Car, bien souvent, la façon d'agir des bandits ou des criminels est tout aussi révélatrice que leur visage. C'est leur signature, en quelque sorte. Il suffit de comparer avec d'autres délits commis dans d'autres pays et le rapprochement se fait parfois de lui-même.

Le siège central d'Interpol à Saint-Cloud envoie donc à tous les bureaux nationaux dans le monde une fiche de demande de renseignements sur John Schmidt, avec tous les éléments fournis par les Canadiens.

Et une première réponse vient curieusement de tout près, de Paris. En comparant les méthodes d'action, le bureau français trouve une ressemblance troublante entre l'affaire d'Hogeville et une autre, une quinzaine d'années plus tôt, en 1946 : un trafic à base de marché noir — avec, déjà, des petits cochons qui n'existaient pas — dont s'était rendu coupable un certain Pierre Lafitte, qui avait pris la fuite et sans doute gagné l'Amérique.

Et puis, quelque temps plus tard, c'est le dernier élément du puzzle : Interpol Allemagne identifie l'homme comme étant un escroc qui a quitté le pays à la fin de la guerre, Helmut Sturm...

Cette fois, c'est la fin. Sturm, dit Pierre Lafitte, dit John Schmidt, plus play-boy que jamais, est retrouvé et arrêté dans sa luxueuse villa de Barcelone.

C'est un peu plus tard, en fouillant la propriété, que les policiers espagnols ont eu la surprise de découvrir ce qui était son fétiche. Derrière la piscine de milliardaire, dans la pinède donnant sur la plage privée, il y avait, dans une cabane, un couple de petits cochons.

La croisière la plus chère de tous les temps

Franz Deker, professeur de lettres, cinquante ans, célibataire, n'en mène pas large, en ce 21 janvier 1951. Ils sont une dizaine assis comme lui au bout d'une immense table de conférence dans un luxueux hôtel particulier de Maastricht en Hollande. Aucun d'eux n'a l'air de connaître ses voisins. Ils sont silencieux, ils osent même à peine se regarder. Lorsqu'ils sont arrivés, un domestique à l'air impénétrable les a conduits dans la grande salle, les a priés de s'asseoir et d'attendre.

Franz Deker tripote nerveusement les boutons de son gilet. C'est sans doute le cadre qui l'impressionne : ces boiseries austères, ces portraits représentant des personnages du passé dans des poses solennelles. Et puis, tous ces sièges vides autour de la table avec, au fond de la pièce, ce trône doré surélevé, vide lui aussi. Oui, Franz Deker est mal à l'aise. Mais comment ne serait-on pas intimidé quand on se trouve au siège d'une société secrète ?...

C'est l'un de ses collègues, professeur de mathématiques, qui lui a parlé à mots couverts, il y a une quinzaine de jours, du CCSD, le mystérieux Conseil consulaire secret diplomatique. Son interlocuteur ne lui en a pas dit plus, sinon que l'association était patronnée par une importante personnalité étrangère et qu'elle avait besoin d'hommes comme lui, à la moralité irréprochable. Franz Deker a été tout à la fois flatté et intrigué et il a accepté de venir à cette réunion d'information.

L'attente se prolonge, elle est longue et pénible. Franz

commence à se poser des questions : qu'est-ce qu'un homme de son âge et de sa réputation vient faire ici ?... Si ses élèves le voyaient ! Cette société ne peut être que fantaisiste, à moins... à moins qu'elle ne soit carrément malhonnête...

Franz Deker a brusquement envie de se lever et de s'enfuir. Mais, au même moment, la porte s'ouvre à deux battants au fond de la salle. On distingue un cortège d'uniformes chamarrés. Le CCSD fait son entrée. C'est un vieillard à la barbe taillée en pointe qui marche en tête. Il est vêtu d'une manière extraordinaire : un uniforme brodé de fil d'or et sur la tête un tricorne avec des plumes rouges. Il tient à la main une longue canne au pommeau doré. « Quelle mascarade ! pense Franz Deker en contemplant cet accoutrement. Ah, si seulement je pouvais m'en aller ! »

Et soudain c'est la surprise. Cet homme, il le connaît ! Qui d'ailleurs ne le connaît à Maastricht ? C'est Cornélius Wouters, le notaire, une des plus importantes personnalités de la ville tant par sa fortune que par l'ancienneté de sa famille. Du coup, l'état d'esprit de Franz Deker change du tout au tout. Ses doutes, ses appréhensions s'évanouissent. La présence de Cornélius Wouters est à elle seule une garantie de sérieux et de moralité.

Les membres du CCSD, dans des uniformes moins riches mais tout aussi originaux, prennent place autour de l'immense table. Franz reconnaît au passage son collègue, mais aussi d'autres notables. Décidément, il est de plus en plus impressionné par cette assemblée. Pour l'instant, le trône surélevé reste vide. Le notaire enlève son tricorne à plumes et commence d'une voix un peu haut perchée :

— Je tiens d'abord à souhaiter la bienvenue à nos visiteurs. Ensuite, j'ai à vous lire le télégramme suivant de notre protecteur sir Winston Churchill : « Regrette de ne pas assister réunion. Adresse salutations au CCSD. »

Franz Deker, tout comme les autres invités, ouvre de grands yeux. Winston Churchill ! C'était donc lui l'importante personnalité ? S'il entendait cela de la bouche de quelqu'un d'autre que de Cornélius Wouters, il ne voudrait pas y croire. Pourtant, c'est bien le notaire qui vient de prononcer le nom illustre. A présent, il exhibe un second télégramme et continue de sa voix grêle :

— J'ai le plaisir de vous informer que sa Sainteté le pape vient de nous faire parvenir ce message : « Exprimons nos vœux au CCSD. Sommes heureux d'apprendre que son président est catholique. »

Franz Deker a brusquement l'impression d'être dans un autre monde, un monde secret, souterrain, où les véritables puissances décident du destin des hommes. Il fixe avec une émotion accrue le trône vide. Le président va-t-il venir ? Quel peut bien être l'homme qui est à la tête d'une telle organisation ?

Trois jeunes filles en robe blanche fort agréables à regarder viennent d'apparaître dans l'encadrement de la porte. D'un seul mouvement, les membres du CCSD se sont levés, suivis avec précipitation par la dizaine d'invités. Le notaire annonce avec solennité :

— Adrian de Wit, président du Conseil consulaire secret diplomatique.

Encore une fois, Franz Deker a un mouvement de surprise. Le président est un tout jeune homme. Quel âge peut-il avoir ?... Vingt-cinq ans, pas plus. Il est vêtu d'un uniforme bleu marine recouvert de décorations. Il porte à la main une sorte de sceptre et, sur la tête, une casquette du genre amiral. Il se débarrasse de sa longue cape, bleu marine elle aussi, qu'il donne d'un geste négligent à l'une des jolies filles, et grimpe avec aisance sur le trône. De sa place, Franz Deker l'observe attentivement. Le président est très brun, les yeux noirs, il a tout à fait le physique d'un jeune premier de cinéma. Mais le voici qui prend la parole d'une voix forte, un peu mélodramatique.

— Mes amis, les nouvelles que je vous apporte sont mauvaises. La guerre est à nos portes ; je veux parler, bien sûr, de la troisième guerre mondiale. Les informations que j'ai reçues sont hélas sans équivoque : le conflit est pour le mois prochain...

Dans la grande salle, il y a un murmure d'anxiété. Mais Adrian de Wit lève le bras droit dans un geste d'apaisement.

— Heureusement, le CCSD est en mesure d'apporter la paix et la sécurité. Au milieu de l'enfer qui va se déchaîner sur notre monde, notre organisation possède un paradis.

La voix du président se fait plus basse. Tout le monde est suspendu à ses lèvres.

— Par l'entremise de certaines hautes personnalités que je ne citerai pas, j'ai pu prendre contact avec les autorités de Moscou. Un accord vient d'être conclu entre le CCSD et les Russes. Ceux-ci se sont engagés à ne pas attaquer un point, un seul point du globe. Cet endroit est une petite île que nous possédons, au sud de l'Afrique australe. Bientôt, les bombes atomiques vont ravager la planète. Rien ne sera épargné, sauf le refuge du CCSD...

Autour de l'immense table, les assistants se regardent, au comble de l'émotion. Le président continue.

— Mes amis, comme vous le pensez, ceux qui pourront prendre place sur ce véritable canot de sauvetage de l'humanité ne seront pas nombreux. Même les membres du CCSD ne pourront pas tous y embarquer... Mais je peux vous affirmer que nous possédons d'ores et déjà le bateau. Il est amarré en ce moment même à Rotterdam. Il a été baptisé, en mon honneur, *Président Adrian*. Il partira dans quinze jours. Je procéderai personnellement à la sélection de ceux qui m'accompagneront dans notre île.

Dans l'assistance, l'atmosphère est électrique. Les membres du CCSD et les invités se dévisagent. Qui le président va-t-il désigner ? Quels seront les élus qui vont pouvoir échapper au cataclysme ? Mais leurs pensées s'interrompent car Adrian de Wit reprend la parole.

— Mes amis, tout ce que je viens de vous dire doit être couvert par le secret le plus absolu. Je vais vous demander, au nom du CCSD, de jurer solennellement de garder le silence...

Franz Deker prête serment avec les autres et, en se retrouvant un moment plus tard dans les rues de Maastricht, il a de la peine à reprendre ses esprits. Jamais de sa vie il n'avait éprouvé un pareil choc. Le monde a basculé en quelques instants. Tout ce qu'il voit à présent lui semble irréel, absurde. Ces gens qui vont et viennent avec leurs préoccupations, leurs espoirs, leurs projets quotidiens ne savent pas. Ils vivent dans l'illusion. Il n'y a que les membres du CCSD qui connaissent la véritable réalité, les membres du CCSD et lui !

En rentrant dans son petit appartement encombré de livres, Franz Deker essaie en vain de corriger le paquet de copies qui l'attend. Au bout de la troisième, il doit y renoncer. Comment s'intéresser à ces banalités après ce qu'il vient d'apprendre ? Le sort du monde est en jeu et, avec lui, son sort personnel... Et Franz Deker se met à réfléchir sur lui-même. A cinquante ans, il a l'impression d'être passé à côté de l'essentiel. Cette vie trop bien réglée de célibataire endurci, cette routine, ces principes sévères qu'il a jusqu'ici scrupuleusement observés ont fini par l'étouffer.

Depuis longtemps, il sentait confusément qu'un jour, il faudrait qu'il prenne une grande décision. Eh bien, le moment est arrivé, le moment de dire adieu à cette existence morne, médiocre. Et d'ailleurs, il n'y a pas à hésiter. S'il reste à Maastricht, de toute manière il est perdu. En s'embarquant à l'autre bout du monde avec les autres, ce n'est pas l'aventure qu'il choisit, c'est la sécurité. Seul devant son bureau, Franz Deker hoche la tête avec un sourire. Pour la première fois de sa vie, l'audace et la sagesse sont du même côté.

Mais tout de suite, Franz pousse un soupir accablé. Ce n'est qu'un rêve, hélas. Il n'a aucune chance de figurer au nombre des élus. Pourquoi le président le choisirait-il lui, obscur professeur de lettres, parmi tant d'autres personnalités, lui qui n'est même pas membre du CCSD ?

Aussi, est-ce avec la joie qu'on imagine que, quelques jours plus tard, après avoir écrit à Adrian de Wit une lettre embarrassée et respectueuse, il reçoit par retour un rendez-vous...

Franz Deker s'est mis sur son trente et un pour se rendre au siège du Conseil consulaire secret diplomatique. Dans l'antichambre, où le domestique impénétrable l'a prié de patienter, il joue avec les boutons de son gilet plus nerveusement encore que la première fois... Enfin, après une attente interminable, le domestique revient et le fait entrer dans la grande salle.

Le président est là, seul, tout au fond, assis sur son trône. Franz Deker reste immobile près de la porte. Mais, du bout de la pièce, Adrian de Wit l'interpelle de sa voix sonore.

— Approchez, cher ami. Prenez place ici, à ma droite.

Abasourdi, Franz s'avance sur le parquet ciré entre les portraits solennels... « Cher ami » ! Le président vient de lui dire « cher ami » et il le prie de s'asseoir à sa droite !

Une fois sur son siège, le regard levé vers son interlocuteur qui le domine d'un bon mètre cinquante, Franz Deker est trop ému pour prononcer une parole. Heureusement Adrian de Wit lui vient en aide.

— Votre collègue m'a vanté vos mérites professionnels et vos principes moraux. C'est bien, c'est très bien, monsieur Deker. Vous avez toute mon estime. Exprimez-vous sans crainte.

— Monsieur le président, je pense... enfin, j'avais pensé que sur cette île, un professeur pourrait ne pas être inutile. La culture est un élément à ne pas négliger et, s'il y a des enfants parmi les... les élus, je pourrais me charger de leur éducation...

Le président reste un moment silencieux. Franz Deker n'ose plus le regarder. C'est maintenant que son destin se joue. Enfin la voix d'Adrian de Wit retentit, et c'est pour poser cette question inimaginable, ahurissante :

— Pour votre traitement, monsieur Deker, que diriez-vous de quinze cents florins par mois ?

Franz est tellement stupéfait qu'il ne peut que balbutier :

— Un traitement ? Mais c'est moi, au contraire, qui pensais apporter une contribution financière. J'ai quelques économies.

Du haut de son trône doré, le président fait un geste impatient.

— Sachez, monsieur Deker, que le CCSD n'a pas besoin d'argent. Les dons considérables que nous font certaines personnalités nous suffisent. A vous, je peux le dire en confidence, Winnie... enfin, sir Winston Churchill, nous a déjà versé deux millions de livres.

Le président laisse passer le silence que mérite l'importance de la somme et reprend, cette fois d'un ton .détendu, presque amical :

— Cela dit, si vous voulez nous confier vos économies, nous pouvons les placer dans une de nos banques et vous verser un intérêt annuel de dix pour cent. A combien se montent-elles ?

Franz Deker est gêné d'annoncer une somme aussi ridicule, même si c'est le fruit de vingt-cinq ans d'une vie de privations. Il dit, comme en s'excusant :

— Cinquante-six mille florins.

Le président a un sourire compréhensif.

— Pour le CCSD, il n'y a pas de riches ni de pauvres. Vous serez des nôtres, monsieur Deker. Le *Président Adrian* appareille dans exactement trois semaines. Mon ami Cornélius Wouters, qui est le trésorier de l'association, vous donnera toutes les précisions pour le virement...

Les jours qui suivent ressemblent, pour Franz Deker, à un tourbillon. Il vide son compte en banque, son livret de caisse d'épargne, vend ses actions, ses meubles et, d'une manière générale, tout ce qui est vendable, y compris les livres qu'il ne compte pas emporter pour le voyage. Et puis, bien entendu, il démissionne de l'Education nationale. Ses collègues, surpris de cette décision aussi brutale qu'incompréhensible, organisent quand même une petite fête d'adieu en son honneur et lui font cadeau d'un magnifique stylo en or.

Enfin, la date fatidique arrive. En se rendant, le 15 février 1951, au port de Rotterdam où l'attend le *Président Adrian*, Franz Deker est un homme heureux. Il ne cesse de se répéter sans vouloir y croire :

— Je suis sauvé !

En arrivant sur les quais, avec ses deux grosses valises remplies des livres qu'il a soigneusement choisis pour distraire et éduquer les survivants de la troisième guerre mondiale, il a un sourire de ravissement. Le *Président Adrian* est là. C'est un yacht magnifique, luxueux, un vrai navire de milliardaire. Il n'en attendait pas moins du richissime CCSD, mais tout de même, il est ébloui. Ce qui devait être un convoi de rescapés prend, dès le départ, des allures de croisière.

Et dans les instants qui suivent, son impression enchanteresse se confirme. Tout le monde est charmant : Cornélius Wouters le notaire, qui l'accueille en haut de la passerelle avec son uniforme chamarré et son tricorne à plumes, le capitaine, l'équipage et, bien sûr, le président, Adrian de Wit, qui se dérange en personne pour l'accueillir dans son prestigieux costume bleu marine.

Ensuite, Franz Deker fait connaissance avec ses compagnons de voyage, avec les autres élus. Des gens très bien. Ils appartiennent tous à la bourgeoisie de Maastricht et des environs. Franz est un peu surpris de constater qu'ils sont tous hollandais. Il aurait plutôt pensé qu'une organisation mondiale comme le CCSD aurait sélectionné les personnalités les plus éminentes de chaque pays. Mais sans doute le président a ses raisons, des raisons qui échappent au commun des mortels.

Dans un grand bruit de sirènes, le *Président Adrian* appareille. Franz Deker n'éprouve pas de remords en voyant disparaître peu à peu le port de Rotterdam et les côtes de Hollande. Bien sûr, il sait que tous ces gens qu'il vient de quitter sont promis à la destruction. Mais malgré tout, pour lui, c'est la vie qui commence. A cinquante ans, après toute une existence de dévouement et de principes, il savoure enfin le plaisir d'être égoïste...

Le navire du Conseil consulaire secret diplomatique a mis le cap vers le sud. Au sommet du mât, on a hissé le pavillon de l'association, qui représente un globe terrestre entouré de feuilles de chêne. Franz Deker, comme tous les autres passagers, est magnifiquement installé. Il a une cabine pour lui tout seul avec salle de bains. Jamais, de toute sa vie, il n'avait connu un tel luxe. Il a sorti de ses valises les livres qu'il a emportés et les a soigneusement rangés dans un placard. Il a l'impression d'être un peu la conscience, l'esprit de ce petit groupe d'êtres humains qui va survivre à tous les autres. Il se sent investi d'une mission.

Mais pour l'instant, la vie à bord du *Président Adrian* n'a rien de monastique. Au contraire, le premier repas pris en commun dans la luxueuse salle à manger est un vrai festin. Franz Deker, qui jusque-là n'avait bu de vin que contraint et forcé dans les grandes occasions, découvre que le champagne n'est pas cette invention diabolique imaginée par des Français papistes et dévergondés, comme il le croyait jusqu'à présent. Au contraire, à la quatrième coupe, il se permet de trinquer avec sa voisine, la veuve d'un industriel de Maastricht qui, tout compte fait, n'est pas aussi désagréable ni si sotte qu'il l'avait supposé...

Et les ports se succèdent. On descend doucement le long des côtes de France. Adrian de Wit est un hôte parfait. Il s'inquiète à tous moments du bien-être de ses passagers. Et le notaire Cornélius Wouters, qui semble avoir retrouvé une seconde jeunesse, s'acquitte parfaitement de son rôle de maître de cérémonies.

A chaque escale, bien sûr, les passagers se précipitent à terre pour demander des nouvelles du monde et, à chaque escale, ils sont un peu surpris. Personne ne semble avoir la moindre crainte à propos de la troisième guerre mondiale. Mais c'est sans doute qu'elle va se déclencher d'un seul coup. Elle n'en sera que plus terrible, plus totale.

Le climat se réchauffe progressivement. Après les côtes de France, ce sont celles d'Espagne, puis d'Afrique du Nord, puis d'Afrique noire. Il y a quinze jours que le *Président Adrian* a quitté Rotterdam. On doit être environ à mi-chemin; dans quinze jours, on sera dans l'île du paradis.

Et c'est alors qu'il y a un changement d'itinéraire. La suite du trajet se fait entièrement en pleine mer. Certes, les passagers regrettent les escales, qui ajoutaient à l'agrément du voyage. Mais le président leur a tenu un important discours pour leur expliquer que le conflit étant désormais imminent, il devenait dangereux de rester à proximité des terres. Et puis, les soirées sont toujours aussi agréables, les journées toujours aussi animées. Bref, tout le monde est ravi et l'excitation s'accroît à mesure qu'approche le jour prévu...

Il a recommencé à faire plus frais depuis quelque temps, ce qui ne surprend pas Franz Deker. Après avoir passé l'équateur, on doit être à présent très bas dans l'hémisphère Sud. Ce qui l'étonne davantage, en revanche, c'est de constater qu'à mesure qu'on s'approche de l'île perdue, les bateaux de tous genres et de toutes nationalités sont de plus en plus nombreux. Il s'en est même ouvert au président qui lui a dit d'un ton sans réplique :

— Vous ne savez pas ce que c'est qu'une route maritime ? Eh bien nous en suivons une. Nous nous en écarterons le moment voulu.

Enfin, après un mois de navigation, au matin du 17 mars 1951, l'île est là. On la distingue mal à cause du brouillard. Mais Franz Deker et les autres passagers peuvent apercevoir ses hautes falaises crayeuses. Sans doute n'imaginaient-ils pas leur paradis comme ça, mais comme il s'agit du seul point du globe qui va être épargné par la guerre, il ne faut pas être trop exigeant.

C'est quelques heures plus tard que les heureux élus du *Président Adrian* font coup sur coup deux découvertes. D'abord le président et le notaire-maître de cérémonies Cornélius Wouters sont introuvables. Ils ne sont plus à bord. Ensuite, la terre sur laquelle ils abordent est bien une île, seulement on ne peut pas précisément la qualifier de « perdue ». C'est.... l'Angleterre ! Le *Président Adrian* vient d'arriver à destination. Il entre majestueusement dans le port de Southampton...

Il a fallu des mois pour retrouver, en territoire britannique, la trace d'Adrian de Wit et de son complice l'honorable notaire Cornélius Wouters qui s'était embarqué dans cette croisière pas comme les autres, en emportant tout l'argent de son étude.

Extradés en Hollande, ils furent condamnés par le tribunal de Maastricht à deux ans et demi de prison chacun.

Les victimes mirent beaucoup de réticence à témoigner, en particulier le malheureux ex-professeur de lettres Franz Deker. On ne saura jamais si c'était par crainte du ridicule ou si, malgré tout, elles étaient reconnaissantes aux deux escrocs de leur avoir offert un mois de rêve. Même si le prix de la croisière en faisait la plus chère de tous les temps.

La farce des dindons

2 septembre 1950. C'est jour de fête à Lübeck, le grand port du nord de la République fédérale d'Allemagne, sur la Baltique. On célèbre le septième centenaire de l'église Sainte-Marie, qui date des XIIIe et XIVe siècles. Et, à cette occasion, l'une des blessures encore visibles de la guerre toute proche va disparaître...

Dans la nuit du 28 au 29 mars 1942, en effet, un raid aérien avait touché le bâtiment de culte. En particulier, les peintures murales avaient été très endommagées. Elles recouvraient l'abside du chœur et les parois latérales. Elles dataient d'environ 1300 et étaient une des gloires de l'art primitif allemand. Sitôt les hostilités terminées, on a décidé de les restaurer. Les travaux ont été confiés au grand spécialiste de la question, le peintre Dietrich Fey, sous le contrôle de Bruno Fendrich, conservateur de l'église. Vu l'ampleur de la tâche, Dietrich Fey s'est fait assister par un jeune artiste, également spécialisé dans ce domaine : Lothar Malskat.

Tout a été exécuté dans les délais, et ce 2 septembre, à la date prévue, les fresques restaurées sont inaugurées par les autorités, en présence des experts nationaux en art. Le Dr Konrad Adenauer, chancelier de la République fédérale, se fait montrer les fresques par Dietrich Fey, qui lui expose les problèmes qu'il a rencontrés.

— C'est une véritable renaissance qui a eu lieu, monsieur le chancelier. Beaucoup de parties avaient brûlé, d'autres avaient été endommagées par le souffle.

— Comment avez-vous pu les reconstituer, dans ces conditions ?

— C'est précisément mon métier. Pour les couleurs, il suffit d'un fragment intact, ne serait-ce qu'un millimètre carré, pour les retrouver. Quant au dessin, même s'il est détruit par endroits, on arrive toujours à prolonger les lignes...

Le Dr Adenauer félicite Dietrich Fey pour son travail et les habitants de Lübeck, qui défilent dans leur église restaurée, manifestent le même enthousiasme :

— Quelle délicatesse de coloris ! Quelle intensité dans l'expression des visages !

— C'est une pure merveille !

Tous sont fiers que leur vieille ville médiévale ait retrouvé ce chef-d'œuvre digne de son histoire et les postes de la RFA émettent peu après deux timbres reproduisant la fresque, intitulés « Timbre commémoratif du septième centenaire de l'église mariale de Lübeck ».

Les responsables des postes ont choisi naturellement de représenter la partie centrale, celle du chœur, où figure la Vierge Marie, à qui est dédiée l'église. Il ne leur serait pas venu à l'idée de s'intéresser à une autre partie, à l'extrémité de l'œuvre, en bas à droite d'une des peintures latérales. L'artiste, qui y représente le paradis terrestre, a fait figurer, dans un décor verdoyant, au milieu d'autres animaux de la création, deux dindons.

Et, si étonnant que cela paraisse, ce sont ces modestes volatiles qui sont les personnages principaux de cette histoire.

Dans les mois qui suivent, il y a de nombreux comptes rendus de spécialistes sur ces admirables fresques. L'Institut d'art de Kiel écrit dans une plaquette qui leur est consacrée : « La Vierge Marie est merveilleuse ; les saints paraissent avoir le regard tourné vers l'occident, attendant le Jugement dernier. L'artiste médiéval auquel Lübeck doit ce chef-d'œuvre reste inconnu. Il appartenait sans doute à cette lignée de très anciens maîtres qui cachaient leur personnalité sous le travail. »

Un historien de l'art suisse, dans un ouvrage sur la peinture médiévale allemande, précise de son côté : « Les images de saints, peints par groupes de trois, sont les plus expressives. Toujours par groupes de trois, des apôtres, des patriarches, des moines. Tous ont été conçus dans un style rigide, presque roman. Ils sont visiblement plus anciens que les silhouettes de la nef. Celles-ci sont plus souples, plus douces, entièrement gothiques, et font penser aux personnages des chansons de geste qui, d'ailleurs, datent à peu près de la même époque... »

Et c'est alors qu'un des nombreux visiteurs venus admirer les fresques de Sainte-Marie de Lübeck demande à voir le conservateur de l'église, Bruno Fendrich. Après l'avoir complimenté sur la qualité remarquable de l'ensemble, il en vient à ce qui a motivé sa démarche.

— Il y a quelque chose qui me chiffonne : ce sont les dindons.

— Ceux du paradis terrestre ? Qu'est-ce que vous leur reprochez ?

— Je ne leur reproche rien. Je m'étonne de leur présence. Les dindons sont originaires d'Amérique, au même titre que la pomme de terre, par exemple.

— Vous êtes sûr ?

— Absolument. Je suis professeur d'histoire à l'université. Les dindons ont été introduits en Europe par les Espagnols vers 1550 et, comme la fresque est censée dater de 1300...

Le conservateur Bruno Fendrich s'émeut, fait part de la chose à des spécialistes d'art médiéval et à d'autres historiens. Il y a un débat, dont la presse se fait l'écho. Mais, contrairement à ce qu'on pourrait imaginer, les conclusions des uns et des autres ne remettent pas en cause l'authenticité de l'œuvre. Au contraire, elles sont un motif de fierté supplémentaire pour Lübeck.

Au haut Moyen Age, la ville faisait partie du Danemark, patrie des Vikings. Or, chacun sait que ce n'est pas Christophe Colomb qui est allé le premier en Amérique, mais, aux alentours de l'an mille, le Viking Erik le Rouge. Ce que ses compagnons et lui ont vu s'est sans doute transmis oralement dans les pays scandinaves et l'auteur anonyme des fresques s'en est souvenu...

Les choses en restent là. Du moins pendant près de deux ans, car, le 7 octobre 1952, un homme d'une quarantaine d'années demande à voir le commissaire principal de Lübeck. Ce dernier, apprenant qu'il s'agit des fresques de l'église Sainte-Marie, finit par le recevoir.

— Je suis Lothar Malskat. Cela ne vous dit rien ?

— Franchement, non.

L'homme a un sourire amer.

— Bien sûr, tout le monde n'a parlé que de Dietrich Fey. Les interviews dans les journaux, les félicitations du chancelier, c'était pour lui. Il a touché cent quatre-vingt mille marks pour ce travail et il ne m'en a donné que cent par semaine. Pourtant, c'est moi qui ai tout fait !

— J'en suis désolé, mais qu'y puis-je ?

— Vous ne comprenez pas ! Quand je dis que j'ai tout fait, cela signifie que je suis l'auteur des fresques. Elles étaient trop abîmées pour qu'on puisse les restaurer. Dietrich Fey a tout effacé et il m'a ordonné de repeindre d'après mon inspiration... Ce n'est d'ailleurs pas la première fois, il a fait le même coup à la cathédrale de Schleswig.

— Qu'est-ce que c'est que cette histoire ?

— C'était avant la guerre. Dietrich Fey devait restaurer des fresques gothiques qui avaient été recouvertes au XIXe par des peintures sans valeur. Il a mal fait le lessivage et tout est parti. Alors il m'a appelé pour créer de nouvelles fresques. Il savait que je peignais très vite et que j'étais bon en matière d'imitation...

Le commissaire contemple cet homme maigre, au collier de barbe très brun. Il ne semble pas très équilibré, un peu mystique. Alors, un mythomane venu s'accuser ? C'est possible, quoiqu'il y ait dans son ton une troublante sincérité.

— Ce sont des accusations extrêmement graves. Pourquoi avoir attendu deux ans pour les porter ?

— A cause des dindons...

— Pardon ?

— Les dindons, qui venaient d'Amérique et que l'artiste anonyme n'avait pas pu peindre en 1300... Je ne comprends pas qu'après ça, on n'ait pas tout découvert. Moi, en tout cas, je n'en dormais plus. J'avais peur de me faire prendre, et en plus je me sentais coupable. J'avais offensé l'esprit du véritable artiste en peignant ces dindons. Mais ce n'est pas de ma faute : je ne savais pas. Et puis j'ai dû travailler si vite...

Le commissaire fait prendre des renseignements sur ce Lothar Malskat et ce qu'il apprend est conforme à ses déclarations. Il est né à Königsberg, en Prusse-Orientale, en 1913. Après des études aux Beaux-Arts, il est remarqué par le professeur Fey, restaurateur religieux de renom.

Effectivement, ainsi qu'il l'a dit, il a un don extraordinaire pour reproduire les styles de toutes les époques et il peint avec une rapidité prodigieuse. Le professeur l'emploie pour des tâches de restauration, le payant un mark vingt de l'heure et récoltant pour lui la renommée et le prix élevé offert pour ces travaux. C'est bien Lothar Malskat qui a restauré sous ses ordres, en 1937, la cathédrale de Schleswig.

Après avoir combattu pendant la guerre en Norvège, Malskat vivote de sa peinture à Hambourg. Mais il a vraisemblablement d'autres activités. Dans l'Allemagne de l'immédiat après-guerre, les marchands de tableaux ne sont pas très regardants et il fait sans doute partie des faussaires qui pullulent, présentant comme des toiles volées par les nazis dans les pays occupés de faux Rembrandt, Watteau, Degas, Corot, Van Gogh, Renoir, Chagall, Matisse ou Utrillo...

Mais cette période ne dure pas et Lothar Malskat traverse une mauvaise passe. C'est alors que Dietrich Fey l'appelle pour la restauration de l'église Sainte-Marie de Lübeck. Il accepte...

Tel est le dossier que la police établit sur Malskat. Pourtant, la réputation de Dietrich Fey est telle qu'il n'est pas poursuivi. Aussi le peintre franchit-il le pas. Il prend un avocat et porte plainte contre lui-même pour faux. Cette fois, on est bien obligé de l'arrêter et il se retrouve devant le commissaire.

Il précise ses accusations contre Fey.

— Il avait éloigné les curieux en plaçant à l'entrée du portail un panneau « Danger. Risques d'éboulement » et en camouflant la restauration par tout un ensemble d'échafaudages. En plus, il faisait le guet. Si quelqu'un arrivait quand même, il toussait et je devais cacher mon travail sous des planches.

Lothar Malskat fait même mieux encore. Il produit une preuve : il apporte une photo qu'il a prise, montrant les murs nus de l'église Sainte-Marie avant la peinture des fresques.

Dietrich Fey réplique en l'attaquant pour diffamation. La photo est un trucage et Lothar Malskat est un illuminé ou un mythomane qui veut se donner de l'importance...

Dans ces conditions, seuls les experts peuvent trancher. Une commission est formée sous la présidence du professeur Grundmann, de Hambourg, président de l'Association pour la sauvegarde des monuments historiques. Le résultat est sans appel : « Les vingt et une figures du chœur ne sont pas d'époque gothique mais bien l'œuvre de Lothar Malskat. »

Le jugement est prononcé le 25 janvier 1955. Dietrich Fey est condamné à vingt mois de prison, Lothar Malskat à dix-huit. Comme il avait déjà fait ce temps en préventive, il est libéré sur-le-champ et émigre en Suède, où il parviendra à vivre honnêtement de sa peinture...

Mais le plus étonnant dans toute cette affaire est à venir. Et le fait qui va suivre est loin d'être anecdotique. Il a presque une dimension philosophique. Il nous fait toucher du doigt une des caractéristiques les plus singulières du sentiment de la beauté artistique chez l'homme.

A la suite du verdict, les fresques de l'église Sainte-Marie de Lübeck furent lessivées et grattées jusqu'à ce qu'il n'en reste rien, jusqu'à ce que les murs redeviennent aussi nus que sur la photo qu'avait prise Lothar Malskat avant de se mettre à peindre et force est de se demander pourquoi.

Pourquoi ces fresques, que le chancelier avait admirées, que les critiques avaient encensées, devant lesquelles toute la ville avait défilé et qu'on avait reproduites sur deux timbres-poste avaient-elles été soudain jugées viles et méprisables ? Parce qu'il venait d'être prouvé qu'elles n'étaient pas authentiques ? Mais qu'est-ce que cela changeait à leur beauté ?

Elles n'avaient pas été faites par un anonyme de l'an 1300, mais par un peintre du XXe siècle, un peu illuminé, un peu mystique, qui y avait mis toute son âme et, de l'avis général, elles s'intégraient admirablement avec le cadre de l'église Sainte-Marie. Elle était belle, cette Vierge au centre du chœur. Ils étaient beaux, ces saints attendant le Jugement dernier, le regard tourné vers l'occident. Elles étaient belles, ces silhouettes de la nef qui faisaient penser aux personnages des chansons de geste. Et, sans nul doute aussi, ils étaient beaux, ces dindons, qui profitaient du paradis terrestre en compagnie des autres bêtes de la Création. Alors pourquoi avoir décidé qu'ils ne l'étaient plus parce qu'ils n'étaient pas de l'artiste qui, croyait-on, les avait peints ?... Oui, pourquoi ?

Reliques italiennes

Naples, 1951. En ce beau matin de printemps, Luigi Lazeroni traîne son désœuvrement dans les rues de Naples. Etre chômeur dans le Naples de l'après-guerre, dans cette ville pleine de merveilles et de crasse, est une situation où la mélancolie reste pleine d'espoir : qui sait ce que le bon Dieu et San Genaro réservent au malheureux sans-emploi.

Machinalement, Luigi jette au passage un coup d'œil dans les poubelles, pour y récupérer ce qui pourrait encore servir. Soudain son regard est attiré par une superbe côtelette, un bel os, absolument dégarni de toute viande bien sûr. Luigi se dit que son chien, Piccolino, sera bien content de se faire les dents sur ce bel os et, sans fausse honte, il se saisit de la côte et l'enfouit dans sa poche.

Rentré chez lui, au moment de lancer cet os à Piccolino, Luigi observe la côte de plus près et se demande soudain à quel animal elle a pu appartenir. Puis il se dit que cette côte est en très bon état. Il revient alors sur son idée. Piccolino n'aura pas son os, Luigi s'est trouvé une source de revenus. Tout d'abord, il nettoie la côtelette afin d'en ôter toute trace de viande, il la fait bouillir longuement dans une mixture de sa composition, puis il la fait sécher et l'astique énergiquement avec un peu de cire. La côte semble plus vieille de quelques années.

Luigi met alors sa plus belle chemise et se rend dans un « palais » voisin dont l'architecture a gardé le souvenir des splendeurs du XVIIIe siècle. Certes, avec les années, la noble façade s'est gangrenée de descentes d'eau anarchiques, la cour s'est remplie de familles nombreuses et bruyantes, mais l'étage noble est toujours occupé par la comtesse G., dont l'époux a été fusillé à la Libération. La comtesse vit cependant dans l'aisance, grâce aux revenus de ses propriétés rurales. Luigi n'a aucun mal à se faire recevoir de la dame à cheveux blancs. Quand il ressort du vaste salon aux meubles dorés et tarabiscotés, il se frotte mentalement les mains. Il vient d'échanger sa vieille côtelette contre cinq mille lires, coquette somme pour l'époque. La comtesse, elle, n'a pas l'intention d'améliorer son pot-au-feu avec : elle range, avec des larmes aux yeux, le « nonosse » dans un coffre tapissé de velours.

Quelques jours plus tard, Luigi, au cours d'une de ses promenades oisives, trouve à nouveau une autre côte assez semblable à celle qu'il a si bien vendue à la comtesse. Malgré les regards concupiscents de Piccolino, elle subit le même traitement et la même préparation que la première. Luigi sollicite alors un rendez-vous chez une autre personnalité napolitaine et, à nouveau, il rentre chez lui après avoir vendu sa côtelette pour quelques milliers de lires. La famille de Luigi recommence à manger à sa faim. Luigi passe de plus en plus de temps à examiner les poubelles qui, heureusement pour lui, se révèlent toujours riches en côtes et côtelettes.

Au bout de quelques mois, Luigi change de résidence et s'installe dans un appartement beaucoup plus confortable. Son épouse peut renouveler sa garde-robe. Le « commerce » marche. Très régulièrement, Luigi réussit à vendre une nouvelle côtelette à quelque Napolitaine ou Napolitain sentimental et argenté. Il lui faut à présent se faire assister d'une secrétaire pour gérer ses affaires.

Comme Luigi possède à présent un statut social plus reluisant que naguère, il ne peut plus se permettre d'arpenter les ruelles napolitaines en farfouillant dans les tas d'immondices : il a tôt fait de s'acoquiner avec toute une ribambelle de malheureux de tous âges qu'il charge de fouiller à sa place. Chaque nouvelle côtelette est désormais achetée contre quelques dizaines de lires : chacune subit le même traitement que celle qui fut vendue à la comtesse et chacune est vendue dans les mêmes conditions. Luigi roule à présent en voiture américaine, d'occasion il est vrai.

Mais tout a une fin. Une rumeur finit par courir entre le port et les palais baroques, et la police vient mettre son nez dans les côtelettes de Luigi, qui est arrêté pour escroquerie caractérisée au moment où l'on découvre que, depuis trois ans, il dirige un commerce des plus nostalgiques : la vente aux anciens fascistes de « reliques ». Luigi a réussi à placer une centaine de côtes récupérées, d'après ses dires, sur le cadavre de Mussolini, le Duce dont le corps avait été suspendu à un crochet de boucher aux côtés de celui de sa maîtresse, Clara Petacci, en 1945.

Une belle propriété

Etats-Unis, 1864. Roy Anderson Gravis appartient à l'armée des Confédérés. Soldat sudiste, soldat de fortune, il est apprécié de ses compagnons d'infortune car, s'il manie le fusil avec brio, il possède aussi un talent fort utile : il sait maquiller les papiers ; et, en cette époque troublée, où il est bien difficile de distinguer les soldats du Nord des soldats du Sud, un homme qui peut fabriquer de faux passeports est précieux.

Mais la guerre de Sécession se termine et Gravis se retrouve sur la côte de Californie, à San Francisco très exactement, où il exerce ses talents de manière différente : il tâte du journalisme, vend de l'espace publicitaire et, comme la plupart des aventuriers qui hantent la côte Ouest à l'époque, il est à l'affût du meilleur moyen de faire fortune...

C'est ainsi que Gravis tombe un jour sur une merveilleuse histoire qui fait rêver les aventuriers de tout poil : celle de l'héritage Polvonegro. Une fabuleuse histoire qui remonte à un siècle et demi. La famille Polvonegro, descendante d'un hidalgo et de la fille d'un conquistador espagnol, détient un immense territoire dans le nord du Mexique, dans la région même que Mexique et Etats-Unis se disputent les armes à la main. Après la bataille d'Alamo, où le fameux Davy Crockett trouve la mort, les choses s'arrangent, sauf pour ceux qui sont morts. Les deux Etats signent un traité et les Etats-Unis, nouveaux propriétaires de ce qui va constituer une partie de l'Arizona et du Nouveau-Mexique, acceptent officiellement de reconnaître les droits territoriaux des propriétaires privés pris dans cette cession d'immenses régions. Les droits des Polvonegro existent, mais, raconte-t-on, ils sont tombés en quenouille. Aucun héritier de cette famille n'est plus là pour recueillir ce qui serait pourtant un vrai pactole.

Patient et méticuleux, Gravis se dit qu'il ferait un parfait héritier, moyennant une certaine organisation. Il commence un lent travail de fourmi et tout d'abord se rend au Mexique où il se procure des documents officialisant les droits des Polvonegro. Il constate que jamais ces parchemins antiques couverts de signatures fleuries ne lui rapporteront, tels quels, le moindre dollar. Cependant ils constituent une bonne base. Il recherche alors dans la population locale une jeune fille qui puisse servir à ses projets : il la choisit jolie, analphabète et sans la moindre famille. Puis, en sa compagnie, il va pousser la porte d'un couvent mexicain et la confie aux religieuses, à charge pour elles d'en faire une jeune fille du monde accomplie.

Puis Gravis se met à fréquenter les bibliothèques, les archives locales, les registres paroissiaux. A chaque fois il demande à consulter des documents et, sortant discrètement son attirail de faussaire, à chaque fois il gratte, efface, corrige, ajoute sans le moindre scrupule. En même temps il prend copie et fait certifier conformes une masse de documents qui, mis bout à bout, parviennent à reconstituer la généalogie mythique de la famille Polvonegro. N'hésitant pas à grimper en haut des montagnes dominant Phoenix et armé d'un ciseau à pierre, il taille dans la roche des inscriptions qui, dans le style d'autrefois, marquent la soi-disant limite des domaines concédés aux Polvonegro par les anciens rois d'Espagne.

Un beau jour, Gravis s'embarque pour l'Espagne et débarque à Séville. Là aussi, dans les années 1880, il n'a aucune peine à accéder aux archives locales, tant civiles que religieuses, en faisant état de ses recherches. Là aussi, dès qu'on le laisse seul avec les antiques volumes reliés de peau, il gratte, corrige, ajoute selon sa fantaisie. Et là aussi il se fait livrer d'authentiques copies certifiées des documents qu'il a « arrangés ».

Il est temps pour lui de retourner au couvent et d'en retirer Pilar, la jeune orpheline qui a grandi en beauté et en sagesse. A présent elle sait lire et écrire. De plus, elle ne demande pas mieux que de croire tout ce que Gravis, séduisant blond à la moustache conquérante, lui raconte sur son antique famille supposée. D'autant plus que, sans perdre de temps, Gravis l'épouse en bonne et due forme.

Quelque temps après, toutes les villes du sud de l'Arizona et du Nouveau-Mexique voient fleurir sur leurs murs des affiches dont le texte surprend : M. Gravis, héritier par son mariage de l'illustre et noble famille des Polvonegro, fait savoir à tous ceux que cela concerne qu'il est en mesure de faire valoir les droits de sa femme sur une propriété de cinq mille kilomètres carrés d'un seul tenant. Toutes les personnes qui, jusque-là, se croyaient seules propriétaires de terres dans la zone concernée sont averties que leurs droits ne sont que ceux de « locataires » et que, dorénavant, elles devront payer des redevances annuelles à la famille Gravis-Polvonegro.

Certains refusent en attendant d'en savoir plus. Beaucoup d'autres, pour ne pas avoir d'ennuis, acceptent de verser cette contribution, au demeurant modeste. Mais tous ces petits dollars mis bout à bout finissent par faire un joli revenu qui permet à Gravis et à son épouse de vivre plus qu'à l'aise, de voyager même. Gravis, pour parfaire son image de noble par alliance, se fait passer pour « baron d'Arizona ». Lors d'un voyage en Europe, il modifie son titre en « d'Arizonac » et fréquente les milieux les plus huppés. On le présente à la famille Rothschild et même à... la reine Victoria, impératrice des Indes.

Cependant cette revendication territoriale qu'il a faite par les voies les plus officielles n'est pas acceptée par tous : il y a trop d'argent en jeu. Certains, dont le directeur du cadastre américain, n'y croient guère, on sollicite l'avis des experts. L'un d'eux, plus compétent que les autres, se rend au Mexique et, lui aussi, à son tour, se met à consulter les registres et les bibliothèques. Il remarque les ratures sur les parchemins, il relève des erreurs, des négligences. Puis il fait à son tour le voyage à Séville, mais, au lieu d'un attirail de faussaire, il se munit d'un attirail de chimiste et de grosses loupes. Il constate alors de nombreuses corrections récentes.

Au bout de sept ans Gravis est démasqué, arrêté, condamné à

deux ans de prison. Libéré, il vivote en créant une revue qui se donne pour but de défendre l'histoire de son héritage. Les années passent. En 1914 il disparaît. La fosse commune engloutit cet escroc génial dont toute trace est rayée de la face du monde.

Un gentleman coureur

Kenneth Phimley se spécialise dans l'escroquerie de haut vol. Il présente bien et connaît sur le bout du doigt le langage, les techniques, les mécanismes de la finance internationale. Pas au point de faire fortune dans les affaires ni même de jouer à la Bourse avec brio. D'ailleurs il ne possède pas de capital à investir. Pourtant Kenneth a le goût du luxe et tout ce qu'il « gagne » disparaît rapidement dans les palaces et les restaurants à « étoiles ». C'est pourquoi il met au point un ingénieux système basé sur la fragilité économique actuelle et tout particulièrement sur l'inquiétude qui mine beaucoup de chefs d'entreprise britanniques.

Kenneth repère, dans la presse spécialisée anglaise, les noms de dirigeants d'entreprise qui connaissent, selon ces journaux, des difficultés passagères et il les contacte, téléphoniquement, avec beaucoup de bagou. Utilisant le vocabulaire approprié, en changeant de voix selon les circonstances, Kenneth révèle à son correspondant du moment qu'une grande part des problèmes de son entreprise proviennent d'un concurrent malintentionné qui se livre à l'espionnage économique à l'encontre de sa société. Kenneth possède, affirme-t-il avec conviction, tout un dossier de preuves et il est prêt à le monnayer, ce qui, en permettant d'éliminer ou, du moins, de neutraliser le concurrent déloyal du malheureux chef d'entreprise, assainirait la situation.

Comme la plupart des dirigeants à qui Kenneth s'adresse sont stressés et relativement paranoïaques, ces informations de première main leur apportent, comme il se doit, l'explication rassurante et la solution « évidente » au passage à vide de leurs entreprises.

Devant la modicité (relative) de la somme demandée par cet informateur qui leur tombe du ciel, certains acceptent de se rendre, entre deux avions, dans un aéroport de Belgique, d'Allemagne ou du Luxembourg pour y rencontrer Kenneth (qui peut selon l'occasion devenir Edward, Williams ou autre chose) et de lui glisser une enveloppe rembourrée de livres sterling pour prendre possession, en échange, du dossier révélateur contenant tous les détails de leurs malheurs commerciaux.

L'échange se fait en quelques minutes dans une salle des pas perdus. Jamais Kenneth, après avoir reçu les livres sterling promises, ne s'attarde pour donner aucune explication complémentaire sur la manière dont il détient ses « renseignements confidentiels » si précieux. Inutile de dire que, dans l'avion du retour, ce dossier ne révélera rien qu'on ne puisse trouver dans la presse technique un peu spécialisée. Le chef d'entreprise s'aperçoit qu'il vient de payer fort cher des informations qu'il possède déjà...

Mais Kenneth ne se contente pas de ces escroqueries à la petite semaine, qui nécessitent un minimum d'organisation mais engendrent des frais, c'est aussi un maître chanteur hors pair. Grâce à un réseau très organisé il parvient à se procurer des photos compromettantes où l'on voit des membres de la « gentry » britannique, en tenue légère ou sans aucune tenue ni retenue, en train de batifoler avec des dames (ou des messieurs) qui ne sont pas du tout leurs épouses légitimes.

Ces nouvelles victimes, elles aussi munies d'enveloppes grassement rembourrées de coupures à l'effigie d'Elizabeth II, se retrouvent elles aussi dans la salle des pas perdus d'un aéroport de la CEE. Ces batifoleurs imprudents échangent, eux aussi, des magots contre les preuves de leurs turpitudes qui, pour en être sexuelles, n'en sont pas moins lourdes de conséquences dans la pudique Albion. Une fois l'échange fait, Kenneth, *alias* Edward, *alias* Williams, Gregory ou Teddy, s'éloigne rapidement, mais toujours à pied ou par les moyens de transport en commun, histoire d'éviter les filatures.

On vient, grâce à une fuite dans son réseau, d'arrêter l'entreprenant Kenneth près de Cap-d'Ail. Il y résidait dans un hôtel de grand luxe. Au moment où il remettait des photos compromettantes à un membre de la noblesse anglaise, comme de bien entendu apparenté à la famille royale, il s'aperçoit que des policiers anglais et français en « planque » sont à ses trousses et il prend immédiatement ses jambes à son cou. On lui met la main au collet à l'instant même où il essaie, en courant, de franchir la frontière franco-monégasque.

Kenneth affirme désormais que, si on l'incarcère en Angleterre, il sera sûrement « liquidé » par les soins de tous ceux qu'il fait chanter depuis des années. A moins que ce ne soit par quelque homme de main payé par le grand quotidien américain à qui il a vendu, il y a quelques mois, pour cinquante-six mille dollars, une paire de chaussures d'occasion.

Notre escroc prétendait alors, de manière très convaincante, qu'il s'agissait des souliers de Jimmy Hoffa, le grand patron des syndicats américains, lui aussi marcheur à pied invétéré, qui est sorti de chez lui il y a des années et n'est jamais réapparu nulle part. Kenneth s'était procuré ces chaussures quelques semaines auparavant, pour quelques shillings, au marché aux puces de Portobello Road.

Lunettes en or massif

Londres, 1954. Dans un appartement de grand luxe, en ce beau jour d'été londonien, un personnage connu du monde entier prend connaissance de la presse internationale. Tous ces problèmes économiques, tous ces risques de guerre un peu partout dans le monde l'intéressent au premier chef puisqu'il est le souverain d'une région clé de l'Afrique : Sa Majesté le négus Hailé Sélassié séjourne à Londres, mais sa visite n'étant pas officielle, il réside pour l'heure dans un appartement qui se trouve en dehors de l'ambassade. Dans un quartier suprêmement élégant, toutefois.

Les journaux londoniens se sont fait l'écho de son arrivée et, dans la colonne des indiscrétions, on a même précisé l'adresse exacte de sa résidence. Ce détail n'échappe pas à Philip Sanders, un dynamique représentant en lunettes. Il fait le rapprochement entre l'Ethiopie, pays ensoleillé s'il en est, et son propre commerce : s'il est un endroit au monde où l'on peut avoir besoin de lunettes de soleil, c'est bien l'Ethiopie ; et si, en Ethiopie, il est quelqu'un qui doit avoir les moyens de s'offrir des lunettes de soleil de luxe, ça ne peut être que le souverain de cette région.

Dès le lendemain Philip, revêtu de son plus beau costume, attaché-case à la main, chaussures impeccablement cirées, se présente dans le quartier de Belgravia, à l'adresse qu'il a notée. Il actionne la sonnette et attend quelques instants qu'un valet vienne lui ouvrir. La suite se déroule avec une facilité déconcertante : on lui demande l'objet de sa visite et il prétend qu'il doit rencontrer le négus pour une affaire tout à fait personnelle. On transmet au « Raïs » qui, loin de sa cour habituelle et en l'absence (inespérée) de son aide de camp, se trouve face à une situation inhabituelle... Sa curiosité piquée, le fait qu'il n'ait rien de mieux à faire, une certaine ambiguïté sur le motif précis de la visite de cet inconnu, la naïveté des grands de ce monde lorsqu'ils sont confrontés aux petits faits de la vie quotidienne, tout concourt à mettre face à face, contre toute vraisemblance, le représentant en lunettes et le Roi des Rois.

Philip Sanders est le premier étonné lorsqu'on le conduit jusqu'au salon d'une grande élégance où le souverain est assis, minuscule, dans un fauteuil de style Queen Ann qui, par contraste, semble immense. A vrai dire, Sanders n'en espérait pas tant, il s'était fixé cette visite par goût du jeu, pour voir en quels termes on l'éconduirait et voilà tout à coup qu'il arrive, miraculeusement, devant un souverain inaccessible.

Mais le voyageur de commerce ne se démonte pas : il salue le souverain avec mondanité puis lui expose en termes choisis l'objet de sa visite : étant le représentant exclusif pour Londres de la fameuse marque de lunettes W. et sachant que cette marque ne possède aucune succursale en Ethiopie, il s'est permis de solliciter cette entrevue afin que Sa Majesté puisse examiner de près les tout derniers modèles aux verres particulièrement performants et éventuellement faire l'acquisition d'un modèle digne de lui. Sa Majesté acquiesce d'un mouvement de tête et attend la suite.

En un tournemain Sanders a ouvert sa « marmotte » et disposé en rangs parfaits, sur le bureau du négus, quelques dizaines de lunettes de soleil masculines des plus classiques aux plus fantaisistes. Des modèles en corne, dorés, argentés, discrets ou clinquants. Après tout il n'a aucune idée du genre de lunettes qui peut à la fois convenir et plaire à un Roi des Rois. Et s'il allait prendre toute la collection ? Et s'il allait commander cent paires pour toute sa famille ou mille paires pour toute sa cour, dix mille pour toute son armée ? Sanders rêve... Hailé Sélassié examine chaque modèle, demande quelques précisions, chausse certains, se lève et regarde à la fenêtre, au loin, le ciel de Londres pour une fois ensoleillé. Puis soudain, avec un sourire aimable, il annonce :

— Je vais prendre celles-ci.

Sanders a du mal à avaler sa salive. Bientôt le souverain africain demande, comme il se doit :

— Quel en est le prix ?

Jusqu'à présent il ne s'agit que d'une opération commerciale insolite mais tout à fait correcte. Pas la moindre escroquerie dans tout ça.

Pourtant si : au moment où le négus fait son choix, Sanders comprend qu'il va vendre une toute petite et unique paire de lunettes discrète qui vaut tout juste quelques livres, presque un modèle bon marché. Va-t-il se retirer avec cette somme ridicule sur laquelle il ne touchera qu'un pourcentage ridicule ? Déjà le négus, attendant de connaître le prix de ces lunettes, entrouvre un tiroir du bureau et Sanders aperçoit un matelas de billets de banque. Comme dans un rêve il s'entend annoncer une somme colossale : plusieurs centaines de livres. Sans sourciller, son client sort la somme demandée du tiroir et la lui tend. Tout en posant ses toutes nouvelles lunettes sur son visage basané, le négus remercie Sanders d'avoir bien voulu se déranger pour venir jusqu'à lui. L'entretien est terminé... L'astucieux représentant se retrouve dans la rue.

Quelques minutes plus tard l'aide de camp du souverain rentre à la résidence et, du premier coup d'œil, remarque la paire de lunettes inconnue posée sur le bureau. Il s'informe et son sang ne fait qu'un tour quand il apprend qu'un parfait inconnu a été mis en présence du roi, qu'il lui a parlé sans témoin, qu'il aurait pu s'agir d'un meurtrier, d'un voleur. On est passé tout près de la catastrophe. Par curiosité il s'enquiert du mode de paiement pour ces lunettes et, du même coup, il en apprend le prix. Qui le fait littéralement bondir.

Au bout de quelques semaines, en partant de la marque des lunettes, Sanders, qui s'est bien gardé de laisser sa carte de visite, est identifié. Il doit bien admettre qu'il a « estampé » le négus et que, de plus, cette vente miracle ne figure pas sur son rapport hebdomadaire. Il doit restituer les centaines de livres indûment perçues et présenter, par écrit, ses excuses au souverain qui gardera ses lunettes toutes neuves enfin remises à leur juste prix.

L'homme aux gants verts

Etats-Unis, 1956. L'homme aux gants verts vient de mourir. Il y a peu, un écrivain américain célèbre, prix Nobel, l'a trouvé assez intéressant pour lui consacrer un article dans un magazine à grand tirage. L'homme aux gants verts, qu'on a souvent vu au volant d'une voiture verte, et qui distribuait à tout venant ses cartes de visite du plus beau vert, était un escroc notoire et récidiviste. A présent il est mort, sans laisser aucun héritage, malgré les huit millions de dollars qu'il a passé sa vie à escroquer. Des affaires immobilières, légales autant qu'honnêtes mais qu'il a mal gérées, lui ont tout mangé. Un joli pied de nez du destin.

Depuis 1910, l'année de sa première « entourloupe », l'homme aux gants verts a fini par se faire un surnom, à défaut d'un nom : « le Gamin Vert ». En 1910, il a trente-trois ans et il apprend, par hasard, qu'une petite banque, la Merchant National Bank, située dans une petite ville de l'Indiana (Etat agricole s'il en est), doit changer de local. Les bureaux devront être vidés à une date bien précise. Cette banque honorablement connue qui va abandonner sa coquille lui donne une idée : le plus légalement du monde, Alfred Beamon se met en rapport avec le propriétaire des murs et lui loue les locaux pour la semaine qui doit suivre le départ de la banque.

Une semaine plus tard, Alfred Beamon pénètre dans l'ex-banque avec sa victime, un très riche fermier des environs. Bizarrement, rien ne semble avoir changé : on dirait que la banque fonctionne toujours, comme si elle avait retardé son déménagement de quelques jours. Clients et clientes se présentent devant les guichets où des employés manipulent bordereaux et coupures. Le service des postes est même présent puisque des employés entrent en portant de lourds sacs qui, de toute évidence, sont chargés de billets, de chèques ou de dollars sonnants et trébuchants.

Alfred Beamon, un homme élégant, aux favoris impressionnants, ouvre la porte du bureau directorial, « son » bureau, grâce à la clé qui pend à une chaîne d'argent, chaîne accrochée à son gilet. Il prend place derrière le bureau directorial, fait asseoir son visiteur et lui offre un cigare. Puis, ouvrant un dossier, il se met en devoir de lui expliquer les rouages d'une juteuse opération financière dont, prétend-il, il est un des rares à être informé. Son « client » ferait bien d'en profiter car, à condition de sauter sur l'occasion, le rapport doit être, à très brève échéance, un des plus beaux de l'histoire des Etats-Unis.

Le client, qui suit attentivement la démonstration, hoche la tête. Il finit par ouvrir une mallette de cuir et remet à Alfred Beamon les cinquante mille dollars qu'il a l'intention d'investir dans cette opération « sans risque ». Alfred Beamon lui signe un reçu sur un bordereau à en-tête de la Merchant National Bank, en omettant, bien sûr, de dire qu'il a patiemment réuni ces bordereaux en les dérobant dans plusieurs autres véritables agences de la banque.

Dès le lendemain les locaux de la Merchant National Bank sont, comme par hasard, définitivement vides. Le client, revenu pour régler un détail, comprend, mais un peu tard, qu'il a été victime de ce qu'on appellera désormais le coup du « grand magasin » : les clients, les employés, les transporteurs de fonds qu'il a vus le jour où il s'est fait piéger n'étaient en réalité que des petits malfrats et des filles de joie loués pour la journée. Alfred Beamon, lui, est déjà loin, dans la jungle inextricable (sur le plan légal) que représentent les nombreux Etats d'Amérique. Opération d'autant plus réussie que la victime, pour des raisons personnelles, ne se fait pas connaître et garde un anonymat complet.

Au cours des années, l'homme aux gants verts va recommencer une vingtaine de fois cette escroquerie, toujours avec le même succès. Cependant, de temps en temps, ses victimes finissent par le rattraper et le faire condamner à défaut de récupérer leur argent. Parfois Alfred Beamon se livre, avec brio, à une variante assez subtile et qui ne manque pas d'allure. Il se présente lui-même au directeur d'une petite banque, toujours située dans une zone rurale, et demande à être reçu par le directeur. Celui-ci, à l'affût de nouveaux clients, lui ouvre sa porte. Au bout de quelques minutes « le Gamin Vert », grâce à son bagou, le convainc qu'il est prêt à déposer chez lui une très grosse somme. Puis, sans avoir l'air d'y attacher d'importance, il demande, comme un simple service, la permission d'utiliser, hors de toute présence, le bureau du directeur, afin de régler une affaire urgente, mystérieuse et ultrasecrète.

Le directeur, avec un grand sourire, abandonne son fauteuil et sort quelques instants pour laisser son futur client procéder à cette petite opération. A ce moment un complice, à l'affût au-dehors, pénètre dans la banque en compagnie d'un inconnu : Alfred Beamon leur ouvre la porte du bureau directorial. Quelques minutes plus tard l'inconnu ressort de la banque fort satisfait : il vient de laisser tout ou partie de ses économies ou de son capital entre les mains du « directeur », en l'occurrence Alfred Beamon, qui vient de le recevoir derrière son bureau.

Quand, quelques jours plus tard, l'inconnu se rend compte de son erreur, il porte plainte et, fort souvent, le vrai directeur de l'agence se retrouve inculpé pour complicité de vol. Mais toutes ces belles histoires ont une fin... Et « le Gamin Vert » aussi.

Gare à la fente

Paris, juin 1993. Si vous vous trouvez dans Paris ou dans quelque ville d'une certaine importance et que, un samedi soir par exemple, vous vous apercevez que vous manquez d'argent liquide, vous allez, en heureux possesseur d'une carte bleue, vous diriger vers un distributeur de billets pour vous en faire donner quelques-uns qui seront débités sur votre compte personnel. Il vous faudra glisser votre carte, dans le bon sens et selon le bon angle, dans la fente du distributeur qui, sur un écran, vous demandera tout d'abord un peu de patience puis vous suggérera de bien vouloir composer, sur le boîtier latéral, les quatre chiffres de votre code personnel et confidentiel. Encore un peu de patience et vous choisissez le montant que vous voulez voir débiter sur votre compte, quelques secondes encore et voici les jolis billets de deux cents et de cent francs qui apparaissent à travers la fente distributrice. En même temps, selon votre bon vouloir, un ticket apparaît qui vous rappelle le détail de l'opération. Normalement.

Car parfois vous avez une mauvaise surprise : le distributeur est vide. Ou bien votre carte est démagnétisée, ou bien vous avez dépassé la somme à laquelle vous avez droit. Mais vous pouvez avoir mal mémorisé votre code confidentiel. En ce cas vous aurez droit à une seconde chance. Si vous vous trompez encore, adieu la carte, le distributeur l'avale sous vos yeux étonnés et un message vous conseille de venir la récupérer à l'agence « pendant les heures ouvrables ». Sage précaution pour éviter qu'une carte volée ne soit utilisée par le voleur qui, au jugé, tenterait diverses combinaisons dans l'espoir de « tomber » sur votre code secret.

Ce soir donc, machinalement, vous introduisez votre carte dans le distributeur d'un modèle qui ne vous est pas familier, vous composez votre code « ultrasecret » et, à votre grande surprise, bien que le code soit bon, vous voyez apparaître, sans même une seconde chance, le message fatal qui dit : « Par suite d'une fausse manœuvre, votre carte est retenue, veuillez la récupérer », etc. Interloqué et furieux, vous perdez ainsi toute chance de vous voir remettre quelques billets et, du même coup, vous êtes privé de la possibilité de régler aucune dépense avec votre carte bancaire.

Le lundi matin, à la première heure, vous entrez dans l'agence et réclamez votre carte, mais un employé, l'air désolé et surpris, vous apprend que cette fameuse carte ne se trouve pas chez eux. Personne ne l'a récupérée dans le compartiment où, normalement, elle aurait dû se trouver. Mystère inquiétant. D'autant plus que, quelque temps plus tard, vous recevez de votre agence bancaire un relevé qui démontre que votre carte, le week-end même où elle a été avalée par le distributeur, a servi à régler des achats, non loin de là. Trois mille francs par-ci, mille cinq cents francs par-là, sept cent quatre-vingt-cinq un peu plus loin : l'horreur !

A partir de ce moment vous allez vous trouver empêtré dans un imbroglio terrifiant avec votre banque qui s'efforce de vous prouver que votre carte n'a jamais été avalée et que c'est vous, mauvais client et escroc impénitent, qui continuez à l'utiliser en prétendant qu'on vous l'a confisquée. La preuve en est que les achats effectués depuis cette soirée maudite sont confirmés par l'utilisation de votre code confidentiel, signature que vous ne devez révéler à personne.

Au bout de longues semaines, voire de longs mois, vous aurez peut-être la chance de faire la preuve de votre bonne foi, surtout si l'on surprend en flagrant délit le responsable de tous vos malheurs : un bricoleur génial, qui, en dehors des heures ouvrables de banques, réussit à détourner les distributeurs les plus honnêtes du monde en les « bidouillant » avec quelques accessoires et du Scotch double face.

Si vous aviez mieux regardé le distributeur au moment d'y glisser votre carte bancaire, vous auriez vu qu'il avait une allure bizarre. En fait, vous avez glissé votre carte dans une fausse fente, reliée à l'écran de contrôle. Quand vous avez composé votre code confidentiel, vous avez, de même, pianoté sur une sorte de calculatrice-enregistreuse, elle aussi fixée par de l'adhésif au-dessus du tableau du distributeur normal. Cette calculatrice mémorise votre code et vous envoie, pour tout potage, par le bidouillage génial, le message vous demandant de revenir aux « heures ouvrables ». Vous vous éloignez tout penaud et, dès que vous avez tourné les talons, le bricoleur malhonnête arrive au pas de course. En quelques gestes précis il récupère sa « fente » et votre carte, puis sa calculatrice qui contient désormais votre code secret.

Quelques instants plus tard, il est à même d'effectuer avant la fermeture des magasins quelques achats qui seront supportés par votre budget, que celui-ci en ait ou non les moyens : à lui les « hispanos », comme on dit. Des achats qui finissent par faire une somme considérable. Pour l'instant vous en êtes encore à négocier avec votre banque la part de responsabilités de chacun... Le bricoleur court toujours... il faut dire qu'il n'en est pas à son coup d'essai. Il y a quelques années, il avait même monté un faux « point-argent » sur une aire d'autoroute avec du contreplaqué et du papier d'argent... Aujourd'hui, pour installer son faux distributeur au-dessus d'un vrai, il lui faut moins d'une minute. Autant pour récupérer le tout ainsi que votre carte, accompagnée de son code... Un rapide.

Coupons-réponses

Etats-Unis, 1919. Giulio Romanolli est un citoyen américain d'origine sicilienne. Pour le moment il travaille dans une grosse société d'import-export qui expédie diverses marchandises à des clients privés européens. Ceux-ci, quand ils repèrent sur catalogue un article qui leur convient, joignent à leur commande un certain nombre de coupons-réponses internationaux qui représentent à la fois la valeur de l'objet et son acheminement.

Giulio Romanolli constate que le client européen, lorsqu'il se rend au bureau de poste pour y acheter ces « coupons-réponses », acquitte une somme beaucoup plus modeste que la valeur « faciale » en dollars de ce même coupon. Il se dit qu'en achetant des coupons en grosses quantités dans un pays comme l'Italie puis en les revendant directement en Amérique, il pourrait faire des bénéfices considérables.

Quelques semaines plus tard, grâce à des cousins siciliens, il met au point son système et commande tout un stock de coupons-réponses qui ne sont destinés à aucun achat mais doivent simplement être remboursés dans les bureaux de poste américains.

Hélas pour lui, ceux qui ont conçu le système des coupons-réponses ont sans doute calculé au plus juste les frais inhérents à ce genre de transfert de fonds. Romanolli s'aperçoit assez rapidement qu'une fois réglées les commissions diverses, les timbres servant à affranchir les paquets de coupons-réponses, compte tenu des fluctuations dues au cours des changes, son ingénieux système ne lui laisse pratiquement aucun bénéfice : c'est à peine s'il rentre dans ses frais.

Très déçu, Giulio doit renoncer à son idée. Mais, le soir, étendu sur son lit, rêvant à ses espoirs disparus, il se dit que l'idée était quand même séduisante et que, jusqu'à ce qu'elle ait été confrontée à la réalité, elle tenait la route, comme on dit. Soudain une intuition lumineuse s'impose à lui. Dès le lendemain il parle de son système autour de lui et commence à construire une des plus belles escroqueries du siècle, un modèle d'escroquerie « pyramidale ».

Dans les jours qui suivent, le bruit se met à courir parmi tous ceux qui sont à l'affût de placements particulièrement juteux : il est urgent d'investir dans la société Romanolli car celui-ci, « qui a mis sur pied un très ingénieux système d'achat et de revente de coupons-réponses », garantit des revenus de l'ordre de deux cents pour cent par an. Les candidats, alléchés par la perspective de gros rendements, s'empressent d'apporter leurs capitaux. Les bureaux que Romanolli a ouverts dans diverses villes américaines reçoivent jusqu'à deux cent cinquante mille dollars par jour. Giulio paie en effet, rubis sur l'ongle, les intérêts faramineux qu'il promet... au moins aux premiers investisseurs. Car, comme le veut la loi du genre, il se sert des capitaux des derniers investisseurs pour payer les intérêts promis aux premiers. Il lui suffit, pour que son système perdure, de trouver éternellement de nouveaux gogos, jusqu'à ce que, en théorie, tous les habitants de la planète aient souscrit. Faute de quoi !...

Cependant cette sorte de martingale miraculeuse finit par attirer l'attention de personnes qui font métier de dénicher l'escroquerie. Romanolli, riche de tous les dollars qu'on lui confie, les investit dans des placements de père de famille, proposés par des banques. Il devient même majoritaire de l'un de ces respectables établissements américains. Du coup, il perçoit des revenus par les voies les plus légales. A ceux qui lui cherchent des poux dans la tête, Romanolli rétorque que ses placements bancaires (qu'il garde secrets) sont, en réalité, la source des revenus fantastiques promis à ses actionnaires.

Ceux qui s'attachent à démontrer la fragilité de son système finissent pourtant par être informés du genre de placement bancaire effectué par Romanolli : de pauvres petits intérêts à cinq pour cent : en aucun cas, contrairement à ses dires, des revenus susceptibles de justifier les deux cents pour cent d'intérêts qui continuent à attirer vers lui, chaque jour, d'autres investisseurs.

On finit par arrêter Giulio Romanolli et, après avoir fait la preuve de son escroquerie, il se voit condamné à cinq ans de prison ferme. Cinq ans plus tard, à peine libéré, Giulio est très vite à nouveau convaincu d'escroquerie et, à nouveau, incarcéré. En 1934, après avoir purgé sa peine et désormais considéré comme indésirable aux Etats-Unis, il est expulsé vers son pays d'origine, l'Italie fasciste.

Il s'empresse de s'inscrire au parti des Chemises Noires et, apparemment, séduit le Duce car celui-ci, très rapidement, le nomme président de la compagnie d'aviation de l'Etat italien pour l'Argentine. De toute évidence Giulio a la chance pour lui.

Mais, en 1943, la roue tourne et la fin de la guerre lui fait perdre son poste. Dorénavant il n'a plus l'occasion de monter de nouvelle escroquerie. Il ne lui reste rien des quinze millions de dollars que lui ont confiés quarante mille gogos américains quelques années plus tôt, et il meurt dans la misère.

Château de cartes

Etats-Unis, 1938. Mme Frank G. Bayer s'inquiète. Le petit déjeuner est servi depuis une heure et son époux n'a pas encore paru. Normalement il est en train de prendre un bain, mais ce matin le bain semble bien long. Mme Bayer sonne le valet de chambre et lui demande d'aller aux nouvelles. Quelques minutes plus tard elle décide, devant le silence de son mari, de faire enfoncer la porte. A l'intérieur on découvre, dans la baignoire, Frank G. Bayer qui s'est ouvert les veines. Il est mort. Il faut dire que depuis quelque temps il semblait particulièrement soucieux. Lui, l'un des dirigeants de la Whitehouse Chimical Products, chef du département des « matières brutes », c'est-à-dire des matières premières nécessaires à la fabrication des nombreux produits qui font la (bonne) réputation de la maison, se montrait très contrarié par un projet de la direction : celui de réaliser une partie des stocks de « matières brutes », seul service de la société qui, contre vents et marées, faisait constamment, malgré la conjoncture internationale, des bénéfices.

Cette nouvelle contrariait d'autant plus Frank G. Bayer que son stock n'existait en réalité, du moins pour l'essentiel, que sur le papier. Bayer était le champion toutes catégories de la fausse comptabilité, des fausses commandes, des faux reçus, des faux bordereaux. C'est grâce à tous ces tripatouillages capables de déjouer tous les contrôles des experts qu'il avait d'ailleurs été engagé par la Whitehouse. Il n'avait alors pour uniques références que ses brillants résultats à la tête d'une petite compagnie de tonique capillaire, la Wonder Hair Cream, résultats d'autant plus éloquents qu'ils étaient truqués. Et ce, avec d'autant plus de facilité que le principal client de la Wonder Hair Cream, l'International Trading Co, était une entreprise dirigée par le propre frère de F. G. Bayer, curieusement nommé Cipollo. Personne à part eux ne savait que les opérations fructueuses de cette société d'import-export se limitaient en grande partie à la fabrication de faux documents dans leur petit bureau de Brooklyn.

Il faut dire qu'ils ont une grande expérience de la chose. Pendant la période de la prohibition, alors que l'Amérique tout entière avale n'importe quel alcool frelaté faute de pouvoir en consommer librement du meilleur, les frères Cipollo vendent, facilement, une autre marque de « tonique capillaire ». Pratiquement personne ne songe à s'en frotter le cuir chevelu mais la plupart des clients s'empressent d'en distiller des litres pour obtenir un alcool parfumé qui se transforme en tord-boyaux de la pire espèce.

Frank G. Bayer, *alias* Cipollo (en réalité Niccolo Materoni), a d'ailleurs vendu autre chose que du « tonique capillaire ». Originaire de Sicile, il a débuté, bien des années auparavant, sous la houlette de son père, autre honnête homme, dans le commerce des produits alimentaires. Grâce à la facilité avec laquelle il sait alors glisser des enveloppes à des douaniers pères de famille, il parvient à éviter les droits de douane et cette astuce lui permet de distancer la concurrence en vendant bien au-dessous des tarifs pratiqués par les autres importateurs. Ces activités coupables lui valent plusieurs séjours en prison et suscitent chez lui le besoin de changer de patronyme : c'est alors que paraît Frank G. Bayer, qui s'invente tout un pedigree, changeant d'origine, de religion, de cursus universitaire, s'inventant des diplômes de l'université allemande d'Heidelberg, parvenant à se faire inscrire dans les colonnes recherchées du *Who's Who* américain.

Les résultats mirobolants, bien que factices, qu'il obtient dans ses affaires attirent les crédits bancaires, et surtout font de lui l'homme d'affaires que chaque société rêve de s'adjoindre, sorte de garantie contre la crise et la chute du chiffre d'affaires.

Frank G. Bayer a d'ailleurs l'intelligence de ne pas mener une double vie compliquée : il vit bourgeoisement, en bon père de famille, tout le monde peut témoigner de sa grande capacité de travail et du grand nombre d'heures qu'il passe au bureau (pour falsifier les comptes, inutile de le préciser).

Pendant dix longues années, notre escroc fait illusion dans le milieu new-yorkais des affaires. C'est sans doute la raison pour laquelle, habitué à son statut social reluisant, il préfère se donner la mort plutôt que de retourner croupir en prison, expérience qu'il ne connaît que trop. Notons que, à la découverte de ses comptes truqués, la Whitehouse, dont la cotation en Bourse est momentanément suspendue et qui subit quelque temps l'affolement de ses actionnaires, retrouve très rapidement son équilibre et la confiance du marché. Ses pairs et néanmoins concurrents forment une sorte d'union sacrée pour lui permettre de se rétablir et de surmonter cette épreuve qui aurait dû, normalement, la balayer du marché.

Beaux billets

Cannes, 1960. Ce matin, dans la rubrique nécrologique de plusieurs quotidiens, on apprend avec étonnement et tristesse le décès de M. Van Goyen, un commerçant d'origine hollandaise installé depuis de nombreuses années sur la Côte d'Azur et très honorablement connu dans la confection, où sa réputation d'honnêteté et de prospérité n'est plus à faire. Certains journaux rappellent dans un petit article l'histoire de M. Van Goyen et celle de sa réussite. Aucun ne mentionne le fait qu'il est l'un des auteurs d'une des plus grosses escroqueries du XXe siècle.

Londres, 1924. Le même Van Goyen, de trente-six ans plus jeune, très élégamment vêtu, se présente aux bureaux de la firme Melton and Sons, imprimerie nationale de première importance. Il a téléphoné quelques jours auparavant pour annoncer sa visite en tant qu'envoyé du gouvernement portugais, pour une affaire exigeant le secret le plus total. Mais M. Melton, le directeur de l'imprimerie, a l'habitude de ce genre de rendez-vous confidentiel.

Une fois dans son bureau, M. Van Goyen lui tend une lettre du directeur de la Banque du Portugal et, après que M. Melton en a pris connaissance, il lui donne de vive voix tous les éléments de l'affaire qui ne sont évidemment pas, secret d'Etat oblige, détaillés noir sur blanc. Il s'agit d'imprimer une très grosse quantité de billets portugais. M. Melton n'est en rien surpris, son entreprise est souvent chargée de ce délicat travail pour des nations qui ne possèdent pas les services techniques capables d'exécuter des billets de banque infalsifiables. Mais, aujourd'hui, l'affaire est plus délicate : Van Goyen, le charmant jeune homme, explique qu'il s'agit, sans que personne ne le sache, de renflouer, artificiellement il en convient, l'économie de l'Angola, alors colonie portugaise et qui, des années plus tard, sombrera dans le chaos.

Van Goyen demande donc à la firme Melton d'imprimer deux millions et demi d'escudos en leur donnant les mêmes numéros de série que ceux existant déjà et dont Melton and Sons a assuré quelques années auparavant la fabrication. Une fois cette impression exécutée, les billets devront être expédiés à la banque « Angola et Métropole », jeune banque créée tout exprès pour cette opération. Là, ils seront tous surchargés de la mention « Angola » afin d'éviter qu'ils ne soient mis en circulation au Portugal même. M. Melton comprend fort bien le mécanisme de l'opération et encore plus la confidentialité qu'on exige de lui. Pour la bonne forme, il appelle sa secrétaire et lui dicte une lettre à l'intention du gouverneur de la Banque du Portugal afin de lui demander une confirmation de la commande transmise par M. Van Goyen. Lequel se charge, très aimablement, de remettre cette lettre en main propre.

A Porto la lettre est remise, non pas au gouverneur de la banque mais au génial instigateur de l'opération, un certain Jao Melendez Gavial, celui-là même qui s'est dit que la meilleure manière de faire des faux billets indécelables était encore de les faire fabriquer par la même société qui fabrique les vrais. Il suffit, pour éviter tous les inconvénients inhérents à l'opération — achat de papier, engagement de spécialistes, secret des locaux, menaces de chantage, écoulement des faux billets —, de fabriquer un faux bon de commande et de le faire accepter par un vrai fabricant. Génial de simplicité !

Quelques jours plus tard, une vraie-fausse réponse fabriquée par Melendez Gavial part pour Londres. La première livraison de « nouveaux » billets de cinq cents escudos parvient à Porto. Personne n'a l'idée saugrenue de les surcharger d'une mention aussi incongrue que le mot « Angola ». Ils sont mis en circulation et sont, comme de juste, absolument indécelables. On envisage d'ailleurs de payer grâce à cet apport d'argent liquide les bons offices de Melton and Sons.

Cependant, au bout de quelques jours, le gouvernement portugais constate l'arrivée sur le marché de nombreuses nouvelles coupures de cinq cents escudos. On commence à examiner de près ce genre de billets quand ils parviennent dans les banques. Evidemment ils sont tous absolument authentiques, mais le jour où une banque de Porto, voisine de l' « Angola et Métropole », se retrouve avec, entre les mains, quatre billets strictement identiques et portant les mêmes numéros de série, la police est immédiatement alertée : M. Melton se voit contraint de donner des explications. Les ennuis commencent pour sa firme que le gouvernement portugais accuse, à juste titre, de négligence.

Pendant ce temps, au Portugal, on entreprend une vaste opération pour retirer de la circulation tous les billets de cinq cents pesos : tous ceux qui en possèdent quelques-uns dans leurs lessiveuses ou leurs bas de laine paniquent. Les forces de l'ordre sont obligées de charger la foule qui assaille les portes des banques. Tout finit par rentrer dans l'ordre mais le Portugal est passé bien près de la catastrophe économique.

Jao Melendez Gavial est arrêté et lourdement condamné. Il mourra trente ans plus tard sans le moindre escudo. Le brillant jeune homme hollandais, quant à lui, chéri des dieux, n'est condamné qu'à onze mois de prison et, réfugié en France, y terminera ses jours honoré de tous ses voisins et de sa concierge... portugaise.

Fille à papa

Etats-Unis, 1890. En ce beau jour de printemps 1890, une voiture noire s'arrête devant une somptueuse demeure de New York : à l'intérieur du véhicule Mme Fenwick, l'épouse du très connu docteur Leroy Fenwick, citoyen de Cleveland (Ohio). Elle est drapée dans un splendide manteau de fourrure, dont l'élégance est soulignée par un grand sac à main du même cuir que ses chaussures et ses gants. A ses côtés, M. Fitzgerald O'Connor, lui-même directeur d'une des plus importantes banques de Cleveland. La conversation animée s'interrompt et Mme Fenwick, tout en s'excusant, sort du véhicule dont la portière est ouverte par le chauffeur en livrée et casquette à galon doré.

Tandis que le véhicule stationne, la dame emmitouflée monte les marches de marbre qui conduisent au perron à colonnes « dans le style antique », colonnes qui donnent au bâtiment toute sa noblesse. Un huissier en uniforme l'introduit dans la superbe demeure et referme sur elle le lourd portail de bronze. Le banquier trompe son attente dans la voiture en fumant un gros cigare. Il réfléchit aux conséquences possibles de cette visite. La demeure patricienne devant laquelle il attend n'est autre que celle du milliardaire de l'industrie Andrew Carnegie, le magnat de l'acier qui consacre — le fait est bien connu — une importante partie de sa fortune à des œuvres sociales très variées. Mme Fenwick, la dame à fourrure, coqueluche de la société huppée de Cleveland, est selon la rumeur publique la fille naturelle du milliardaire. Après des années passées loin de son géniteur, elle vient renouer avec l'auteur de ses jours. Nul doute qu'il n'en sorte quelque affaire juteuse pour un banquier intelligent.

Au bout d'une vingtaine de minutes, la dame en fourrure ressort de la résidence de M. Carnegie. Elle est radieuse et tient à la main une large enveloppe en papier brun. Déjà le chauffeur tient ouverte la portière de la voiture où elle s'engouffre. Le banquier l'interroge du regard et elle lui donne toutes les nouvelles qu'il attend.

— Il a été parfait, un peu ému, mais pas très démonstratif, c'est notre sang écossais, vous comprenez. Nous avons parlé de ma mère qu'il n'a jamais oubliée. Ce fut un moment extraordinaire. J'aurais aimé vous le présenter mais, vous comprenez, il n'a pas voulu troubler ces retrouvailles par la présence d'une personne étrangère à la famille, si sympathique soit-elle. Mais ce n'est que partie remise, lors de ma prochaine visite...

Tandis que le véhicule démarre, Mme Fenwick, toujours aussi volubile, brandit la grosse enveloppe de papier brun et annonce :

— Pour essayer de rattraper toutes ces années où il est resté sans s'occuper de moi, il a ouvert son coffre et m'a remis, tenez-vous bien... des valeurs. Il y en a pour cinq millions de dollars... C'est un homme bien.

Le banquier acquiesce en jetant un regard concupiscent mais discret vers l'enveloppe cachetée. Il verrait bien ces valeurs prendre le chemin de son établissement mais, en homme du monde, il se garde bien de le suggérer. Etre en affaire avec la fille « naturelle » d'Andrew Carnegie ne peut être que bénéfique pour une banque...

Dès le lendemain, le Tout-Cleveland se met à frémir au récit de ces « retrouvailles » entre le milliardaire et la chair de sa chair. Le crédit de la charmante Mme Fenwick, hôtesse parfaite et parfaite femme du monde, grandit d'un cran. Ce conte de fées n'étonne personne : depuis longtemps toute la ville connaissait sa filiation et sa parfaite éducation était venue corroborer ses dires. Quelques jours plus tard, Mme Fenwick, lors d'un rendez-vous avec son banquier favori, lui remet la désormais fameuse enveloppe. D'un geste élégant, le banquier enferme l'enveloppe, toujours scellée, dans son coffre. Quelle chance d'avoir une cliente pareille !... Mme Fenwick ressort de la banque avec, entre les mains, un reçu en bonne et due forme affirmant qu'elle vient de déposer cinq millions de dollars dans un coffre.

Désormais Mme Fenwick, fille officieusement naturelle d'Andrew Carnegie, va utiliser son nouveau crédit, non seulement auprès du banquier détenteur des « cinq millions de dollars », mais auprès de nombreuses autres banques. Sa signature au bas d'un reçu vaut de l'or. Personne ne lui demande rien, elle emprunte à tout va. Deux millions de dollars accordés sans contrôle dans diverses villes de la côte Est lui sont prêtés. Elle mène la vie à grandes guides. Sa maison s'orne d'œuvres d'art, ses réceptions somptueuses font courir toute la bonne société... mais jamais on n'y voit Andrew Carnegie. Et pour cause...

En fait, Mme Fenwick, née en réalité Clarissa Wendell, ancienne prostituée d'origine canadienne, condamnée dès l'âge de vingt-deux ans à la prison pour divers mauvais procédés, échappe à son destin grâce à ses dons de comédienne qui lui permettent de jouer les « malades mentales ». Vingt ans plus tard hélas, mariée au naïf docteur Fenwick, affabulatrice hors pair, elle se révèle plus douée pour les contes merveilleux que pour la gestion de son patrimoine. Clarissa se lance de plus en plus dans des affaires qui tournent mal, se révèle incapable de rembourser les intérêts de ses emprunts. Un banquier moins candide que les autres porte plainte. On finit par ouvrir la fameuse enveloppe de papier brun : elle ne contient que des actions sans valeur. Une banque trop confiante fait faillite pour avoir trop prêté à la « fille de Carnegie » ; tous les déposants se retrouvent ruinés. Mme Fenwick, arrêtée, jugée, est condamnée à dix ans de prison.

Lors de son procès, Andrew Carnegie, étonné, vient témoigner : il n'a jamais vu la prévenue, elle n'est en aucune manière sa fille, ni légitime ni naturelle : en fait, pendant les vingt minutes qu'elle a passées à l'intérieur de sa magnifique demeure new-yorkaise, elle n'a vu personne à part le concierge qu'elle a étourdi de paroles. Quand elle est ressortie de l'immeuble, il lui a suffi d'extraire de son grand sac à main l'enveloppe de papier brun qui s'y trouvait depuis le départ et qu'elle avait elle-même remplie et scellée.

L'astucieuse Canadienne mourra derrière les barreaux deux ans après sa condamnation.

Arnaque à l'Élysée

France, 1979.

— Allô, la bijouterie Delmaux ? Ici la présidence de la République, M. Dumoulin des Aigrets, secrétaire particulier du président. Je vous appelle car le président, à l'occasion des fêtes de Noël, a l'intention de faire quelques cadeaux d'un certain prix à son épouse et à ses proches. Seriez-vous assez aimable pour faire porter différents modèles de rivières de diamants, de broches et de bracelets à la présidence ? Il suffira de les déposer à la conciergerie du Palais de l'Elysée, disons pour seize heures. Le temps que le président les examine et vous pourrez les récupérer, voyons, au plus tard vers dix-huit heures. Le président vous fera connaître son choix dès demain matin...

A l'autre bout du fil, le directeur commercial de la maison Delmaux acquiesce. Evidemment, il n'y a aucun problème. Le secrétaire particulier demande alors que le directeur commercial de la grande bijouterie de la place Vendôme veuille bien noter assez précisément la liste des bijoux que le président de la République envisagerait d'offrir à sa famille.

L'après-midi même, comme prévu, une voiture discrète arrive au Palais de l'Elysée et le chauffeur y dépose une douzaine d'écrins à l'intérieur desquels reposent diamants, émeraudes, rubis, saphirs et autres merveilles somptueusement mis en valeur par les mains d'artistes mondialement réputés. Les gardes républicains sont un peu étonnés mais le représentant de la maison Delmaux a tôt fait d'expliquer de quoi il s'agit. Des bijoux qui doivent être soumis à l'examen du président. Il s'agit de les mettre en lieu sûr. Un représentant de la bijouterie reviendra les prendre au moment opportun. C'est ce qui est fait.

Mais, une heure plus tard, un autre véhicule fait son apparition devant la conciergerie de l'Elysée. Un monsieur d'allure respectable, à moustache blanche, arborant une Légion d'honneur discrète, se présente :

— Je suis Louis-Armand Delmaux, le propriétaire de la bijouterie Delmaux que vous connaissez sans doute. D'ailleurs, voici mes papiers.

Et l'honorable gentleman tend aux gardes républicains qui se trouvent là un passeport qu'ils examinent avec attention. Le monsieur décoré poursuit, sans leur laisser le temps de lui demander ce qui l'amène :

— Le président voulait examiner, afin de choisir des cadeaux pour ses proches, quelques bijoux que mes employés vous ont apportés il y a une heure, mais, malheureusement, son secrétaire particulier vient de m'appeler pour me faire savoir qu'il n'a absolument pas le temps de faire ce choix aujourd'hui, je viens donc récupérer mes bijoux et on les représentera, je pense, d'ici un ou deux jours, quand le président sera un peu moins bousculé par les réunions. Si vous permettez, je vais reprendre mon bien.

Le chauffeur à casquette galonnée s'empresse de mettre les écrins, qui n'ont même pas été ouverts, dans le coffre du véhicule et le vieux monsieur distingué repart, vers une destination inconnue. Voilà l'escroquerie du siècle car, comme on s'en doute, l'appel de M. Dumoulin des Aigrets à la bijouterie Delmaux était entièrement faux, comme étaient faux les papiers présentés aux gardes en faction à l'Elysée : le soi-disant M. Delmaux, malgré les apparences, n'est qu'un repris de justice d'une audace et d'un sang-froid hors du commun.

Malheureusement pour les auteurs de ce coup sensationnel, ils commettent, au moment de la réalisation, une petite erreur : en transmettant, par téléphone, la liste des joyaux que le président de la République veut examiner pour les offrir à ses proches, ils forcent un peu la dose. Le directeur commercial de la maison Delmaux, dans un premier temps ravi de cette commande et de la publicité que pourra, discrètement, en tirer la maison, est soudain pris d'un doute. Plus la liste s'allonge et plus il se met à se poser des questions. En raccrochant, il comprend qu'on est en train de monter une arnaque, astucieuse il faut bien le reconnaître. Il prévient la police. La police contacte le secrétariat de la présidence : la réponse arrive, rapide, nette et précise. Jamais le président n'a eu l'intention de faire de tels achats.

C'est pourquoi, quand la maison Delmaux apporte, quelque temps plus tard, les écrins précieux à la conciergerie de l'Elysée, ceux-ci sont... absolument vides. Et quand le faux M. Delmaux se présente, une heure plus tard, pour les récupérer, on les lui remet sans difficulté car, à la conciergerie, tout le monde sait qu'ils ne contiennent rien. A quelques centaines de mètres de l'Elysée, des voitures banalisées de la police prennent le faux M. Delmaux et son chauffeur galonné en sandwich, les obligent à s'arrêter et les conduisent... au dépôt.

Avoir un bon copain

— Je me baigne, tu viens, Antoine ?

Nous sommes au mois de juin 1992 et, malgré la belle saison, le fond de l'air est frais dans les belles montagnes suisses. Antoine, assis au bord de la rivière, n'a pas l'air enchanté par la proposition de son copain Edouard. Mais celui-ci, tenté par la baignade, est déjà en train de quitter son pantalon. Il entre dans l'eau qui dévale, glacée, des montagnes helvétiques.

— You-hou ! crie joyeusement Edouard.

Antoine le regarde faire dans un silence plein de reproches.

Il faut dire qu'Edouard, comme on dit vulgairement, « a sa ration ». Conformément à son habitude, il vient de passer les dernières heures à avaler pêle-mêle fendant bien frais et bières à pleins verres. Il est déjà dans les vaps. Et Antoine, son bon copain, son ami, son associé, son patron, pas plus qu'à l'habitude n'a vraiment cherché à le retenir sur la pente de l'alcool. C'est un peu triste de voir un si gentil garçon, brave moustachu au visage sympathique, se laisser glisser sur la pente irréversible de l'alcoolisme chronique. Evidemment Edouard, ces derniers temps, a connu des malheurs. Un divorce, la séparation d'avec ses enfants, la perte de son emploi précédent. Il est, malgré la tendresse de sa mère et de sa sœur, réduit à vivre dans un foyer, sous le contrôle d'une assistante sociale qui gère le petit budget qu'il est bien incapable d'équilibrer...

Voilà ce que se dit Antoine en regardant Edouard dans l'eau traître et glacée. Edouard barbote. Le froid le saisit, n'importe quel témoin lucide verrait qu'il n'est pas en bonne posture... Antoine ne le voit pas. Ne veut pas le voir... Qui sait ce qui traverse l'esprit d'Antoine, le bon copain. Edouard a perdu conscience. A présent il flotte au fil du courant qui l'emporte, sur le ventre, la face immergée dans l'eau qui lui remplit les narines et, petit à petit, les poumons. Il a perdu connaissance. Antoine regarde le corps qui s'éloigne au fil de l'eau. Sans bouger.

Mais il y a de la chance pour les ivrognes, comme dit le proverbe : un peu plus loin sur la berge, deux jeunes Portugais en promenade contemplent l'eau nonchalante qui défile sous leurs yeux, symbole de la calme Helvétie. Soudain leurs regards sont attirés par ce qui ressemble au corps d'un noyé. Un policier passe par là. Les Portugais le préviennent. A eux trois ils parviennent à remonter le corps inerte sur la rive. Les deux jeunes lui font du bouche-à-bouche, lui vident les poumons. Edouard revient à lui, incapable de se souvenir de rien. Puis, quand il reprend conscience, il se rappelle qu'un peu plus haut en aval, son copain était avec lui, chargé de garder son pantalon. Quand il rejoint Antoine, toujours assis au même endroit, Edouard lui dit avec un léger reproche dans la voix, en reprenant sa respiration :

— T'allais quand même pas me laisser me noyer ?...

— Je croyais que tu déconnais, répond Antoine entre ses dents.

Allez donc savoir...

Edouard, malgré sa propension à boire plus que de raison, est un bon garçon. Pas rancunier. Et quand il a un ami, il lui fait entièrement confiance. Ça le perdra... De toute manière, quelques jours plus tard, l'esprit rongé par l'alcool, il oublie tout de l'incident.

Quelques jours plus tard, justement, Antoine emmène son employé pour un déplacement professionnel. La route est étroite ; entre des accotements pierreux et des ravins profonds, elle serpente dangereusement. D'autant plus dangereusement qu'Antoine semble très pressé. Il appuie sur le champignon comme s'il courait à un rendez-vous avec le diable. A ses côtés, Edouard, vaguement inquiet, se cramponne comme il peut au tableau de bord. Pourtant, il n'est qu'à demi conscient du danger. Il faut dire que, depuis ce matin, il a éclusé pas mal de verres de vin blanc et de bières. Périlleux mélange. A leur dernier arrêt qui semble d'ailleurs bien inutile, Edouard est tellement pris de boisson qu'il en louche. Ce détail permet à la patronne de l'auberge de constater l'état déplorable dans lequel ce client se trouve déjà. Une main toute raidie, il se parle à lui-même, frappant son « patron-copain » comme pour le punir d'une faute connue de lui seul. Antoine ne manque pas de déplorer à haute voix la soûlographie évidente et agressive de son « employé ». La patronne pourra en témoigner en temps utile.

Pour l'instant Antoine et son passager continuent de rouler à tombeau ouvert, c'est le cas de le dire, sur la route humide et en lacet. Soudain, dans un virage plus violent que les autres, la portière du côté d'Edouard s'ouvre d'un seul coup. Le voilà projeté dans la ravine. Antoine freine en catastrophe quelques mètres plus loin. Il arrive en courant. En contrebas, son copain gît dans la pierraille, le visage ensanglanté, le corps dans tous les sens. Pas de doute il est mort... Mais non, le mort remue un peu, il se relève, il se remet sur ses jambes. Salement touché mais rien de grave. Voilà Edouard qui escalade la pente abrupte et rejoint la route. De toute évidence il a besoin de soins et de pansements, mais il est bien vivant. Dans sa soûlographie il a été projeté dans la caillasse avec une souplesse due à l'inconscience. Il s'est reçu en douceur, avec toute la décontraction des pochards... Pas trop de bobos.

— Ben dis donc, fait Edouard d'une voix pâteuse à l'adresse d'Antoine, tu as bien failli me tuer.

Il ne croit pas si bien dire... Quelques heures plus tard, Edouard, une fois de plus, se révèle incapable de dire ce qui s'est passé exactement...

Les jours passent. Edouard continue à dépenser ses maigres ressources en boissons diverses, qui donnent de plus en plus de vague à son regard de bon chien. Antoine, quant à lui, continue à jouer les patrons bienveillants, à éblouir la galerie avec des projets faramineux : achat de restaurant, implantation d'entreprise. Avec quel argent ?

Aujourd'hui Antoine est parti seul pour la France. Il a un projet en tête. Edouard n'en saura pas plus. Muni des outils nécessaires à la réalisation de son idée, Antoine dirige ses pas vers le fort Kléber, un vieil ouvrage militaire datant de 1870 et depuis longtemps abandonné à la dégradation naturelle, repaire de tunnels et de galeries dangereuses qui ne peuvent même pas servir de refuge à des amoureux. Antoine franchit une porte de fer qui grince et pénètre dans une galerie voûtée. Il repère l'endroit qui lui convient, gratte le ciment, descelle une pierre ; pas n'importe laquelle : une clef de voûte qui maintient toute une partie de l'ouvrage. L'entrepreneur est un technicien et il prend garde de ne pas faire s'écrouler tout le plafond de la galerie. Il s'est muni d'une corde qu'il attache à la pierre de voûte presque complètement descellée. Puis il repart et contacte par téléphone son copain Edouard qui est resté en Suisse. Il faudrait que celui-ci le rejoigne d'urgence. Edouard informe sa mère de ce projet mystérieux de l'autre côté de la frontière. Mais l'assistante sociale chargée de gérer son budget lui refuse le prix du billet de chemin de fer pour rejoindre la France. Qu'importe, Edouard, débrouillard, s'arrange pour rejoindre Antoine non loin du fort.

Antoine propose joyeusement d'explorer les galeries qui sont, paraît-il, sensationnelles. Edouard ne comprend pas où cela doit les mener. Cela le mènera tout droit à la mort...

Quelques jours plus tard, un policier qui se promène près du fort constate qu'un nouvel éboulement semble avoir changé la physionomie de la construction. A tout hasard il s'approche d'un tas de pierres fraîchement tombées à terre. Entre les pierres apparaît un bras d'homme : celui d'Edouard. L'enquête conclut à l'accident. La victime, Dieu sait pour quelle raison, est, semble-t-il, venue se promener dans le fort. Une galerie s'est effondrée sous ses pieds, la précipitant dans le vide. Le pauvre garçon a été tué sur le coup par les tonnes de pierres qui l'ont enseveli... Bizarrement, il avait encore une cigarette entre les doigts.

En Suisse, Antoine affiche un désespoir touchant en apprenant la mort de son ami. Il monologue longuement, lors des funérailles, parlant au cercueil de son employé pendant plusieurs minutes. Il propose de participer à l'achat du monument funéraire de son copain. Puis plus rien, dans les jours qui suivent il est bizarrement absent lorsque la sœur d'Edouard s'inquiète de voir la couleur de son argent. Pourtant...

Pourtant Antoine devrait pouvoir se consoler assez facilement de la mort de son employé. Sans doute mû par un instinct formidable, en engageant le pauvre alcoolique, Antoine, patron prévoyant, a prévu de souscrire une assurance sur la tête du pauvre Edouard. Et c'est Antoine qui s'inscrit comme bénéficiaire. Normal puisque c'est lui qui paie les primes... D'ailleurs, récemment, il paraît qu'il avait de plus en plus de mal à les régler à temps. Si Edouard était mort quelques jours plus tard, l'assurance n'aurait rien payé. Bizarre. On enquête : rien à signaler. Antoine touche la valeur de un million de francs français comme premier acompte. L'assurance reconnaît lui devoir encore trois nouveaux millions une fois l'affaire classée. Il faut attendre...

Edouard est mort et enterré, Antoine continue à vivre. A attendre en essayant de jouir de l'existence. Un peu trop et un peu n'importe comment puisque, très rapidement, il se retrouve sous les verrous. Pour une affaire minable : le chef d'entreprise est accusé d'avoir infligé d'odieuses caresses à sa fille adoptive. En Suisse cela se nomme « atteinte à l'intégrité sexuelle ». En prison, rendu nerveux par la détention, Antoine se dit que l'argent de l'assurance viendrait à point nommé pour lui permettre de s'offrir les services d'un maître du barreau, pour lui permettre d'améliorer le confort de son séjour... Il exprime à grands cris son impatience de voir arriver les derniers trois millions de francs que lui doit l'assurance. Tout ce tapage finit par attirer l'attention d'un juge. Mais pas dans le sens souhaité par le « copain » d'Edouard. D'interrogatoires précis en questions insidieuses, l'enquête avance et les mailles du filet se resserrent.

Antoine finit par craquer, par avouer que depuis des mois, traîtreusement, il cherchait le moyen de se renflouer en touchant le capital de l'assurance-vie souscrite pour son « copain ». La première fois, en le voyant partir au fil de l'eau il n'a pas eu le courage de lui porter assistance. La seconde fois, en ayant trafiqué la fermeture de la portière, il a bien cru réussir à projeter Edouard dans une chute mortelle. La troisième fois, après avoir descellé la clef de voûte d'une galerie du fort, il a attendu que le pauvre Edouard soit arrivé au bon endroit et, tirant d'un coup sec sur la corde qu'il avait préparée, il a fait s'écrouler tout l'ouvrage sur sa malheureuse victime, morte sans avoir eu le temps de lâcher sa cigarette. Si l'odieux Antoine n'avait pas réclamé le restant de l'assurance avec tant d'énergie, il aurait sans doute accompli un crime parfait avec la précision d'une horlogerie suisse.

Un beau châssis

Etats-Unis, 1974. Nous sommes en pleine crise pétrolière et les belles voitures américaines se révèlent décidément bien trop voraces en ce qui concerne leur consommation d'essence. Tout devient trop cher et les économies d'énergie sont un devoir pour tout bon citoyen soucieux de protéger la balance commerciale américaine. C'est pourquoi, sur toute l'étendue du territoire, chacun, du simple ouvrier aux médias les plus puissants, se met à l'œuvre pour proposer les solutions les plus spectaculaires afin de résoudre la crise.

Une des voies de recherche les plus explorées est la mise au point d'automobiles révolutionnaires et économiques sur le plan du carburant. Ce soir, la chaîne de télévision la plus suivie présente un nouveau modèle, la Tyler, et la curiosité des producteurs de l'émission est d'autant plus émoustillée que ce tout nouveau véhicule, fonctionnant sur trois roues seulement, est l'œuvre d'une faible femme : Mme Loretta Walbergson, une blonde bien en chair, mère de cinq enfants.

L'émission est un franc succès : la Tyler, superbe châssis aérodynamique, intéresse le public, sa créatrice est d'ailleurs à la recherche de fonds pour mettre en chantier son œuvre car la Tyler, toute blanche et d'allure très confortable, n'est pour l'instant qu'un prototype. Loretta attend les actionnaires pour sa toute nouvelle société. Dès le lendemain les chèques affluent à son siège social qui porte un nom de cinéma : la United Art Motor Corporation. Bien des détenteurs d'économies amassées patiemment au cours des années sentent qu'il s'agit là d'un très bon placement : la Tyler, qui a fait un petit tour de démonstration sur les plateaux de télévision, permet une économie de soixante-quinze pour cent en ce qui concerne l'essence. La vitesse annoncée, bien qu'un peu plus modeste que celle des monstres produits jusque-là dans les ateliers de Detroit et d'ailleurs, reste encore très satisfaisante pour les autoroutes américaines où, comme on le sait, la vitesse est très étroitement surveillée. Pas de doute, la Tyler, dès qu'elle sera produite sur une grande échelle, va devenir le « must » pour beaucoup de foyers américains.

Dans les mois qui suivent, la pulpeuse Loretta passe beaucoup de temps à asseoir les bases financières qui vont lui permettre de mettre la Tyler sur les chaînes de montage. On parle beaucoup d'elle dans la rubrique financière, mais Loretta semble plus occupée à remplir des dossiers auprès de banques pour des emprunts importants qu'à mettre en marche ses chaînes de production. Des experts, délégués par des actionnaires qui s'impatientent, se penchent de plus près sur le fabuleux prototype présenté à la télévision : ils ont un petit haut-le-cœur en constatant que le « bolide » superbement carrossé est fait de bric et de broc. Si l'extérieur fait illusion, l'intérieur, bâti autour d'un moteur de tondeuse à gazon, est bien incapable d'atteindre, semble-t-il, les vitesses promises aux actionnaires. Il est constitué de bouts de ferraille astucieusement assemblés à l'aide de fil de fer et de portemanteaux ultralégers.

Faute de mieux, la Commission californienne qui surveille les emprunts rejette désormais toutes les demandes faites par la belle Loretta, au motif que ses dossiers sont « inhabituels ».

Sur leur lancée, d'autres experts, différents des premiers, s'intéressent à la vraie personnalité de la belle constructrice. On s'aperçoit en fait qu'elle aussi, à l'instar de sa Tyler, est pas mal « bidouillée » : Loretta Walbergson la forte femme se nomme en réalité Bergson — sans Wal. Pis encore, elle n'est pas la mère de cinq enfants mais elle en est le « père », car il s'agit en réalité de Denis R. Bergson, un jeune homme bien charpenté qui s'est mis en tête, à grands coups d'hormones et de permanentes, de changer de personnalité. Tout s'écroule et notre constructeurconstructrice a des ennuis avec la police, car on le recherche depuis quelque temps en Floride pour d'autres contrefaçons.

Le voici sur les bancs d'infamie de Californie où on le condamne pour vol et escroquerie en Bourse. Il ne se démonte pas et fait appel, mais il est à nouveau débouté. Au moment de purger sa peine, Loretta-Denis se volatilise.

Les années passent. Au bout de neuf ans, Loretta-Denis est à nouveau, bien involontairement cette fois, la vedette d'un nouveau type d'émission télévisée : il s'agit de ressortir de vieux dossiers d'affaires restées sans conclusions, de mystères non élucidés. Et voici toute l'Amérique profonde priée de faire appel à ses souvenirs, de saisir le téléphone et de prévenir la station de télévision du moindre soupçon qui pourrait permettre de retrouver l'habile contrefacteur disparu dans la nature. Les délateurs amateurs se bousculent au standard. Comme par hasard, c'est à Tyler, une ville du Texas, qu'on retrouve enfin, sous le nom de Gloria Louise Stemperly, notre Loretta-Denis, plus pulpeuse que jamais.

Arrêtée, elle prétend qu'elle a définitivement changé de sexe, mais on constate que, sous les apparences les plus convaincantes et les minijupes, Denis est toujours bien là. Et c'est dans la prison des hommes qu' « elle » va attendre, à partir de 1989, pour purger les vingt ans qui lui restent à tirer.

Trésor gallo-romain

France, 1946. Bayeux, pilonnée par les bombardements de la Seconde Guerre mondiale, est couverte de ruines. Des ouvriers déblaient le quartier historique, et se retrouvent au fond de certains cratères de bombes qui descendent jusqu'aux couches les plus anciennes du terrain, jusqu'aux fondations romaines de la cité. Depuis quelques jours un homme observe les travailleurs qui manient la pioche. Un jour, après les avoir regardés une fois de plus en train de fouiller les entrailles martyrisées de la ville, il s'approche de trois d'entre eux, Gaston Moreau, Félicien Le Bardy et Marcel Couloche.

Il les salue et expose le but de sa visite : il s'agit d'une affaire qui est sans risque et qui pourrait, s'ils sont d'accord, leur rapporter gros. Ce bourgeois bien habillé les entraîne dans un estaminet du quartier et dans un coin de la salle, loin des regards indiscrets, ce monsieur, Georges Moléon, explique ce qu'il attend des ouvriers. Il tient entre ses mains un collier formé de médailles romaines anciennes; en tout cas de médailles qui semblent anciennes, surtout pour les piocheurs, qui n'y connaissent vraiment rien.

Le soir même, les trois ouvriers se rendent chez un antiquaire célèbre et lui proposent le collier de médailles. Ils viennent, disent-ils, de le découvrir en déblayant un cratère de bombe. Ils lui proposent de l'acheter pour une somme très précise : sept cent mille francs tout rond. C'est une somme qui pourrait d'ailleurs se justifier si l'authenticité de la pièce était prouvée et si l'objet était offert dans une vente aux enchères.

Mais l'antiquaire, M. Jabloux, n'est pas né de la dernière pluie : ayant des doutes sérieux quant à l'authenticité et donc à l'ancienneté du superbe collier, il demande à examiner de plus près le bijou et il suggère à l'un des ouvriers qu'il connaît, Marcel Couloche, de rester avec lui pendant ce temps-là. Deux heures plus tard, après avoir payé plusieurs apéritifs à Couloche, M. Jabloux y voit plus clair. Il sait à présent comment les choses se sont passées et connaît la manière dont ils se sont retrouvés en possession du collier. Il comprend aussi pourquoi les « inventeurs » supposés du chef-d'œuvre antique ont des exigences si précises en ce qui concerne son prix de vente : sur la vente à sept cent mille francs, le fournisseur de médailles leur a promis une commission de dix pour cent.

M. Jabloux est heureux d'avoir eu le nez creux. Il reconnaît, à la description qui lui en est faite, l'homme qui est à la base de la manigance, il s'agit d'un amateur d'affaires louches, un certain Evroneau.

Couloche, l'ouvrier, se retire un peu déçu et, conformément aux instructions données par M. Jabloux, il rapporte le collier de médailles à ses deux camarades en déclarant que l'antiquaire ne le trouve pas assez intéressant pour le payer le prix demandé. Il ne leur reste plus qu'à le restituer à Evroneau, l'instigateur de l'opération.

Mais, au bout de quelques jours, l'histoire du bijou romain trouvé dans les excavations fait le tour de la ville. Il n'est plus question que de ça : la presse s'en mêle, les journalistes parisiens eux-mêmes rédigent des articles sur cette découverte miraculeuse. Le propriétaire du terrain, bien évidemment, apprend lui aussi la nouvelle. En tant que propriétaire, il a des droits sur la « découverte ».

Pour faire les choses dans les règles, il adresse aux trois manœuvres « inventeurs » une assignation sur papier timbré qui leur fait froid dans le dos. Du coup, les pauvres bougres se trouvent englués dans une affaire qui les dépasse : ils se précipitent chez Evroneau, qui leur a fourni le collier, et le supplient de régler cela au mieux. Comme ce dernier n'a pas l'air particulièrement ému, un des trois terrassiers sent la moutarde lui monter au nez et commence à secouer sérieusement l'organisateur de toute cette affaire.

Evroneau garde cependant son sang-froid. Il n'a même pas l'air de leur en vouloir pour la leçon qu'ils viennent de lui infliger. Dans les jours qui suivent, il récupère tous les articles de presse parus sur l'affaire et, muni du collier de médailles romaines, se rend à Paris. Là, il file directement chez un autre « homme d'affaires » de ses amis : justement celui-ci est en train de « monter » pour un richissime américain une collection d'œuvres d'art.

Evroneau lui propose fort logiquement de faire l'acquisition du collier pour le joindre à la nouvelle collection américaine, mais le courtier, lui aussi, a des doutes quant à l'authenticité de la pièce si miraculeusement revenue à la surface. Pour faire lever ces doutes, Evroneau ouvre alors son dossier et présente tous les articles de presse parus sur l'affaire, les photos des ouvriers devant les travaux, et... l'assignation lancée par le propriétaire du terrain pour récupérer une partie de la valeur du collier. Tout cela fait un très joli emballage et, faute d'être très convaincu lui-même, le courtier juge à présent l'achat suffisamment attrayant et pourvu de références écrites pour donner satisfaction à son collectionneur texan qui, depuis, exhibe fièrement dans ses vitrines cette pièce unique d'antiquité gallo-romaine, arrachée par les bombes aux entrailles de la terre normande.

Amis à l'ombre

Etats-Unis, mai 1993. Benny Windsurf, employé dans une société d'armement, est en prison pour sept mois. Son « complice », James Mulburough, est, quant à lui, condamné à neuf mois de la même peine infamante. On les a arrêtés sous les yeux de leurs femmes et de leurs enfants et ils sont sortis de leurs domiciles respectifs, les bras maintenus dans le dos par des menottes, comme de dangereux meurtriers. En prison, ils obtiennent pourtant le privilège de partager la même cellule. Pendant quelques mois. Quand ils sortiront, ils auront tout le temps de faire le bilan de leur inconduite, de payer leurs dettes monstrueuses et d'essayer de reconstruire un semblant de vie normale pour nourrir leurs femmes et leurs petits. Pourtant, au moment où on les incarcère après leur condamnation, une foule nombreuse monte la garde devant l'établissement pénitentiaire, brandissant des panneaux de protestation. On sent que ces deux condamnés ont la sympathie de beaucoup d'Américains. Souhaitons que de cette sympathie jaillisse une solution — travail, aide financière — pour les aider à retrouver dans la société une place très compromise...

Juillet 1990. Benny et James, accompagnés de leurs épouses respectives, partent pour une randonnée dans la montagne. Il fait beau et ils ont emporté de quoi faire un joyeux pique-nique auprès d'un frais torrent. Tout le monde est de bonne humeur et chacun échange des commentaires ironiques sur les qualités physiques des autres, sur leur embonpoint respectif qui dénote chez eux une plus grande capacité à se mettre à table qu'à battre des records sportifs. Les échanges fusent, les éclats de rire aussi. On avance vers le lieu choisi pour ouvrir les paniers et les boîtes de boissons gazeuses. On admire le paysage, on prend des photos, on discute de l'itinéraire, on examine la carte routière.

Un petit chemin semble offrir un intéressant raccourci vers le point en haut duquel on pourra admirer le panorama de toute la région. Sentier qui passe au flanc de la montagne. D'un côté la roche brute, de l'autre un ravin plein d'arbrisseaux et d'épineux. Tout le monde se met en file indienne. Ce n'est pas de l'alpinisme, inutile de s'encorder. Benny marche devant, c'est lui le plus expérimenté, qui connaît le mieux la région. Il y vient depuis sa tendre enfance.

Il se retourne pour donner un conseil à son ami James et aux épouses qui suivent avec circonspection. Mais, ce faisant, Benny pose son pied sur une roche branlante. Sous son poids le gros caillou roule, déséquilibrant le malheureux qui, sans un cri, bascule dans le ravin. Les trois autres ont poussé en même temps le même hurlement. La chute ne dure que quelques secondes.

— James ! James !

Benny et les deux femmes, penchés au-dessus du ravin, appellent en vain pendant de longues minutes. Aucune réponse. On n'aperçoit même plus le malheureux qui vient de tomber. Est-il encore vivant ? Il faut trouver un moyen de descendre à sa recherche.

Malgré les larmes des femmes, en faisant extrêmement attention, Benny parvient à se laisser glisser dans la ravine. Il continue d'appeler :

— James, tu m'entends ?

Et la descente continue, parmi les ronces et les branches inextricables. Enfin Benny perçoit une sorte de gémissement. Plus haut dans la pente, les deux femmes s'approchent avec d'infinies précautions. Il ne manquerait plus qu'une deuxième chute vienne compliquer les choses... Enfin Benny parvient près du corps de James : il est vivant car il grommelle des choses incompréhensibles. Bientôt Benny perçoit un embryon de phrase qui l'inquiète :

— Mon dos, j'ai mal, mes jambes...

Benny mesure la gravité de la situation en un instant. Pas de doute, James, s'il est vivant, est en mauvaise posture. Il a dû s'endommager la colonne vertébrale. Que faire ? Il faut remonter jusqu'au chemin et partir le plus vite possible pour chercher du secours : une équipe spécialisée munie de brancards qui puisse sortir James de là sans aggraver ses blessures. Déplacer un accidenté dont la colonne vertébrale est atteinte peut le condamner à la paralysie à vie... Les deux femmes sont enfin arrivées auprès du blessé. Il entrouvre les yeux tandis qu'elles le réconfortent et essuient son visage blême et trempé de sueur. Pendant qu'elles murmurent des paroles apaisantes, Benny remonte vers le chemin muletier. Il prend conscience de la hauteur de la chute de James : au moins dix mètres... Heureusement que la verdure a amorti le choc...

Tout en courant vers les secours, Benny réfléchit, tout particulièrement à une conversation qu'il a eue avec James, petit artisan, quelques jours auparavant. L'arrivée des secours, le transport à l'hôpital, l'opération, le séjour sans doute assez long, la rééducation : tout cela implique des frais énormes dans un pays sans sécurité sociale... James, quelques jours plus tôt, lui a confié, avec un soupir de regret, que ses moyens ne lui permettaient pas de souscrire une assurance personnelle pour couvrir les frais d'une maladie ou d'une opération...

Deux heures plus tard, quand l'ambulance pénètre sous le porche de l'hôpital, James, vaincu par la douleur lancinante, est retombé dans l'inconscience. Benny est à ses côtés, les deux femmes ont regagné leurs foyers respectifs pour s'occuper des enfants. Benny prend sa décision. Au service des admissions, quand on lui demande l'identité de l'accidenté, il annonce sans sourciller : « Benny Windsurf », c'est-à-dire sa propre identité ; il complète l'information en donnant son propre numéro de contrat d'assurances et le nom de sa compagnie... Tout est enregistré.

Dans les jours qui suivent, Janet Mulburough, mise au courant de la supercherie, vient rendre visite à son mari, James Mulburough, mais elle se présente sous le nom de « Mme Windsurf ». Personne n'y trouve à redire. James, quant à lui, au moment où il reprend connaissance et commence à revenir à la vie, a un moment de surprise en s'entendant interpeller du nom de son copain. Mais il est encore trop faible pour protester. Son épouse et Benny, venus lui rendre visite, le mettent au courant de cette « astuce ». James, trop heureux d'être encore en vie, préoccupé par les problèmes de « couverture sociale » dont il n'est que trop conscient, décide de se taire. En se promettant de payer sa dette morale à Benny à la prochaine occasion... Les jours, les semaines passent. L'assurance paie la facture. James, *alias* « Benny », quitte l'hôpital après une délicate opération mais le plus grave est passé. Il vit et il marchera bientôt normalement. Il entame sa rééducation. Ouf, on a eu chaud... La vie reprend son cours.

Mais, dans les profondeurs des bureaux d'assurances, les dossiers ne se ferment pas si aisément. On décide de contrôler au hasard, parmi tous les cas de remboursements effectués dans l'année, telle ou telle affaire, comme ça, sans idée préconçue. Justement, c'est l'accident de James-« Benny » qui fait l'objet d'un complément d'enquête. L'inspecteur se rend dans la fabrique d'armement et vérifie les périodes d'absences de Benny que, selon le dossier, on vient d'hospitaliser pour une coûteuse opération et de longues semaines d'immobilisation. Quelle n'est pas sa surprise quand on lui révèle que l' « accidenté » n'a pas manqué une seule journée de travail. Il y a là un mystère d'une opacité complète.

Bien évidemment une rapide enquête auprès des services hospitaliers apporte la réponse. Il y a eu substitution d'identité et l'assurance a dédommagé pour des frais engagés sur une personne qui n'était en aucune manière son assuré.

Dans le quart d'heure qui suit la découverte du pot aux roses, le gentil Benny qui n'a écouté que son bon cœur est licencié et se retrouve sur le pavé sans indemnité... Mais l'affaire continue et fait dès lors la une des journaux. Une si belle amitié est rare. Benny explique que, plusieurs fois, au cours du traitement de James, pris de remords, il a été tenté de tout avouer à sa compagnie d'assurances, de chercher avec eux un arrangement. Mais n'entrevoyant aucune solution, il a préféré laisser les choses suivre leur cours et s'en remettre à la bonté divine pour l'heureuse conclusion de son escroquerie due à l'amitié.

Après leur arrestation spectaculaire par les membres du F.B.I., les deux amis, l'instigateur Benny et le bénéficiaire James, complice par son silence, se voient infliger les peines que l'on sait, plus le remboursement des frais payés par la compagnie, plus l'équivalent de trois cent mille francs d'amende. Leurs ennuis commencent... Seule consolation : ils partagent la même cellule. Les autorités médicales, la bouche arrondie et la main sur le cœur, jurent leurs grands dieux que James, même sans être assuré, aurait été opéré de la même manière et tiré d'affaire. Au-dehors, des manifestants élargissent le débat et en profitent pour réclamer une réforme du système de protection sociale américain, protection dont trente-cinq millions de citoyens ne bénéficient pas encore. Ils défilent en proclamant : « La santé est un droit, pas un crime. » C'est ce qu'affirment Bill et Hillary Clinton eux aussi.

Un excellent système

Etats-Unis, 198... M. et Mme Campbell, de San Diego, en Californie, sont très contents : leur nouvelle villa est enfin installée et tout correspond à leurs souhaits les plus chers : le paysage est ravissant, les arbres qui entourent le bâtiment, la piscine dont ils rêvaient depuis longtemps sont là. Tout fonctionne à merveille, des petits oiseaux chantent dans le jardin, le chien et le chat sont à leur poste, les deux voitures dans le garage, les enfants sont inscrits à la bonne université, les affaires de M. Campbell marchent et tout est pour le mieux dans le meilleur des mondes.

Pourtant ce matin, en allumant le barbecue sur la terrasse, Richard Campbell a fait ce qu'il ne faut jamais faire : il a arrosé le foyer avec de l'alcool pour accélérer la combustion des braises et il a eu une peur bleue : une flamme géante s'est élevée depuis le barbecue jusqu'au balcon du premier étage et même quelques fleurs de la glycine ont été roussies. Mais, heureusement, rien de grave, ni pour les côtelettes, ni pour le maître-queue, ni pour la maison flambant neuve...

Cependant M. et Mme Campbell, après cet incident, sont un peu soucieux : ils réalisent soudain qu'il manque quelque chose à leur bonheur parfait. Aussitôt ils ouvrent l'annuaire téléphonique et notent soigneusement les noms de toutes les entreprises spécialisées dans la pose de systèmes de sécurité anti-incendie.

Dans les jours qui suivent, différents représentants de ces entreprises se présentent dans la maison de rêve des Campbell et, mètre en main, arpentent toutes les pièces, de la cave au grenier, en expliquant comment ils envisagent le système de sécurité qui, en cas d'incendie, doit se déclencher automatiquement et, à partir de têtes d'extincteur fixées au plafond de chacune des pièces, arroser tout l'intérieur de chaque chambre et éteindre en quelques minutes tout début de feu, quel qu'il soit.

Bien sûr, si une telle éventualité se présentait, il faudrait faire sécher un certain nombre d'objets et de meubles, mais le soleil de Californie en serait vite venu à bout. Un aspirateur à eau remettrait la moquette en état.

Parmi tous les devis que leur présentent les entreprises consultées, l'un est particulièrement tentant. Plus détaillé, expliquant en long et en large les techniques qui seront utilisées et, élément important, relativement moins onéreux que les concurrents. M. Campbell donne son accord à cette entreprise, la société Hutchinson and Co. Il verse un acompte et, dans les quarante-huit heures qui suivent, les travaux commencent. M. Hutchinson a suggéré que ces travaux soient exécutés en l'absence des propriétaires pour réduire au maximum les inconvénients qu'ils auraient à supporter : rien de très agréable en effet d'entendre toute la journée des coups de marteau, des bruits de perceuse et d'avoir à subir tout le désordre inévitable.

De toute manière les Campbell travaillent tous les deux et ils sont ravis de savoir que chaque soir en rentrant, ils retrouvent leur maison dans un état impeccable : c'est M. Hutchinson qui le garantit. D'ailleurs, des voisins des Campbell qui ont, eux aussi, fait appel aux services de la Hutchinson and Co se déclarent ravis des manières de cette société. Ils invitent même les Campbell à venir chez eux pour prendre un verre et admirer leur propre système de sécurité. C'est ce que font M. et Mme Campbell qui rentrent chez eux enchantés de ce qu'ils ont vu. L'installation a l'air vraiment formidable et, une fois couchés, ils éclatent de rire : ils ont eu tous les deux la même idée saugrenue : ils ont eu envie de demander à ces voisins charmants... de faire une démonstration du fonctionnement.

Mais bien évidemment cette idée baroque est restée à l'état de gag. On ne demande pas à des voisins d'inonder leur living-room pour « faire voir comment ça marche ».

Quelques jours plus tard, les travaux terminés, les Campbell signent le bon de réception et règlent le solde de la somme qu'ils doivent à la Hutchinson and Co. Ils donnent à leur tour un cocktail pour inviter les voisins (ceux qui sont équipés et ceux qui ne le sont pas encore) pour faire admirer leur toute nouvelle installation. Les prises d'eau extérieures, les têtes d'arrosage fixées au plafond, les détecteurs de fumée, le tableau de commande situé dans un endroit stratégique.

— Ne touchez pas, malheureux, vous allez inonder toute la maison !

Car, cette fois-ci, un petit rigolo a suggéré qu'on procède à une démonstration. Toute la compagnie trouve la plaisanterie excellente.

— Et en plus, rendez-vous compte, le tout pour cinq mille dollars seulement...

A cette occasion la société Hutchinson est sollicitée par de nouveaux clients potentiels qui ont soigneusement noté ses coordonnées.

Malheureusement pour les Campbell et pour tous les clients de la société Hutchinson and Co, le petit rigolo de service aurait dû insister pour faire une démonstration du système de sécurité anti-incendie : un incendie, un triste jour, finit par se déclarer chez les Campbell et leur maison de rêve fut réduite en cendres. On s'aperçut alors que tout était factice, les arrivées d'eau, les arroseurs installés au plafond, le tableau de commande ultrasensible et les détecteurs de fumée.

L'astucieux M. Hutchinson s'était dit, avec juste raison, que les acheteurs de systèmes d'extinction d'incendie intégrés n'avaient jamais, au grand jamais, l'idée de voir si ça marchait. Il finit par être arrêté et passa quelques années derrière les barreaux.

Une affaire à saisir

France, 1950. Rémy Le Sidaner, un jeune homme très comme il faut, après avoir économisé toute l'année, part à l'occasion de ses vacances d'été visiter Rome. Mais là, au bout de quelques jours, il s'ennuie. Pas d'aventures féminines, pas d'incident, tout est trop parfait, le soleil brille trop, il n'a même pas de problème de langue car il parle couramment l'italien et, de plus, tout le monde ici, jusqu'aux mendiants, semble parler français.

Soudain, au détour d'une colonne antique, Rémy est abordé par un bel officier qui lui adresse la parole en anglais et lui explique, avec une certaine difficulté et avec un accent très ensoleillé, tout d'abord qu'il est pilote d'une compagnie d'aviation brésilienne, ensuite qu'il ne parle pas du tout l'italien et enfin qu'il cherche quelqu'un qui puisse lui servir d'interprète car il a une affaire très urgente à régler ce jour même avant de rentrer à Rio.

Bientôt Rémy et le pilote brésilien sont attablés devant des verres de vin doux et le pilote donne des détails sur cette affaire si urgente : il arrive de Suisse où il s'est rendu acquéreur, dans des conditions très intéressantes, de tout un lot de montres superbes. Le vendeur lui a affirmé, garanti, assuré, qu'il pourrait, dans la Rome de l'après-guerre, revendre tout le lot avec un important bénéfice. Mais voilà le hic : il ne lui reste que quelques heures avant son vol et le fait qu'il ne parle pas du tout l'italien le handicape considérablement dans cette ville et pour ce genre d'affaire où, il s'en rend bien compte, il n'arrivera à ses fins qu'en marchandant à mort.

La question de confiance est posée : Rémy veut-il se charger de faire l'interprète dans une éventuelle négociation ? Le Brésilien lui offre une commission sur le produit de la vente. Rémy sent que l'aventure (et la bonne affaire) est à la portée de sa main. Enfin quelque chose qui le sortira de la routine. Il hésite. Mais le destin lui fait aussitôt un signe. Un Italien, à la table voisine, voit les montres qui s'étalent en chapelet sur la table, ses yeux noirs deviennent luisants de plaisir. Soudain il se lève et s'approche. En s'excusant il s'informe :

— Ces montres seraient-elles à vendre par hasard ?

— Bien sûr !

Et Rémy, entre l'anglais et l'italien, assure la traduction simultanée. Le prix de vente des montres ? Le Brésilien affirme qu'il les a payées deux cents francs suisses chacune et qu'il veut au moins rentrer dans ses fonds : il en a soixante à vendre. L'Italien prend l'air navré.

— Deux cents francs pièce ! *Mamma mia* ! (Croit-il que Rome est peuplé de Rothschild ?)

On finit par tomber d'accord mais l'Italien, qui choisit onze montres, n'a pas l'argent sur lui (bien sûr, il ne s'attendait pas à faire cette transaction !). Le Brésilien est trop pressé pour attendre qu'il aille chez lui et revienne avec la somme globale. Une seule solution : trouver un bailleur de fonds qui dispose de la somme globale immédiatement. Rémy semble tout indiqué. Il fouille ses poches et trouve, en lires, en francs et en dollars, juste la somme.

Le Brésilien, ravi de voir les choses prendre forme, empoche l'argent, moins la commission de son interprète, lui offre une montre et, sautant dans un taxi, s'éloigne en agitant la main par la portière. Maintenant, il ne reste plus qu'à prendre un second taxi pour accompagner l'Italien chez lui et récupérer l'argent : c'est ce que fait Rémy, qui, pendant tout le voyage, contemple avec jubilation la splendide montre dorée qui tictaque joyeusement à son poignet, avec l'accent suisse, lui semble-t-il. Mais déjà le taxi s'arrête devant un *palazzo* qui, il y a deux cents ans, devait avoir fière allure.

L'Italien s'excuse : il ne fait pas monter Rémy chez lui car sa mégère d'épouse déteste qu'il amène à l'improviste des visiteurs susceptibles de la surprendre en pleins travaux ménagers. Le temps de grimper l'escalier (il fait confiance à Rémy qui garde les montres dans sa poche) et il redescend avec les milliers de lires qu'il doit remettre à l'obligeant traducteur français. Que celui-ci veuille bien patienter quelques instants.

Mais, au bout de plus de trois quarts d'heure, il n'est toujours pas redescendu. Rémy, accompagné du chauffeur de taxi, pénètre à son tour dans le *palazzo* pour s'informer de l'étage où peut habiter l'inconnu. Plus qu'inconnu puisque personne dans l'immeuble ne le connaît. C'est d'autant plus inquiétant que Rémy s'aperçoit qu'il s'agit d'un immeuble à deux entrées débouchant sur deux rues parallèles. Il comprend que le faux pilote brésilien et le faux acheteur se sont joués de lui. Il finit par payer le taxi avec la monnaie qui reste au fond de ses poches. Le chauffeur le remercie d'un air narquois au moment du pourboire.

Force lui est d'admettre que l'acheteur des « montres suisses »... c'est lui. En les comptant bien, il s'aperçoit d'ailleurs qu'il en manque une. Le voilà donc dépouillé d'une jolie somme mais propriétaire de quelques joyaux de l'orfèvrerie suisse. Et bien incapable de les revendre à Rome. Il écourte son séjour et rentre en France. Le passage à la douane lui fait arborer successivement sur le front toutes les couleurs de l'arc-en-ciel mais, heureusement, le ciel est avec lui, personne ne fouille la valise qui contient les produits suisses qu'il se garde bien de déclarer.

Une fois rentré chez lui, il utilise son stock pour toutes les fêtes carillonnées, offre des montres suisses à ses sœurs, à sa mère, à toute la famille. Au bout de quelques semaines, toutes les montres tombent en panne et aucun horloger français n'accepte de réparer cette camelote qui n'a de suisse que l'étiquette collée sur le bracelet.

Une veuve belge

Liège, 1960. Maxence Goethenfeld est au soir de sa vie. Doublement car, d'une part, il est à la retraite après toute une existence consacrée à l'armée belge, d'autre part il a de gros ennuis de santé. Ce soir, Maxence et Philippine, son épouse, reçoivent leur ami de toujours, Florian, une force de la nature, qui les connaît depuis de nombreuses années. L'atmosphère, bien que chaleureuse, n'est pas à l'euphorie et l'anxiété creuse les traits du couple Goethenfeld. Mais comme ils n'ont aucun secret pour Florian, ils lui avouent sans aucune retenue l'objet de leur angoisse. Après un examen de santé complet concernant Maxence, ils viennent de recevoir ce soir même des nouvelles, de très mauvaises nouvelles en vérité puisque les médecins ne laissent plus que quelques mois à vivre, dans le meilleur des cas, à ce pauvre Maxence.

Philippine se voit déjà veuve et elle n'arrête pas de renifler tout en tamponnant ses yeux rougis de larmes. Maxence, résigné depuis longtemps à quitter ce bas monde, prendrait les choses avec philosophie mais une chose l'inquiète : que va devenir son épouse après sa disparition ? Ce n'est pas sa demi-pension qui pourrait lui permettre de continuer à vivre de la même manière... Que faire ? Que faire en vérité ?

Soudain Florian prend la parole. Quelques minutes plus tard, l'atmosphère est plus détendue. Maxence arbore un pauvre sourire, Philippine arrête de pleurer. Ils ont trouvé une solution qui les console un peu du malheur désormais inévitable. Les jours passent...

Quelques mois plus tard Philippine conduit son cher époux jusqu'à sa dernière demeure. Malheureusement pour eux, les prédictions des spécialistes se sont révélées tristement exactes. Maxence n'a pas pu résister aux ravages du cancer qui lentement le rongeait. Aujourd'hui il n'est plus. Sur le chemin du cimetière, Florian, l'ami fidèle, soutient la veuve de son bras robuste. Une fois rentrée dans son foyer désormais bien vide, Philippine prend les mesures qui s'imposent. Elle remplit des papiers à l'intention de plusieurs compagnies d'assurances et, quelques semaines plus tard, elle a la satisfaction, à défaut de consolation, de voir virer sur son compte en banque les capitaux des assurances auxquelles Maxence, quelques mois plus tôt, a souscrit.

Il a bien fait les choses, le pauvre officier en retraite rongé par son mal. Plusieurs compagnies françaises et belges versent les sommes promises en cas de décès. Et aucune n'a exigé de « surprime » pour compenser les risques dus à l'état de santé du défunt. Philippine est si contente de son sort qu'elle s'offre une voiture toute neuve.

Pourtant, tous les capitaux prévus ne parviennent pas en même temps au compte en banque de la veuve. Une compagnie, française, épluche soigneusement le dossier pour voir s'il n'y aurait pas quelque détail malencontreux (pour la bénéficiaire) qui éviterait de procéder à ce versement de rente tant redouté des compagnies d'assurances.

En examinant le dossier du souscripteur, par ailleurs désigné comme « officier en retraite » par sa veuve, on conçoit une suspicion légitime : au moment de remplir le formulaire qui accompagne le rapport de visite médicale, on s'aperçoit que Maxence, par une étourderie surprenante, s'est déclaré « horloger ». Bizarre, vraiment bizarre...

On enquête, on compare, on découvre que le défunt était, à la date de souscription du contrat, dans un état de santé plus que déplorable. Pourtant, lors de la visite, il n'est rien apparu, pas plus sur les radios pulmonaires que sur les examens, analyses de sang, prises de tension et autres investigations.

La suite de l'histoire est facile à deviner. C'était là l'idée de Florian, l'ami fidèle, si inquiet de l'avenir de la future veuve.

C'est lui qui, pour la signature des contrats, s'est soumis, en lieu et place de Maxence, aux examens médicaux. Sa robuste constitution et son aplomb ont fait le reste. Hélas, dans un moment d'inattention, il a inscrit « horloger », un de ses anciens métiers, sur la ligne prévue dans le questionnaire...

Lui et la veuve sont à nouveau aujourd'hui en liberté après quelques mois passés « sur la paille humide des cachots ». Il a fallu rendre les capitaux indûment encaissés.

Une grande famille

Etats-Unis, 1919. Dans les années 1920, aux Etats-Unis d'Amérique, de nombreuses familles portent les mêmes noms, d'origine allemande, italienne ou britannique, irlandaise ou écossaise. Noms méconnus ou célèbres, parentés éloignées ou imaginaires. En 1919, la presse fait part de la création d'une association qui a l'intention de regrouper toutes les personnes portant le nom de Drake, comme l'illustre corsaire qui, en sillonnant les mers pour le compte d'Elizabeth Ire, la reine vierge, trois cent cinquante ans plus tôt sur l'Atlantique, arraisonnait les galions espagnols qui revenaient des Amériques, tout chargés de l'or des Incas et des émeraudes de Colombie. Tout le monde sait, ou croit savoir, que Francis Drake, favori de la reine, mourut en août 1595 mais que, son testament mentionnant sa passion coupable pour la reine, celle-ci intervint pour que le document ne fût pas officiellement enregistré sur le *Grand Livre des Héritages*, où chacun pourrait, sans cela, le consulter.

Un certain Norman Wheelock, demeurant à Londres, conscient de ce fait, se met en tête de faire connaître à chacun des Drake américains que, faute d'avoir été dûment enregistré, l'héritage de sir Francis Drake n'a jamais été remis à ses héritiers légitimes. Quelque part, enfoui dans les entrailles d'une banque anglaise, ces valeurs, pierres précieuses et autres joyaux d'orfèvrerie attendent depuis plus de trois siècles que des héritiers se manifestent.

Il est évident qu'aucun des Drake actuels n'est plus en mesure, à lui seul, de faire valoir ses droits mais, en fondant une association, on doit pouvoir payer les services des avocats, chartistes, archivistes et autres spécialistes susceptibles de faire valoir des droits sur ce fabuleux trésor.

Appliquant une méthode qui, quelques décennies plus tard, fera ses preuves dans le domaine commercial et même en Europe, Wheelock fonde une association, celle des « héritiers de Drake ». Pour en faire partie, il suffit de verser une contribution. Mais, bien évidemment, le nombre des Drake américains a ses limites. Pour augmenter la force du club des héritiers, Wheelock élargit son association à toutes les personnes de bonne volonté : pour être qualifié de « bonne volonté », il suffit de verser sa cotisation. Moyennant quoi le président Wheelock promet un « important » pourcentage du fabuleux héritage lorsque sera venue l'heure du partage.

Pour recueillir les cotisations des candidats à l'héritage, Wheelock engage des collecteurs qui, comme de vulgaires commis voyageurs, parcourent tout le territoire des Etats-Unis. Chacun d'eux, pendant plusieurs années, expédie chaque semaine deux mille cinq cents dollars à l'adresse londonienne de Wheelock. Celui-ci, en échange, entretient la flamme de l'association grâce à une revue qui tient tout le monde au courant... de l'histoire de Drake.

Pour rester parfaitement dans la légalité, Wheelock interdit à ses « VRP » d'utiliser les services de la poste. Toute correspondance et tout envoi de fonds doivent se faire par télégramme et par câble international. Mais, hélas pour lui, plus il étoffe son réseau, moins il garde le contrôle sur ses démarcheurs. Certains de ceux-ci enfreignent les consignes et c'est la poste britannique qui porte plainte. Sept des représentants de Wheelock sont inculpés de fraude postale. L'indélicat personnage qui, depuis des années, vit grâce aux cotisations sur un grand pied est, lui aussi, arrêté pour escroquerie et extradé aux Etats-Unis. Il est condamné à dix ans de prison. Il fait alors appel tandis que les membres de l'association continuent de croire à leur rêve.

Libéré sous caution, Wheelock ne peut s'empêcher, pour garder sa crédibilité, de continuer son action. Récidiviste, il est à nouveau remis sous les verrous et mourra en prison sept ans plus tard. Même après sa disparition, les Drake et leurs associés continuent d'y croire et espèrent encore.

Il serait temps pourtant qu'on leur précise plusieurs choses : le testament de sir Francis Drake n'a jamais posé aucun problème à Elizabeth Ire qui en avait vu d'autres. Il a légitimement été enregistré en son temps. De toute manière, pour avoir le droit à hériter de ses trésors fabuleux il aurait fallu que les héritiers se fassent connaître avant le mois d'août 1625...

Rivière de diamants

Paris, 1939. Ce matin d'été, une jeune femme très élégante, discrète, racée, entre chez un très grand bijoutier parisien, appelons-le la « maison Crussol ». Rien qu'à son allure on sent qu'il s'agit d'une bourgeoise du meilleur monde. Aussitôt, le directeur de cette grande bijouterie s'empresse et s'inquiète de ce qui l'amène. La jeune femme se présente avec simplicité :

— Je suis Mme Rosel, l'épouse du professeur Alexandre Rosel.

Le directeur connaît, comme de bien entendu, le nom de ce grand spécialiste des maladies nerveuses doublé d'un chirurgien hors pair.

— Nous allons très bientôt fêter nos dix ans de mariage, poursuit la dame, et mon époux a décidé de m'offrir une rivière de diamants à cette occasion, mais comme il veut absolument que ce bijou me plaise, il préfère que je vienne le choisir moi-même chez vous. Je n'ai d'ailleurs pas à m'inquiéter du prix, mais bien sûr je ne tiens pas à ruiner mon époux.

Fernand Crussol, le bijoutier, sourit de plus belle et déjà un employé apporte quelques plateaux de velours sur lesquels quelques splendides parures lancent des feux éblouissants.

Au bout d'une heure la jeune femme a fait son choix et, discrètement, s'est informée du prix approximatif de la parure choisie. Fernand Crussol la félicite pour son choix et lui promet qu'elle portera ce joyau pendant des années. La jeune femme précise alors la suite de l'opération :

— Avant de conclure définitivement cet achat, vous comprendrez que je veuille l'accord de mon époux. Il faut absolument que cette parure soit à son goût. Je vous suggère de venir la lui présenter chez nous, dans les jours qui viennent. Je vous téléphonerai pour vous préciser l'heure.

Et elle sort de la boutique accompagnée par M. Crussol qui, en s'inclinant pour la saluer, la voit monter dans une splendide voiture conduite par un chauffeur en livrée blanche.

Quelques heures plus tard, la même jeune femme se fait annoncer auprès du professeur Rosel qui la reçoit à son cabinet. Il est tout de suite séduit par cette élégante créature qui, de toute évidence, évolue dans un milieu où tout est d'un goût exquis : sa toilette, son parfum, ses bijoux, son chapeau, ses accessoires, tout est parfait. Elle explique le but de sa visite :

— Je suis, dit-elle, l'épouse de Fernand Crussol, le bijoutier que vous connaissez sans doute. Je suis inquiète pour la santé nerveuse de mon époux. Nous sommes mariés depuis plusieurs années, mais je constate que ses affaires deviennent pour lui une véritable obsession qui déborde sur notre vie personnelle et privée. Jour et nuit, il me parle des achats et des ventes qu'il a faits, qu'il veut faire, qu'il rêve de faire. Même nos amis les plus intimes commencent à nous bouder car, dans les réunions les plus détendues, mon époux les sollicite continuellement pour qu'ils achètent de nouveaux bijoux. La situation est extrêmement gênante. Auriez-vous, ajoute l'élégante visiteuse, les larmes aux yeux, la bonté de rencontrer mon mari dans les prochains jours pour voir si son état justifierait d'un traitement quelconque ?

Le professeur Rosel consulte son agenda et fixe un rendez-vous pour le surlendemain, délai exceptionnel que justifient la personnalité du bijoutier et le charme de son épouse. Celle-ci prend aussitôt congé en remerciant chaleureusement.

— Ne vous étonnez pas, confie-t-elle, si mon époux vous propose d'acheter quelque bijou, c'est, je vous l'ai dit, son obsession actuelle, faites semblant d'entrer dans son jeu. D'ailleurs, si vous n'y voyez pas d'inconvénient, j'attendrai mon époux dans votre salon d'attente, cela le tranquillisera un peu de me voir ici, mais je vous laisserai en tête à tête avec lui.

Le professeur Rosel trouve l'idée excellente.

Quelques instants plus tard, Fernand Crussol reçoit de sa « cliente » un appel téléphonique lui fixant rendez-vous chez le professeur Rosel deux jours plus tard.

— Je serai là, précise-t-elle avec un rire en cascade. Je compte sur vous.

Lorsque Fernand Crussol se présente chez le professeur Rosel à la date et à l'heure fixée, il est introduit dans le salon d'attente et y trouve sa jolie visiteuse qui l'accueille avec chaleur. Elle s'inquiète de savoir s'il a bien apporté la parure qu'elle convoite et Crussol s'empresse de sortir le bijou d'un étui de velours et de le lui montrer. La jeune femme saute presque de joie :

— J'espère que cela va lui plaire. Tenez, ajoute-t-elle, j'ai une idée : pour le convaincre plus facilement, je devrais lui montrer l'effet que cette rivière produira quand je la porterai avec une robe du soir. Je vous demande une minute pour me changer et je vous rejoins. Vous n'aurez ainsi aucune difficulté à emporter sa décision.

Et elle sort du salon en emportant... la rivière.

Quelques instants plus tard, Crussol est introduit dans le cabinet de Rosel et, après des présentations mutuelles, la conversation s'engage. Crussol félicite Rosel sur l'achat qu'il va faire et celui-ci, bien que prévenu, s'étonne un peu, mais il ne demande pas immédiatement d'explication, croyant qu'il s'agit d'une lubie de Crussol.

Au bout de quelques instants, pourtant, Crussol mentionne « Mme Rosel » au moment même où Rosel parle de « Mme Crussol ». Effarement mutuel car les deux hommes s'aperçoivent qu'ils ne sont ni l'un ni l'autre mariés. Ils s'expliquent enfin. Crussol, apoplectique, comprend qu'il a confié sa rivière à une parfaite inconnue. L'assistant du professeur, appelé, annonce en effet que la jeune femme, une soi-disant Mme Crussol qui attendait son mari dans la salle d'attente pour son rendez-vous avec le professeur, est partie depuis une bonne demi-heure sans indiquer, on s'en doute, sa destination.

Dans les jours qui suivent, Crussol porte plainte contre le professeur Rosel, qu'il accuse de complicité et qui aura quelque difficulté à faire la preuve de son innocence.

Mon beau bateau fantôme

Angleterre, 1880. R. W. Taylor, premier lord de l'Amirauté britannique, est l'heureux propriétaire d'un yacht d'une rare élégance. Bien que la coque du navire soit en fer et qu'il fonctionne à la vapeur, le bâtiment, avec sa cheminée élancée et ses cuivres, a fière allure. Il sillonne, pour la plus grande satisfaction de son propriétaire, les côtes de l'Europe et visite les ports ensoleillés de la Méditerranée. Jusqu'au moment où R. W. Taylor se décide à s'en défaire ; le navire, rebaptisé *Dragon*, devient alors la propriété d'une compagnie de chemin de fer qui décide de l'utiliser désormais pour le transport de marchandises. Mais il a toujours fière allure.

Pour l'instant, le *Dragon* attend calmement, dans un bassin de Liverpool, qu'on le charge et qu'on lui trouve un capitaine. C'est à ce moment qu'un bel homme se présente dans les bureaux de la compagnie qui vient d'en faire l'acquisition. Cet homme porte, comme par hasard, le même patronyme que l'ancien propriétaire : il se nomme Joseph H. Taylor et il précise qu'il est précisément le cousin éloigné du premier lord de l'Amirauté. Il a par ailleurs d'excellentes références et brigue le poste de commandant du *Dragon* qu'il connaît de longue date pour avoir souvent, dit-il, voyagé à son bord. On lui confie sans difficulté le poste.

Quelques jours plus tard, le commandant Taylor annonce qu'il se met en route. Pourtant, lui fait remarquer le capitaine d'armement, l'équipage est loin d'être au complet. Taylor annonce qu'il le complétera à Glasgow et le *Dragon* s'éloigne.

A Glasgow où il séjourne quelques jours, Taylor, complète effectivement son équipage. Puis il part à nouveau, pour Cardiff cette fois-ci. Nouveau petit séjour. Et nouveau départ. Au pilote qui l'aide à sortir du port, Taylor annonce qu'il conduit le *Dragon* à Marseille. « Bon voyage et bonne route. » Quelques jours plus tard, on signale le passage du *Dragon* à Gibraltar. Mais on l'attend en vain à Marseille.

Enquête est faite par les armateurs dans tous les ports d'Espagne et d'Afrique du Nord, interrogatoires d'autres capitaines. Rien n'y fait : pas la moindre trace ; il faut bien, au grand dam des propriétaires, arriver à la conclusion que le *Dragon* a fait naufrage. Pourtant, aucune tempête en Méditerranée n'est signalée. Excès de chargement ? Explosion de la chaudière ? Mystère complet.

Au printemps de 1881, un officier de police du port de Sydney, nommé Waterfort, alerte ses supérieurs. Il vient de remarquer dans le port un vapeur portant le nom de *Cynthia*. Ce navire attire l'attention de Waterfort car ce dernier, qui a lu tous les comptes rendus de la disparition du *Dragon* en Méditerranée, est frappé par l'étrange ressemblance entre le *Dragon* et le *Cynthia*. Il se heurte au scepticisme des officiers du port, mais Waterfort insiste. Il affirme que les marins du *Cynthia* ont une attitude bizarre. Waterfort demande à ce qu'on vérifie l'existence légale du *Cynthia*. Au bout d'une semaine les événements se précisent : le *Cynthia* n'existe nulle part au monde. S'agit-il d'une affaire de piraterie ? de contrebande ?

On effectue une visite de contrôle du *Cynthia* dont le capitaine, un nommé Garrett, s'étonne un peu. Simple routine. Le *Cynthia* est censé arriver de Belém, au Brésil, avec un chargement de café. On remarque à bord, dans les papiers, un code bizarre et partant suspect et on subodore un mystère, malgré la tenue parfaite du livre de bord, signalant toutes les routes suivies et tous les ports d'escale. Entre les pages de ce livre de bord, l'officier qui mène l'inspection découvre pourtant un reçu signé par un matelot pour un prêt d'argent : ce prêt a été, selon ce papier, effectué à bord d'un navire disparu... le *Dragon*.

Garrett, *alias* Taylor, qui s'appelle en réalité Dumfrey, n'a plus qu'à passer aux aveux. Jusqu'à Gibraltar son histoire est connue de tous. C'est là que le faux Taylor ordonne au timonier de changer de route et, laissant Marseille au nord-est, de filer droit à l'est. Il rassemble alors l'équipage et leur tient ce langage :

— Depuis que nous naviguons, je vous observe et je suis très satisfait de votre travail. Je sais que vos soldes sont plus que modestes, mais, si vous êtes d'accord avec moi, vous allez gagner énormément d'argent. J'ai décidé de travailler désormais à mon compte. Bien sûr il faudra donner une nouvelle identité au navire. Ceux qui ne sont pas d'accord pourront débarquer au prochain port mais... je le leur déconseille fortement.

La décision est mise aux voix et, quelques minutes plus tard, votée à l'unanimité.

Très rapidement le *Dragon* se transforme en *White Star*. On modifie au maximum l'allure physique du navire. On jette à la mer quelques bouées de sauvetage portant le nom de *Dragon*, pour faire croire à un naufrage. Personne n'en repêchera aucune. Puis, faisant demi-tour de nuit et tous feux éteints, le *White Star* reprend le chemin de l'Atlantique, en direction de l'Amérique du Sud. Mais le chef mécanicien s'oppose à un voyage sans escale. Il n'y a pas assez de charbon. Le *White Star* fait alors escale sur les côtes d'Afrique, on charge du combustible et des vivres. Qui sont payés avec une traite « en bois » sur une banque fantôme de Londres.

Le *White Star* arrive pour Noël, en pleine saison chaude, au Brésil. L'équipage, pour éviter les bavardages d'après boire, est consigné à bord. Mais Garrett parvient à se faire confier, à crédit, un chargement de café : l'équipage reprend confiance. On repart et, au milieu de l'Atlantique, le *White Star*, à grands coups de peinture, se transforme une nouvelle fois et prend désormais le nom de *Cynthia*. C'est ainsi qu'il atteint Le Cap, où le capitaine brade à bas prix le café qui ne lui a rien coûté. Vingt mille livres entrent dans les caisses et l'équipage reçoit sa part. Pour changer d'air, on décide de filer vers une île de l'océan indien : le *Cynthia* a besoin de repos.

Remis d'aplomb, le *Cynthia* reprend la route et son capitaine décide de chercher de nouvelles dupes en Australie, en choisissant un port un peu discret, mais après une première escale Garrett se voit contraint par les règlements à accoster à Sydney, où, malheureusement, il tombe sous le regard perspicace de l'agent Waterfort.

Taylor-Garrett-Dumfrey écope, avec son second, de sept ans de prison. Le maître d'équipage s'en tire avec trois ans et demi du même régime. Les matelots, qui ont tous changé, eux aussi, d'identité, filent sans demander leur reste. Le *Cynthia,* ex *White Star,* redevient le *Dragon* mais demeure désormais dans les eaux australiennes où il termine quarante ans plus tard sa carrière sur des récifs.

Un sauveur décevant

France, 1993. Enfin les vacances sont là ! Joël et Marguerite Ménardier sont ravis. Le temps est magnifique et, en ce premier jour de juillet, ils s'apprêtent, avec leurs trois enfants, Marie, Ambroise et Renaud, le petit dernier, handicapé mental, à profiter de trois semaines de vacances à l'île d'Oléron. Pourtant ils ont bien cru ne pas pouvoir y arriver, car Joël est au chômage depuis plusieurs mois et ils ont failli ne pas partir. Mais, grâce à la gentillesse d'une cousine, ils bénéficient d'une location d'un prix très intéressant. Tout bien calculé, les vacances ne coûteront pas beaucoup plus que s'ils étaient restés en Moselle et le changement d'air leur sera bénéfique à tous. Pas de doute, ils rentreront gonflés à bloc. Joël sent que dès l'automne les choses vont changer : il va certainement retrouver un boulot intéressant. Pour l'instant le programme est à la détente et au repos, à la baignade et aux repas de poisson bien frais.

Dès le lendemain Joël et Marguerite vont faire leurs courses et découvrent l'environnement. A côté de la maison basse qu'ils occupent avec leur petite famille, d'autres maisons basses et blanches habitées par des Oléronais ou par des citadins en vacances. Dans le jardin voisin, un monsieur sympathique allongé sur un transat sirote un apéritif à l'ombre d'un parasol. Il leur fait un signe amical de la tête. Tant pis pour Joël et Marguerite : ils répondent d'un sourire. S'ils savaient...

Dans les jours suivants la famille Ménardier s'organise. Le voisin, un certain Gustave Lafont, est vraiment sympathique.

Les deux hommes, à peu près du même âge, ont le même goût pour la pêche. Gustave invite toute la petite famille à prendre l'apéritif. Les Ménardier, quelques jours plus tard, l'invitent à partager un énorme plat de limandes. Machinalement, par politesse, à la fin du mois, Lafont et les Ménardier échangent leurs adresses. On s'enverra une carte postale. On se reverra peut-être l'année prochaine, si les affaires s'arrangent.

Rentrés en Moselle, les Ménardier reprennent leur vie quotidienne pleine de questions sans réponses, ils perdent leur bronzage atlantique et Joël recommence à courir les sociétés d'intérim, avec plus ou moins de succès. L'hiver apporte ses jours plus courts, ses angoisses. Jusqu'au moment où arrive une lettre à l'écriture inconnue. Joël, dès qu'il en prend connaissance, appelle Marguerite :

— Devine qui nous écrit ! Gustave Lafont, le voisin de l'île d'Oléron.

— Ah bon ? Qu'est-ce qu'il veut ? demande Marguerite presque méfiante.

— Tiens-toi bien, il aurait peut-être un boulot à me proposer.

Dès qu'il est question de travail, Joël, depuis quelque temps, n'emploie plus que « peut-être » et des verbes au conditionnel.

Dans sa lettre, Lafont se réjouit d'avoir noté l'adresse des Ménardier. Il révèle qu'il est, chose qu'ils ignoraient, responsable, pour une société importante, du recrutement d'animateurs pour des centres de formation dans l'est de la France. Mais il a besoin d'un second et il pense que Joël serait tout à fait la personne qui conviendrait. S'il est toujours à la recherche d'un emploi, si ce travail et les conditions proposées lui conviennent, Gustave propose de rejoindre les Ménardier et de leur expliquer en détail ce dont il s'agit. Joël, plein d'espoir, répond par retour du courrier.

Trois jours plus tard, Lafont, toujours par courrier, précise qu'il arrivera en gare de Forbach le lendemain à dix-huit heures cinquante. Joël peut-il le rencontrer à la gare ? Ce qui est accepté. A la descente du train, Gustave, qui a troqué ses shorts d'été contre un complet de tweed de bon aloi, explique à Joël qu'il doit rester plusieurs jours dans la région. Puis, dans la joie des retrouvailles, et sur le ton de la confidence, il pose à Joël la question de confiance : comme il dispose d'un certain budget quotidien pour ses frais, serait-il possible, si cela ne dérange pas trop Marguerite, de loger chez les Ménardier pendant cette courte période ? Les Ménardier bénéficieraient ainsi d'une partie de son allocation ? Joël réfléchit un instant et accepte.

Au bout de quarante-huit heures, après avoir expliqué son projet à Joël, Gustave, que les Ménardier considèrent déjà comme leur sauveur, offre à Joël de l'accompagner dans une tournée de recrutement. Ils se dirigent alors vers différents foyers de jeunes, vers des agences de l'ANPE et font la connaissance de jeunes gens inconnus et chômeurs. Gustave, qui connaît son affaire, leur pose quelques questions sur leurs antécédents. Tout le monde semble convenir à Lafont pour intégrer son équipe d'animateurs. Joël, pourtant, inconsciemment, s'étonne un peu car, à chaque fois que Gustave manifeste de l'intérêt pour un jeune, il lui demande pour établir son dossier, un versement, en liquide de préférence, d'un montant de deux cent cinquante francs, remboursables, comme de bien entendu, dès leur entrée en fonction.

Puis les deux hommes reviennent chez les Ménardier. Mais les choses semblent traîner un peu en longueur. Gustave, qui disait n'être là que pour quelques jours, occupe la chambre d'ami depuis bientôt trois semaines. Il prétend qu'il est en plein divorce et que cela complique les choses. Il manque même un peu d'argent et Marguerite tape dans sa cagnotte pour le dépanner. Moyennant quoi Gustave commence à lui donner des conseils sur la manière d'élever ses enfants, sur la meilleure attitude à adopter avec Renaud, le petit dernier handicapé. Et la fameuse situation promise reste à l'état de nébuleuse.

Un beau matin, Gustave annonce qu'il doit aller passer la journée à Nancy et qu'il en profitera pour faire quelques courses dans un supermarché afin d'approvisionner la table familiale. Personne ne le reverra plus.

Etonné tout d'abord, Joël Ménardier entreprend, mais un peu tard, de vérifier tout ce que lui a promis Lafont. Il tombe alors de déception en déception. Toute la merveilleuse histoire des « animateurs » est un conte de fées. Lafont n'a jamais, de près ou de loin, appartenu à la société dont il se prétendait l'un des cadres. Il a simplement trouvé ce filon pour s'installer chez des familles de chômeurs, prêtes à tout croire, arrondissant ses fins de mois en ouvrant des dossiers fictifs à deux cent cinquante francs pièce. Cette fois-ci, il a fait très fort car, à Forbach, il a réussi à emprunter mille francs au voisin de palier des Ménardier. Ceux-ci auront beaucoup de mal à se payer des vacances l'an prochain.

Métal de plus en plus rare

France, 1987.

— C'est une excellente affaire, vous êtes absolument certain de faire un très beau bénéfice si vous avez la patience d'attendre quelques mois... Une occasion unique et il n'y a pratiquement pas de concurrence sur le marché.

Daniel Lecourtois, un gros propriétaire terrien, tord la bouche en réfléchissant. Il a devant lui, posé sur un guéridon, un morceau de métal, enveloppé de cellophane, qui ressemble assez à de l'aluminium. De l'autre côté du guéridon, ponctuant chaque phrase d'un geste de son stylo, Julien Duruit, le conseiller que Lecourtois charge depuis quelques années de gérer son patrimoine. Aujourd'hui Duruit vient proposer à Lecourtois un investissement qui sort tout à fait de l'ordinaire : l'achat d'un métal rare, du germanium.

Ce n'est pas un métal précieux mais c'est un métal très cassant que certaines industries utilisent pour la fabrication des semi-conducteurs. On le cristallise jusqu'à un état de pureté extrême. Pour l'instant ce lingot qui pèse quatre kilos est accompagné d'un certificat en bonne et due forme (et en triple exemplaire), et d'analyses indiquant le degré de pureté du métal et ses capacités de résistance. Ces certificats sont signés par les directeurs de la Pringle Extracting Corporation, une société d'extraction minière dont l'adresse est à Grey Swamp, en Floride.

Duruit continue son exposé, explique que la production mondiale du germanium est ridiculement faible : à peine soixante-quinze tonnes par an. Et le conseiller, ouvrant les pages intérieures de *Finance française*, l'hebdomadaire spécialisé, montre à Lecourtois un petit pavé, intitulé : « La cote du germanium » ; c'est signé par « La Cote des métaux précieux », une société française qui publie chaque mois la valeur du kilo de germanium, valeur qui semble monter régulièrement. Aujourd'hui, la valeur est de douze mille huit cent cinquante francs. Il y a même un numéro de téléphone que l'on peut appeler pour en savoir davantage. Bien évidemment, précise Duruit, Lecourtois devra conserver précieusement son lingot de quatre kilos dans un coffre, ne jamais l'ôter de son emballage, ne jamais le heurter, ni le laisser tomber sous peine de voir sa valeur diminuer instantanément. Lecourtois opine du bonnet : tout cela va de soi. Il rédige au nom de Duruit un chèque, compte tenu de la commission du courtier, de cinquante-neuf mille cent dix francs.

1991. Lecourtois se dit qu'il est sans doute temps de réaliser quelque profit avec ses placements et en particulier avec le germanium. D'autant plus que, depuis quelques mois, il n'a plus aucune nouvelle de Duruit. Plus personne ne répond au téléphone et le courrier revient avec la mention « Parti sans laisser d'adresse ». De fil en aiguille, hélas, il finit par découvrir le pot aux roses : Duruit est derrière les barreaux dans une prison de province. Il avait une fâcheuse tendance à confondre ses fonds propres et ceux de ses clients et, comme des placements hasardeux viennent de le mettre en position périlleuse, il se retrouve, suite à la plainte de certains possesseurs de patrimoines, condamné à trois ans ferme. Mais Lecourtois cherche à se rassurer. Son kilo de germanium doit bien coter dans les quinze mille francs, à présent...

Il se tourne alors vers *Finance française* pour consulter la cote mensuelle du germanium et s'étonne de ne plus trouver ce petit baromètre pourtant bien utile. A la rédaction du journal on lui fait savoir que l'hebdomadaire, trouvant cette insertion publicitaire peu catholique, en refuse la publication depuis au moins deux ans. Lecourtois est désagréablement surpris d'apprendre qu'il s'agissait d'une publicité alors qu'il croyait à une cotation officielle.

Ne sachant plus vers qui se tourner, Lecourtois finit par

dénicher l'adresse d'un spécialiste des métaux rares et précieux qui lui annonce, sans le moindre ménagement, que le kilo de germanium avoisine les quatre mille sept cent cinquante francs. Et encore, lui précise-t-on, « tout dépend du vendeur et de l'acheteur ». Lecourtois, interloqué, demande des explications. Celles qu'on lui fournit le laissent tout blême et avec des sueurs froides dans le dos. Il se rend compte qu'il vient d'être un pigeon de première classe.

Ses investigations lui apprennent tout d'abord que la société qui a vendu le germanium à Duruit n'existe plus depuis belle lurette. D'ailleurs, cette compagnie faisait non seulement le commerce de métaux rares mais fabriquait aussi des cuisinières à gaz pour la restauration et des chaudières (neuves et de seconde main) pour les immeubles. Bizarre mélange. N'existe plus non plus la Pringle Extracting Corporation. L'enquête diligentée suite à la plainte de Lecourtois démontrera que, sous ce nom respectable, se dissimulaient quelques aigrefins et un petit bureau en location précaire. Quand on téléphone, on tombe sur une mère de famille qui occupe les locaux depuis peu et a d'autres problèmes à résoudre que le commerce du germanium.

Pis encore : Lecourtois, tout au long de sa décevante poursuite de débouchés, buvant le calice jusqu'à la lie, découvre que le commerce du germanium est strictement réservé aux spécialistes et aux quelques rares industries utilisatrices. Aucune d'entre elles, lui précise-t-on, ne se risquerait à acheter la moindre demi-livre du précieux métal à un particulier qui se le serait procuré Dieu sait où, l'aurait manipulé Dieu sait comment, et vis-à-vis de qui l'on n'aurait aucun recours en cas de problème. La morale de cette histoire apparaît bientôt : Lecourtois, s'il veut se débarrasser de ses quatre kilos de germanium, n'a plus qu'une seule solution : les jeter discrètement dans les bennes à ordures municipales.

La caissière a des regrets

France, 1990. M. Bénichou est content. Depuis qu'il est rentré d'Afrique du Nord en 1963, les choses n'ont pas mal tourné pour lui. Avec les quelques capitaux qu'il a pu sauver, il a créé une petite société de vente par correspondance en commençant par des gadgets et des objets ménagers importés d'Extrême-Orient et il peut être fier du résultat : aujourd'hui sa société vend, en VPC comme on dit, une large gamme de produits, des vêtements pour enfants, pour adultes, des produits de jardinage, de l'ameublement, enfin tout ou presque. Comme de bien entendu, au départ, M. Bénichou a dû improviser, partir à l'étranger pour étudier les méthodes américaines, s'entourer de collaborateurs hors pair. Mais tout va bien.

Pourtant, il y a dans l'organigramme de la maison un point faible : c'est la caissière, Malvina Souchan, une cousine par alliance qui est pourtant depuis plusieurs années dans la maison. Cette personne, qui présente fort bien, s'est avisée d'augmenter ses revenus personnels en détournant à son profit une partie des fonds qui auraient dû, normalement, aller dans la caisse de son cousin. Pour ce faire la caissière exécute un tour de passe-passe simple et précis. Quand elle reçoit une commande, elle expédie au client, toujours un particulier et jamais une société, c'est plus prudent, au lieu de la facture réelle, une facture dite « pro forma », une sorte de devis qui ressemble d'assez près, pour un profane, à la facture réelle.

Ce document évite à la caissière d'enregistrer la commande

comme définitive, il n'apparaît pas dans la comptabilité et elle en profite pour verser sur son compte personnel le montant payé par le client. Celui-ci, ayant en main ce qu'il croit être une facture, n'a aucune raison de protester. Au moment de l'inventaire, on met dans la catégorie « pertes et profits » les articles qui ne sont, mystérieusement, plus en stock. Par précaution, la caissière indélicate prend soin de n'exercer sa coupable industrie que sur certains articles : ceux qui ont peu de chance de faire l'objet d'une réclamation ou d'un service après-vente.

Mais Malvina l'astucieuse n'a pas prévu qu'un jour, malgré tout, un client mauvais coucheur s'aviserait de protester au sujet d'un article pourtant bien innocent. Et de réclamer le remboursement de son versement. Du coup, tout le système s'écroule et la situation de la caissière devient bien périlleuse et instable. Elle fait alors ce que bien peu penseraient à faire : dès la sortie du travail, elle se précipite chez un avocat de sa connaissance et lui raconte tout dans le détail. Elle a bien choisi l'avocat car il lui donne un conseil des plus judicieux : celui d'aller au commissariat de police le plus proche et d'avouer toutes ses fautes. Ce que fait Malvina. Quel avantage ? me direz-vous. Pourquoi ne pas nier tout en bloc, jouer avec mauvaise foi l'erreur humaine ?

Tout simplement parce que M. Bénichou, quand il découvre le pot aux roses, comprend tout de suite, étant donné l'ampleur des dégâts, que Malvina est une sorte de spécialiste de la « fausse facture ». Malgré son esprit de famille, M. Bénichou porte plainte contre sa cousine-caissière. Quand la plainte arrive chez le juge, l'avocat astucieux de Malvina n'a aucun mal à démontrer que sa cliente est sur la voie du repentir, puisqu'elle a tout avoué à la police avant même que la plainte ne soit enregistrée. C'est excellent pour elle et le juge, devant un tel accès de repentir, ne peut faire moins que d'être clément.

Malvina écope d'une peine avec sursis. Ce qui ne la dispense pas de rembourser tout ce qu'elle a pris dans la caisse. Mais on ne lui demande pas l'impossible, un concordat est établi et elle se voit contrainte à des versements de neuf cents francs mensuels jusqu'à ce que sa dette soit épongée. A ce rythme-là, elle en a au moins pour dix ans. Comme elle conserve son poste, ça ne devrait pas poser de problème.

Malvina paie, rubis sur l'ongle... pendant six mois : cinq mille quatre cents francs. Puis un jour elle disparaît. Sans doute a-t-elle trouvé une nouvelle place de caissière. Peut-être même dans une société de vente par correspondance... M. Bérichou reste avec, dans sa caisse, un trou de deux cent cinquante mille francs et se répète tous les jours : « Familles, je vous hais. »

Des jeunes gens serviables

France, 1990. Isabelle Hulotin est contente, comme tout le monde, quand arrive le week-end. Malheureusement pour elle il lui manque un peu d'argent liquide pour faire quelques courses en ce samedi ensoleillé. Pas de problème, elle est l'heureuse détentrice d'une carte bancaire et comme la fin de semaine est à peine entamée elle est certaine de trouver dans l'un des distributeurs du quartier les quelques billets dont elle a besoin. Elle connaît par cœur les détails de l'opération. Introduire sa carte dans la fente du distributeur, dans le bon sens, sinon elle sera rejetée. Taper sur le clavier son code personnel et secret, en suivant les instructions données par l'écran. Puis inscrire la somme désirée, valider l'opération et attendre que les billets apparaissent.

A chaque fois qu'elle accomplit ce rite, Isabelle pense à l'une de ses amies, Chantal, qui, il y a quelques mois, a vu la machine s'emballer au moment de la distribution et qui a reçu, dans la panique, quatre mille cinq cents francs généreusement alloués par le distributeur alors qu'elle n'en réclamait que deux cents. Chantal, gênée par les regards abasourdis des personnes qui faisaient la queue derrière elle, a rapporté toute la somme à l'intérieur de la banque et s'est entendu dire que, si elle ne l'avait pas fait, personne n'aurait pu savoir qu'elle avait emporté le pactole : le distributeur n'avait pas gardé trace de sa générosité. En récompense de son honnêteté, Chantal s'était vu inviter pour une fin de semaine à Rome, avec son amoureux. Comme quoi l'informatique ça n'est vraiment pas très fiable...

Mais jamais Isabelle n'a la chance de Chantal, elle introduit sa carte, compose son code, demande cinq billets de cent francs et attend. Les billets commencent à sortir et, tandis qu'elle les retire de la fente, un jeune homme, placé juste derrière Isabelle, l'interpelle :

— Mademoiselle, vous venez de laisser tomber ça.

Isabelle se retourne : ce petit brun, à l'air bien honnête, lui tend un billet de cent francs. Etonnée, Isabelle remercie, prend le billet et le met dans son sac à main. Le petit brun si serviable lui sourit de toutes ses dents. Isabelle remarque à peine qu'il est accompagné d'un autre garçon de son âge, aux cheveux châtain clair, tout aussi souriant.

Mais, au moment de partir, Isabelle pense soudain à sa carte bancaire, qui doit sortir du distributeur. Etonnée, elle attend un peu : rien n'apparaît.

— Ma carte ! pense-t-elle à haute voix. Où est-elle passée ?

Isabelle patiente une minute : pas de doute, sa carte bancaire ne ressort pas. Elle s'impatienterait presque quand le jeune homme aux cheveux châtains lui confie une astuce bien utile :

— Vous savez, ça arrive de temps en temps que la carte reste coincée, il suffit de composer votre code confidentiel sur le clavier et, normalement, elle doit réapparaître.

Sans réfléchir, Isabelle tape son code confidentiel mais, contrairement à son attente, rien ne se produit.

— Il vous faudra revenir lundi matin, pour la réclamer à l'intérieur, dit alors le brun si aimable.

Isabelle est contrariée, mais elle se fait une raison et s'éloigne. Elle ne remarque même pas que les deux sympathiques jeunes gens qui, pourtant, faisaient la queue derrière elle, pour, normalement, retirer eux aussi de l'argent du distributeur, semblent avoir changé d'avis et s'éloignent dans la direction opposée.

Rentrée chez elle, Isabelle recompte l'argent qu'elle a dans son sac et, perplexe, constate qu'elle est en possession de six billets de cent francs au lieu des cinq qu'elle a normalement obtenus du distributeur. Mystère qu'elle ne prend pas le temps d'approfondir. Si elle réfléchissait, elle sauterait sur le téléphone pour parer au plus pressé, mais elle ne le fait pas.

Ce n'est que le lundi matin, en se rendant, dès l'ouverture, à l'agence bancaire, qu'elle peut constater que personne n'a récupéré sa carte dans le tiroir où elle aurait dû se trouver depuis le samedi matin. Que signifie tout cela ? Isabelle ne comprend pas tout de suite, puis constatant des retraits sur son compte bancaire, elle saisit l'astuce des jeunes gens serviables. Le jeune homme brun, en lui tendant un billet de cent francs nullement tombé du distributeur, comme il semble le prétendre, mais tout simplement tiré de sa poche, ne désire qu'une chose : détourner l'attention de la naïve jeune femme. Pendant ce court laps de temps, l'acolyte aux cheveux châtains récupère la carte bancaire qui vient de resurgir du distributeur et la fait disparaître.

Mais une carte bancaire ne représente pas grand-chose si l'on ne possède pas le code confidentiel. C'est là qu'intervient la seconde phase : le petit truc. Isabelle, sans réfléchir, recompose sous les regards indiscrets des deux escrocs son code confidentiel. Il ne fait pas, et pour cause, ressortir la carte du distributeur, mais, mémorisé par les deux complices, il va servir à utiliser la carte. Isabelle aura, comme de bien entendu, beaucoup de difficulté à expliquer à sa banque comment on a pu utiliser sa carte *et* son code confidentiel.

A présent, la plupart des distributeurs automatiques vous restituent votre carte et attendent que vous la retiriez de l'appareil pour vous donner les billets demandés : cette arnaque est plus difficile à réaliser.

Déménageurs distraits

France, 1947. Paris s'est transformé en désert et bien des Parisiens profitent du « pont » pour aller faire un tour à la campagne, surtout ceux qui ont des moyens suffisants pour avoir une automobile. C'est le cas de M. Martin, collectionncur passionné, rentier malgré son jeune âge, heureux mortel devant l'éternel. M. Martin est donc parti pour quelques jours et Mme Michalon, l'aimable concierge, en profite pour prendre l'air sur le pas de la porte.

Soudain une voiture de déménagement stoppe devant le jardinet qui précède l'immeuble. Trois hommes en bleu de travail et maillot de corps, les bras couverts de tatouages, sautent de la cabine et se dirigent vers Mme Michalon. Portant la main à leur casquette en guise de salut, ils s'informent sans autre formalité :

— M. Martin, c'est bien ici ?

— Oui, réplique la concierge, mais il est absent pour quelques jours. C'est à quel sujet ?

— Il est absent ? fait d'un air très ennuyé celui qui a l'air du chef d'équipe, c'est bizarre, parce qu'on vient lui livrer une armoire ancienne.

— Une armoire ancienne ? Il ne m'a parlé de rien du tout et il ne m'a laissé aucune instruction.

— Ah, il aura oublié, fait le chef, c'est bien M. Martin qui collectionne les objets d'art ?

— Oui, absolument.

— C'est embêtant, nous n'allons pas faire le voyage pour rien, reprend le déménageur, et en plus, s'il ne trouve pas son armoire quand il rentre, il va certainement faire du pétard.

Mme Michalon hésite, ne sait que faire, s'approche du camion de déménagement. A l'intérieur une splendide armoire normande toute sculptée, enveloppée de couvertures, semble attendre une décision. Mais, après tout, puisque ces hommes sont là avec ce magnifique meuble, elle pense qu'elle peut bien les laisser installer leur colis dans l'appartement situé au troisième étage.

Quelques minutes plus tard, Mme Michalon ouvre, avec ses clés, l'appartement de M. Martin et les déménageurs, qui ahanent sous l'effort, installent l'armoire normande dans le vestibule de l'appartement dont chaque pièce est décorée de vitrines remplies de bibelots ou de livres de prix. Mme Michalon se fend même d'un joli billet en guise de pourboire pour ces déménageurs si sympathiques. Puis elle referme soigneusement les deux battants de la porte d'entrée et, depuis le hall de l'immeuble, regarde le camion s'éloigner tandis que nos trois costauds lui font un petit signe de la main.

Mais, en fin d'après-midi, Mme Michalon voit revenir le camion et le chef d'équipe, l'air un peu embarrassé, vient lui dire :

— Ma p'tite dame, c'est encore nous, figurez-vous qu'il y a eu une erreur d'adresse. L'armoire de M. Martin, eh bien, elle n'était pas pour votre locataire mais pour un autre Martin, lui aussi collectionneur de belles choses, mais qui habite à l'autre bout de l'avenue. Comme il ne voyait pas son meuble arriver, il a téléphoné à la société et c'est là qu'on s'est aperçu de la méprise. Si ça ne vous dérange pas trop, on va refaire la manœuvre en sens inverse.

Mme Michalon prend un air un peu pincé, va chercher les clés de M. Martin et remonte au troisième étage pour ouvrir à nouveau l'appartement. Les déménageurs entourent à nouveau l'armoire sculptée de couvertures et très rapidement font réintégrer au beau meuble le camion qui attend en bas. Puis ils démarrent, non sans que Mme Michalon se soit fait restituer le bon pourboire dont elle les avait gratifiés au premier voyage.

Deux jours plus tard, quand M. Martin, le locataire de Mme Michalon, regagne son appartement, il a la fâcheuse surprise de constater que de nombreux objets de valeur et bijoux ont disparu de chez lui. L'explication ne tarde pas : dans l'armoire livrée « par erreur » se dissimulait un cambrioleur. Une fois dans la place il ne lui reste plus qu'à sortir du meuble et à faire main basse sur tout ce qui est facilement escamotable. Il sait qu'il a plusieurs heures devant lui et, au fur et à mesure qu'il dérobe objets ou livres précieux, il s'arrange pour que ces prélèvements ne soient pas visibles au premier coup d'œil.

Puis il se réinstalle avec son butin dans l'armoire sculptée dont il referme les deux battants sur lui et il attend. Quand les faux déménageurs — car bien sûr il ne s'agit en aucun cas des employés d'une société ayant pignon sur rue — se présentent pour rectifier leur « erreur », le voleur repart à l'intérieur de l'armoire, un peu plus lourde qu'à l'arrivée. C'est d'ailleurs cette scène mémorable que Louis Jouvet et Jeanne Marken interprétaient dans *Copie conforme*, le film de Jean Dréville.

Commode d'époque à vendre

France, 1993. Mme Gousset-Faure réfléchit. Elle contemple sa superbe commode Louis XIV d'époque. Elle se souvient que sa cousine de La Rochelle lui a offerte à l'occasion de son mariage. A présent, retraitée, veuve, à l'abri du besoin, Mme Gousset-Faure se dit que ce meuble fait un peu tache dans son appartement ultramoderne et qu'elle serait mieux avisée de le vendre pour utiliser les quelques millions ainsi récoltés de manière plus conforme aux besoins de son âge. Le soir même, elle passe une petite annonce dans un journal local : « A vendre, commode Louis XIV, d'époque, signée, en parfait état. Visible sur place : faire offre au n° de téléphone... »

Quelques jours plus tard, Mme Gousset-Faure reçoit un appel téléphonique. A l'autre bout de la ligne, un homme à la voix charmante et dont les propos dénotent la parfaite éducation s'informe au sujet de la commode « de famille ». Il veut connaître le prix demandé, la couleur du marbre, l'état des tiroirs, des bronzes. Pourrait-il venir avec un de ses confrères pour examiner le meuble de près car, on le comprend aisément, un achat de cette importance ne se fait pas sans prendre l'avis d'un spécialiste ? Mme Gousset-Faure leur fixe rendez-vous.

Lorsque les deux hommes se présentent au domicile de la propriétaire de la commode, ils font très bonne impression sur celle-ci, jettent un coup d'œil sur l'appartement, félicitent Mme Gousset-Faure pour son très bon goût. Effectivement, disent-ils, la commode est un peu seule dans ce décor très féminin. Ils examinent le meuble, soulèvent le marbre, font fonctionner les tiroirs, se mettent à quatre pattes pour examiner l'estampille de l'ébéniste, discutent un peu le prix et... se retirent en promettant de donner une réponse ferme d'ici deux jours au maximum.

Deux heures plus tard, Mme Gousset-Faure reçoit effectivement un appel téléphonique d'un antiquaire, mais, à son grand dépit, il ne s'agit pas d'un des deux qui sont venus lui rendre visite et qui lui ont laissé une carte de visite, portant une adresse dans l'arrière-pays. A l'autre bout du fil, le monsieur, l'air embarrassé, prend des précautions oratoires pour lui annoncer qu'il est lui-même commerçant et que, dans l'heure précédente, deux messieurs très élégants sont venus chez lui pour essayer d'acheter de l'argenterie. Mais, ce qui lui a paru suspect, c'est qu'ils ont prétendu payer à l'aide d'une carte bancaire. Le commerçant, apercevant sur cette carte un nom de femme, a refusé la transaction, puis s'est mis en devoir de retrouver la propriétaire de la carte au pseudonyme somme toute assez peu courant. Pourrait-elle vérifier si elle est toujours en possession de sa carte bancaire ?

Mme Gousset-Faure abandonne le téléphone un instant, se précipite dans sa chambre, ouvre son portefeuille qui se trouve dans son sac à main : effectivement, la carte bancaire qui devrait se trouver là, dans un étui spécial, est absente. Elle vérifie rapidement : pas de doute, les deux prétendus antiquaires ont profité de leur visite pour dérober le précieux document. Reprenant le téléphone, la malheureuse fait part de sa découverte à son aimable interlocuteur et le remercie chaudement pour l'avoir avertie du vol.

Que faire à présent ? L'interlocuteur est de bon conseil :

— La seule chose à faire, et ceci le plus vite possible, est d'avertir le service des cartes bancaires pour leur signaler le vol et faire opposition sur tous les achats qui pourraient être effectués grâce à celle-ci.

— Vous avez raison, il faut que je recherche le numéro.

— Ne cherchez pas, chère madame, c'est un numéro que je connais malheureusement par cœur, appelez tout de suite le 38 42 67, etc.

Encore tout émue, la propriétaire de la magnifique commode Louis XIV remercie à nouveau, raccroche et compose le numéro du service des cartes bancaires, numéro qu'elle vient de noter sur un petit morceau de papier. C'est là que ses ennuis commencent.

Après deux ou trois sonneries, quelqu'un décroche et une voix féminine, neutre et professionnelle, annonce :

— Service des cartes bancaires, j'écoute.

Un peu émue, en essayant de s'exprimer aussi clairement que possible, Mme Gousset-Faure explique que deux hommes, il y a deux heures à peine, se sont introduits chez elle et ont dérobé sa carte dans son sac à main. Elle veut faire opposition. Très calme, l'interlocutrice demande ses noms, adresse, banque émettrice, numéro de la carte (heureusement, la victime a encore quelques relevés de dépenses faites avec le précieux morceau de plastique) et autres petits détails. Puis elle ajoute :

— Quel est votre code confidentiel ? Il est indispensable pour faire opposition.

Mme Gousset-Faure le connaît par cœur, heureusement, et le confie à la standardiste. Rassurée, elle raccroche. Lors de son prochain passage à la banque, dès le lendemain, elle devra se faire délivrer une nouvelle carte et, désormais, elle se méfiera des faux antiquaires. Pourtant ses ennuis ne font que commencer...

Quand elle reçoit, quelque temps plus tard, son relevé bancaire, elle s'aperçoit que ses deux escrocs ont déjà fait pour plus de deux mille francs d'achats avec une carte sur laquelle, malgré la certitude contraire qu'elle a, elle n'a fait aucune opposition. Comment cela est-il possible ? On lui explique et elle comprend alors que le numéro de téléphone du service des cartes bancaires que son aimable correspondant lui a communiqué était, en réalité, un numéro de cabine publique dans lequel une complice attendait son appel.

La bande détenait sa carte bancaire mais l'utilisation en était plus que difficile et périlleuse sans le code secret. Une fois que Mme Gousset-Faure l'a, très imprudemment, révélé à la fausse standardiste, le sort en est jeté. Les malfrats peuvent l'utiliser en toute liberté, aussi longtemps qu'elle ne s'aperçoit pas de sa bévue.

Belle ferraille

France, 1960. Boulevard Richard-Lenoir à Paris, l'après-midi tire à sa fin. Pourtant aujourd'hui le boulevard est occupé d'une manière inhabituelle par la célèbre Foire à la ferraille et aux jambons. Tout le long du boulevard, à partir de la place de la Bastille, des centaines de petites échoppes de brocanteurs ou de spécialités régionales gastronomiques mettent de l'animation. Mais aujourd'hui, on est en plein milieu de la semaine et la plupart des transactions intéressantes se sont déjà faites, dès l'ouverture, avant même l'ouverture, entre brocanteurs et antiquaires, avant même que le public ne soit réveillé. Maintenant il ne reste plus que le tout-venant, la « drouille ». Mais on ne sait jamais, un collectionneur acharné, un novice peut passer et se passionner pour un objet pourtant invendable. C'est ce que se dit le père Muller, appuyé contre l'éventaire de son stand. De temps en temps il donne, sans trop y croire, le prix, un peu à la tête du client, d'un objet, d'un outil, d'un cadre, à un promeneur. Du premier coup d'œil ce vieux routier, ferrailleur, devine à qui il a affaire.

Une voix à l'accent étranger demande :

— Combien vaut l'accordéon ?

Muller, avant de répondre, toise le client : à tous les coups un Américain. Pas mauvais parfois : ils ont des dollars et sont habitués à payer le prix fort. Cet accordéon en triste état, dont les boutons de nacre ont encore un certain charme : soixante-dix mille francs. L'Américain réfléchit : de toute évidence il est en train de convertir le prix demandé en dollars. Une moue : il n'est pas d'accord et pas décidé à marchander.

— Et ça, fait l'Américain, combien ça vaut ?

Muller ne comprend pas exactement quel est l'objet qui intéresse le touriste.

— Ça quoi ?

— Cet objet, là, avec les femmes !

— Ça ?

Muller croit rêver : ce qui intéresse le touriste, c'est la fontaine Wallace contre laquelle son stand est appuyé. D'ailleurs, la ville de Paris, depuis quelques années, néglige ces vestiges de la charité publique. Cette fontaine, offerte par le philanthrope britannique sir Richard Wallace, fut installée avec une centaine de ses sœurs en 1872 pour distribuer aux pauvres de Paris, gratuitement, une eau limpide et abondante. Aujourd'hui ces fontaines, pour la plupart, ne fonctionnent plus : c'est le cas de celle du père Muller. Elles sont ornées de cariatides, jeunes femmes grecques vêtues à l'antique, sculptées par Lebourg.

— La fontaine Wallace ? demande Muller, incrédule.

— Comment dites-vous ? s'écrie le touriste. Wallace ? Mais je m'appelle Wallace, moi aussi. Je veux absolument rapporter cette fontaine chez moi, pour la mettre au milieu de la pelouse de mon jardin.

Le touriste, enthousiasmé, fait exactement le contraire de ce qu'il faut faire quand on chine. Au lieu de rester calme, de jouer les blasés, de mettre en avant les petits défauts de l'objet convoité, de prétendre qu'on lui a proposé le même en meilleur état, M. Wallace a déjà sorti son portefeuille et il brandit une liasse de bons et beaux billets.

— Combien pour la fontaine ? demande-t-il avec impatience.

Muller jette un regard prudent vers les stands voisins avant de répondre. Il ne tient pas à ce que des confrères l'entendent. Personne à l'horizon :

— Deux cent mille francs, souffle-t-il presque en rougissant.

L'autre calcule.

— Mais, s'empresse d'ajouter Muller, vous ne pourrez pas

l'emporter tout de suite, c'est très lourd et je ne suis pas équipé.

— Ce n'est pas grave, répond l'autre, vous êtes là demain matin ?

— Oui, fait Muller, dans un souffle, versez-moi la moitié maintenant et revenez demain matin à l'ouverture, j'organiserai le transport : où faut-il vous livrer ça ?

Le touriste est en train de compter des billets.

— Vous me faites un reçu ?

— Oui, certainement.

Muller fourre les cent mille francs dans sa poche, déchire une feuille de papier d'un carnet un peu crasseux et, avec un bout de crayon, d'une écriture malhabile, inscrit : « Je soussigné, Tartempion Philibert, antiquaire situé en face du 90 boulevard Richard-Lenoir, à Paris, reconnaîs avoir reçu de M. Wallace, touriste, un acompte de cent mille francs à valoir sur l'achat, pour la somme totale de deux cent mille francs, d'une fontaine Wallace, à livrer. Fait à Paris, le... » Et il signe avec un joli paraphe : Philibert Tartempion.

— Bon, au revoir, à demain.

Le touriste s'éloigne en se frottant les mains et il fait un joyeux signe de la main en partant.

Dès qu'il a disparu à l'horizon, Muller *alias* Tartempion, démonte tout son stand et charge tout son stock d'accordéons et de vieilles casseroles dans sa guimbarde. Ses voisins de stand s'étonnent un peu.

— Tu démontes déjà ?

— Oui, j'en ai marre, cette année ça ne donne rien, j'aime mieux aller chiner.

Et il part.

Bien évidemment, le lendemain, le pauvre Wallace s'étonne de ne pas voir Tartempion ni son stand. Heureusement « sa » fontaine est toujours là. Il se renseigne auprès des stands voisins. En cette époque inorganisée, personne n'est capable de lui dire qui était réellement le détenteur du stand : un ferrailleur venu d'on ne sait où, qui payait simplement son emplacement tous les jours. Wallace a du mal à faire comprendre ce qu'il veut : il essaie même d'embaucher des gros bras pour enlever sa fontaine. Ce qui provoque l'arrivée de la police. Il a beau présenter son reçu rédigé par Tartempion, arguer de sa bonne foi, le seul bénéfice qu'il en tire c'est d'entrer définitivement comme l'un des plus célèbres gogos dans l'histoire de l'escroquerie.

Une belle vacherie

France, 1950. Le père Dubourg, propriétaire de la ferme du Moulin, à Enfreville-les-Bœufs dans le Calvados, est un solide paysan normand, avare de paroles et du reste, qui, quand il ouvre la bouche, s'exprime avec un accent pittoresque, dit « J'savions point » et s'écrie « Heula, position ! » quand on lui pose des questions indiscrètes et surtout quand on lui réclame de l'argent. Pourtant de l'argent il en a, grâce à son élevage de vaches laitières particulièrement célèbres dans la région. Un beau cheptel qu'il tient de son père et même de son grand-père, de belles bêtes qui portent chacune un doux nom : « Caroline I » « Caroline II », « Fifine », « Maryvonne », « Doucette », etc. De belles normandes au doux regard, qui sont bien nourries et qui donnent beaucoup de lait crémeux. C'est justement pour ça qu'on parle des vaches du père Dubourg, car les « Caroline », « Maryvonne » et leurs consœurs sont des championnes en ce qui concerne la production laitière.

Le père Dubourg, depuis longtemps, présente ses vaches chéries aux différents concours agricoles et, depuis plusieurs années, il demande aux services du contrôle laitier de venir constater, à intervalles réguliers, la quantité de lait produite par ses vaches. Non seulement la quantité mais aussi la qualité, le taux butyreux, c'est-à-dire sa teneur en crème onctueuse, sa capacité à se transformer en beurre délicieux. Et, depuis des années, le père Dubourg a la satisfaction, de temps en temps, de remporter des récompenses, pour son lait, pour ses vaches elles-mêmes, pour ses taureaux reproducteurs, les superbes « Séducteur », « Vigoureux », « Artaban », pour ses génisses et pour ses veaux. Tout ça se traduit en diplômes qu'il accroche au mur, en belles plaques de métal qu'il cloue aux parois de l'étable, tout autour du porche d'entrée.

Cela se traduit aussi par des tarifs supérieurs quand le père Dubourg commercialise son lait, ses vaches, ses génisses, ses taureaux et leurs saillies, et cette montée des tarifs fait rentrer de bons francs dans la lessiveuse où, prudent, le père Dubourg entasse ses bénéfices, transformés en pièces d'or. Tout ça fera une belle dot à Ermeline, sa fille unique, quand elle décidera de se marier et qu'il faudra choisir celui qui sera digne de prendre la succession du père Dubourg à la tête de l'élevage.

Donc, depuis des années, les vaches « Dubourg » figurent honorablement dans le HBN, le *Herd Book normand,* le grand livre où l'on note tous les pedigrees de toutes les plus belles bêtes normandes, leur généalogie, leurs antécédents, qui justifieront les futures lignées de veaux et de taureaux, les « Séducteur », « Vigoureux » et « Artaban » à venir. Le père Dubourg est réputé comme un éleveur particulièrement habile et soigneux, mais, depuis quelques mois, sa réputation fait l'objet de toutes les conversations, particulièrement au Comité fédératif national de contrôle laitier. Ne voilà-t-il pas que « Caroline II », un superbe animal, se met à pulvériser tous les records de production : quatre-vingts bidons hebdomadaires de lait, ce qui fait d'elle la « recordcow » du monde de sa spécialité avec onze mille cinq cent quinze kilos de lait par an, ce lait produisant lui-même pour cette même période sept cent quarante-neuf kilos de beurre bien frais de Normandie ; de quoi faire virer au rance, de dépit, tout le beurre charentais, son rival.

Quand on demande au père Dubourg le secret de sa réussite, il n'est pas très bavard, mais il se laisse aller cependant à une confidence banale : depuis quelques mois il a pris à son service Hans Schlemig, un ancien prisonnier de guerre allemand qui, une fois libéré, a choisi de rester en France plutôt que de retourner chez lui, en Saxe, pour travailler sur la terre froide d'une pauvre ferme, sans famille et loin de tout. Hans est d'abord arrivé pour travailler comme ouvrier agricole, puis il s'est mis à s'occuper des vaches avec de plus en plus de passion, jusqu'à ce que le père Dubourg lui confie l'entretien, la nourriture, la traite et la responsabilité de ses meilleures bêtes, celles qui figurent au HBN et qui étonnent le syndicat par leurs performances.

Depuis qu'il s'occupe personnellement des « Caroline », « Maryvonne », « Doucette », elles meuglent gentiment quand elles le voient s'approcher d'elles, quand il pose ses mains calleuses sur leurs pis gonflés de lait crémeux. Hans sait y faire avec elles ; d'abord, il est d'une exactitude scrupuleuse en ce qui concerne les horaires, ceux des repas comme ceux de la traite ; sinon, affirme-t-il, elles deviennent nerveuses et peuvent avoir des mammites, ce qui fait tomber leur rendement et la qualité du lait. De plus, il les gave littéralement de bon fourrage, au point que l'aide-vacher, pourtant plus ancien dans la maison, le Gaston Lemarchant, ricane un peu en haussant les épaules. Mais les résultats sont là, dûment contrôlés.

Quand les membres du Comité fédératif viennent pour effectuer les contrôles, Hans organise tout avec le plus grand soin : il désigne à chacun sa place, pour ne pas troubler les vaches, il demande à certains de ne pas porter de blouse blanche dont la couleur, trop vive, risque de perturber « Caroline » ou « Maryvonne ». Il procède à la traite revêtu d'un grand tablier qui tombe jusqu'au sol. Les vaches, pour cette « cérémonie », sont installées sur un épais tapis de paille bien sèche, dont des balles supplémentaires forment comme un petit muret bien propre au milieu de l'étable. C'est si bien fait qu'on devrait prendre des photographies. Et les Dubourg sont si sympathiques, surtout Ermeline qui se précipite toujours pour alimenter la conversation pendant ces contrôles laitiers fastidieux. Et qui n'oublie pas les verres de cidre bien frais.

A force de réfléchir, au Comité, on a alerté la justice pour que celle-ci procède à un contrôle surprise *manu militari*. Et c'est ainsi qu'un beau matin, les gendarmes investissent la ferme du Moulin, au grand émoi des habitants du village. Ils sautent silencieusement de leur fourgonnette, revolver au poing, et pénètrent en force dans la ferme, se ruent vers l'étable. Là, ils trouvent Hans en compagnie d'Ermeline, procédant à la traite du bon lait crémeux.

— Haut les mains ! Que personne ne bouge ! s'écrie l'adjudant comme dans les meilleures affaires criminelles.

« Caroline », « Maryvonne » et « Doucette » remuent la queue, l'air étonné.

Cette perquisition musclée n'est pas inutile : on découvre en effet, dans les poches du tablier d'Hans, des bouchons métalliques à vis, du genre de ceux qu'on met sur les bouillottes en caoutchouc et, bien enfouies dans la paille qui sert de litière aux vaches, six bouillottes contenant des restes d'un liquide que le laboratoire identifiera plus tard comme étant de la crème fraîche, lesdites bouillottes étant, pour certaines d'entre elles, reliées aux seaux à traire par de fins conduits de caoutchouc.

Les explications qui suivent sont fumeuses : le père Dubourg et sa fille affirment n'être au courant de rien, mais l'aide-vacher, au contraire, soutient qu'ils étaient parfaitement dans le coup et que lui-même n'a rien révélé par peur de perdre son emploi ainsi que le logement de fonction de toute sa petite famille. On incarcère pour quelques jours Hans le supervacher, qui explique que l'adjonction de crème était exceptionnelle et faite simplement pour compenser une baisse du taux butyreux provoquée par une malencontreuse mammite. Il explique qu'il chauffe la crème pour qu'elle soit à quarante degrés et s'incorpore immédiatement au lait sorti des mamelles. C'est à l'abri de son grand tablier qu'il procède à l'adjonction délictueuse de crème. Certains pensent qu'Ermeline est complice et que, par ses propos badins et ses verres de cidre, elle distrait l'attention des contrôleurs au moment critique.

En définitive, le père Dubourg, qui affirme avoir réglé les achats de bouillottes chez le quincailler du coin, sans vérifier ce qu'il payait, et qui traîne par ailleurs de drôles d'histoires de substitution de veaux vendus au Portugal, est radié à vie du *Herd Book normand*. De rage, il décroche de la grange toutes les plaques gagnées aux différents concours et en pave le chemin qui mène à sa ferme. Hans est renvoyé se faire pendre ailleurs et, pendant quelques semaines, « Caroline », « Maryvonne »,

« Doucette » et les autres sont confiées, dans une autre ferme, au fils Dubourg ; elles restent championnes des litres de lait, mais pas du taux butyreux : elles font la tête les premiers jours et meuglent doucement en regrettant la douce caresse des mains calleuses de leur vacher chéri qui leur disait des mots d'amour en allemand.

Au nom du père, au compte du fils

France, 1994. Jean-Michel Chartier, sans enthousiasme, attrape son courrier dans sa boîte aux lettres : des factures, des injonctions de payer, des « derniers avertissements ». Pour un attaché commercial qui n'a pas encore vingt-cinq ans, on ne peut pas dire que les affaires aillent très bien... Ses dettes lui semblent impossibles à rembourser. Il jette machinalement un coup d'œil sur la boîte voisine, celle de son voisin de palier : Xavier Vermandez. Dans celle-ci, apparemment, le courrier s'amoncelle jusqu'à déborder par la fente du haut. Pas étonnant : tout le monde, dans le quartier, raconte que M. Vermandez, un homme discret d'une cinquantaine d'années, est en ce moment, pour un bon bout de temps, en prison.

La dernière enveloppe qui a du mal à entrer dans la boîte de Vermandez ressemble fort à une correspondance bancaire. La curiosité est un vilain défaut et, mû par une impulsion irrésistible, Jean-Michel s'empare de cette enveloppe qui ne lui est pas destinée. Histoire de voir.

Une fois rentré dans son appartement, Jean-Michel ouvre discrètement, en le tenant au-dessus d'une casserole d'eau bouillante, le courrier destiné à son voisin. Il est presque déçu : ce n'est qu'un relevé de compte courant. Mais le total qui figure dans la case crédit le laisse rêveur : trois cent mille francs. Trois cent mille francs qui sont là à dormir sur le compte d'un « vilain » monsieur qui est derrière les barreaux. Quel gâchis que cet argent qui ne sert à personne, qui va moisir là pendant de longues années. Il serait beaucoup mieux sur le compte de Jean-Michel, honnête jeune homme qui a tant de problèmes.

Une fois couché, Chartier se met à réfléchir. Il se souvient du fils de M. Vermandez, un jeune homme brun, comme Jean-Michel, de taille moyenne, comme lui, qui porte des lunettes, comme lui et... qui se prénomme Jean-Michel, comme par hasard. Il y a sûrement quelque chose à faire...

Dès le lendemain, sacrifiant sa propre carte d'identité, Chartier la transforme en document officiel au nom d'Olivier... Vermandez. Il en fait alors une photocopie et se rend dans une banque pour ouvrir un compte courant. Déception, car, au bout de vingt-quatre heures, on lui téléphone pour lui faire savoir que cette photocopie n'est pas un document valable. La banque exige de voir l'original de la carte d'identité. Petit problème.

Chartier réfléchit encore, au fond de son lit, et trouve une solution. Le lendemain il consulte l'annuaire téléphonique, décroche le téléphone et appelle Jean-Michel Vermandez :

— Monsieur Vermandez ? C'est votre banque, excusez-nous mais nous avons eu un problème d'ordinateur et nous avons perdu certains détails de votre identité. Pourriez-vous nous les rappeler ?

L'autre, sans méfiance, à moitié endormi, acquiesce :

— Que voulez-vous savoir ?

— Il nous manque simplement votre date et votre lieu de naissance.

— 13 juillet 1969, à Gap.

— Merci beaucoup et excusez-nous encore...

Dernière opération : Chartier rédige une très jolie lettre au service de l'état-civil de Gap et, se faisant passer pour Jean-Michel Vermandez, demande un extrait de naissance de ce dernier, qu'il se fait adresser... à l'adresse du père.

Surveillant l'arrivée du courrier, Chartier n'a aucun mal à s'emparer de l'enveloppe bistre en provenance de la mairie de Gap, quand, à son tour, elle vient à dépasser de la boîte aux lettres de Vermandez père. A l'intérieur, le précieux extrait de naissance. Avec ce document il ne lui reste plus qu'à obtenir, à la mairie de Toulon, un superbe passeport au nom de Jean-Michel Vermandez, passeport illustré par sa propre photo. Tout cela prend quelques jours mais enfin, Chartier, grâce à ce passeport, parvient à se faire ouvrir ce fameux compte bancaire au nom de Jean-Michel Vermandez. Et il obtient même un chéquier. Mais pour l'instant les trois cent mille francs sont toujours sur le compte de leur propriétaire légitime : le père qui, à l'ombre, ne se doute de rien. Chartier, qui en connaît les coordonnées depuis qu'il a dérobé le relevé de compte de Vermandez père, appelle la banque et, par téléphone, se faisant passer pour Vermandez père, demande un certificat d'ouverture de compte. Ce certificat, destiné à Vermandez père, lui est aussitôt adressé et, tout aussitôt, dérobé par Chartier dans la boîte aux lettres. A présent notre attaché commercial possède les coordonnées du compte du père, une photocopie de sa signature et un compte en banque, un chéquier et même un passeport au nom du fils. Il ne reste plus qu'à demander l'aide du Saint-Esprit.

Dès lors, l'ingénieux Jean-Michel, se faisant passer pour Vermandez père, adresse à la banque de celui-ci un ordre de virement au bénéfice du fils... tout du moins à effectuer sur le compte, tout nouvellement ouvert, du fils. Opération réussie. Chartier se met alors à dépenser sans retenue les trois cent mille francs de Vermandez, tout en souhaitant que celui-ci reste emprisonné le plus longtemps possible.

Malheureusement pour Chartier, Vermandez père, ayant purgé sa peine, retrouve sa liberté, réintègre son appartement, récupère son courrier et, à son grand dam, s'aperçoit qu'il a, sans le savoir, viré la majeure partie de ses économies sur le compte de son fils. Lequel tombe des nues car il ne connaît même pas la banque où il est censé avoir reçu le virement paternel. On s'adresse alors à la banque réceptrice. Laquelle porte plainte et, en consultant le dossier, retrouve la photocopie de la carte d'identité trafiquée par Chartier, *alias* Vermandez. Sur cette photocopie figure l'adresse réelle de Chartier, ce qui facilite énormément les recherches.

Chartier, mis en examen pour escroquerie, falsification de document administratif, se retrouve en prison pour quatre jours. Mis en liberté, il a dû payer une caution de cent mille francs... prélevés sur les trois cent mille soustraits à Vermandez.

Tout savoir sur Patrick

France, 1992.

— Patricia, viens voir ici ! Qu'est-ce que ça veut dire ? A qui as-tu téléphoné pour que nous ayons une telle facture ?

M. Dumontier, le père de Patricia, écume en brandissant la note des Télécom.

— Mais enfin ça n'est pas possible : huit mille six cent quarante francs pour deux mois !

Patricia, seize ans et quelques kilos en trop, ne dit rien. Elle n'a pas d'explications à fournir. Si elle a téléphoné à ses copines habituelles ; oui : les conversations ont duré un peu trop longtemps, comme d'habitude, mais non, vraiment, elle ne voit pas pourquoi elle aurait dépensé tant d'argent.

Le lendemain M. Dumontier, soupçonnant une erreur de l'administration, se rend à l'agence des Télécom pour protester. On lui demande de payer d'abord le montant de la facture en attendant qu'une recherche lui donne la solution du problème. Il menace de supprimer le téléphone, de le mettre sous clé, mais il paie et attend une explication circonstanciée. Quand elle arrive, il manque d'exploser et Patricia est bonne pour une nouvelle « explication de texte paternelle ». Elle comprend, en larmes, d'où vient le problème.

Le problème est la passion irrépressible que Patricia a pour les chanteurs à la mode : du genre Patrick, Rocky ou Johnny. Cette passion, quotidiennement alimentée par la radio, la télé, soigneusement entretenue par les revues spécialisées pour jeunes des deux sexes, a fait germer une idée dans la tête d'escrocs internationaux : pourquoi ne pas en tirer une source de profit à peu de frais ? L'idée est simple : dans les revues pour jeunes, vous faites passer des petits entrefilets donnant des nouvelles « confidentielles » concernant les stars à la mode. Suivis de cette petite mention : « Si vous voulez tout savoir sur Patrick, Rocky, Johnny ou autre Frédéric, appelez le numéro suivant. »

Patricia, comme toute jeune fille moderne, sait se servir du téléphone. Elle note sur une page de son journal intime ce numéro, un peu long, il est vrai, où elle pourra obtenir des renseignements exclusifs sur son idole, ses idoles, toutes ses idoles et épater les copines en leur distillant les confidences ainsi obtenues.

Patricia appelle donc : elle fait des préfixes, attend une tonalité, compose un numéro, entend son appel qui avance en cliquetant sur la ligne qui semble aller loin, très loin. Au bout du compte elle tombe sur un répondeur qui, d'un air guilleret lui dit : « Bonjour, bienvenue au standard des " news " concernant votre idole, le supersympa chanteur qui est tellement formidable. J'ai nommé : Rocky, Patrick », etc. C'est supersympa mais assez délayé. Au bout de quelques minutes de blablabla, Patricia est ravie de tout savoir sur la tournée d'été de son idole : de toute manière, elle n'a pas les moyens de s'y rendre. Puis suivent quelques détails sur sa vie personnelle ; détails que Patricia connaît déjà : une anecdote sur l'enregistrement de son dernier tube, quelques indiscrétions sur ses collections, son nouveau batteur, son enfance et, enfin, un enregistrement d'une de ses chansons, qui dure au moins trois minutes quarante-cinq. Au bout du compte, Patricia, à qui le répondeur enjoint de rappeler sous peu pour connaître les prochaines indiscrétions concernant son idole, est un peu déçue par ce premier contact, mais elle a la sensation d'avoir passé dix bonnes minutes presque en tête à tête avec celui dont elle rêve la nuit, avec celui qu'elle aimerait serrer sur sa (déjà forte) poitrine.

Après tout, cela n'est pas bien grave. Le seul problème est que les organisateurs de ce service téléphonique ont organisé les choses pour le plus grand profit possible. Tout d'abord leur bureau central, sans que cela soit évident, est situé en Angleterre : en dehors de la zone d'action du code français. Ils prennent alors accord avec les services téléphoniques afin que leur soit reversé une confortable commission sur tous les appels engendrés par leur système et leurs insertions publicitaires. Ensuite, et c'est le plus astucieux, ils installent leur répondeur si convivial... en Australie, ou en Nouvelle-Zélande. Quand les Patricia, Josy et autres adolescents décrochent le téléphone paternel et composent le préfixe et les numéros (ô combien précieux !), ils aboutissent sans s'en rendre compte à l'autre bout du monde et passent au bout du fil les dix minutes les plus chères de leur existence.

Promesses d'Afrique

France, 1993. Dans le sud-ouest de la France des sociétés reçoivent, depuis quelque temps, un courrier aux allures très officielles, en provenance du Niger, à moins que ce ne soit du Zaïre, ou d'ailleurs. Ce courrier, rédigé en anglais, comporte une ribambelle de numéros de téléphone et de fax. Il informe les personnes à qui il est personnellement adressé qu'un homme d'affaires influent, très proche du gouvernement du pays expéditeur, est à la recherche d'un compte bancaire en France pour y héberger très discrètement et très momentanément trente-deux millions de dollars américains.

Pour qui sait lire entre les lignes, il s'agirait, sans que la chose soit expressément formulée, de pétrodollars et l'on est censé, si l'on est intéressé par cette proposition sans aucun doute honnête, répondre aussi vite que possible. Le détenteur discret du compte souhaité qui accepterait d'y accueillir, très momentanément, les trente-deux millions de dollars, se verra récompensé par une commission très alléchante : trente pour cent du capital pris en pension, c'est-à-dire cinquante-sept millions de francs. Le tout exécuté avec une telle discrétion que personne, et surtout pas les services fiscaux, n'en sera informé.

Beaucoup déchirent ces courriers en se tapant sur les cuisses, ce qui n'est pas facile à faire en un seul mouvement, d'autres le communiquent directement aux services financiers de la police. D'autres, naïfs et appâtés malgré tout, répondent — pour voir — à une boîte postale. On les contacte quelques jours plus tard par téléphone et on leur soumet les conditions de la transaction ; c'est simple et logique : pour faire la démonstration de leur honnêteté et pour couvrir une partie des frais de l'opération, il suffit d'envoyer au Niger, au Zaïre ou ailleurs, sur un compte confidentiel, une certaine somme. Pas énorme, presque symbolique, mais, comme on dit, « les petits ruisseaux font les grandes rivières ». Une fois l'opération effectuée, le généreux propriétaire du compte n'entend plus jamais parler ni de la somme qu'il a versée, ni des trente-deux millions de pétrodollars en quête d'un toit.

L'escroquerie peut tout aussi bien arriver du Zaïre ou d'un tout autre pays, puisque le système fonctionne dans le monde entier. Pour l'instant, Interpol vient d'identifier et d'arrêter une bande de six escrocs nigériens qui ont, dans notre seul pays, écrémé six millions de francs. On sait à présent dans les services de police concernés que cette « escroquerie à l'africaine » existe depuis 1984, dix ans déjà. On sait aussi que ce type d'activité n'est pas spécifique à l'Afrique ni à la France : partout dans le monde des petits malins munis de boîtes postales expédient à des correspondants soigneusement sélectionnés leurs propositions ubuesques et néanmoins alléchantes.

Compte tenu du fait que la plupart de ces circulaires malfaisantes sont jetées à la poubelle et compte tenu du fait qu'un certain nombre de gogos de par le monde vont répondre et même expédier leur obole, il est intéressant de savoir que, uniquement pour les derniers mois de 1993, les divers services d'Interpol ont recensé quatre mille circulaires différentes proposant la même arnaque.

Rêve de transports

France, 1993. Des jeunes gens cherchent du travail. Et ils se lancent dans un difficile parcours du combattant. Certains ont de la chance, d'autres non. Eric Remolieu, chômeur, brave garçon présentant bien, y croit encore : il est titulaire, depuis son service militaire, de son permis « poids lourd » et, pour mettre toutes les chances de son côté, il passe une petite annonce pour trouver un travail de chauffeur routier. C'est sans doute une bonne idée car, dès le lendemain de la parution, Eric reçoit un coup de téléphone d'un homme à la voix chaleureuse qui lui explique qu'en tant que représentant d'une grosse société du Sud-Ouest, dont l'un des chauffeurs vient de tomber malade, il recherche un remplaçant prêt à prendre sa place au pied levé. Il s'agit d'effectuer un transport entre l'Angleterre et l'Espagne : dix jours de transport, trois cent cinquante francs de frais personnels par jour en plus du salaire.

Eric aurait préféré qu'on lui propose un emploi pour une durée plus longue, mais enfin c'est un début et, avec un peu de chance, s'il donne satisfaction à son employeur pour cette première mission, qui sait s'il n'obtiendra pas une proposition plus ferme et un contrat. L'homme à la voix chaude et lui prennent rendez-vous pour le lendemain. Au lieu fixé pour la rencontre, Eric découvre enfin son interlocuteur qui se présente sous le prénom d'Albert et se dispense d'ajouter à ce prénom le moindre patronyme. Albert a un air sympathique :

— On se tutoie, c'est la tradition dans la boîte...

Il connaît parfaitement les rouages du rôle qu'il joue : il discute avec Eric, lui fait remplir les papiers nécessaires à son embauche, lui donne des petits tuyaux concernant le parcours, le passage de la douane, son hébergement aussi bien en Angleterre qu'en France ou en Espagne.

Au moment de se séparer, l'aimable représentant de la société recommande à notre futur chauffeur routier de prendre soin d'un petit détail qu'il allait omettre de mentionner :

— Ah, oui, pendant que j'y pense : il serait bon que tu prennes de l'argent liquide pour payer tes frais de route. On te remboursera le tout à la fin du voyage.

Eric avoue candidement :

— J'ai trois mille francs sur mon compte courant : je prends tout ?

— Mais non, proteste Albert, c'est beaucoup trop ; deux mille francs suffiront largement.

— J'y vais tout de suite, propose Eric.

— Je t'accompagne, répond l'aimable Albert.

Puis on prend rendez-vous pour le départ, le lendemain à quatorze heures — qu'Eric vienne avec son sac de voyage et qu'il n'oublie pas de prendre une petite laine et un imperméable pour l'Angleterre. Au moment de se séparer, Albert, le sympathique moustachu, suggère à Eric de lui confier les deux mille francs qu'il vient de retirer de son compte pour les transformer en livres sterling et en pesetas.

— J'ai une combine qui va beaucoup plus vite et tu achèteras tes devises à un taux plus intéressant.

Eric, qui roule déjà sur un petit nuage et se voit sillonnant les routes de France et de Navarre au volant d'un « bahut » aux chromes étincelants, tend l'enveloppe qui contient ses deux mille francs.

Le lendemain à quatorze heures, Eric attend en vain à la gare routière qu'Albert vienne le chercher pour le conduire auprès du chef du personnel et lui faire voir son camion. Une heure passe. Personne ne vient et, quand Eric téléphone à la « grosse société » dont Albert se prétend le représentant, on lui dit qu'on ne connaît personne de ce nom-là mais qu'un escroc agit depuis pas mal de temps dans la région, toujours selon la même technique, comme le soi-disant « Albert ». La liste de ses victimes s'allonge.

La fortune au bout du compte

Sébastien Lepage est un employé de banque du genre raisonnable et il n'est pas d'une espèce à finir dans la peau d'un directeur d'agence. Mais, quand même, à force, jour après jour, de voir tout cet argent lui glisser entre les mains, tous ces comptes courants qui s'emplissent et se désemplissent, il est pris d'une sorte de vertige. Long terme, court terme, emprunts, échéances, arbitrage. Il se met à rêver et, enfin, se décide à tenter une petite manœuvre malhonnête, dirigée sur (ou contre, comme on veut) un retraité bien à l'aise et bien naïf.

— Monsieur Cromelecque, lui dit Lepage, je voudrais vous faire bénéficier, à titre de client fidèle, d'un placement dont j'ai pratiquement l'exclusivité. C'est une opération qui se fait en dehors des circuits habituels de notre banque et je ne tiens pas du tout à ce que l'opération s'ébruite : tout le monde voudrait en bénéficier car le rendement, à long terme, est des plus alléchants... Rendez-vous compte : si vous placez dans la filière que je connais dix mille francs et si vous les immobilisez, sans jamais toucher aucun dividende, en réinvestissant tous vos bénéfices, pendant dix-neuf ans au minimum, vous récolterez un rendement net d'impôt de 29,5 % par an. C'est-à-dire que, dans dix-neuf ans, vous récolterez, tranquillement, pour dix mille francs investis aujourd'hui, 1 294 103 francs. De quoi être à l'abri du besoin et assurer à vos héritiers un pactole.

Quel beau discours !

M. Cromelecque ne réfléchit pas trop : il a les moyens d'investir, sans en ressentir aucune gêne, dix mille francs actuels. Il signe un chèque, dont l'ordre reste en blanc, et Lepage lui délivre un reçu qui précise que cette somme est investie pour dix-neuf ans, qu'aucun intérêt ne doit être retiré pendant cette période et le tour est joué.

M. Cromelecque ne se dit pas qu'à son âge, soixante-huit ans, il a peu de chances d'arriver au bout de son investissement et d'en toucher personnellement les dividendes. Lepage, quant à lui, appose son nom sur le chèque de dix mille francs... le verse sur un compte qu'il a spécialement ouvert dans une banque concurrente de celle où il travaille.

Encouragé par ce premier succès, il cherche alors un nouvel investisseur et ne tarde pas à le trouver. Bon an, mal an, le bouche à oreille faisant aussi son travail, chaque mois il trouve un ou deux nouveaux investisseurs optimistes. Comme il a promis de ne verser aucun dividende avant dix-neuf ans, il peut dépenser allégrement les capitaux qui lui sont confiés et c'est ce qu'il fait... Certains investisseurs, aussi fortunés que crédules, veulent absolument multiplier la mise initiale. Certains chèques de départ sont de cent mille francs, les chiffres espérés à l'arrivée deviennent faramineux, au-delà du crédible. Et pourtant les gogos continuent à croire, certains de dormir sur leurs deux oreilles et sur un magot bien placé.

En définitive c'est Lepage qui se lasse le premier de voir disparaître tous ses actionnaires que la mort ou le gâtisme empêche toujours, au bout des dix-neuf ans, de réclamer leurs dividendes lointains. Bizarrement, aucun héritier n'a jamais posé la moindre question indiscrète sur ce placement de dix ans. Aucun n'a jamais porté plainte.

Le jour de ses soixante-dix ans, Sébastien l'escroc se présente spontanément à la police. A la retraite depuis longtemps, il n'a plus l'occasion de faire bénéficier ses clients privilégiés de ses « tuyaux » défiant toute concurrence. De toute manière il n'a plus le physique du rôle. Depuis des années, à force de puiser dans ses propres « capitaux », il a tout mangé. Aujourd'hui, malade, au bout du rouleau, sans ressources, incapable de payer son loyer, il vient, humblement, demander à être jugé, hospitalisé, choyé comme le mérite un indigent de son âge. Il finira ses jours à l'abri du besoin. Et certainement pas en prison. Des plaignants éventuels n'ont rien à récupérer. A supposé qu'ils aient envie de mettre sur la place publique la naïveté incommensurable de leurs ascendants.

Diabétique pur sucre

Principauté de Monaco, 1993. M. Wilfrid Gerber et son épouse, un couple de Suisses résidant temporairement dans la principauté, passent leurs journées à visiter à bord de leur voiture helvétique les beautés de la Côte d'Azur. Puis, le soir venu, ils regagnent le Rocher afin de s'y reposer dans un hôtel très confortable. Au moment où M. Gerber se gare et actionne son frein à main, un piéton bien habillé, portant des lunettes, de type germanique, se penche vers lui et, à travers la glace baissée, lui demande : « *Sprechen sie Deutsch?* », ce que tout le monde comprendrait facilement. Mais oui, M. Gerber, Suisse alémanique, comme l'indique sa plaque minéralogique zurichoise, parle allemand.

L'interlocuteur semble soulagé et, dans la langue de Goethe, s'excuse tout d'abord de solliciter la bienveillance de M. Gerber. Il avoue être dans une situation très critique : il vient de se faire dérober sa valise qui contient tous ses papiers, son argent et surtout, fait beaucoup plus grave, toutes ses doses vitales d'insuline. Car ce naufragé, qui est allemand et se présente sous le nom d'Heinrich Wolker, est diabétique, du genre insulino-dépendant. S'il ne reçoit pas quotidiennement sa dose, il risque de faire un coma mortel. M. et Mme Gerber en ont froid dans le dos. Evidemment, Wolker a porté plainte auprès de la police monégasque et d'autre part l'hôpital de Monaco l'a dépanné de quelques doses mais, s'il ne rejoint pas immédiatement son domicile en Allemagne, sa dépendance à l'insuline le met en danger de mort.

Le brave Suisse fait rapidement le calcul de ce qu'il peut faire pour dépanner un presque compatriote, puis, prenant sa décision, il accompagne Wolker jusqu'à la gare, lui prête l'argent nécessaire à l'achat d'un billet de retour, lui confie une télécarte pour que Heinrich puisse appeler son épouse à, disons, Bad Engeilstadt, dans un lointain land. Ladite épouse travaille, précise le « naufragé » entre deux remerciements émus, « dans des œuvres religieuses ». On se quitte après des effusions chaleureuses et la promesse d'un remboursement immédiat. D'ailleurs le diabétique emporte, précieusement noté sur un calepin, le numéro du compte personnel de son bienfaiteur à Zurich.

Mais, un mois plus tard, pas plus de remboursement que de sucre dans l'écumoire. Le bienfaiteur suisse se décide alors à écrire à son obligé, mais, quelques jours plus tard, la lettre revient avec la mention « Parti sans laisser d'adresse ». M. Gerber, que, malgré sa bonté, cette nouvelle énerve, s'adresse sans hésiter directement aux services de police de Bad Engeilstadt qui répondent, hélas, assez rapidement, que le fameux diabétique n'en est pas à son coup d'essai. Depuis des années, améliorant à chaque fois, semble-t-il, son texte et sa technique, il passe son temps, un peu partout en Europe de l'Ouest, mais de préférence dans des régions agréables et touristiques, à solliciter de bonnes âmes germaniques ou autres qui préfèrent risquer sept ou huit cents francs plutôt que de mettre la vie d'un homme en danger. Un bienfait est souvent perdu...

Post-impressions slaves

France, 1993. M. Niccolini, honorablement connu comme marchand de tableaux niçois, ouvre ce jour-là *Nice-Matin,* son quotidien favori. Il faut bien se mettre au courant des petites affaires régionales ou nationales tout en dégustant son petit déjeuner. Mais, ce matin-là, M. Niccolini ne touche pas à son petit déjeuner. Il a l'appétit coupé. Au-dessous de son appartement cossu et meublé avec art, rempli de toiles de maîtres plus ou moins connus, c'est la boutique, exclusivement consacrée, elle, aux toiles lumineuses, pleines de joie de vivre, de toutes époques et de tous pays, qui font le bonheur des amateurs au pays du soleil.

M. Niccolini vient de lire dans son quotidien un très intéressant article sur une école de peinture russe : la fameuse école de Kiev, essentiellement composée d'artistes post-impressionnistes dont certains sont encore vivants. Mais revenons en arrière : après l'éclatement de l'Union soviétique, après la libéralisation des échanges artistiques entre l'ex-Union soviétique et le monde occidental, avec le besoin énorme de devises occidentales, un fort courant vient de se créer et les Français, les Anglais, les Américains découvrent avec ravissement tout un groupe de peintres slaves qui produisent des œuvres fortes, colorées, presque sauvages, sensuelles, un peu démodées, un peu rétro mais pleines de sève et en tout cas tout à fait inhabituelles pour des yeux européens.

Aussitôt les ventes de toiles s'organisent, y compris à Paris, à l'Hôtel des Ventes : les prix sont raisonnables encore, les cotes des artistes jusque-là méconnus ne sont pas encore fixées. Avec un peu de chance, d'instinct, on peut acquérir sous le marteau d'ivoire des commissaires-priseurs quelques œuvres qui, dans les mois à venir, vont s'affirmer, s'envoler peut-être. Des spécialistes se font déjà connaître, une société se détache du lot, comme importateur privilégié : « Arts slaves ». Dame ! il n'est pas donné à tout le monde de se lancer dans le grand inconnu ukrainien, d'aller discuter avec des artistes ou leurs ayants droit, de marchander, d'importer, d'organiser des ventes. Tout cela coûte beaucoup d'efforts, de temps, d'argent. Et, en définitive, qui, pour organiser tout cela, serait plus approprié qu'une jolie Russe ayant de l'entregent...

C'est le cas de Lila Massimonova, belle blonde très parisienne d'allure, l'intermédiaire idéale puisqu'elle est l'épouse d'un négociant français. La belle Lila organise régulièrement des ventes publiques qui voient partir plusieurs centaines de « numéros ». Elle est l'expert que l'on peut consulter sur la biographie des peintres, leurs antécédents, leurs chances de voir leur cote augmenter. Elle renseigne : oui, elle se rend quatre fois par an à Kiev où tout un réseau de rabatteurs lui signale les œuvres dont des familles veulent se défaire, des artistes intéressants mais jusque-là méconnus, enfin tout ce qui constitue une école, la toute nouvelle et très passionnante « école de Kiev ».

M. Niccolini, étant donné son âge et son expérience, étant donné son renom sur la place de Nice, reçoit donc régulièrement des catalogues, illustrés et en couleurs, annonçant les ventes de tableaux de l' « école de Kiev ». Ces catalogues mentionnent, sous forme de listes détaillées, les estimations approximatives, c'est-à-dire les prix espérés et supposés pour chacune des œuvres, ainsi que tous les détails techniques — type de peinture, support, dimensions, état de l'œuvre, signature, date, etc.

M. Niccolini consulte dès lors, par téléphone, Mme Massimonova, ou son collaborateur, M. Alexandre Nerdeieff. Il passe alors un ordre d'achat pour certaines œuvres, indiquant le prix jusqu'auquel il est prêt à monter pour obtenir l'œuvre. Il faudra évidemment ajouter les frais et le transport. Mais tout cela va de soi.

Quelques jours après la vente, M. Niccolini, à qui l'on a communiqué la liste des œuvres dont il est devenu propriétaire et le prix global qu'il aura à débourser, voit arriver par camion ses toutes nouvelles acquisitions. Il n'est pas déçu bien qu'il faille souvent se méfier des reproductions en couleurs des catalogues qui ont tendance à dénaturer, à leur avantage, les palettes des artistes. Et M. Niccolini ne tarde pas à revendre avec un bénéfice honnête les toiles — femmes nues, paysages, natures mortes — de cette très intéressante « école de Kiev ». D'ailleurs Mme Massimonova lui fait parvenir une documentation très complète sur chacun des artistes, qui là-bas, dans les environs de Kiev, jour après jour, transposent avec art sur la toile leurs impressions « post-impressionnistes ».

Ce qui contrarie particulièrement M. Niccolini ce matin en lisant son quotidien, c'est d'apprendre tout à trac que les gendarmes viennent de perquisitionner au domicile de Mme Lila Massimonova, la blonde experte. Ils ont été requis afin de vérifier les revenus de cette spécialiste. En effet, les ventes régulières qu'elle organise à Paris lui rapportent un pourcentage fixé par la loi et, comme le prix de vente de chaque œuvre est officiellement noté sur les registres du commissaire-priseur, les services des impôts s'étonnent de ne pas retrouver de chiffres correspondants sur les déclarations de revenus de la dame.

Ce qui surprend en tout cas les gendarmes, en entrant dans la villa, c'est de la trouver particulièrement affairée. Dans une dizaine de chambres-studios, ils découvrent une dizaine de peintres, tous ukrainiens et tous occupés à créer... des « œuvres post-impressionnistes de l' « école de Kiev ». Mais au lieu de le faire en contemplant les paysages slaves de leur enfance, ils ont tous leur fenêtre ouverte sur un paysage de Seine-et-Marne. Ils puisent leur inspiration russe dans de vieilles cartes postales.

L'enquête révèle que la belle Lila a ainsi organisé l'hébergement, par roulement, de nombreux artistes des environs de Kiev, qui, munis de visas touristiques, goûtent au bon air de Seine-et-Marne tout en assurant, sans permis de travail, la fabrication, sous le propre toit de l'experte-vendeuse, de nombreuses œuvres encore toutes fraîches de l' « école de Kiev ». La police n'en saisit pas moins de quatre mille.

Leur cote vient de tomber d'un seul coup. Il faut attendre que les choses se calment un peu. Mme Massimonova et son mari français, propriétaire d'« Arts slaves », ainsi que M. Nerdeieff, un ami intime du ménage, vont avoir des explications à donner. Les commissaires-priseurs qui garantissent l'authenticité de ce qu'ils vendent sont dans leurs petits souliers.

Heureux qui comme Ulysse...

France, janvier 1993. Ulysse Caulaert a pris, il y a longtemps, une décision importante : celle de ne jamais travailler pour gagner sa vie. Et il s'y tient. Toujours en mouvement, de ville en ville, il parvient par son bagou à profiter de la vie en semant sous ses pas des « ardoises »... Cette année, ce Belge de soixante-huit ans fête, si l'on peut dire, ses quarante ans de grivèlerie, de chèques sans provision. Ses quarante ans de démêlés avec la justice aussi, il doit bien le reconnaître. C'est la treizième fois qu'il se retrouve « au banc d'infamie » pour des délits plus ou moins importants mais toujours du même style : Ulysse est un grand voyageur qui ne paie jamais sa facture quand il quitte sa chambre au petit matin. Sa recette est simple mais efficace : avec sa barbe grise il inspire immédiatement confiance, d'autant plus qu'il ne manque jamais de raconter à ses hôtes d'un soir ou d'une semaine la même attendrissante histoire : on vient de lui voler sa voiture avec tous ses papiers, contretemps fâcheux car il est, selon l'inspiration du moment, architecte, savant ou gendarme en retraite. Et il ajoute qu'on l'attend pour un rendez-vous précis. Le patron, la patronne de l'auberge le trouvent immédiatement touchant et s'empressent de consoler du mieux qu'ils peuvent le charmant vieux monsieur victime du sort...

Le lendemain, au point du jour, Ulysse reprend sa route en laissant la note impayée. Les propriétaires lésés portent plainte, on enregistre leurs déclarations, on note la description du monsieur « insoupçonnable », escroc avéré dont l'identité varie... Déjà celui-ci est en route pour préparer la prochaine étape de son errance, de son voyage éternel au cours duquel il n'a jamais réglé une seule nuit d'hôtel ni aucun titre de transport... Son savoir-faire est inégalable.

Le soir même il se présente dans un nouveau gîte : d'une voix aimable il raconte son histoire, avec des variantes appropriées : pour prouver ses dires, il tend d'ailleurs, à défaut de pièces d'identité (on vient de les lui voler avec sa voiture, ne l'oublions pas), une carte de visite (il en possède toute une collection ornées de patronymes variés : on peut à présent s'en procurer par paquets de cinquante pour quelques dizaines de francs dans les grandes surfaces. Grâce à elles il accrédite sa version : le voilà inspecteur de police, cheminot, toutes professions respectables. Et jamais il n'oublie le petit détail qui met en confiance. Il est toujours systématiquement, titulaire de la Légion d'honneur... Et le véhicule qu'il prétend s'être fait dérober est toujours, d'après ce qu'il dit, d'une marque prestigieuse : Jaguar, Audi, Mercedes. Rien que cette petite précision inspire confiance à ceux qui l'écoutent... De plus, ce vol de véhicule justifie qu'il soit obligé de séjourner ainsi, à l'improviste, dans l'hôtel où il vient de débarquer...

Escroc plus qu'organisé, Ulysse prend souvent la précaution, avant de signer le registre de l'hôtel, d'aller porter plainte à la gendarmerie du lieu. Il se fait alors remettre une déclaration de vol qui fait encore mieux dans le tableau et qui achève de convaincre ses futures dupes... Il ne lui reste plus qu'à consulter le menu du dîner et à s'attabler devant un délicieux repas de consolation. En dégustant les spécialités locales arrosées d'un cru respectable, Ulysse fait la preuve de son charme étudié. Il n'hésite pas à demander conseil au gérant du restaurant. Il parachève le tableau en racontant la triste histoire de sa vie, « version mélodrame ». Le patron ou la patronne, les deux souvent, s'attendrissent en écoutant la triste histoire de cet homme qui a tout sacrifié à la seule passion de sa vie.

C'est, dit Ulysse, à cause de son amour forcené du travail qu'il a tout perdu sur le plan affectif : abandonné par sa femme qui lui a préféré, selon les versions, un plus jeune, un plus riche, un moins travailleur, il a eu de plus la douleur de se voir trahi par son fils, trop aimé, trop gâté et qui est parti au loin, Dieu sait où, Inde, Canada, Amérique du Sud, sans plus jamais donner de nouvelles à son pauvre père qui ne vivait que pour lui. A ce point du récit, le patron de l'auberge sort souvent une bonne bouteille de fine ou de liqueur de poire pour prouver qu'il compatit aux malheurs d'Ulysse, dignes de l'*Iliade*...

Au fil des années Ulysse essaie, met au point, peaufine des dizaines de petites fioritures qui font vrai et qui retardent d'autant le moment où, devant la suspicion légitime de ses hôtes, il devra leur fausser discrètement compagnie. Ainsi il a eu plusieurs fois l'occasion de leur faire le coup du « palace belge ». Pour la circonstance il est « directeur d'un palace à Ostende » et sa mésaventure ne le dispense pas, bien sûr, de continuer à régler les « affaires courantes »... C'est pourquoi, depuis sa chambre, il appelle plusieurs fois la Belgique et donne des ordres pour que tout continue de bien fonctionner outre-quiévrain...

Une autre fois, alors qu'il vient de présenter sa carte de visite de « chercheur scientifique » international, il met la petite touche finale au tableau en se rendant à un bureau de poste voisin. De là il appelle l'hôtel qui l'héberge momentanément et gratuitement et il laisse, en déguisant sa voix, un message que la réception lui remettra en main propre dès qu'il rejoindra l'établissement pour l'apéritif et le dîner du soir. On lui fait dire que le consul de Belgique attend le professeur Henri Boulemans (son identité du jour) dès le lendemain à Bordeaux pour une série de conférences. Message transmis qui accroît son auréole auprès du concierge et augmente d'autant son crédit...

Bien évidemment les choses ne tournent pas toujours au mieux. Ulysse se retrouve de temps en temps devant la justice puis, comme il se doit, derrière les barreaux. A chaque fois il analyse le déroulement de sa dernière opération, il revit le moment où ça a mal tourné, il songe, tout en étant nourri et logé aux frais de la nation, à l'erreur qu'il a commise, au petit grain de sable de la malchance qui l'a trahi. C'est comme un jeu. Ulysse est comme un joueur de bridge qui revit sa dernière partie. Il revoit les cartes qu'il avait en main, ses annonces, les réponses de ses partenaires, les cartes qu'il a abattues et dans quel ordre, et il se rejoue la partie en essayant mentalement de faire le « grand chelem »... Dès qu'on le remet en liberté, frétillant d'impatience il se remet à battre les cartes pour une meilleure donne, sans erreur cette fois-ci...

Petit à petit il a choisi des lieux de villégiature en province, endroits encore préservés où les commerçants sont moins méfiants qu'ailleurs, où la chère est bonne et les nuits tranquilles : il tourne ainsi entre Limoges, Périgueux, Brive, Montluçon, Clermont-Ferrand, Cahors, Blois, Rodez, il prend de mauvaises habitudes dictées par des problèmes de langue. Mais il fait aussi quelques incursions tout aussi coupables que les autres en Allemagne, en Italie, en Suède (où il se rend en auto-stop), aux Pays-Bas. A chaque fois, au moment de s'éclipser, il n'omet jamais de rendre la clé de sa chambre ou de la laisser en évidence sur la porte. Mais il oublie toujours de régler l'addition...

A force de tourner toujours plus ou moins dans le centre de la France, il finit par tomber dans un piège qu'il n'a pas prévu. Il fait une étape (tout aussi frauduleuse que les autres) dans un hôtel de Clermont-Ferrand : le réceptionniste le remarque d'autant plus qu'il est lui-même citoyen belge : au moment où l'on comprend qu'il s'agit d'un escroc, l'employé se sent un peu responsable et vexé de s'être fait berner par un compatriote. Quelques jours plus tard, notre Ulysse fait escale, ou plutôt étape, dans un autre hôtel. Il a toujours son léger accent, son charme bourgeois, sa barbe grise et ses bonnes manières, son élégance sans faille, il a simplement changé d'identité. Malheureusement pour lui, l'hôtel d'Aurillac vient d'embaucher un nouvel employé : le réceptionniste belge qui arrive tout droit de Clermont-Ferrand. Il a tôt fait de reconnaître son scientifique, aujourd'hui déguisé en directeur d'hôtel. La gendarmerie est alertée. Ulysse, une fois de plus en cale sèche, commence par décliner trois professions différentes et autant d'identités fantaisistes. Quant à ses lieux de naissance, ils sont tout aussi variés. Mais cette fois-ci la police sait à quelle source éclairer sa lanterne. On alerte Bruxelles qui répond par fax. L'identité réelle d'Ulysse s'étale au grand jour. Pourtant il continue à nier, à jouer les étonnés, les innocentes victimes d'une méprise tragique. On rassemble toutes les plaintes qu'il a semées derrière lui dans la France entière comme les petits cailloux blancs du Petit Poucet.

Son histoire, sorte de conte de fées glauque, se construit avec de plus en plus de précision. Encore ne remonte-t-on pas trente-cinq ans en arrière. De toute manière il en a passé plus de la moitié à l'ombre des prisons. Treize condamnations : vingt-deux ans de prison. Drôle de tourisme...

Soirée d'Hambourg

Allemagne, 1992. Hambourg, le grand port sur l'Elbe, est toujours bourdonnant d'activités. A toute heure du jour et de la nuit la ville est prête à vendre tout ce qui peut se trouver à la surface du globe. Depuis des milliers d'années les marins de passage connaissent les adresses où ils pourront oublier le roulis, le tangage et la solitude des océans, qu'ils soient civils ou militaires.

Ce soir-là, Helmut, Gunther et Armel, trois marins en permission, ont poussé, presque par hasard, la porte du Humel Bar, un endroit comme des centaines d'autres où ils savent trouver de la bière bien fraîche, des saucisses et peut-être des jolies filles d'Hambourg ou d'ailleurs pour faire la fête avec eux.

Après les premiers « géants » de bière blonde avalés d'un trait, ils ont vite fait de remarquer à une table voisine trois jolies frimousses, une blonde bien germanique, une brune à l'allure italienne, une Asiatique un peu réservée mais pas trop. Nos trois matelots les saluent de loin. Elles répondent sans avoir l'air d'être effarouchées. Une tournée de bière brise la glace. On finit par faire table commune. Un juke-box assure l'ambiance musicale. On danse sur la piste minuscule qui avoisine le bar. Gunther, Armel et Helmut sont ravis d'avoir fait la connaissance de Marina la brune, May-Lee l'Asiatique et Ursula la robuste Hambourgeoise. Pour l'instant les couples ne sont pas encore formés mais les rires fusent et la fête bat son plein. Le patron sert tournées sur tournées.

Soudain quelqu'un se dit qu'il serait peut-être temps de manger un morceau et la proposition est accueillie avec enthousiasme. Personne ne lance vraiment d'invitation mais tout le monde se dit qu'on arrivera bien à régler l'addition.

Mis en appétit par les premières tournées, par les délicieuses charcuteries fumées, un des matelots propose de boire du champagne : rien de tel pour rendre les femmes amoureuses. Une bouteille, deux bouteilles, trois bouteilles, suivies de pâtisseries bien crémeuses. Décidément les belles jeunes femmes se tiennent aussi bien à table que sur la piste de danse. Après cet excellent repas arrive l'heure du schnaps. Ces dames lèvent le coude avec fermeté comme si elles n'avaient fait que ça toute leur vie. De temps en temps elles vont se refaire une beauté et reviennent les joues en feu pour continuer les agapes.

Il serait peut-être temps de conclure, se disent les matelots. L'heure tourne et l'on pourrait continuer la soirée dans une position plus confortable, horizontale autant que possible, surtout que les trois charmantes vivent ensemble et qu'elles semblent toutes prêtes à accueillir leurs gais compagnons pour le reste de la nuit. Gunther, un peu hésitant sur ses jambes, se lève pour héler le patron et lui demander combien ils doivent pour toutes les bonnes choses de la soirée.

Apparemment le patron n'attendait que ça, d'autant plus que le groupe si joyeux occupe seul l'établissement. Il serait temps de fermer. Et voilà le « petit compte » qui arrive, bien présenté sur une jolie soucoupe. Gunther s'en saisit d'une main ferme mais Armel le lui arrache des mains, bientôt imité par Helmut.

— C'est moi qui vous offre la soirée, braille Gunther !

— Pas du tout, réplique Helmut, hier c'était mon anniversaire, c'est moi qui régale.

— Il n'en est pas question, s'écrie Armel d'un ton décidé, c'est moi le plus gradé et donc, à ce titre, c'est moi qui paie la soirée.

Mais les deux autres ne veulent rien entendre. Les trois filles, un peu rondes, rient comme des folles et battent des mains. Même le patron est hilare devant cette joyeuse émulation. Il a plutôt l'habitude de voir des clients qui essaient de filer sans payer. Il s'en tape sur les cuisses de bonheur. Ceux-là sûrement ne vont pas vérifier l'addition et chipoter pour quelques marks.

Mais il semble impossible de décider qui des trois sympathiques matelots va enfin sortir son portefeuille pour aligner les jolis billets. L'addition passe toujours de main en main sans s'arrêter jamais. Il faut en finir. Gunther soudain, le premier, semble donner des signes de fatigue.

— J'ai une idée, dit-il, on va jouer la soirée à la course.

— C'est-à-dire ? demande Armel.

— Vous connaissez la Wilhelmplatz, à deux cents mètres d'ici ?

— Oui, répondent les autres, y compris les filles.

— Le premier, continue Gunther, qui y arrive en courant, paiera la soirée.

— Super, hourra ! approuvent Helmut et Armel.

— Patron ! ajoute Gunther avec gravité, nous vous laissons ces jeunes personnes en gage. C'est vous qui allez nous donner le signal du départ.

— D'accord, fait le patron, avec la cloche du bar.

Les trois matelots fléchissent le genou devant la porte du Humel Bar que les filles tiennent ouverte. La nuit est fraîche. Le patron fait les avertissements qui conviennent.

— A vos marques, prêts ?

Et il frappe un grand coup sur la cloche.

Les trois matelots se sont élancés comme un seul homme dans la nuit. Les filles et le patron applaudissent.

Le lendemain le patron avouera, vraiment penaud, que lui et les filles ont attendu plus d'une heure avant de se convaincre qu'on ne reverrait jamais les matelots amateurs de saucisses et de champagne. Ils avaient l'air tellement honnêtes et sympathiques.

Un expert très habile

Italie, 1930. Vladimir Olchyenski voit le jour en 1865 en Lituanie. Mais comme il naît sous une très bonne étoile, il se retrouve bientôt aux Etats-Unis, étudiant de la célèbre université Harvard. Et comme Vladimir est un étudiant extrêmement brillant, il fait l'unanimité de ses professeurs. Vladimir se passionne pour la peinture, et la peinture qu'il préfère parmi toutes les écoles, parmi toutes les périodes de la peinture universelle, c'est celle de la Renaissance italienne.

C'est pourquoi, sitôt ses diplômes en poche, Vladimir part, en transatlantique, vers sa terre promise, l'Italie qui regorge d'innombrables chefs-d'œuvre de la Renaissance, connus ou méconnus, anonymes, égarés, qui ne demandent qu'à retrouver leur identité, leur famille, leur pedigree. Et dans cette chasse à la beauté, Vladimir fait merveille, bien que ses origines ethniques soient, *a priori,* très éloignées de l'Italie de Giorgione, Titien et autres Léonard de Vinci. Mais, en Italie, l'instinct, l'acuité visuelle de Vladimir, ses capacités de travailleur acharné, la somme inouïe de ses connaissances, ses méthodes de classification font merveille. Il apporte dans ce milieu, nouveau pour lui, toutes ses qualités d'organisation d'homme du Nord. On fait partout appel à lui, son coup d'œil est réputé infaillible.

Au fil des années Vladimir, qui a échangé son nom un peu trop rugueux pour celui de Levisson, devient la star de l'expertise picturale. On voit partout sa petite silhouette barbue d'une élégance parfaite. Et il finit par s'installer dans une superbe villa des environs de Sienne dont les jardins, les colonnades, le parc et les jets d'eau font l'admiration de tous. Il se marie et devient la coqueluche des milieux cultivés italiens et internationaux. C'est là qu'il fait la connaissance d'Harry Campbell, héritier d'une grande famille de marchands d'art britannique. Campbell est un homme d'affaires avant tout. En ces années qui suivent la Première Guerre mondiale, il se dit que l'Europe, et l'Italie en particulier, regorge d'œuvres que l'on peut acquérir à des prix raisonnables. Et que, de l'autre côté de l'Atlantique, les Etats-Unis regorgent, eux, de milliardaires qui sont affamés de culture et d'art, qui rêvent tous de voir figurer dans leur résidence de plus ou moins bon goût des chefs-d'œuvre de l'ancien continent, pour se fabriquer un passé culturel que leurs ancêtres n'ont pas eu le loisir d'apporter dans leurs pauvres valises en débarquant en Amérique ces cent cinquante dernières années.

Campbell, en homme d'affaires efficace, se met à organiser l'échange entre les dollars américains et les peintures italiennes, en particulier les peintures de la Renaissance. Avec une nette préférence pour les tableaux colorés, éclatants, brillants, qui respirent le luxe et la joie de vivre. Mais, pour convaincre les milliardaires américains d'acheter, rien ne vaut un bon certificat. Et qui pourrait donner de meilleurs certificats que le plus grand expert du moment, le fameux Vladimir Levisson ? Cela tombe d'autant mieux pour ce dernier que sa position sociale et l'entretien de sa villa italienne, le train de vie de son épouse demandent de plus en plus d'argent. Les deux hommes concluent donc un accord secret, concrétisé par un contrat aux termes duquel Vladimir, qui prend pour la circonstance le nom de code de Dolly, doit toucher vingt-cinq pour cent de la valeur de vente de toutes les œuvres de la Renaissance italienne pour lesquelles il aura signé un certificat d'authenticité.

La tentation est trop forte pour Vladimir et, bientôt, la plupart des grandes collections américaines s'ornent d'œuvres au demeurant très valables mais dont la biographie, nettement enjolivée, augmente la valeur marchande et, par voie de conséquence, le pourcentage qui parvient dans la bourse de Vladimir. Péché véniel si les choses en restaient là. Notre expert-esthète, au début, n'accepte de délivrer de certificat qu'à propos d'œuvres qu'il aime avant tout. Mais Campbell, homme d'argent plus qu'esthète, exige que les choses aillent rondement. Il presse Vladimir d'accélérer son rendement et d'augmenter le nombre de ses « coups de foudre », il demande des certificats pour des œuvres que Vladimir ne sent pas. Les certificats signés Levisson, aux yeux des initiés, ont dorénavant des allures de plus en plus douteuses.

Pis encore, certaines œuvres, exécutées par de grands maîtres dans le goût de leur époque, c'est-à-dire celui de la Renaissance italienne, bien que présentant des qualités artistiques indiscutables, ne sont plus vraiment dans le goût américain du début du XXe siècle. Levisson, qui a toujours honni les excès de restaurateurs abusifs, se voit contraint dorénavant non seulement de donner son aval à des tripatouillages scandaleux, mais encore d'organiser lui-même, tout en jurant qu'il n'en est rien, des remises au goût du jour de certains tableaux. Telle dame plantureuse du XVIe siècle, grasse à souhait, perd son double menton et se transforme inexplicablement en starlette hollywoodienne.

Tous ces détails sont connus depuis la mort des deux complices car, durant toute leur vie, leur trafic — que certains soupçonnaient — n'a jamais fait l'objet d'aucun scandale. C'est à la disparition du marchand d'art britannique, anobli entre-temps par le roi d'Angleterre, que la mise au jour de ses archives intimes a révélé au monde de l'art ses magouilles secrètes avec « Dolly » qui, disparu lui aussi depuis, à un âge très respectable, resta cependant et pour de nombreuses années le plus grand expert du siècle en matière de Renaissance italienne. Et un fameux roublard en matière de « certificats ».

Plaisirs de Pigalle

France, 1950. Soir de Pigalle, miroir aux alouettes. Des néons multicolores qui brillent dans la nuit et empêchent de voir la crasse des murs, des âmes et tous les faux-semblants. De multiples portes plus ou moins illuminées, des portiers en uniforme qui vous accrochent au passage et vous proposent d'entrer pour voir « les plus beaux nus de Paris » et d'autres spectacles propres, en ces années-là, à affrioler le provincial ou l'étranger. Le sexe n'a alors nulle part ailleurs pignon sur rue et personne ne possède encore les magnétoscopes qui permettent de déguster des images interdites sur l'écran du téléviseur familial. C'est dire si l'Homo touristicus est une proie facile pour tous les petits combinards qui sortent de leurs tanières quand la nuit de Pigalle commence à briller.

Parmi ceux-ci en voici un, à la fois roublard et poète : l'homme vous propose, discrètement, contre dix mille francs de l'époque, avec un clin d'œil complice et plein de sous-entendus, un objet qu'il tient dans le creux de sa main et qui ressemble fort, autant que vous ayez pu l'apercevoir, à une noix. Mais il prend tant de précautions pour vous faire entrevoir cette noix qu'on sent bien qu'elle est plus qu'interdite. Pas de doute, cet objet doit être hautement répréhensible et donc particulièrement excitant. Nulle part ailleurs dans le monde on ne trouve un objet aussi intrigant... Et l'Homo touristicus, poussé par la curiosité et l'appât de l'insolite, lâche ses dix mille francs. L'autre, avec un nouveau clin d'œil, lui pose l'objet dans le creux de la main et referme lui-même celle-ci — de peur, sans doute, qu'un agent à pèlerine ne vienne se mêler de la transaction hautement illicite.

Le client dévoré par la curiosité s'éloigne avec son acquisition, cherche l'abri discret d'une porte cochère pour examiner, loin des regards importuns, son emplette. Au départ ça a vraiment l'air d'une noix, du genre Grenoble. Une fois qu'il l'a ouverte, avec d'infinies précautions et difficultés, il s'aperçoit, à son grand déplaisir, qu'il s'agit en réalité... d'une noix et que pour ses dix mille francs il aurait pu s'en offrir quelques kilos.

Bien heureux si, plusieurs mètres plus loin, l'Homo touristicus ne se laisse pas à nouveau tenter par différents marchands qui, en cette période bénie et pudique, vous proposent dans un éclair de manteau entrouvert... des photos de nus. Se laisse-t-il tenter, surtout s'il est du genre bidasse en permission, français ou américain, sort-il ses dollars ou ses francs qu'aussitôt le vendeur à la sauvette lui confie un petit paquet, soigneusement enveloppé dans une pellicule de cellophane bien serrée. Le temps d'ouvrir cet emballage hermétique et notre client-gogo s'aperçoit qu'il vient d'acheter au prix vraiment fort des photos des principaux nus de grands peintres exposés au Louvre ou dans d'autres fort convenables musées internationaux. S'il se laisse tenter par des photos de « nœuds », il découvre sans plaisir des vues de la commune de Nœuds-les-Mines ou de Nœuds-les-Axis, à moins qu'il ne s'agisse de nœuds de marine bien instructifs.

L'Homo touristicus, malgré tout bien décidé à goûter aux plaisirs que la morale réprouve, continue son périple. Décidément on ne peut faire confiance à personne dans ce Pigalle plein de néons. Il se laisse une dernière fois tenter par une proposition discrète. Un homme le frôle et lui glisse à l'oreille :

— Cinéma porno ?

Nous sommes dans les années cinquante et ce genre d'activité ne tient pas encore boutique ouverte. Le touriste acquiesce, demande :

— Combien ?

— Dix mille francs.

Il suit l'homme qui pénètre dans un immeuble discret, on monte un escalier, on entre dans un salon bourgeois où, sur des chaises volantes, quelques messieurs tuent le temps en attendant, devant un écran de toile blanche, qu'un homme, apparemment l'organisateur de la soirée, se décide à mettre en marche l'appareil cinématographique de type familial, auprès duquel il se tient. Dès l'abord le « projectionniste » tend la main et le « touriste » lui remet le joli billet qu'il a préparé. Puis, comme on n'attend plus personne, on éteint la lumière et la projection commence par quelques borborygmes sonores tandis que l'amorce du film jette sur l'écran des chiffres blancs sur fond noir.

Mais soudain la porte du salon s'ouvre, un homme allume la lumière et braille :

— Attention, voilà les poulets !

Les clients, qui ne tiennent pas à se trouver confrontés à une rafle, se lèvent comme un seul homme et évacuent la salle. Le projectionniste, lui, d'un calme olympien, éteint le projecteur et sort de sa poche les billets de dix mille chiffonnés qu'il commence à compter. Il annonce à ses complices :

— On fait une autre séance dans vingt minutes.

En fait les « poulets » n'arrivent jamais. D'autre part, pour être parfaitement en règle, l'organisateur de la séance de cinéma « porno » ne prend pas de risque : si ces clients restaient vraiment pour assister à la projection, ils ne verraient, en fait de partouze, qu'un documentaire parfaitement ennuyeux sur les chapiteaux romans de Vézelay. C'est d'ailleurs la scène irrésistible que Denys de La Patellière nous faisait déguster dans son film *Le Tueur* avec Fabio Testi et le regretté Jean Gabin.

Les millions du maharaja

Londres, 1919. En ce soir de 11 novembre toute la capitale britannique célèbre le premier anniversaire de la victoire. Ce ne sont que bals publics, spectacles dans tous les théâtres, réceptions privées et défilés de fanfares. Dans la salle de l'Albert Hall, toutes les loges sont pleines et le parterre, débarrassé de ses sièges, n'est qu'un immense tourbillon de valseurs en travestis des plus divers, de femmes vêtues de couleurs chatoyantes et couvertes de bijoux.

Dans une loge on remarque un jeune Oriental, de toute évidence hindou : c'est le prince Jarvi Lagdi Jardingh, petit-neveu d'un maharaja dont le royaume se trouve au Cachemire, au pied de l'Himalaya. Le grand-oncle, richissime, voyant en lui son héritier, l'a expédié en Grande-Bretagne afin qu'il s'y frotte aux mœurs européennes et qu'il devienne, le moment venu, un maharaja efficace, compétitif, capable de gérer les affaires publiques en suivant le sens de l'histoire.

Pour le moment le prince Jardingh, flanqué de son secrétaire lui aussi indien, ouvre des yeux aussi noirs qu'étonnés sur le spectacle de la salle, sur toutes ces beautés blondes à la peau claire et aux yeux transparents. Dans sa tête trottent des pensées concupiscentes et il ne cesse d'accabler de questions le capitaine Desmond, son garde du corps, officier de l'armée des Indes, sélectionné par l'India Office et chargé par le grand-oncle de servir de mentor au jeune hindou.

Dans la loge voisine, deux jeunes femmes bon chic bon genre,

Mme Maxwell et son amie Mme Langhorn, toutes deux mariées, font mine de ne pas remarquer les regards du prince. Pourtant elles ne sont pas là par hasard : Mme Maxwell est une créature qui vit sur un très grand pied et qui pratique, pour prix de ses faveurs, des tarifs exorbitants. Pour l'heure elle est, bizarrement, costumée en sauterelle verte. Pour les initiés c'est une façon de faire de la publicité à la société de son mari, un bookmaker dont la couverture est une affaire d' « onguents » vendus sous le label Onguents de la Sauterelle. En fait Mme Maxwell est là à l'initiative du capitaine Desmond qui la connaît intimement et bénéficie auprès d'elle de tarifs préférentiels.

Les choses vont leur train. Salutations, présentations, sourires de bon aloi. Dans les jours suivants Mme Maxwell accepte, accompagnée de son amie, un déjeuner en tout bien tout honneur. Quelques jours plus tard, la passion fait des ravages et Mme Maxwell devient la maîtresse du jeune Jardingh tandis que son amie tombe dans les bras du secrétaire indien. Le capitaine Desmond se frotte les mains.

Doté d'une maîtresse anglaise des plus jolies, le jeune Jardingh vit un rêve. Les semaines passent jusqu'au jour où les deux couples décident, avec l'accord du capitaine, d'aller visiter Paris. On logera, comme de bien entendu, à l'hôtel, les établissements parisiens étant, c'est bien connu, moins regardants quant à la nature légitime ou non des couples qu'ils hébergent. Sitôt dit, sitôt fait, c'est la grande vie parisienne, l'Opéra, les cafés-concerts, les bals canailles et Maxim's. Le soir, on rentre épuisé mais heureux pour de folles étreintes toujours renouvelées.

Un matin, par un petit matin blême, celui du 26 décembre, on frappe à la porte de la chambre et Mme Maxwell, voilant pudiquement son sein nu, voit pénétrer à la queue leu leu son mari, un commissaire de police français, un serrurier. C'est le « constat d'adultère » dans toute son horreur. Le prince, soudain, réalise qu'il s'est mis dans de beaux draps. Il appelle au secours le capitaine Desmond. Celui-ci, qui n'attend que ça, promet d'arranger les choses et suggère, pour éviter un procès malvenu, de dédommager le mari bafoué.

Le prince accepte tout ce qu'on veut. Il ignore que le « mari » qui l'a surpris dans l'hôtel parisien n'est pas le vrai mari de

Mme Maxwell, chétif petit bonhomme sans allure, mais un complice plus impressionnant physiquement. Pour résoudre le problème, le prince Jardingh, dûment chapitré, craignant pour son futur trône, accepte de signer deux chèques, qui, doivent, une fois encaissés, diminuer de trois cent mille livres les finances de l'oncle lointain, soit l'équivalent d'un milliard de centimes actuels.

Le premier chèque, libellé au nom de M. Maxwell et revêtu de la fausse signature de celui-ci, est encaissé par le capitaine Desmond. Pour ce faire il ouvre dans une banque sérieuse un compte au nom de M. Maxwell. Puis il vide ce compte. Les différents comparses, Mme Maxwell incluse, reçoivent leur dû — un tout petit pourcentage : quatre mille livres à peine, une broutille. Il faut préciser que Desmond ne les a pas tenus informés du montant de la somme qu'il a extorquée à l'imprudent prince. Il prétend n'avoir reçu que vingt-cinq mille livres. Six fois moins que la réalité.

Hélas pour le capitaine, le véritable M. Maxwell finit par apprendre tous les détails de l'opération, y compris la somme que le prince a réellement déboursée. Outré d'avoir été tenu en dehors de l'affaire, il porte plainte alors contre... la respectable banque, sous prétexte qu'elle a honoré un chèque orné d'une fausse signature. Il prétend se faire rembourser par elle des cent cinquante mille livres qui, en théorie, lui étaient destinées. Un procès s'ensuit qui dure plusieurs années.

Pour des raisons de pudeur, on ne cite pas le capitaine Desmond, on néglige complètement le mari, plaignant amoral qui n'obtient rien, Mme Maxwell et son amie ne sont pas inquiétées ; le prince, dont le second chèque, à la suite de ces embrouilles, n'a jamais pu être encaissé — heureusement pour lui —, rentre dans son pays et monte sur le trône de son grand-oncle. Un des escrocs de la bande, celui qui avait joué le rôle du mari lors du constat d'adultère, devient « témoin du roi » et sort impuni de l'affaire car il accepte de témoigner contre ses complices. Un seul, troisième couteau qui avait servi de « conseiller technique » en analysant les lois britanniques, fera seul deux ans de prison.

Petit commerce d'allumettes

Suède, 192... Ivan Kreuger est suédois, industrieux et, dans son pays riche en forêts, il se lance dans des affaires qui demandent beaucoup de bois, des petits morceaux de bois, des milliards de petits morceaux de bois : il fabrique des allumettes, selon un système mis au point par lui. Des allumettes magnifiques qui s'enflamment du premier coup et seulement quand on en a envie, jamais par accident.

Ivan est un bel homme, ce qui facilite les contacts en affaires, et il vend un bon produit. En Suède tout d'abord, puis à l'étranger, dans le monde entier, car chaque être humain a besoin de faire du feu. Malheureusement pour lui, lorsque, en ce premier quart du xxe siècle, Kreuger va démarcher des pays étrangers il a, plus d'une fois, une mauvaise surprise : dans un certain nombre d'Etats plus ou moins grands, la fabrication des allumettes est strictement réservée à l'Etat : c'est un monopole, sujet à impôt, et il n'est absolument pas question qu'un Suédois, même surdoué, se mette à faire de la concurrence au gouvernement local.

Mais cependant, les affaires de Kreuger sont florissantes et ses comptes en banque bien remplis. Un jour, le gouvernement d'un tout petit Etat européen lui annonce, comme par hasard, qu'il se débat dans des problèmes de budget. Kreuger voit tout de suite la solution : il propose à ce gouvernement, à qui il est disposé à accorder des prêts, de lui céder, discrètement, le monopole des allumettes. Pour que les choses aillent bon train, il graisse les rouages administratifs grâce à des pots-de-vin que reçoivent des fonctionnaires cupides — il en existe partout.

Bien évidemment ces accords sont secrets. Ultrasecrets et, selon les déclarations de Kreuger en personne, le secret absolu en affaires est la clé de la réussite. « Silence, silence », telle est sa devise. On le comprend d'autant mieux que, depuis de nombreuses années, Kreuger a un péché mignon : la falsification de comptabilité. Il est non seulement expert en allumettes phosphorées mais en comptes trafiqués. A tel point que les comptables vérificateurs qui mettent le nez dans ses livres n'y voient que du feu. Si une question trop indiscrète est posée, Kreuger agite aussitôt une réponse toute prête : ses accords avec différents gouvernements relèvent du secret d'Etat. Silence, silence.

Mieux encore, grâce à cette comptabilité factice, Kreuger se met à emprunter à des banques qui se réjouissent de le compter parmi leurs clients. Les directeurs financiers qui ont eu l'occasion de lui rendre visite dans ses somptueux bureaux de Stockholm sont d'autant plus impressionnés qu'ils ont, de leurs propres oreilles, assisté à des appels téléphoniques en provenance de différents gouvernements. Ce qu'ils ignorent, hélas pour eux, c'est que, sur le bureau de Kreuger, parmi les nombreux appareils téléphoniques alignés, il en est un qui est muni d'un bouton discret. Kreuger, à volonté, provoque la sonnerie et mime, en excellent acteur, les « conversations internationales » qu'il destine à ses visiteurs. Parfois le faux téléphone lui permet simplement de mettre un importun à la porte.

Mais la grande crise des années trente secoue l'Amérique, puis l'Europe et aussi les allumettes suédoises : le fragile édifice financier du Suédois et son habileté à obtenir des crédits se heurtent à une difficulté majeure : les prêteurs se font rares et les intérêts exorbitants. Kreuger, aux abois malgré son allure flegmatique, se rend dans une banque belge et remet au directeur une grosse enveloppe censée contenir quatre cents millions de francs. Devant un tel client, le directeur ne vérifie pas... Il remet un reçu. Quand un contrôle révèle que l'enveloppe contient à peine cinq millions de francs, Kreuger prend des airs contrits et explique s'il s'agit d'une méprise. Il rend le reçu, mais il omet de préciser qu'entre-temps ce même reçu lui a permis de souscrire un autre emprunt auprès d'une autre banque.

Cependant les affaires deviennent de plus en plus compliquées. Jouant sur sa réputation encore intacte, Kreuger tente des coups de moins en moins brillants : à présent il se lance tout simplement dans la fabrication de faux documents, concernant des banques italiennes — faux bordereaux, fausses signatures, pour un total de soixante et onze millions de dollars. Kreuger surnage encore, même si son navire plein d'allumettes commence sérieusement à prendre l'eau.

Un jour il lui faut réaliser une partie de son empire. Il vend une compagnie de téléphone suédoise qui fait partie de son actif à l'International Telephone and Telegraph Company de New York. Un plein avion d'experts arrive d'Amérique et met toute la comptabilité à plat. Plus question de silence ni de secret d'Etat. On découvre alors que le colosse aux allumettes est un colosse aux pieds d'argile. Cette intéressante nouvelle est diffusée dans tous les journaux financiers du monde. Kreuger, poussé dans ses derniers retranchements, obtient un dernier prêt d'une banque suédoise... à condition que toute sa comptabilité soit vérifiée. Il arrive à Paris pour apprendre que les faux bordereaux italiens sont déjà examinés à la loupe.

Le lendemain on le trouve mort d'une balle qu'il s'est tirée dans la tête. On mettra treize ans à dénouer l'écheveau de ses escroqueries dont le total dépasse la totalité du budget national suédois de l'époque.

Petites annonces

France, 1993. Jacques Manfreron a quarante-sept ans, dont vingt-cinq se sont compliqués de condamnations diverses et, sur ces vingt-cinq ans, il en a passé quinze derrière les barreaux, toujours pour le même motif : escroquerie, encore escroquerie, toujours escroquerie. C'est vraiment ce qu'on appelle un « cheval de retour ».

Il est, comme la plupart des escrocs d'ailleurs, d'un abord sympathique — sorte de Monsieur Tout-le-Monde au physique passe-partout que personne n'est capable de décrire dès qu'il est sorti du champ visuel. Il compte beaucoup, et à juste titre, sur cette « qualité ». Sa technique est simple : notre astucieux magouilleur commence par passer dans différents hebdomadaires gratuits de sa région des petites annonces offrant des emplois alléchants et inespérés en ces temps de crise. Les réponses doivent être adressées à une boîte postale discrète, mais ce détail n'éveille en rien la méfiance des postulants, souvent au bord du désespoir, qui répondent abondamment.

Dès qu'il en prend possession, Manfreron dépouille le courrier avec avidité. Car ce qui l'intéresse dans cet afflux de lettres de tous formats, c'est toujours la même chose : l'identité du chômeur qui brigue l'emploi proposé. Comme par hasard ces emplois demandent un profil assez semblable à celui de Jacques lui-même.

Tout en prenant connaissance de ces réponses, il fait une belle pile sur son petit bureau, sélectionnant uniquement les curriculum vitae que chacun, selon ses instructions, doit joindre à sa demande de travail. Puis, grâce à ces CV, il passe à la seconde phase de l'opération : celle qui consiste à s'adresser aux Assedic qui correspondent au domicile des (malheureux) candidats. Et en se faisant passer pour chacun des postulants auprès de ces organismes, moyennant quelques falsifications de documents, il se fait verser les indemnités dues à chacun des demandeurs d'emploi sans méfiance qui, de leur côté, après une attente anxieuse, ne reçoivent pour tout potage qu'une réponse négative ou le justificatif d'un paiement qui leur est passé sous le nez. Le temps de porter plainte, de faire une enquête...

Véritable Protée des temps modernes, Jacques, endossant leurs identités successives, compte bien que le hasard ne le mettra jamais nez à nez avec ses victimes devant les guichets des Assedic. La chance joue pour lui et, très régulièrement, il se fait remettre les sommes qui, normalement, leur reviennent. Il va faire mieux encore, si l'on peut dire.

Il pousse l'audace jusqu'à se présenter au domicile d'une de ses victimes et, changeant complètement de « casquette », joue, de façon très convaincante, le rôle de l'inspecteur de ces mêmes Assedic qu'il fréquente assidûment. En effet il a identifié un « indemnisé » à qui la Sécu a adressé, par erreur, un remboursement de soins dentaires effectués sur la mâchoire de Jacques lui-même et là, avec un aplomb diabolique, il parvient à se faire « rendre », en espèces sonnantes et trébuchantes, ce que le malheureux a encaissé sans trop comprendre pourquoi on lui remboursait des soins dentaires dont il n'avait aucun souvenir.

Et les choses continuent ainsi, bon an mal an, pendant vingt-quatre mois. Jacques, excité par l'impunité, petite souris besogneuse mais efficace faisant son trou dans l'énorme fromage des fonds publics, s'enhardit et se lance dans la fabrication de fausses cartes, jusques et y compris une fausse carte de police qu'il n'hésite pas à brandir devant des policiers, vrais ceux-là, qui le contrôlent sur la route. « Je suis de la maison », affirme-t-il sans battre un cil. Les agents de la force publique n'y croient qu'à moitié. Ils vérifient (est-ce bête ?) et ont tôt fait d'embarquer leur « collègue » qui se retrouve à l'abri du besoin dans la « maison », côté « arrêt ». Un arrêt qui, pour l'heure, est prévu pour quatre ans. Espérons qu'ils ne vont pas, pendant ce temps-là, égarer son dossier aux Assedic.

Table

DANS LA MÊME SÉRIE
AUX ÉDITIONS ALBIN MICHEL

Instinct mortel
(70 histoires vraies)

La composition de cet ouvrage
a été réalisée par l'Imprimerie BUSSIÈRE,
l'impression et le brochage ont été effectués
sur presse CAMERON *dans les ateliers de* SEPC,
à Saint-Amand-Montrond (Cher),

Achevé d'imprimer en octobre 1994.
N° d'édition : 14004. N° d'impression : 2247-2313.
Dépôt légal : novembre 1994.